国家知识产权战略实施：回顾与展望
GUOJIA ZHISHICHANQUAN ZHANLÜE SHISHI: HUIGU YU ZHANWANG
——郑成思教授逝世十周年纪念文集

中国社会科学院知识产权中心 编
中国知识产权培训中心

图书在版编目（CIP）数据

国家知识产权战略实施：回顾与展望：郑成思教授逝世十周年纪念文集/中国社会科学院知识产权中心，中国知识产权培训中心编. —北京：知识产权出版社，2017.8
ISBN 978-7-5130-5075-3

Ⅰ.①国… Ⅱ.①中… ②中… Ⅲ.①知识产权—中国—学术会议—文集 Ⅳ.①D923.404-53

中国版本图书馆CIP数据核字（2017）第197875号

内容提要

本书为纪念郑成思教授逝世十周年特别编集而成，内容包括纪念郑成思教授逝世十周年座谈会发言实录、"国家知识产权战略实施：回顾与展望"研讨会综述、《郑成思知识产权文集》序及各卷导读，以及精选出的19篇研讨会优秀论文，对《国家知识产权战略纲要》颁布实施以来专利法、商标法、著作权法、植物新品种、集成电路与布图设计、网络与知识产权保护以及制止不正当竞争等知识产权领域的发展作了回顾，并对有关前沿问题进行了探讨。

责任编辑：王祝兰	责任校对：谷　洋
封面设计：品　序	责任出版：刘译文

国家知识产权战略实施：回顾与展望
——郑成思教授逝世十周年纪念文集

中国社会科学院知识产权中心
中国知识产权培训中心　编

出版发行：知识产权出版社有限责任公司	网　址：http://www.ipph.cn
社　址：北京市海淀区气象路50号院	邮　编：100081
责编电话：010-82000860转8555	责编邮箱：wzl@cnipr.com
发行电话：010-82000860转8101/8102	发行传真：010-82000893/82005070/82000270
印　刷：北京科信印刷有限公司	经　销：各大网上书店、新华书店及相关专业书店
开　本：880mm×1230mm　1/32	印　张：14.5
版　次：2017年8月第1版	印　次：2017年8月第1次印刷
字　数：390千字	定　价：58.00元
ISBN 978-7-5130-5075-3	

出版权专有　侵权必究
如有印装质量问题，本社负责调换。

前　言

　　2016年春节之后，我和李明德教授在与中国知识产权培训中心负责同志的例行会谈中，一致赞同双方于2016年9月10日联合举办本年度"上地论坛"，作为纪念郑成思教授逝世十周年的重要学术活动，并于前一天晚上召开纪念郑成思教授逝世十周年座谈会，由郑成思教授生前亲朋故旧自愿参加，共同追忆。

　　中国社会科学院知识产权中心与中国知识产权培训中心联合举办学术年会，基于郑成思教授在世时即已形成的双方良好合作关系，这一合作建立在双方对国家知识产权战略的共识之上。郑成思教授不仅以他先创性的丰硕学术研究成果、笔耕不辍求实创新的学术精神和博学睿智淡泊名利的人格魅力给中国知识产权学界带来深远影响，也深度参与国家的知识产权政策、立法、行政、司法以及企业各个方面的实践工作，推动了中国知识产权事业的发展，并与各个实务工作部门志同道合的同志结下了深厚的友谊。在2004~2006年之间，在国家知识产权战略的酝酿、启动和研究开展初期，郑成思教授不顾病情严重，积极呼吁倡导制定国家知识产权战略、推动知识产权制度完善以为建设"创新型国家"提供保障。特别是，2006年5月26日郑成思教授在为中央政治局集体学习的授课中，阐释了"建设创新型国家"的理念与知识产权保护的关系，为国家知识产权战略纲要的制定和颁布作出了巨大的贡献。然而，当所有的荣誉最终都降到郑成思教授头上之时，他却再也没有力气将他所引领的中国知识产权事业向前再推进一步了。2006年9月10日，郑成思教授在教师节这个特殊的日子离开了他所留念的一切。不到 62 岁的年纪，正是事业如日中天的时候，中国知识分子英年早逝的常例再一次落到郑成思身上。中国并不乏这样纯粹的知识分子，但他们在殚精竭虑地为国家民族命运奔波的时候，我们又为他们想到或做到了多少呢？正由于郑成思教授成立的中国社会科学院知识产权中心与中国知识产权培训中心的合作源于国家知识产权战略制定的契机，我们决定将纪念郑成思教授逝世十周年的"2016 年知识产权上地论坛"命名为"国家知识产权战略实施：回顾与展望研讨会"。

回顾过去的十年，中国社会科学院知识产权中心、中国知识产权培训中心联合组办的年度学术研讨会自 2005 年 10 月的"专利制度存在的问题及其完善研讨会"即已经开始；此后自郑成思教授逝世至今，除了 2010 年因中国社会科学院知识产权中心与中南财经政法大学知识产权研究中心在武汉召开学术年会外，其他的年度研讨会均在中国知识产权培训中心所在地举办。其中，2007 年年会主题为"专利法、商标法修订中的相关问题"；2008 年年会主题为"实施国家知识产权战略"；2009 年年会主题为"经济全球化背景下的知识产权保护"；2010 年年会主题为"著作权法修订中的相关问题"；2011 年年会主题为"中国知识产权法律修订与完善"；自 2012 年开始，中国社会科学院知识产权中心将此年度性学术会议命名为"知识产权上地论坛"，当年主题为"知识产权实施相关问题"；2013 年主题为"中国知识产权法律修订相关问题"；2014 年主题为"知识产权司法保护相关问题研究"；2015 年主题为"信息、网络与知识产权相关问题"。值得欣慰的是，秉承郑成思教授凡召开学术会议应当尽量甄选有质量的研究讨论成果见诸于文的遗训，也得益于中国知识产权培训中心的大力支持，迄今为止中国社会科学院知识产权中心、中国知识产权培训中心已经出版了系列文丛。在 2016 年的论文集即将付梓之际，谨向历年来积极参与"上地论坛"为知识产权学术研究作出智力贡献的理论和实务界人士致谢，向一直以来全力支持社科院知识产权中心学术活动的中国知识产权培训中心致谢。

2016年的"知识产权上地论坛"论文集除了选编的研讨会论文和会议综述，还收入了2016年9月9日纪念郑成思教授逝世十周年座谈会的纪要。最初我们是想在9日晚上趁外地参会者已经入住、第二天的研讨会之前召开一个小范围的追思会，但没想到通知发出去之后得到各方积极回应，尤其是原先在国家知识产权局、国家版权局、国家工商行政管理总局、最高人民法院和各地法院曾与郑成思教授共事的知识产权界领导，以及许多学界、实务界的同仁，都表示要专程来参加。我们临时决定改为在9月9日下午开始召开座谈会。后来发现，半天的时间也实在太短，难以让与会者都能够表达对郑成思教授的追忆之情，更难以发表对国家知识产权战略实施和中国知识产权制度现状与未来的洞见。好在，我们留下了座谈会的纪要，并征得发言者同意发表，以此作为缅怀先师、继往开来的最好纪念。再次感谢所有与会者，大家百忙之中的参会不仅是对郑成思教授个人的真情缅怀，更是对知识产权共同事业的衷心热爱。

事实上，为纪念郑成思教授逝世十周年，郑老师的家人弟子在2015年教师节之后即已经开始商定，将老师的著作文章重新整理归类汇集出版。此想法得到知识产权出版社的全力支持，随即成立了《郑成思知识产权文集》编委会。感谢师母的鼓励和张斌先生的协调，也感谢所有同门、师友的参与和帮助，还有知识产权出版社实力干将的出色工作。经过一年的多方共同努力，在2016年9月10日"知识产权上地论坛"召开之际，《郑成思知识产权文集》的编辑工作基本完成，黄晖博士代表编委会在文集的新书预告会上介绍了相关情况。为全面展现《郑成思知识产权文集》这一中国知识产权界学术丰碑的内容体例、分享责编小组在资料搜集整理和汇编中的心得体会，本论文集也收录了李明德教授撰写的总序言和各分卷主编人员撰写的导读。

斯人已逝，风范长存。相信我们打开这本论文集，神思会跟随着大家的述说，穿越十年见到那位博学睿智、清瘦矍铄、一贯谦和地微笑着、总是穿着灰色旧夹克的"中国知识产权第一人"，再一次为郑成思教授所代表的那一种中国典型知识分子的精神魅力所打动。继往开来，砥砺前行。十年来国家知识产权战略纲要从制定、颁布到实施，郑成思教授一生所致力的中国知识产权事业取得了举世瞩目的成就。当前，全球科学技术发展迅猛，国际形势变化多样，国内社会转型带来诸多新问题，知识产权研究和实务界面对的问题更加复杂，这需要全体同仁立足国情、放眼世界，为完善我国的知识产权制度、服务创新型国家建设作出力所能及的贡献。期待爱国笃志、勤学慎思、求实创新、谦和正直的"郑成思精神"能成为支撑鼓励我们知识产权界前行的力量。

管育鹰
2017 年 8 月

目　　录

【纪念郑成思教授专题】

座谈会、研讨会开幕式综述
纪念郑成思教授逝世十周年座谈会发言实录 …………（3）
纪念郑成思教授逝世十周年暨"国家知识产权战略实施：
　　回顾与展望"研讨会综述 ………………………（44）

《郑成思知识产权文集》序
《郑成思知识产权文集》序 ……………………李明德（52）

《郑成思知识产权文集》各分卷导读
《郑成思知识产权文集·基本理论卷》导读 …………朱谢群（58）
《郑成思知识产权文集·版权及邻接权卷》导读 ……刘家瑞（66）
　　——斫取青光写楚辞　扬雄秋室无俗声
《郑成思知识产权文集·专利和技术转让卷》
　　导读 …………………………………………张晓都（70）
《郑成思知识产权文集·商标和反不正当竞争卷》
　　导读 …………………………………………黄　晖（75）
　　——用志不分　乃凝于神
《郑成思知识产权文集·国际公约和外国法》
　　导读 …………………………………………刘丽娟（83）
《郑成思知识产权文集·治学卷》导读 ………………管育鹰（88）
　　——有自信　不自满

【研讨会论文】

民法总则应当如何界定知识产权 ………………… 宋红松（95）
知识产权正当性的再讨论：实证说和信念说的
　　冲突 …………………………………………… 张金平（110）
　　——对国家知识产权战略的启示
研究制定知识产权司法保护战略 ………………… 管荣齐（124）
京津冀知识产权案件跨区域管辖与审理制度
　　研究 …………………………………………… 原晓爽（137）
知识产权研究之困 ………………………………… 刘　华（163）
　　——作者对法学期刊编者的恳谈
中日反不正当竞争法比较研究 …………………… 李明德（173）
商标注册、使用与诚信的关系及价值判断 ……… 黄　晖（205）
论商标注册能否作为仿冒诉讼的抗辩理由 ……… 李　艳（226）
商标授权确权中判断显著性的时间基准 ………… 姚洪军（244）
商标"反向混淆"侵权认定问题研究 ……………… 尹锋林（261）
专利无效抗辩问题研究 …………………………… 管育鹰（278）
审理侵权案件的法院相对审查专利权有效性的现实性
　　与可能性 ……………………………………… 张晓都（303）
医疗方法的专利保护 ……………………………… 张　鹏（320）
"方法界定产品"专利的侵权认定及权利人保护 … 闫文军（344）
专利侵权损害赔偿若干问题探讨 ………………… 章剑超（357）
集成电路布图设计登记的条件、要求和效能 …… 李顺德（389）
集成电路布图设计专有权撤销程序研究：规定、困境
　　与出路 ………………………………………… 宋建宝（410）
论《种子法》对我国植物新品种保护的影响及应对
　　措施 …………………………………………… 李菊丹（422）
创新驱动发展战略下如何加强植物新品种保护 … 陈　红（444）

纪念郑成思教授专题

座谈会、研讨会开幕式综述

纪念郑成思教授逝世十周年座谈会发言实录

中国社会科学院知识产权中心、中国知识产权培训中心主办的"纪念郑成思教授逝世十周年"座谈会于2016年9月9日在北京举行。郑成思先生是当代中国知识产权学术研究的开创者,他以自己的学术研究和教学活动,培育了几代知识产权学人,影响了几代知识产权实务工作者。2006年9月10日,郑成思先生不幸因病逝世,时年62岁。他的去世给后人留下了无尽的悲伤和遗憾。在郑成思先生逝世十周年之际,他生前的相识故旧及家人弟子70余人汇聚北京,共同追忆和缅怀先生的学术人生。为此,中国社会科学院知识产权中心特整理记录了座谈会发言,希望更好地保存和传播这份珍贵的资料,让郑成思先生的学问与人生得以薪火相传。

李明德(中国社科院知识产权中心主任):

今天是我们中国的教师节。郑成思教授在他的一生当中,推动了中国的知识产权学术研究,所以说他首先是一个学者,他用他的学术研究影响了我们一代又一代的知识产权工作者。郑成思教授也是知识产权学术的实践者,他参与了国家的知识产权立法、知识产权行政方面的工作,也参与了司法方面的工作,甚至参与了一些企业的实务工作,用他的学术,推动了制度的建设。

当然郑成思教授还是一位教师,他培养了许多学生,有一些学生或者说间接的学生们,现在已经在很多的工作岗位上发挥着重要的作用。他已经走了十年,当我们决定,在今天下午召开这样一个座谈会,我们发出通知,他的原来的朋友、他的同事,当然也有现在的领导,都纷纷表示来参加这样一个座谈会。

那么今天来参加这个座谈会的,有国家版权局原副局长沈仁干先生,国家知识产权局原局长田力普先生,国家知识产权局原副局长、现任中国科协副主席的张勤先生,最高人民法院研究室原主任、现任中纪委案件审理室主任的罗东川先生,以及国家知识产权局原局长高卢麟先生。当然还有其他各个方面的代表,限于时间关系,就不一一介绍了。对各位来参加这样一个座谈会,我们表示热烈欢迎。此次座谈会我们有这样一份资料,各位也已经拿到手中了。因为是座谈会,我们虽然写了发言名单,还是希望各位自由发言,不限于这份名单。作为会议组织者,我想说的就是这些。下面我们进入座谈时间,看哪位领导或者嘉宾想先发言。

张　勤(中国科协党组原副书记、副主席、书记处书记、国家知识产权局原副局长):

今天很高兴受邀参加郑先生逝世十周年座谈会。为什么我第一个发言呢?因为李明德老师讲了很多郑先生的功绩,但似乎遗漏了郑先生很重要的一个贡献,就是对制定国家知识产权战略所起的非常重要的作用,我想予以补充。当时我在国家知识产权局工作,负责制定国家知识产权战略。战略制定的早期,我主要咨询的专家就是郑先生。

记得我跟他第一次见面是我刚到(国家)知识产权局工作不久,我深切体会到对他对新人寄予的厚望。接下来,应该是 2004 年,我们开始启动制定国家知识产权战略,2005 年 1 月国务院正式批准开展战略制定。郑先生在制定国家知识产权战略过程中所发挥的作用与我们在座的很多人都有关系。比如当时我们考虑,除了(国家)知识产权局要拿出自己的纲要征求意见稿外,还要广泛搜集其他专家对国家知识产权战略的想法。当时我和郑成思先生商定,请大约十位有代表性的专家,每人领衔写一份自己认为理想的国家知识产权战略纲要。我记得这其中包括吴汉东老师、陈美章老师、王兵老师等。郑先生还特别推荐罗东川作为年轻专家的代表撰稿。我自己也写了一份纲要草稿,请大家提意见,首先是请郑先生提意见,并得到了郑先生的充分肯定。这件事我在纪念郑先生逝世的文章中也有提到。另外就是我们一起商量确定制定国家知识产权战略的主要内容,包括课题设置、名称、参与单位和专家人选及参与方式等。除纲要外,我们设计了 20 多个课题及其领衔单位,最后国务院领导小组浓缩批准为 20 个课题。这就是除纲要外的另一个战略制定的成果,即 20 个专题研究报告。

2008 年,《国家知识产权战略纲要》颁布,到现在已经过去 8 年了。我一直非常遗憾郑先生去世太早,未能更多地帮助我做好制定国家知识产权战略的工作,我也过早地失去了郑先生的强大支撑,倍感工作困难。但在 2004 年到 2006 年期间,郑先生发挥了很少人知道的非常重要的作用。

刚才在走廊上,我还在和单晓光(注:同济大学法学院院长)说道,郑先生很赞成利用制定国家知识产权战略的机会,从根上弄清知识产权的本质和在经济社会中应该扮演的角色,包括国家知识产权战略应该遵循什么基本原则等,认为这些是制定国家知识产权战略应该研究的重要问题。其实在制定国家知识产权战略的过程中,对是否研究这些问题存在很大的争议,很多人不赞成在战略制定过程中弄清这些问题，认为是无谓的学术争论。事实上，我国对知识产权的认识多数是来自西方，其解释很多是基于西方发达国家的需要，与我国的国情和应有之义有相当大的出入。对知识产权本质的思考已经反映在我写的《知识产权基本原理》一书中，其中的观点当时存在很大的争议，现在也有很多不同的意见。但郑先生是很支持的，并说我的观点与他的学生朱谢群的很相似，还送了我一本他刚收到的朱谢群写的书。相关内容今天就不在这里展开了。

我感到非常欣慰的是，我对制定国家知识产权战略的很多想法得到了郑成思先生的肯定，使我有了勇往直前的勇气。我2003年到国家知识产权局任职。6月份到任，7月份就参加了国家中长期科技发展规划纲要的制定，任第十八课题组副组长。这个课题组的任务是研究科技法规、政策和体制。我承担了科技发展中的知识产权战略问题研究，是与朱雪忠老师一起完成的。参与这个课题的研究为紧接着启动的制定国家知识产权战略作了重要的准备。实际上，2004年初我们就已经开始了对制定国家知识产权战略的研究，一直到2006年郑先生去世，这是制定国家知识产权战略的早期。郑先生对战略的制定有巨大的贡献，对我也有很大的帮助。

郑先生的为人令人敬佩。尽管很多人在学术上持有与郑先生不同的学术观点，但是在郑先生去世的追悼会上，很多人参加，既有他的观点的赞同者，也有反对者。大家都敬佩郑先生的人品、高风亮节和学术水平，非常感人，给我留下了深刻的印象。

郑先生对工作非常忘我。记得我最后一次去郑先生家和他讨论知识产权战略问题时，郑先生已经身患癌症，他夫人跟我说他的身体很差，不宜久谈。但他毫不在乎，带病跟我讨论了大约一个半小时。他去世前还以普通一员的身份投稿我们组织的国家知识产权战略征文。在评选优秀论文过程中，我们从文章的水平和文风很容易就辨认出了这是郑先生的作品。

我把这些亲身经历过的郑先生的事迹分享给大家，以此纪念这位知识产权界的学术泰斗和前辈。我就简单讲这些，作一个抛砖引玉的发言。

田力普（国家知识产权局原局长）：

首先感谢明德主任，邀请我参加这次座谈会。这个信息传过来，我就特地从外地赶过来，专程来参加这次会议。我和张勤同志的想法一样，也是借此机会来表达我的思念。郑教授确实在国家知识产权事业方面有诸多建树，是一个领军人物。

我在这里就和大家分享一件事情，也是2006年发生的，2006年在我国知识产权发展史上应该说是一个很重要的年份，大家都知道当年5月26号，中央政治局集体学习知识产权法律和制度建设。我还记得在2006年刚过元旦，得到通知，中央政治局要组织一次集体学习，议题就是知识产权，当时我领到这个任务马上就回局里开会。关于学习会上的讲解人选，我们首先想到的就是郑先生，还有吴汉东校长。两位推荐人选报上去后，没有任何不同意见，马上就认可了。当时我还不知道郑先生身体已经很不好了，不知道他已经患病。当时这是国知局面临的一个重大任务，也是一个重大机遇。刚才已经介绍过，2004年局党组开始酝酿制定国家知识产权战略，2005年国务院正式启动了制定工作。但是当时还是有很多阻力的，不同意见也很多，要协调很多部门，确实对当时来说基本是难度极大的任务。所以我们认为中央政治局这次集体学习，专题研究知识产权，这对于国家整个的知识产权事业，包括国家知识产权战略纲要的制定，会是一个极大的推动和促进。所以我还记得当时我们请郑先生来,他非常高兴接受这个任务,不顾身体虚弱,患病在身。因为时间比较紧,春节后的第一次学习会上就要开讲,大家都非常投入,多次开会,讨论文章怎么写,怎么讲,稿子怎么组织,基本没有休息时间,白天黑夜加班。稿子出来以后,我们才知道这才走了第一步,后来还有很长的程序。特别是在稿子的修改过程中郑先生的高风亮节就体现出来了。我们都了解郑先生,学术的独立性是非常强的,有自己的观点,理论研究是自成一家的。所以,一些修改稿子的要求对于郑先生来说,是一个非常大的挑战。当时我也很为难,但是当时,虽然他的讲稿几乎需要推倒重来,但是为了国家知识产权事业大局,为了知识产权战略的推进,为了整个国家未来的创新、发展,从知识产权角度,给国家最高层领导介绍,不光是学术角度,方方面面的,包括教育、法律、执法等等,最后经过对稿子的反复地磨,反复地改,终于圆满地完成了。而且当时在讲解的现场,确实在场的所有人都非常认真,我还记得当时总书记还在郑先生讲解时插话询问相关问题。

所以我们觉得郑先生真的是很让人敬重的,不仅学术水平高,而且政治素养强,能够从国家的大局出发,把自己的学术研究、理论建树,通过适当的方式在中央最高层把它表达出来,改变自己作为学者的一些想法、习惯,他把这件事情做得非常出色,我非常感动。郑先生奉献的多,索取的少。我就是特别为他的身体着急,他什么都不吃,不吃肉,不吃海鲜,我们一起去外地开会的时候,主办方都很为难。2006年确实是他身体最差的时候,当然后来听到他去世的噩耗,大家都非常惋惜。他为了国家知识产权事业的发展,呕心沥血,奉献了自己生命的全部。我就回忆这些片段来纪念郑先生逝世十周年。

沈仁干（国家版权局原副局长）：

我和大家一样，都十分怀念我们的郑成思教授。在郑教授去世的时候，我写了一首诗追悼他。现在，我把我在2006年9月12号写的这首诗奉献给大家：

哭成思

闰七之秋闻闷雷，良师西去不回头，
君子神交廿七载，再遇疑难我犯愁。
闰七之秋闻闷雷，往事历历在心头，
单枪匹马走英伦，师从柯氏夺头筹。
闰七之秋闻闷雷，一生辛劳似黄牛，
著书立论为法治，国会献策强神州。
闰七之秋闻闷雷，挚友驾鹤游蜃楼，
何人觅得仙灵丹，拉回兄弟共筹谋。

这就是我当年写的纪念郑成思教授的诗，再次表示对他的思念。郑成思教授逝世十周年了，中国社会科学院知识产权中心能够组织这样一个座谈会来纪念，聚齐这么多领导、朋友、同事和学生们来座谈，纪念郑教授的学术研究与法治贡献，是不容易的事情。同时，也非常感谢大家对我的关心。

罗东川（最高人民法院民三庭原副庭长、研究室原副主任，现任中纪委案件审理室主任）：

大家下午好，非常愿意参加这个座谈会。我记得上次参加座谈会还是郑老师逝世一周年的时候。那次也是大家回忆了很多和郑老师的故事，让我们大家非常感动。那次我就提出，应当把郑老师的精神在知识产权界传承，应该在整个知识界甚至整个社会都来弘扬郑老师的精神。即使过了这么多年，在我脑海里仍然经常出现郑老师的身影，回忆在我国知识产权制度建立伊始，与郑老师交往的很多情节。

郑老师永远活在我们心中，自己没有给郑老师当过学生，但我的内心永远把我自己当作郑老师的学生。我国知识产权制度的建立和发展包括知识产权审判制度和实践，都得到郑老师非常大的支持。尤其在1993年，知识产权审判工作刚开始建立，那个时候我们就11个人，真正从事过知识产权的人员非常非常少。那个时候郑老师担任北京法院知识产权专家咨询顾问。基本上我们遇到疑难案件都请他来，从来没有拒绝过。我自己当时承办了许多重要案件，遇到疑难问题，都请郑老师来参加庭审旁听，然后听他对庭审的看法和意见。所以北京法院知识产权审判许许多多这些具有开创性的案件，所体现的不仅仅是法官智慧，更多的是像郑老师这样在座的许多老师的智慧。那个时候，理论界和实务界这种紧密关系推动了中国知产审判向前发展。

感谢郑老师在过去我们工作当中、在我们成长过程中，对我们的帮助。我也想代表一大批知识产权法官向郑老师表示感谢，永远地缅怀他。我自己在工作中看郑老师的书，向郑老师请教，收获非常之多。应该说，当时的审判视野和高度与郑老师高瞻远瞩的视野是分不开的。那时候，我们审理计算机软件案件，根本不知道什么源程序、目标程序，但郑老师给我们介绍了许多国内外的情况，所以我们在审这些案件时候的高度，站的这种位置，使我们的审判能够具有前瞻性和创新性。这和当初起点高有很大的关系。

郑老师经常鞭策我们。那时候，我们除了审判也做一些调研，写一些东西，在这些方面郑老师都给我们专门的指导。例如，我们建庭后编写的第一本《知识产权名案评析》，得到郑老师的高度肯定。第二年，郑老师去上海法院指导，看到上海知识产权庭编了两本知识产权书籍，还有一本中英文的。郑老师回来以后就和我们说："你们要加油啊，上海那边都编了两本了，你们才编一本。"我还记得当时《电子知识产权》杂志搞一个知识产权论文竞赛，我写了《新技术条件下对著作权司法保护的影响》，文章很短，却被评了一等奖。郑老师是竞赛的评委，对文章高度肯定。后来看到我，专门提起，让我内心非常感动。2004年，我从知识产权庭调到最高人民法院研究室工作，他马上给我写了封信，说"你在研究室工作面临新的挑战，你的领域就不要再局限于知识产权领域，应该有更广的视野"。而且还专门把一本相关专业书寄了过来，说自己都读了四五遍了，建议我也好好读一遍。他做的这些点点滴滴，都在激励和指引我们。第一代从事知识产权审判工作的法官啊，从郑老师学到的东西是无穷尽的。

还有一件事也要分享一下。2000年中国"入世"要修改《商标法》《专利法》《著作权法》，涉及许多问题，在全国人大常委会进行激烈讨论。尽管当时我们整个知识产权界在国家立法层面的话语权不是很强，但郑老师会据理力争，表达出他的想法和意见。记得当时商标反向假冒在全国人大有关会议上讨论，一些部门的领导人有不同意见，郑老师从推动民族品牌保护角度在会上努力说服他们。最后他看我也在那儿，他说审理这个案件的法官在这儿。我就在那个会上，把"枫叶"诉"鳄鱼"那个案子的情况，给这些全国人大常委会的领导作了介绍。最后决定对商标反向假冒作出规定。郑老师所表现的就是追求真理、讲真话的品质，值得我们去学习。所有的这些点点滴滴，郑老师的心胸、对国家的担当，觉得很佩服。

应该把郑老师的精神品格进行很好的宣传，其实他也代表了知识产权界的一种品格。我看今天来的那么多老同志，都和郑老师打过很多交道，肯定都能够感受到郑老师身上的这种品格。所以我想这个十周年缅怀郑老师的座谈会，不单单是回忆，也是深刻总结我们知识产权界对国家的富强、对创新作的贡献。座谈会的最大的意义就在这里。不管是老同志，还是年轻的同志，在这个方面都有更多的思考，最重要的是年轻一代要把这个历史责任、历史使命担当起来，中国知识产权事业未来应该怎样发展，你们的肩上有什么责任。郑老师的思想与行动是我们知识产权界几十年的总的体现。应该把郑老师作为我们知识产权界的一种符号，一种精神，一种象征，年轻一代要把这种精神，这种品格传承下去。

高卢麟（国家知识产权局原局长）：

今天非常高兴，出席纪念郑成思教授逝世十周年的座谈会。当我们回顾郑成思的点点语言、点点思想，我们都感觉到中国知识产权制度都得到郑成思教授在各个方面给予的帮助，给予的启蒙，给予的指导，给予的研讨。我们今天可以这样说，我们和整个改革开放事业一样，在改革开放的旗帜的指引之下，我们的知识产权制度不断改革，在专利、商标、版权、市场竞争，很多的方方面面，取得了举世瞩目的成就。即便连外国人，也不得不承认。就拿我们这个知识产权培训中心来讲，凡是到过我们中心的人，都是认为我们中国是注重知识产权人才的培养、教育的延伸，从这个中心能够体现出来。

我们在回顾我们成就的时候，不能够忘记，任何一个好的事业，之所以有大的成就，原因很多，但其中有一个方面，必然有一个很强大的、理论上比较完备的、作风比较过硬的队伍，这样一支从思想、理论、作风方面来带领的队伍。我想郑成思教授是这个队伍里一个坚实的代表之一。对他的贡献，我看这本书里讲得很多，描述得也很多。从我个人来讲，第一个就是当中国还没有专利制度的时候，还没有版权制度的时候，还没有商标制度的时候，郑成思教授为代表的一批工作者已经在那里探索。当我们把这个事业逐步逐步地建立起来，我们就可以得到他们在这个之前就作出的准备，译作也好，他本身的著作也好，这方面帮助很多。任何一个事业，没有这一批人，没有这一批专家学者来支持，这个事业是成立不起来。当年我在国家知识产权局，我们第一个方面就想到郑成思老师。在我们专利局建设的各个阶段，他都是我们有力的精神指导力量。

第二点，郑成思作为一位专家、学者，非常重视培养学生。今天我看你们中国社科院年轻的学生来的不多。以前是郑成思的研究生，我知道在他的指导之下，就挂他的名的，有很多很有成就的研究生在国家知识产权局工作。郑成思教授还是WIPO一个专对发展中国家教授联盟成员，郑成思教授是代表我们中国，他在知识产权教授方面享有盛名。

第三个是在我国各个法律成型、讨论、反复争论中，经常能听到郑成思教授的声音。在法律的形成过程当中，专利法上有很多争论，版权法也是争论很多，比专利法还多，商标法也是。郑教授把他的一生，他的思想，他的观念，他学到的东西，贯穿到立法过程当中来。甚至不仅仅是立法过程，刚才罗东川同志也提到，在司法审判过程中，存在疑难的案子，也经常去征求他的意见。我想这也是非常值得怀念的地方。

下面一点，我觉得非常重要、中国知识产权制度在国际上的地位。在研究WTO规则时，他不仅仅是翻译好，而且作了条文分析。我们中国虽然当时还没有参加，后来2001年才参加，但是你必须要了解，国际上的WTO也好，WIPO也好，这就必须要有先驱者去研究，去探讨。在这之后，我们举办了很多学习班、研讨会，我们很多干部都学习过、了解了这些规则，我想这和郑成思教授的努力是分不开的。同时大家都清楚知道，郑成思教授在立法方面一直在讨论的一个问题，知识产权法要不要，怎么样列入民法典中，这作为郑教授研究的问题很长时间。一直到现在，这仍然是一个民法中一个争论的问题。郑成思教授为这个事业也是呕心沥血：如何将提高知识产权法在我们国家的法律地位、如何将知识产权法作为我们国家基本法律的地位着重反映出来。

我还和大家讲过一条，郑成思教授是我们大家的学习榜样。有的同志可能不知道，郑先生的房子很小，在很小的房子里面只有一个很小的读书的地方。我们在看电视的时候，就是他在专研学问的时候。他几乎每天都不看文艺节目，而是一心专注地在研究知识产权制度。我想这一点我没有做到，我想很多人都没有做到。他的确是我们知识产权很重要的代表人物，他的言行，他的作风，他的贡献，都说明了这一点。所以我想在今天这个会上，和大家共勉，回忆这些点点滴滴的事情，我也希望出现更多的人，把郑成思教授治学的精神，严谨的作风，对知识产权的贡献，包括在国际上提高我们的地位，在人大立法方面，涉及所有这些贯穿到将来的工作中。尽管我们国家的知识产权制度已经取得了很大的进步，但前面要做的工作仍然是很多的，我们需要更多的专家学者，真真实实地融入，来帮助我们把中国知识产权制度搞得好上加好。

欧万雄（国家工商行政管理总局商标局原副局长）：

我比郑教授年龄要大，但是他是我的老师。他在商标的贡献可能比专利、版权的贡献还要大，因为我是深有体会。我讲几件事，第一件事是中国商标局要解决加入马德里协定。当时我刚刚提商标局副局长，局长就说，你去参加国务院法制办召开的座谈会。我想应该如何处理这个事儿呢，我就给郑教授打电话。他说你不管在会上谁反对，谁不干，你要坚持参加马德里协定，在会上一定要坚持。

在中南海举办的会，我也毅然而然地去了。结果会上有两个单位坚决反对参加，我们坚决支持参加。回来和局长汇报，局长说你坚持啊？我说我坚持啊。你征求了谁的意见啊？我说我征求了郑成思先生的意见，他说可以可以。所以这件事，有郑成思教授的贡献。为什么这件事要给郑教授打电话，当时有一个党委的刘书记，他和我提议，他说你碰到什么难点的问题，就问一下郑教授，他比较熟悉，所以我就听从老刘的意见。这是第一件事。

第二件事呢，就是商标局首次开始专家顾问制度。1993年我调到商标评审委员会任专职副主任，原先商标评审委员会跟商标局在一块儿，现在分开了，就叫我做副主任，局长做主任。当时国务院的编制还没有下来，就接了商标局的同志们来干。我就征求郑老师的意见，他说你可以请顾问啊。我就开始找，最后我就跟局长汇报，当时局长是兼主任的，他就问，我请顾问是要花一些钱吗？要多少钱，我没有多少钱。当时是90年代初，我说这样吧，每请一次人就十几块钱，一个人五块。说多一点吧，找专家解决问题，可以多一点，就批准了。接着请专家啊，我就开始想请哪些人，就想要不要请政法大学的江平，问郑老师要不要请一下他呀，郑老师说可以。我就通过一个老乡，也是政法大学的，就把江平老师给请过来了。当时请了十几个，有北京高院的、最高院的、人大的、北大的、版权局的、专利局的都有。专家们第一次开会，我们局长就亲自来了。后来等郑教授来了，我们局长就说，郑教授你请的专家可以啊。当时商标局是第一次成立专家委员会，别的局都还没有。所以郑老师对我们商标局的贡献啊，是很大的。

当时我们评一个"武松打虎"的案子，人家注册商标了，这问题怎么解决啊，这是版权的问题啊。咱们这些实际工作者也不是学法律的,不知道怎么办。讨论过后把这个商标给撤销了,在社会上影响很好。我记得郑老师在编写《法律文库》这本书的时候还把这个问题给提上去了。还有就是在商标领域近似混淆的问题,我们也是请教郑教授。所以说郑教授啊,虽然年纪比我小一点,我今年80(岁)了,但是他依然是我的老师,我非常尊敬他。郑老师对我也是比较相信,比方说,黄晖是他第一个博士生,当时当博士生要国家局领导写推荐信。我记得黄晖说,郑教授说的,只要你同意就行了。我就说我可以给你写,所以黄晖成了第一个博士生。所以郑成思教授当时给我的印象很深,对国家商标局的贡献非常大。郑教授可惜啊,去世太早了,他是中国知识产权界的权威专家,在版权、专利、商标、不正当竞争等方面他样样都精。所以今天的座谈会,我身体也不好,但我还是来了。讲的也是四川话,听不懂了也请大家谅解了。

杨林村(科技部知识产权中心原主任):

我和郑老师交情不深,只有一件事情特别印象深刻。就是我们中心刚成立的时候有一个案子让我们做一个法律咨询报告,这个案子现在看上去很简单,就是一个房屋结构设计软件,这个软件的市场比较大,然后它的开发者给它进行加密了。侵权者让一个解密的企业解密了之后便宜卖给第三人,这么一个过程。然后我们当时对这个解密者的法律责任说不清楚,我们就说能不能请郑老师来。大家就觉得这么大一个专家能不能请过来,就决定冒个险,打个电话,一说这个案情,郑老师很感兴趣,他就过来了。听完之后郑老师还很谨慎,就说:"这个解密责任违法没有问题,就看什么责任,我回去再研究研究"。回去两三天之内,他又给我打了一个电话,说什么什么责任,供你们参考。这是主要的一件事情,也有一些其他的事儿。

我之所以一定要来这个座谈会，是觉得郑成思老师这个人，外貌非常瘦小，但是他给人的精神力量非常强大，他的气场非常大。我觉得他的力量来自于他的真诚，来自于他的学养，来自于他对祖国、对于知识产权事业的这份执着，所以我对他的人品非常崇敬。他去世的时候，我莫名其妙流了几滴泪，我就觉得我们行业非常缺少有这样人品的专家。他也从来不考虑个人的荣辱，领导对他怎么看，人格非常地高大。所以我觉得呢，感谢主办方能邀请我，给我这个机会，我把我的心意表达给大家，谢谢大家！

王自强(国家版权局版权管理司原司长)：

首先，感谢主办方邀请我参加纪念郑成思老师逝世十周年的座谈会。

郑成思老师，是中国知识产权界德高望重、研究成果丰硕的著名专家学者。第一，他是中国知识产权理论研究的先行者，作为我国首批从事知识产权理论研究的学者，他以孜孜不倦的科学态度和忘我的精神，为我们从事知识产权的工作者留下了大量的理论研究成果，正如李老师刚才所讲，在座的以及不在座的，从事知识产权研究、立法、司法、行政的人员，都是郑老师理论研究成果的受益者，他在知识产权方面的理论建树深刻地影响着今天中国的知识产权界。第二，他是中国知识产权制度建设的参与者，他参与了中国商标法、专利法和著作权法等几乎所有知识产权重要法律的起草工作，亲身经历了中国知识产权法律制度从无到有的过程，中国的知识产权法律制度凝聚着他的心血和智慧，他为中国知识产权法律制度的建立作出了杰出贡献。第三，他是中国知识产权保护实践的践行者，他在不断深入研究中国知识产权制度的同时，大力支持司法、行政开展司法审判和行政管理的社会实践，支持市场主体建立知识产权保护机制。我记得 2006 年初，我国的

《信息网络传播权保护条例》立法工作进入冲刺阶段，为了加深对世界知识产权组织两个互联网条约的认识，国家版权局邀请郑老师来作专题讲座。当时他已身患重病，但欣然接受，并带着虚弱的身体给我们作了精彩的演讲。前几天，阎晓宏局长与我说起这事仍感慨万千，称赞他的敬业精神和为人品格。郑老师是一位学者，也是一个著作权人，同时也是侵权盗版的受害者，他以崇高的社会责任感亲自参与反盗维权活动，抵制盗版行为，以对侵权盗版不妥协的态度，为社会和公众作出了正义的示范。

我非常认同刚才东川同志所言，郑成思老师是中国知识产权界的一个标志和符号。今天大家在这里聚集一堂，座谈、追思纪念郑成思老师。我认为对他最好的纪念，就是做好当下的知识产权保护工作。做好知识产权保护工作，我认为，一是要不断地完善中国的知识产权法律制度，二是要不断地推进中国知识产权法律制度的实施，而这两者都需要理论研究成果的支持和支撑。在这方面，郑老师可以说已经为我们作出了典范。其一，他坚持理论与实践结合的科学精神，一切从中国的实际出发来研究问题；其二，他秉承问题导向的思维理念，着力解决中国面临的知识产权保护实际问题。今天，我们建立和完善中国的知识产权法律制度，一定需要借鉴世界各国知识产权保护制度的先进成果，吸取人类文明的精华，但更重要的是要把这种成果和精华转化为中国的现实制度，但应切忌照搬照套、东施效颦、邯郸学步，不结合中国的实际，既学不到别人好的东西，也可能丢掉自己的本源，连自己该怎么走路都不知道了。这也是今天我们要学习郑老师严谨的治学精神和科学的研究态度之所在。我觉得只要我们坚持这种精神和态度，中国的知识产权制度建设和法律制度就会上一个新台阶，就会为推进我国知识产权战略的实施，加快知识产权强国建设,乃至促进经济发展、文化繁荣和科技进步作出应有的贡献。

谢谢大家。

董葆霖(国家工商总局商标局原副巡视员):

我今天呢,从大兴赶过来,我是非常非常怀念郑成思老师的。郑老师在很多我们非常困难的时候支持我们,帮助我们,例如1988年细则的修改。关于注册不当,那时候抢注就开始了。后来1993年的商标法修改,在关键的地方,比如地理标志,他也是提供了很大很大的帮助。另外在2001年的商标法修改,对于很多重要的制度,郑成思老师都出了许多非常好的主意。郑老师对企业非常非常体谅、非常非常关心,企业遭受到危机的时候,他十分关注。对像海信集团一案这样,当时德国西门子公司要告我们中国的海信7个亿,就是7000万欧元。当时在这个案子中我们的一些感受啊,一些想法啊,我们都征求了郑老师的意见。所以我现在特别怀念郑老师的,就是我们现在中国的一些企业在商标问题上遇到了巨大巨大的灾难。就是现在出现的抢注现象,已经把我们中国的商标法给颠覆了,颠覆了商标法领域的正义和公平。遭遇抢注的企业没有办法,稍微有一点知名度的商标,都要在45个类别上,不用的也得去注册。而且要把一个商标分开,分成字母、图形、拼音。把一个商标拆成四五份在45个类别上注册,要几十、几百地去注册。不用的也得注册,不注册别人就给你抢注了。然后还出现一个现象,就是我注册的商标超过3年不使用,别人就又可以抢注了。所以这个"超过3年不使用",实际上是一个怪胎,外国很少有使用这种制度,但在我们中国,非常多的企业在这个上面要吃大亏。所以说我们中国的商标法正遭遇着极大的灾难。在这个问题上呢,我非常怀念郑老师,如果有郑老师在,我觉得我们中国的商标法不至于是这个样子的。因为郑老师在全国人大讲的话，常委们还听了，因此郑老师的学问在我们的领导当中还是有很大的影响力的。所以郑老师走了10年，我们商标法走到这种程度，去年商标注册申请287万（件），今年根据估计要350万（件）。美国商标注册申请多少，有30万（件），欧盟不到30万（件），俄罗斯10万（件），英国10万（件），日本20万（件）多一点，我们到今年是350万（件），而这350万（件）有多少是我们经济建设中所需要的呢？恐怕到不了1/4，有3/4左右都是垃圾，抢注别人商标的和自己没办法自己去商标局注册自己商标的。这些垃圾给我们商标局造成了巨大的困难，给商标评审委员会、法院也造成了巨大的困难，但是遭遇最大损失的是全国的企业。我觉得在这个问题上面，我们郑老师走的太早了，所以谁能够在国家的立法上面、国家的执法上面，能够帮帮我们的企业？！谢谢大家，我说的有点激动。

曹中强（国家工商行政管理总局商标局原副局长）：

感谢主办方邀请我出席郑成思教授逝世十周年的座谈会。我感触很深。我是2001年至2008年任中华商标协会秘书长。在协会期间，遇到了不少新问题，要向郑成思老师请教。我们在2002年到2003年曾经举办过两届中国商标大赛，也就是第二届"冠生园"杯商标大赛、第三届"恒源祥"杯商标大赛，"4·26"世界知识产权日期间在中央电视台二套播放，我剪辑了两段大约12分钟珍贵的视频，即中央台记者对郑成思老师的采访，以纪念和缅怀郑老师。

（注：在稍作休息之后，座谈会安排了《郑成思知识产权文集》的发布预告会环节，该环节由中国社科院知识产权中心执行主任管育鹰研究员主持，文集汇编者代表黄晖先生、知识产权出版社副总编王润贵先生以及郑成思教授家人代表张斌先生分别发

言，介绍了汇编出版《郑成思知识产权文集》的相关情况。）

黄　晖（郑成思教授博士弟子，《郑成思知识产权文集》汇编者代表）：

首先感谢郑老师家人的信任。在汇编这套文集之初，我们希望将现有的一些新的情况、发展反映到里面去，但后来觉得这个工程可能比较浩大，所以我们后来采取了现实一点的做法，就是先把老师的文章、著述汇编整理起来。因为前前后后的著作很多，把它全部拿来再出一遍书可能意义不是很大。所以我们后来采取了一个体例，便是采取分卷来整理。现在大家看到了样书，这个样书得到了出版社的大力支持。一共是六卷八册。基础理论一卷，版权一卷两册，其次专利卷、商标卷，国际公约卷也有两册，最后是治学卷。我们在编辑过程中，有一个基本考虑，就是保持郑老师作品的原貌，全部是郑老师自己的文字。我们编者只是作了一些注解，比如像大家看到的声音商标，当时根据我们的法案还不能注册，但我们现在新法已经允许。我们会在相关论述地方加注，表明现在情况如何。另外会在后面加一个关键字的索引，因为国外的学术著作都有这样的体例。我觉得这样可能对于郑老师学术思想的传播会更加方便。这个书刚开始会以整套书的形式出版，后来应该还会分卷出版。这样对大家阅读郑老师的著作会带来方便。最后一卷治学卷特别值得提一下，在里面我们搜集了郑老师全部学术著作前言以及给别人的著作写的序言、评论等，从这里面我们确实可以看到郑老师的治学之路对我们的影响非常大。郑老师虽然离开我们十年了，但是他的著作、他的论述会持久地影响我们的知识产权事业。感谢编委会及同人们的支持。这里面基础理论卷是由朱谢群博士来汇编的，版权卷是由刘家瑞博士，专利卷是张晓都博士汇编，商标卷是我来做的，国际公约卷是由刘丽娟博士来做的，治学卷是管育鹰博士来做的。李明德老师特意为文集写了总序，知识产权出版社给予了很大支持，超星公司前期为著作的电子化也提供了很大帮助，这里一并感谢！

王润贵（知识产权出版社副总编）：

各位老师，各位专家，我今天代表知识产权出版社《郑成思知识产权文集》的主要工作团队上台说几句。我们团队今天总共来了5位。知识产权出版社总编辑助理、主任都来了，也带着郑成思文集的编辑，来向大家简要汇报文集的情况。我先表个态。第一，刚才第一阶段的座谈会，各位领导、专家都表达了对郑老师的追思，我们也是带着同样的心情来出版这个文集的。在我们这样的团队做这样的工作，它已经超过了出版一套学术著作的意义，而是像刚才有的领导谈到的，是要推出一种中国知识产权界的精神。通过保存郑老师的研究成果，保存这种精神，是有利于知识产权的传承的。这是我们出版该文集的初衷。第二，这项工作筹划已经好几年了，讨论、立项、组稿、汇编已经经历三年了。具体的汇编工作刚才黄晖已经作了具体的介绍。他们做的更具体，我们配合他们工作。我们知识产权出版社一定配合好《郑成思知识产权文集》的汇编团队，把这个文集做好。今天我们这个团队带着我们的初步工作成果来到会场，一方面是追思郑老师逝世十周年，另一方面是请大家批评指正我们可能存在的问题。

张　斌（郑成思教授家人代表）：

我受我岳母委托来讲几句。我岳父去世前有两个心愿，其中一个是希望他的学生能超过他。当时知识产权出版社找我，想通过注释的方式来出版这套文集，希望通过这样的方式让他的学生有一次超越他的机会。所以我们作出了一些牺牲,因为有些朋友说可能会影响我岳父的著作权,但只要能让他热爱的知识产权事业得到发展,作出点牺牲是没有问题的。另外一个是选择黄晖做汇编的负责人。当时我岳父说过几个人名,其中就有他。这几个人可以动他的作品的。他已经作出交代了。

杨叶璇(国家工商总局商标局原副巡视员):

郑老师离开我们十年了。刚才杨林村说的时候,我差点没哭出声来。我看到他照片,我非常想念他。现在特别想念他。希望郑老师听到我们的声音能够再次出现。我们为什么要纪念郑成思教授。在他去世十周年的这样的场合,我们取得了一个共识:怎样来纪念他,来发扬他。刚才我特别注意到李明德主任今天穿得特别正式。我刚才进来碰到他和他握手的时候和他说,你们法学所办了件大事。他说这是应该的。我说郑老师是知识产权领域中的泰斗,同时也是个旗手。他说他很了不起。我说这面旗帜还要举下去。我们都知道,里约奥运会每个国家都要有它的旗手。郑老师已经离开我们十年了,那么我们为什么要纪念郑老师。我们国家现在有很多了不起的人,在知识产权界有个郑成思教授,知名度很高。他是个感动中国的人,是改变知识界的人。我们国家的知识产权制度在计划经济制度下是荡然无存的,那么这个知识产权制度是依靠郑老师的披荆斩棘而建立起来的,而且郑老师学贯西中。我记得他有篇文章谈到了商标是舶来品,那么在舶来这方面来说,他真是驾着一条船,把西方的东西传递到中国,与中国特色结合起来。今天知识产权局的老局长也说了,他是一个上达天庭、下接地气的人,许多人的学问很高,但是他是那么地接地气,那么地能够谏言,坚持对国家的立法负责。我们国家最高层应该了解这些东西。郑老师真了不起。他研究的一些东西,在世界知识产权界都享有很高的知名度。

郑老师在世界知识产权组织，包括WTO，是具有极高的地位的。他是被世界公认的世界级专家。我们这支队伍的教育、培训还有商标法的几次更改郑老师都功不可没。在1993年修改《商标法》的时候，当时人大常委会刚要通过的时候，出现了这么一个情况。商标法在这之前对假冒侵权的规定要加上明知商标而使用才成立侵权。如果商标法如此修改，那么整个体系不行了。我们就想到必须找郑老师，郑老师在人大常委会说话有力量。后来我们去郑老师家，和郑老师讲了这个事。郑老师听完以后特别激动，说商标法要是这样弄的话倒退太严重了。所以郑老师就去和人大常委会讲这个意见，还专门写了篇文章讲这个事情。所以后来商标法就是我们看到的明知或应知，不仅仅是明知了。我们商标法遇到了好几次问题，这里面问题有走在十字路口的迷茫，也有对商标法的原则性的问题把握上的缺陷。但我们都是把郑老师当成泰斗，他披荆斩棘地在这方面做工作。所以这方面我怀念郑老师。现在我们国家知识产权的法治的确到了很重要的时刻。他作为中国知识产权的泰斗，他之所以公认，因为知识产权在中国从无到有以及到后来的蓬勃发展阶段，郑老师起的作用非常大。当时中华商标协会成立，决定让我做第一届的副秘书长和《中华商标》主编。我想第一篇一定要找郑老师。所以和郑老师说了，郑老师说考虑。后来刊号批下来了，我们就找到郑老师，郑老师说："好，我给你篇文章，但这篇文章我正在写，而且没有发表过。"他的关于TRIPS协议的文章就是第一次在《中华商标》上出版。后来他还给我不少的书。都是他的书，还带着墨香。我只是一个在商标方面做具体实务的人，我形容自己就是一只抓耗子的猫，抓假冒侵权而已。但郑老师对我真是教书育人、为人师表。郑老师一心惦记着中国的知识产权事业，惦记着民营企业的健康发展。这个人非常透明，唯独没有他自己。所以他去世的时候太年轻了。我马上快70（岁）了，但郑老师年纪并不大，离开我们却十年了。知识产权发展到现在这个阶段，很多东西被异化了。商标的财产论、资产论、驰名商标的性质都被异化了。有些企业申请商标都没有运作的想法，而且商标本身有商誉和增值的作用。中国现在在商标方面问题很多，因为发展了以后到了深水区，企业发展越大，它的边缘越大。我们研究知识产权的有造诣的、有事业心的专家学者应该振作起来在这方面搞研究。在当前的经济和社会发展到新的阶段的时候，很关键的一个时候，我们怎么发扬郑老师的精神。我们希望在我国现在的知识产权界，有王成思、李成思。我觉得他的名字太棒了，而且他的成就那么大，他从思想到精神，他的生活那么清贫，奉献一切。有时候觉得自己学问和郑老师差别太大。今天我鼓出点劲来，要写点东西。有句话可能不恰当：革命尚未成功，同志们仍需努力。知识产权要做的事情太多了，尤其是对于年轻的工作者，我觉得这个是最重要的。在这里，还必须提到一件事。（20世纪）90年代初期，我奉命主持拍摄两个商标专题讲座录像片时（一是工商管理干部的法律教材，另一是企业商标法律讲座），请郑教授讲授，正值他刚做完手术。他克服术后的伤痛讲课。在录像的间歇，他不得不跪在沙发上转换身姿休息。他对法治教育的投入、奉献和对工商行政管理商标工作的支持，令人感动，也令我没齿不忘！

裘安曼（世界知识产权组织版权司原高级顾问）：

我主要从感性层次来讲，因为从理性来讲，我们今天是讨论郑成思学术思想座谈会，纪念他是从感性角度。这个人是怎么样一个精神。我和郑成思先生数年前有非常密切的关系，几次开会我们都住在一块，在一个房间里。所以我非常近地接触过他。他身上有那么多的光环,那么,郑成思先生自己觉得他自己是什么样的人?我觉得郑成思先生会这么说:我是知识产权这条路上一个朝圣者。我就觉得郑成思先生从事知识产权事业就像一种宗教情怀。他很谦卑,没有架子,大家都知道。希望我们大家都能超过他。他对追求真理有敬畏之心,对其他东西他都不屈从。他要把他自己所学的东西最大限度地让其他更多的人来受益。另外,他有一种博爱精神,凡是对待有需要的人,都是一种温情的态度。他其实是处在中心的地位上,但是在各种场合下和别人接触的时候,就总感觉别人形象都比他高大,他就是很安安静静地在一个角落里。郑成思先生做事情艰苦勤奋、专注,对自己的健康都不大顾及。所以他这种精神是我们真正要来继承的东西。我们现在知识产权事业的发展,和郑成思先生当年开创知识产权事业的时候很不一样了,而且郑成思先生逝世这十年,知识产权这个事业也发生了翻天覆地的变化。换句话说,如果郑成思先生当年是一种开创、探索、启蒙、教育,那我们现在正处在要开始作基础性思考、研究、探索的时候。特别是最近谈论是否要加入民法典,我们的确要对这个事业有一个根本性的、基础性的、重新定向的考虑。这种情况下,我们来纪念郑成思先生,就是要学习他的精神。他这种使徒一样的精神。我们要问问自己,我们有没有这种精神。郑成思先生的做人、做事是完全融合在一起的,没有这样的一个命题:你先做事再做人。做人必定要通过做事来体现出来,做事必定体现出做人。我们对郑成思先生整个作品的讨论是另外一层含义,关键便是郑成思先生这种精神,这就是那些年来我和郑成思先生密切接触的感悟。我就感觉他是这样一个形象,一个使徒的形象,他对自己评价很低的,我觉得任何一个光环戴在他身上都不是他的本意。他自己觉得他自己就是一个很普通的做学问的人，在这条路上默默无闻地作为一种殉道的角色。

宋　健（江苏省高级人民法院审判委员会委员）：

非常感谢中国社科院知识产权中心邀请江苏高院，看到邀请后非常感慨，所以我们一定要来参会。因为江苏高院知识产权庭是在1995年成立的，那个时候属于知识产权审判事业初创阶段，是件量比较少的时期。江苏高院成立知识产权庭后，将原来分别由民庭和经济庭审理的著作权和工业产权案件集中到知识产权庭审理，并开始培养知识产权专业化法官。而在知识产权庭初创时段，无论是理论准备还是实践经验都不充足。为了尽快提升知识产权案件审判水平，江苏高院聘请了国内一些著名知识产权专家作为法律咨询专家。郑老师就是其中一位。我一定要来参加纪念郑老师逝世十周年活动，我也参加了郑老师逝世三周年活动，因为我们一直深切缅怀郑老师对地方法院知识产权审判工作的关切。当年我们在案件审判中遇到一些疑难复杂问题，通常会咨询法律专家以获得帮助。记得有一次，我们把案情和咨询问题寄给郑老师，郑老师很快就给我们寄回了书面的专家咨询意见，对我们帮助很大，对裁判起到了定心丸作用。去年，我在为一本书写序言时，也梳理了法律专家意见的价值和作用，同时回顾了在知识产权审判初创阶段专家咨询意见对司法的帮助，其中也提到了郑老师。我比较了那个阶段与现在专家咨询意见之间的差异。在我看来，可能最重要的是，那个阶段如郑老师这些大家的专家意见通常是"无价"的，而现在很多专家意见是"有价"的，当事人会去支付一些费用。郑老师对司法的贡献，特别是对地方法院的贡献和帮助，我们是不会忘记的。同时，我觉得在中国知识产权法官成长过程中，郑老师的学术思想也给予了很多指引和滋养，这也是我们不能忘记的。我是 2004 年进入江苏高院知识产权庭工作。早期江苏高院知识产权庭法官非常少,只有四五人,到 2004 年左右案件开始增多,法官也开始大量增加。记得当时知识产权法官起步基本都是从看郑老师著作开始的。而对于后来新进入知识产权庭的法官,我们也多推荐他们去看郑老师的著作。郑老师对中国早期知识产权法官培养所给予的学术指引非常重要。在这里,我代表江苏知识产权法官再次表达对郑老师的深切怀念。

芮文彪(上海市知识产权局副局长):

各位专家、学者,大家好。我来自于上海,我代表吕国强局长专程赶来参会。接到这个通知后,我和吕局长一直在回忆郑老师当初对上海审判工作的一些片段。我和吕局长曾经亲自到郑老师家里去拜访他,请教他一个案件。当时给我们留下深刻印象的是,他家里非常朴素,床上、桌上、地上满是书籍,而且整个房间的装潢也是非常朴素。他给我们的案件提供了非常有价值的意见。当时我是个年轻的法官,我走的时候郑老师给予了我很大的鼓励,至今让我终生难忘。说起郑老师对上海知识产权事业的帮助,我想主要是两点。第一,郑老师对上海的知识产权的审判体制机制给予了很大的帮助和支持。当时我们上海浦东新区法院在 1996 年开始探索"三合一"审判模式,也就是民事、刑事、行政于一体的审判模式。当时这是全国首家实行"三合一"审判模式的知产庭。郑老师对此表示充分的肯定,称其为"浦东模式"。并且他作为全国人大代表,在会议上将此作为一个提案,认为这个模式可以在全国进行推广。在郑老师的支持、帮助和倡导下,"三合一"审判模式在法院走过了 20 年,从探索到成熟,到今年最高法院专门发文在全国法院实施"三合一"审判模式。所以说 20 年来的探索与郑老师的指导和帮助是分不开的。第二,郑老师是我们上海法院首批知识产权咨询专家,对上海知识产权审判工作中很多大案要案都给予了指导帮助,比如吴冠中案件、三毛案件、MTV案件。这些案件我们都向郑老师进行了求教,郑老师给予了很多有价值的指导意见,对于我们审判案件很有帮助,并且判决出来后社会效果也特别好。另外有个趣事也和大家分享一下,他非常喜欢上海的一些民族品牌,每次到上海来,他就会买一些回去自用或送人。他平时都吃素,但是他来上海就非常喜欢吃"丁蹄",所以他每次来上海就开荤。最后,我代表上海知识产权行政部门向郑老师表达深深的怀念。我们要以实际行动,做好我们手头的工作,以此来纪念郑成思教授。谢谢大家。

许　超(国家版权局版权管理司原巡视员):

我没想好应该怎么来表达这种纪念。郑老师走了10年了,我和大家一样难过。一个人走了10年,还有这么大的凝聚力,说明什么?郑老师走得太年轻,正是年富力强之时,英年早逝。他的一些治学精神和品质大家都说过了。我想补充两点。第一,他的特殊身份,上达天庭,下接地气。他是人大代表,又是法律委员会的委员,这对于知识产权立法是一个非常关键的位置。现在来看,我们的专利、商标、版权等法律的制定与修改,同他的努力是分不开的。他不光是一名学者,不是当上一名人大代表就心满意足了,而是利用其特殊的地位在建立我国知识产权的事业上发挥他的力量。他一个人释放的能量太大了。这才是真正的正能量。所以说他走得可惜。第二,虽然他是人大代表,还是学术界的泰斗,又是法律委员会委员,但是你和他讨论问题的时候,他从来不会因为他地位高就有居高临下的感觉,他总是平心静气。观点不一样没关系,丝毫不影响人之间的关系。郑老师胸怀若谷,礼贤下士。对任何人都不会施以压力。他的精神不仅仅是在知识产权，而是整个学界都应该将他的精神发扬光大。

王范武（北京市第二中级人民法院审判委员会原专职委员）：

与郑老师认识是偶然也是必然，这与一件案子有关联。《新儿女英雄传》这本书是已故作家孔厥和其前妻袁静合著，因为孔厥个人的问题，这本书在一段时间只有袁静一个人的名字。1980年人民文学出版社重印了孔厥、袁静共同署名的版本。1982年孔厥夫人和一个女儿支取稿酬两千八百元。孔厥夫人支取的这笔稿费如何处理发生了民事诉讼。这在当时是北京法院遇到的第一件涉及作品稿费分配的案件，在国内法院尚无先例可寻。为此我到了北京市政府版权处咨询，看了文化部的一些相关规定和一份正在起草的内部文件《图书、期刊版权保护条例》。在我第二次去咨询的时候偶遇郑老师。当时版权处的同志说："你来的正好，这位是专家，有什么问题可以问他。"那时他已经是一个留学归国、翻译和创作多部专业著作的专家，如果不是介绍，我就认为他是一个普通劳动者。

从1985年《民法通则》颁布到1993年北京法院成立知识产权庭之前的数年间，我经常向他（从单位到家里）和版权管理部门的同志求教专业知识，他也曾多次旁听我审理案件，给予具体的指导。因此我知道北京法院很多早期的典型、重大、疑难著作权案件都得到他的指导。可以说是他把我引进这个领域。

他在关注国内外学术理论研究和法学教育的同时还十分关注司法审判实践，1993年北京法院成立知识产权庭之后，每年他都要针对我们汇总的问题从理论到实践进行系统的指教，他及时详尽地讲解国外的理论，经常信手拈来一些国内外的司法案例。他也非常注重将我们典型的判例向国际上介绍。我第一次听到"即发侵权"这个词和理论是郑老师在四川成都的一个学术研讨会上介绍的，会间休息时我向他介绍了我院审结的两件案子，他听了以后说："这就是我介绍的'即发侵权'的实际应用。"复会后他高兴地对与会者说，我国审判实践已经在运用"即发侵权"的理论，我们的司法保护水平是很高的。回到北京他就急忙向我索要这两个案件的判决书。在后来的一次国际研讨会上我听到他介绍这两件案例。

在多年的知识产权审判工作中，我们很多人都以他点头认可为标准。

让人肃然起敬不仅是他的学识，更是他谦和、朴实的人品。他对我们的问题可以说"有求必应"，从不推脱、敷衍，也不会因为你的问题幼稚而不屑一顾，总是认真地倾听。我清楚地记得他倾听时的眼神、表情和手势。倾听时他会凝重地直视着你，当他肯定你的意见的时候会轻轻点头，否定的时候也会微笑但坚定地摇头或摆手。他能迅速地抓住问题的关键，非常严谨地从词源、词义到基本理论进行讲解，直接引用理论或判例给你明确的意见。

1994年，我参加部分省市电视台在杭州召开的电视版权研讨会，有幸与郑老师同住一个房间3天（因为杭州电视台不了解郑老师的生活习惯，没有为他安排单间住房，郑老师问谁睡觉不打呼噜，我说我不打呼噜，他说我们两个先试试。第二天我刚醒来他就说就咱俩一屋了）。在朝夕相处的三天里，他结合北京法院早期的一些案件以及电视剧《济公》和当时上海法院正在审理的《炮打司令部》假画案给我讲了很多理论和立法争论的问题。其间我亲眼看到他勤奋学习的情景——在我睡着时他在看书，等我清晨醒来时看到他还在看书。

我还记得有一次我为一件涉及计算机互联网的案件向他求教，他非常谦虚而坦率地说，这个问题我研究得不深，你可以找×××讨论，她比我研究得深入。

在审理首件涉及民间文学艺术保护的案件中，我的意见在审委会没有通过。在此情况下，我求助郑老师的帮助指导。我试探地邀请他到我院与主要领导进行一次交流，没想到他不仅马上答应了我的请求，还主动提出由他出面邀请王利明和江伟两位教授参加。我非常感谢他和两位教授从理论上明确支持了我的意见，郑老师还亲自对这个案件庭审所涉及的法律问题作了详尽的点评。这可能是他唯一一次对一个具体案件和庭审全过程进行学术点评。正是有他的指导，这个案件的庭审录像获首届"金法槌"奖，还被选为国家法官学院高级法官培训教材。

2003年，在他得知我从知识产权庭调到其他审判部门任职的时候，曾打电话和见面时说，"知识产权审判专业性很强，要有长时间的学习、培训和实践经验的积累，你在全国法院都是最早审理著作权案件的法官，为什么要把你调到其他部门工作，我要找有关领导说说。"在我看来这是郑老师对我的肯定。

我没有资格和水平去评价他的学术成就和地位，但说他是中国知识产权领域的开创者和奠基人应该是公认的。他的学识和品德得到一致的尊重。我虽不是郑老师的亲传弟子，但可以说得到过他的耳提面命，我以此为荣耀。

在以科技创新为动力，加强知识产权保护已经上升为国家战略的今天，编辑出版郑成思老师的文集是我们对郑老师杰出贡献的肯定和怀念，也对系统研究郑老师学术理论和思想、推动我国知识产权保护事业有积极的意义。

最后，感谢中国社会科学院知识产权中心邀请我参加这个纪念会。

张鲁民（北京市高级人民法院民三庭原庭长）：

郑老师是高我两年的校友和师兄，我为这样的校友和师兄感到自豪。但是从我内心深处，这么多年来，我一直把他作为我最崇敬的老师来对待。跟郑老师重逢以后，20多年时间，这个20多年时间经历了我们北京的知识产权审判工作的开展，和我们北京知识产权法官的成长过程。刚才江苏的，还有刚才芮文彪讲了一下上海的，都讲了郑老师对知识产权工作的贡献。我对他从我们北京的知识产权工作的开展，知识产权法官队伍建立，郑老师的贡献是特别重要。到现在，我们知识产权审判工作和知识产权法官，都是确实是一种郑老师精神的存在。从目前来讲，我们北京已经成立了知识产权法院，应该说我们可以处理各类的知识产权案件，而且有些案件相当地有创意，相当不错。而且现在来讲，我们也有了一支成熟的法官队伍，大家可能已经听说了。我觉得这些都跟郑老师是分不开的。20多年来，我们采取了很多方法，你比如说，一个是请老师来讲课，另外一个是我们办班，还有一个就是建立法律咨询。郑老师在这三项工作当中，都是带领着他们周围的一些法官的队伍，热心地辅导指导。可以说我们的法官也是在郑老师的培养下成长起来的。在今天这样的时间里，我就要表达一下心情，一个是缅怀郑老师，另外一个是我相信郑老师精神在我们北京法院的工作，我们北京法官的队伍里边，一定会永存的。

马秀山（中国知识产权研究会副秘书长）：

郑教授是我们中国知识产权研究会的副理事长。2004年我们去拜访他的时候，他提出我们研究会搞研究，要强调战略性、前瞻性和全局性，提出了研究的"三性"。我们在日后努力地践行郑教授的指导思想。他对我个人也有很大帮助。1985年和1987年，我两次在咱们法学所的刊物《法学译丛》上刊登两篇有关专利方面的译文，都是由作为该刊编委的郑教授校对的，我觉得对我很有帮助，耳熏目染。在他逝世十周年之后，我们现在开会缅怀他，发扬他的治学精神，这是对他最好的纪念。

张玉敏（西南政法大学知识产权学院教授）：

首先我代表我们西南政法大学的知识产权老师，我们的团队，对于郑老师表示衷心的缅怀。郑老师确实可以说是我们国家知识产权的一个先行者、开拓者，为我们国家知识产权的教学研究和实务工作的发展作出了巨大的贡献。这一点是有目共睹的，大家都是非常地认可。值得我们怀念的、纪念的，还不仅如此。我觉得前面很多人都说了，郑老师之所以赢得这么多各界人士的深切的怀念，是他的学品、他的人品更重要。我们不见得全都赞同郑老师的学术观点，因为可能这一点谁也做不到，学术观点是可以讨论、可以争论的。但是，他的为人，他作为一个学者，前头很多人都讲了很多他作为一个学者的优秀品德，包括他的平等的这样一种研讨的态度，敢于坚持自己的学术观点，不管是在权力面前，都能坚持自己观点。为了真理，为了知识产权这个事业，敢于去坚决地争论，我觉得这种精神，是非常非常地值得我们今天的，我们作为一个学者，一个老师，一个研究学问的人，应该坚持的，而且这是一个做学问的人的，我认为最起码的最基本的一点品德。但是现实生活当中，特别强调这个问题，现实当中已经有些不那么让人满意的，逢场作戏，看脸色来说话，甚至看钱说话。这样的问题都是有的，实际上也严重地损害了这些做学问人的整个队伍在社会当中的形象。我觉得，我们学习怀念郑成思先生，除了要肯定他的学术上面最大的成就以外，我们应该好好地学习他的人品，我认为这是最重要的。郑老师具有一种谦虚谨慎的精神，他自认为自己是一个知识产权研究路上的朝圣者，并不希望给自己戴更多的光环，我觉得这样一种平常心，也是我们每一个做研究的人应该有的。谁都不是神，谁都会犯错误，特别是在知识产权这么一个很新的、发展特别快、新问题层出不穷这样一个领域，谁也不敢保证自己对什么问题的看法都是正确的，更免不了说错话，发一些错误的观点出来。我觉得这都很正常。但是只要坚持真理，修正错误，有这样一种精神，只要你是真心的，一心一意为了我们知识产权这个事业，我想这些都不重要，都可以理解。大家有这样一种精神，我们纪念郑成思先生，发扬这样一种精神，我想我们知识产权的事业就能够健康地、更快地发展。我就说这些。

王　兵(清华大学法学院教授)：

前面的发言者，通过不同的角度，回忆了郑成思教授对知识产权学术研究、知识产权的立法和司法所作出的卓越贡献。我完全同意他们的观点。这里我想通过我自己亲身的经历和我们法学院的知识产权的学科的发展，还要表明我自己另外一个观点，就觉得郑教授在知识产权教育方面也作出了重要的贡献。他在博士生的培养、法律硕士生的培养方面，做了很多工作，培养了很多很有成就的博士生。包括我们法学院的两位在职的博士生，也都是郑老师这个中心培养的。另外从我们法学院，从我本人，从一个工科的老师，一个知识产权的管理者，走到法学院全职从事知识产权法学的教育研究这个过程，以及我们知识产权学科的发展，都受到了郑老师的影响，得到了他有力的帮助。我在1999年和2000年的时候，在美国留学，我在留学的下学期的时候，我们法学院的代表团，书记、院长、副院长访问哈佛大学法学院，以及其他的法学院。因为我留学的这个地方，离哈佛就一个小时的里程。访问结束以后，邀请我跟他们代表团，和他们院长一起吃饭。饭后，想不到我们的王保树院长，他让我们的李书记找我谈话，说："王老师，你在这儿留学完了以后回去，你回我们法学院得了。"这个我当时感觉比较突然,后来我很爽快地就答应了,我就说搞教学去,搞科研去。我为什么有这个想法呢?因为我在科研处从事涉外科研的合作的时候,谈判当中,碰到很多知识产权问题,我其中特别仔细看了郑老师当时编的协议条款的解释。那个小书,比较薄,我觉得写得特别好,特别准确。然后我在过程中,很多地方用这个,所以读了这本书以后,我产生了要在知识产权法学上做研究,这个教育,有了这想法。当时说让我回法学院,我就很快同意了。那是2000年的暑假,5月份发生的事,暑假我回来以后,就回到法学院了。后来不久,我就参加知识产权法学的会议。在有次会议上,在会上发言,我就主动跟他,休息的时候跟他说话,这样2001年的时候认识郑老师。回来以后,我忘了向老师介绍我的情况,过了不久,当成立知识产权法学研究会的时候,就跟王保树打电话,找我谈话,说:"成立知识产权法学研究会你是不是参加啊?"我说:"参加可以啊。"他说:"郑老师提议你做常务理事,你看行不行啊?"我说:"这可不行,我干不了这个,我干不了这个领域。"他说:"我觉得你行。"我说:"你觉得我行我就参加。"就这样,跟郑老师在学术上,每年一次这样开个会,每年都要见个面。后来我当了这个法学院副院长以后,又有机会每年在过年的时候,去拜访郑老师。因为我们法学院的一个规矩,就是在过年的时候,要给各个学科最有名的教授,院长书记带着大家去拜年。这样就跟郑老师接触比较多了,每次去聊两三个小时谈话,主要是谈知识产权的。日后当中,我就体会到,郑老师对我们法学院知识产权的建设,确实作出了重要贡献。一个是对我们的方向,法学院你应该怎么做,我印象最深的就是他有自己的特点,理工科方面的特点。在他的启发之下,我就着重搞高技术方面知识产权,也开了两年一次的高技术国际会议，开了六届，体现我们特点。这跟他的启发和谈话很有关系。第二个我们当时只有两个人，搞知识产权两个人，所以急需要引进人才。我们正好是，一个是他推荐了他的一些很好的学生，另外我们想引进人才，我们也给郑老师说，听取郑老师的意见。基本在郑老师肯定的情况下，引进过来，这是对我们非常非常重要的贡献。后来我就听到郑老师他们中心的硕士论文、博士论文答辩的时候，每年我们去，也跟郑老师接触比较多，每次会后，吃饭，我们有一些交流。现在我特别感慨，现在印象特别深的，就是郑老师去世的，2006年这一次论文答辩会。我们去了以后，按过去的规矩就是，进了会场，我们坐好以后，他们进来，跟大家握手就完了。但是2006年那次，大概四五月份的事，我在后面，郑老师招招手，说王老师你过来，他在办公室，这个是过道，前方的右侧，我当时就感觉奇怪，我说往年没有这个，怎么今年招手让我进来，我就想可能有什么重要的事跟我说。跟我说了20多分钟，20多分钟聊了什么呢？都是一些客套话，王老师这么多年你看看，每次这个答辩你都来，我们这个条件很差，但是你从来都没有推托过，对你表示感谢。我说郑老师你不要客气，我要感谢你，因为我们法学院的建设跟咱们法学所大力支持是分不开的，我说也跟你和王保树老师支持分不开的，我要感谢你。然后说了很多，然后他说，我要感谢你。回来以后，出来以后，我就觉得这不对，这跟往年不一样，心里就有这个嘀咕，我当时就想到了，他可能身体很不好，想到要跟我告别，我想到这一点，但是我没说。那是我跟郑老师最后一次谈话。所以我感觉到他是要跟我告别的意思。

郭　禾(中国人民大学知识产权学院教授)：

郑老师在我眼里，他一直是一个前辈。我第一次见到郑老师是1988年，那时我还是学生。刘春田老师请郑老师来给我们讲课。在我们这帮学生的心目中郑老师的形象非常高大，因为当时我们读到关于知识产权相关的书不少是郑老师写的。对我们影响最大的当属法律出版社出版的《知识产权法通论》。我们从这本书开始了解知识产权是什么。该书一开始便讨论专利，然后是版权、商标等。有关知识产权启蒙的知识多来自这本书，我们大家几乎人手一册。所以听说郑老师要来给我们上课的时候，大家都很兴奋。这种崇拜心理，让我们把郑老师想象成高大无比、智慧无尚的大家。直到他出现在课堂开始给我们讲课，我们才意识到，郑老师完全没有架子，十分平易近人。就像前面几位发言人谈到的，是一个很平实、内敛，但又认真、勤奋的学者。郑老师讲完课后，我们一大帮人围着他问这问那，郑老师都逐一解答我们这些初学者不够专业甚至有些幼稚的问题。一直到12点多，最后还是刘春田老师看不过去了，称郑老师讲了半天的课很辛苦了，强行打断了我们提问。到毕业以后，因为各种学术会议或者活动不断有机会跟郑老师接触，这时才真正感觉到他内在的魅力。郑老师作为学术前辈对待我们这些晚辈，他能够宽容待人。就像刚才张老师说对学术问题的理解或解释可以不一样。他能够很平和地对待我们这些刚刚进入学术圈的年轻人提出不同的看法和观点，还能跟我们平等地去讨论有争议的学术问题。这反映出郑老师的心胸。今天每当有学生跟我提出不同观点或看法的问题，我首先想到当初郑老师怎么对待我们这批年轻人的。郑老师这种学术大家的胸怀对我是一种教益，让我也是终身难忘的。郑老师不仅仅是中国知识产权学术研究上一个引领者，他关心年轻人、提携年轻人的行为更让我感动。我记得是2001年，有一次去国务院信息办开会，会后我跟郑老师一起从六部口往西单走。他问起我职称评定的情况。我告诉他有希望能上正高后，他马上提出如果需要推荐的话他可以推荐。我那时正好需要找一个校外的正高职称的老师写推荐意见。这件事情对我的心理以及日后的行为方式影响甚大。我又不像在座的唐广良、周林老师等是郑老师自己带的学生,但他却能够主动地关心我们这些年轻人,而且主动提出第二天上午到他家里来拿。这件事情反映出他对年轻的一代的支持。我觉得郑老师专业方面的建树,大家都已经发表了很多感慨,我更想说的是他对于年轻人的那种态度和实实在在的帮助。这让我可以说是终身受益。我就说这些,谢谢。

张　楚(中国政法大学教授):

和郑老师身为法大的校友,感觉到骄傲。咱们学者里头,估计没有第二个人给中央政治局上过两堂课的。在2001年的时候,因为当时江泽民任总书记的时候,每年有法律讲座。当时叫信息网络,用法治手段促进信息网络的健康发展,这个题目。当时我是在北京邮电大学,我们也是一个课题组。那个时候是A、B小组,只选一个上。郑老师肯定是德高望重,学问深厚,而且他团队也比较庞大。当时我们是背靠背地在备课,而且要去司法部,还有相关的司局,什么信息产业部的领导都去听课。但是我们是背对背的,不能见面。最后我也完成了任务,郑老师也发表了他的演讲。当时我就一直有一个愿望,能不能把他的稿子,他那个备课的东西让我学一下。后来我跟他联系,他在没发表之前就给我了。他那个就是叫《牵住网络牛鼻子》,就是互联网服务商,牵住他的牛鼻子。这个观点到现在来看,都是非常契合网络实际,很有见地的观点。实际上我也是举了一个例子来说明,郑老师是虚怀若谷,平易近人,提携后生。因为那个时候他没正式发表就给我看,我感觉很受益。由于时间关系我只举一个例子。好,就这样。

孙国瑞（北京航空航天大学教授）：

各位领导专家，大家都累了，我也知道，既然来了，不说两句，对不起今天这个重要的日子。我讲两个事，一个是我记得1998年年初的时候，有一次开会的时候，正好我就跟郑老师请教，我说很长时间没摸了，我现在做研究做教学，下一步应该怎么做。他说这样，既然两年多没摸知识产权了，你应该这么做这么做这么做，我就很受启发，这是一个事。第二个事是，2003年的某一天，我接到一封信，打开一看，郑老师的亲笔信，推荐后人到我们那儿去工作。因为那一段我在单位负点小责，接到不少推荐信，一般教授推荐学生，或者推荐年轻人，打印件，学生写好了，打印完了之后，教授看看，签个字就完了，签个名。郑老师是一笔一画写的。我讲这两个事想说明什么呢，就是郑老师这个提携后人、关照晚辈这种做法和精神，非常值得称道。谢谢，我就说这么多。

朱雪忠（同济大学知识产权学院教授）：

我特别同意郭禾老师讲的，很有感触。我原来不是学法学的，是读着郑老师写的书进入知识产权这个领域的。所以从这个意义上说，算是郑老师的学生，但是我不敢自称为郑老师的学生。后来多次听郑老师的讲座、报告，开会期间向他请教，我与郑老师慢慢接触多了。1999年我申报中国-欧盟高等教育合作项目，就像刚才郭老师讲的，需要专家推荐。有权威推荐当然对我申请成功的机会就大大增加了。我首先想到郑老师，但是我不敢跟他联系，因为我不肯定郑老师对我有没有印象，尽管我相信见了面他会觉得面熟。当时我很犹豫。但为了提高命中率，后来我还是斗胆跟郑老师联系了，郑老师很爽快地就给我写了推荐信，使我顺利地取得这个项目，获得到德国进行为期半年的访学机会。这是我要讲的第一点。第二，后来我写了一篇文章，我很想听听郑老师的意见。我知道郑老师很忙，但是我还是希望得到他的指导。郑老师后来不仅提出了修改意见，还问我稿件准备投给哪里。我说如果可以的话，我希望投给《中国法学》。我当时是管理学院的教师，而且稿件是国家自然科学基金项目的成果，要在《中国法学》发表，难度可想而知。郑老师就跟我说："你修改一下，我帮你转交。"我知道，郑老师的转交和我投的分量完全不是一回事。这篇稿子后来被录用了，我想如果不是郑老师的帮助，结果肯定不会这么顺利。所以，从我个人角度来说，我虽然没有直接在郑老师门下求学，但是通过他点点滴滴给我的影响和帮助，我可以算是郑老师的编外学生。现在我也是老师，不仅自己有很多学生，同时也有很多我不认识但与我联系的年轻学生。郑老师对待我帮助我的情况，让我懂得如何对待那些需要我帮助的年轻学生。

还有一点必须指出，同济大学知识产权学院，就是在郑老师、田局长、施特劳斯教授的帮助下成立的，郑老师还是同济大学知识产权学院的名誉院长。所以无论从同济大学知识产权学院还是我个人来讲，都得到郑老师的大力帮助，我们特别怀念郑老师。

我就讲这些。谢谢大家。

杨建斌（黑龙江大学法学院教授）：

接下来也说两句。一个就是刚才郭禾教授提到了我们当年在人民大学听郑老师的课。我记得郑老师当时讲的题目是《信息产权与知识产权》，在1987年的时候能提到这个高度，当时我们的眼界大开。信息产权在今天仍然是一个难题，在当年提出来确实是很了得的。所以当时我印象非常深。再提一件事，就是谈到民法典，民法学界有人说过，如果郑老师要是活着的话，你们今天不用呼吁了，知识产权自然是重要一部分。这是第二件事。我有个建议，我个人想法，不知道合不合适。郑老师的文集，主要是郑老师作品，我看今天很多老同志回忆郑老师很多的轶事，非常有价值，能不能整理一个郑老师生前轶事，整理一本书。这个既体现了郑老师高尚的情操和品格，再一个我觉得从另外一个角度，来反映我们中国的知识产权制度史。实际上郑老师生前经历了我们知识产权制度建立的过程，这些轶事要是汇到一块儿，从细节的角度来反映我们中国知识产权制度建设的过程。这是我的建议，就是这些。谢谢。

赵玉忠（北京电影学院教授）：

我说两句。一个是1993年，国家版权局和人大教科文卫委员会在西安开了一个知识产权的研讨会。我在发言的时候，郑教授就在我旁边，我们这个话题就挺有兴趣的，我们就会后就聊，他是从法理上进行解释，让我觉得受益匪浅。第二个是1998年，北京中级人民法院正式开庭审理的十家电影制片厂诉电影著作权案，我向他请教。这两件事我都从郑老师身上受益无穷。我永远怀念他老人家。

郑为群（郑成思教授家属）：

非常感谢大家来参加纪念我弟弟的座谈会。听了大家的发言，我十分感动。刚才有老师提出是否能够把大家的发言以及大家和成思交往的轶事整理出来，作为家属我非常希望能够实现。我就讲这么多。谢谢大家。

管育鹰（中国社科院知识产权中心执行主任）：

今天因为时间的关系，实在太晚了。我知道大家还有很多话想说。我们在座的还有很多没有来得及发言，其中包括了我们社科院知识产权中心和郑老师长期共事的李顺德老师、张玉瑞老师、周林老师、唐广良大师兄，还有我们中心的学生，师兄弟姐妹更是有太多的话要说。但是因为时间的关系,我们或者是在晚餐之后,再继续交流。郑老师已经离开我们十年了,生活中再也不会出现他的身影。但是学术的生命生生不息,郑老师的学问与人生将代代流传。我们纪念郑老师,就是希望他的这种精神和事迹能够传递下去。也正是因为有郑老师这样的学者,才能让我们在当今社会,倍加感受到知识和学问的纯洁和高尚。

(记录人:郑冉、刘峰、储江、韩耀、刘清格;
整理:李菊丹、张鹏)

纪念郑成思教授逝世十周年暨
"国家知识产权战略实施：回顾与展望"
研讨会综述

中国社会科学院知识产权中心、中国知识产权培训中心主办的"纪念郑成思教授逝世十周年暨'国家知识产权战略实施：回顾与展望'研讨会"于2016年9月10～11日在北京举行。来自最高人民法院、国家知识产权局、国家版权局、国家工商行政管理总局商标局、农业部科技发展中心、北京知识产权法院、中国科学院大学、清华大学、同济大学、中南财经政法大学、华东政法大学、西北政法大学等政府机关、高校和研究机构的专家学者以及实务工作者参加了本次会议。

大会开幕式由中国社会科学院知识产权中心执行主任管育鹰研究员主持。中国社会科学院法学所、国际法所联合党委书记陈甦研究员首先结合自己的经历表达了对郑成思教授的缅怀，认为郑成思教授的人品、学问，以及他在知识产权理论积累和立法进程推动方面所作出的贡献，值得每个知识产权研究者学习；接着指出互联网时代也是知识产权时代，知识产权法对人类智慧的贡献和对现代社会的塑造产生了巨大影响，并对知识产权学科在社会发展变化中取得的丰富成果表示钦佩；最后对中国知识产权培训中心长期以来对中国社会科学院法学所和知识产权中心的支持表示感谢。中国知识产权培训中心副主任高百丽女士就培训中心近年来取得的成果，与中国社会科学院知识产权中心的合作历程进行了回顾，并表示培训中心将加强与各相关单位的合作，推动知识产权研究、人才培养等各项事业再创辉煌。中国社会科学院知识产权中心主任李明德研究员介绍了本次纪念活动的背景，就郑成思教授参与国家知识产权战略制定的细节、战略实施以来取得的成绩以及出现的问题进行了回顾和展望，并对中国知识产权培训中心的支持表示感谢。

大会主旨演讲环节由李明德研究员主持。中南财经政法大学知识产权中心主任吴汉东教授从知识产权制度建设完善，知识产创造能力领先，知识产权产业发展先进，知识产权环境、管理和治理优良以及充分发挥行业自治作用五个方面，就知识产权强国战略发表了自己的观点。最高人民法院民三庭庭长宋晓明法官首先发表了对郑成思教授的缅怀，指出郑成思教授对中国知识产权制度的建设和发展作出了不可磨灭的贡献；接着对国家知识产权战略的实施进行了回顾和展望，并就司法更好地服务于法律和政策的重要性、微调知识产权司法政策、如何严格执法、知识产权审批"三审合一"以及知识产权审判"赔偿低、举证难、周期长"问题发表了自己的见解。国家知识产权局保护协调司司长黄庆先生结合郑成思教授的知识产权实践和我国知识产权事业的发展对郑成思教授进行了缅怀，并就中国知识产权战略的实施进行了回顾和展望，指出知识产权强国战略为我国应对知识产权工作中出现的新情况、新问题，提高知识产权服务水平指明了方向。国家版权局版权管理司副司长汤兆志先生指出，知识产权战略实施以来，我国在版权制度体系、执法力度、版权公共服务和版权的国际保护等方面取得了长足进步，并结合我国版权保护存在的不足，对我国未来版权工作进行了展望。国家工商行政管理总局商标局副局长陈文彤先生对郑成思教授的成就进行了回顾，认为郑成思教授被誉为"中国知识产权第一人"这一盛赞实至名归，并对郑成思教授逝世十周年期间，我国商标事业在商标注册、商标执法、商标与品牌战略以及商标工作改革等方面取得的发展成果进行了介绍。

研讨会第一阶段主题为"知识产权基础理论与战略问题",由李顺德研究员主持。烟台大学法学院宋红松教授就民法总则应如何界定知识产权作主题发言。他分析了《民法总则(草案)》对知识产权的定义存在的问题,认为应以列举和归纳抽象的方式界定知识产权的保护客体,通过制止不正当竞争条款对定义进行补充,并通过合理的限制与例外机制对知识产权的范围进行限定。北京科技大学知识产权中心徐家力教授详细分析了中国企业海外知识产权纠纷的类型、发生的根源和发展趋势,对发达国家海外知识产权纠纷应对战略进行了介绍,并从政府、行业协会、研究机构、媒体、企业等方面提出完善中国企业海外知识产权纠纷应对战略的建议。农业部科技发展中心植物新品种保护处陈红博士提出我国对植物新品种保护在保护制度、保护手段和措施方面还存在诸多问题,并从修订《植物新品种保护条例》、强化行政执法和司法体系能力、行政执法和司法保护联动三方面提出完善建议。在与谈环节,华中师范大学知识产权研究院刘华教授从知识产权学科样式以及知识产权学术共同体内部的跨学科研究两方面发表了自己的见解。重庆大学法学院齐爱民教授从知识产权与物权的比较、知识产权基础概念的使用、知识产权权利界定方式对知识产权法与民法的关系发表了见解,并提出知识产权国际保护和植物新品种的保护均具有战略意义。深圳大学法学院朱谢群教授认为对于知识产权法入民法典的问题,应当按照民法总则中的规定和分则的具体规定进行区分,并从知识产权纠纷背后的原因、政府作用和企业经验三个角度对企业海外知识产权纠纷的问题发表了见解。

研讨会第二阶段的主题为"著作权与商标保护"。第一环节由北京知识产权法院陈锦川副院长主持,中国社会科学院知识产权中心客座研究员孙雷博士、华东政法大学助理研究员陈绍玲博士、北京万慧达知识产权代理公司高级合伙人黄晖博士、北京知识产权法院法官芮松艳博士作了主题发言。主题分别是"WCT[1]第8条的启示与思考""设链行为的法律定性""商标注册、使用与诚信的管理即价值判断""《商标法》第59条第3款的理解与适用"。孙雷博士指出 WCT 第8条为作者规定了向公众传播权,并将其扩展至网络空间,该条对不同类型作品、不同传播技术手段等同对待的理念以及对作品传播行为进行规制的方法,对健全我国版权制度、协调好版权保护与技术发展之间的关系,仍有重要借鉴意义。陈绍玲博士对设链行为属于信息网络传播行为、在向"新公众"传播的情况下属于信息网络传播行为、属于非交互式传播行为的观点进行了批判。他认为设链行为传播的是作品的网络地址而非作品本身,故难以构成传播行为;除非设链网站与侵权服务器合意实施设链行为,否则难以构成公开传播行为。黄晖博士介绍了商标权利取得的使用在先原则到注册在先原则的演变,认为注册制度最终取得胜利。为避免注册原则过于绝对,注册原则也受到申请日的显著性、在先商标继续使用、商标注册以后必须使用、中间商标申请在特定情况下有效、恶意注册无效等限制。芮松艳博士以"启航案"为视角,探讨了《商标法》第59条第3款的适用要件,即注册商标申请日之前的在先使用行为、在先使用行为原则上应早于商标注册人对商标的使用行为,该在先使用的商标应具有一定影响,被诉侵权行为系在先使用人在原有范围内的使用行为。在与谈环节,中国社会科学院知识产权中心周林研究员就 WCT 中作品的使用方式与法律调整、链接行为是否产生法律责任、在先使用商标的保护范围以及好的判例的示范性发表了自己的见解。黑龙江大学法学院杨建斌教授提出我国著作权法应对传播权、演绎权等总概念进行界定以适应不断发展的实践,并认为商标先用权与专利先用权不同,导致商标的原有范围与专利

---

[1] WCT:World Intellectnal Property Organization Copyright Treaty, 即《世界知识产权组织版权条约》。

的原有范围也有多区分。中央财经大学法学院杜颖教授就著作权、商标和专利权侵权判定标准的共性问题发表了自己的观点,并就商标法具体条款、基本原则、反不正当竞争法一般条款以及民法诚实信用原则的适用顺序提出了自己的疑问。

第二环节由中国社会科学院知识产权中心副主任唐广良教授主持。西北政法大学法学院李艳副教授、上海政法学院姚洪军副教授、中国科学院大学尹锋林副教授、山东大学法学院王笑冰副教授作了主题发言。内容主要涉及"商标注册能否作为仿冒诉讼的抗辩事由""商标授权确权中判断显著性的时间基准""商标反向混淆侵权认定""地理标志保护的国际格局和我国的对策"。李艳副教授介绍了英美法系对商标注册能否作为仿冒诉讼的抗辩事由的三种观点:可抗辩说、不可抗辩说和折中说,并结合大陆法系日本的观点,提出英国和日本的不可抗辩说对我国的启示和借鉴意义。姚洪军副教授指出我国目前法规和判例对显著性判断的时间基准缺乏明确的规定,认为把初审决定作出日作为商标授权确权案件中判断显著性时的共同的、明确的时间基准,更有合理性。尹锋林副教授首先对商标反向混淆的概念和利益主体进行了分析,接着从商标注册的目的和注册商标的保护范围角度对"反向混淆"侵权认定问题进行了研究,建议商标局应当将注册商标申请及时公开,人民法院应在综合考虑各种因素基础上,作出是否构成"反向混淆"的侵权认定。王笑冰副教授分析了欧盟和美国在地理标志保护上的不同态度,指出我国FTA[①]地理标志的保护存在的问题,并指出应推动多哈回合地理标志谈判,在FTA中推行清单式保护模式,并将地理标志保护与遗传资源、传统知识保护相结合。在与谈环节,华东政法大学王莲峰教授对四位发言人的亮点进行了点评,指出四位发言人的研究无论是在知识产权保护理论方面,还是知识产权保护具体的立法和司法方面都值得

[①] FTA:Free Trade Agreement,即自由贸易协定。

关注。北京航空航天大学法学院孙国瑞教授就商标案件数量和审理、立法的地域性和国情性、商标注册审查期限等方面提出了自己的见解。中南财经政法大学胡开忠教授从商标注册与使用之间的关系、知识产权保护中的利益平衡、商标学术研究思路及方法三个方面表达了自己的感受。

研讨会第三阶段的主题为"专利相关问题"。第一环节由清华大学法学院王兵教授主持。清华大学法学院蒋舸博士、同济大学法学院张伟君教授、华东政法大学知识产权学院王迁教授、君合律师事务所张晓都律师作了主题发言。内容主要涉及"职务发明奖酬管制的理论困境与现实出路""标准必要专利的默示许可抑或法定许可""通知-移除规则对专利领域的实用性""法院相对审查专利权有效性的现实性和可行性"。蒋舸博士分析了我国职务发明奖酬管制存在的理论困境，指出如果奖酬激发的额外创新不足以弥补制度成本，强推奖酬无异于将手段异化为目的、用权利话语取代理性分析；认为即使细化职务发明奖酬管制，至少应从主体类别、客体范围和审查模式三方面限定管制范围。张伟君教授对《专利法修订草案（送审稿）》第85条规定的"标准必要专利默示许可制度"进行了分析，认为将不披露专利信息的行为一律视为默示许可，实际上相当于专利法定许可制度，有可能违背TRIPS规定的专利非授权许可必须"一事一议"的要求，并建议对该条加以修改完善。王迁教授认为网络环境中的专利侵权涉及专利产品，而非单纯提供信息，无法直接移植著作权法中的"通知-移除"规则。建议对《专利法修订草案》（送审稿）第63条第2款进行修改，将"通知-移除"规则改为"通知、转通知与移除"规则并增加"反通知与恢复"规则。张晓都律师分析了审理侵权案件的法院相对审查专利权有效性的现实性和可能性，就知识产权高级法院成立前后，在侵权案件中全面审查所涉专利权的有效性的方案提出了建议。在与谈环节，中国政法大学张今教授指出职务发明的奖酬问题属于科技法或技术转移法的范畴，应从多元角度对职务发明的奖酬问题进行探讨。在专利法中移植"通知-移除"规则，相当于让商家扮演专利审查员的角色，缺乏合理性。华南理工大学孟祥娟教授认为职务发明奖励制度涉及各种创新主体的利益平衡，应服务于创新成果的转化，并指出网络环境中的著作权侵权与专利侵权的客体存在较大差异，著作权法中的"通知-移除"规则难以适用于网络环境中的专利侵权。西北政法大学《法律科学》副编审焦和平先生认为网络环境中的专利侵权涉及"双创"问题，应通过精巧的制度设计来平衡各方面的利益，从而最大限度地激发社会创造活力。

第二环节由中国知识产权研究会马秀山副秘书长主持。上海大学法学院袁真富教授、中国社会科学院知识产权中心张鹏助理研究员、中国社会科学院知识产权中心李菊丹副研究员、最高人民法院民三庭法官郎贵梅博士作了主题发言。主要内容涉及"部分外观设计的制度设计及其影响""医疗方法的专利保护""我国植物主题发明专利保护""知识产权行为保全申请有错误赔偿制度"。袁真富教授介绍和比较了美国、中国部分外观设计的发展历程，建议中国部分外观设计制度应当把"部分外观设计"从产品不可分割的局部设计，扩展至产品可以分割的局部设计，并对部分外观设计的表现形式和命名方法提出了建议。张鹏助理研究员从"反伦理性"、"不可产业利用性"在理论上的脆弱性，以及不授予专利奖导致医药新用途上的发明创造激励不足三方面论证了医疗方法的可专利性，并对医师免责条款、医疗服务上间接侵权责任判断问题进行了研究。李菊丹副研究员针对实践中植物类主题的发明无法申请专利，基因专利和育种方法专利保护范围界定方面的问题，在系统梳理我国植物发明专利保护的关键问题的基础上，从明确只有"植物品种"不能获得专利保护、明确育种方法发明专利和基因专利的保护范围、在生物技术发明专利中规定农民留种权利三个方面提出了建议。郎贵梅博士在详细分析我国知识产权行为保全申请错误赔偿制度和司法实践，以及英美法系、大陆法系以及我国台湾地区的相关制度和司法实践的基础上，对应当认定申请有错误的情形、视为申请有错误的情形以及例外情形进行了分析。与谈环节，同济大学知识产权学院朱雪忠教授认为专利法增加部分外观设计专利可能导致我国专利数量的急剧增长，而对医疗方法授予专利可能引发举证责任、侵犯病人隐私、医生免责影响专利保护制度的价值等问题。中国应用法学研究所宋建宝副研究员就植物主题发明的可专利性和农民留种权，以及知识产权行为保全有错误赔偿制度是否具有正当性发表了自己的观点。

最后，中国社会科学院知识产权中心李明德研究员致闭幕辞，指出郑成思教授在知识产权事业上执着追求的精神值得我们学习和延续，而本次研讨会的举办，也是以实际行动，通过理论和司法实践的探讨，继续继承和推进郑成思教授开创的知识产权事业。"上地论坛"坚持"精品"办会，主办方将研讨会成果正式出版，以文字的方式记载下来，这是郑成思教授一直倡导并确定的规则，也是"上地论坛"的特色和优势。李明德研究员最后感谢参会各方和专家学者的支持。

（供稿：杨祝顺；整理：张　鹏）

《郑成思知识产权文集》序

李明德

郑成思教授逝世于 2006 年 9 月 10 日。那天是中国的教师节。在纪念他逝世一周年的时候,中国社会科学院知识产权中心委托周林教授汇编出版《不偷懒 不灰心——郑成思纪念文集》,该书收录了诸多友人和学生纪念他的文章。在纪念他逝世三周年的时候,中国社会科学院知识产权中心组织召开学术会议,出版了郑成思教授逝世三周年的纪念文集《〈商标法〉修订中的若干问题》,收录论文 25 篇。在纪念他逝世五周年的时候,中国社会科学院知识产权中心再次组织召开学术会议,出版了郑成思教授逝世五周年的纪念文集《实施国家知识产权战略若干问题研究》,收录论文 30 篇。

当郑成思教授逝世 10 周年的纪念日来临的时候,他的家人与几位学生商定,汇编出版《郑成思知识产权文集》,以志纪念。顾名思义,称"知识产权"者,应当是只收录知识产权方面的文字,而不收录其他方面的文字。至于称"文集"而非"全集"者,则是因为很难将先生所有的有关知识产权的文字搜集齐全。经过几位汇编者的辛勤劳动,终于有了这部六卷八册的《郑成思知识产权文集》。其中《基本理论卷》一册,《版权及邻接权卷》两册,《专利和技术转让卷》一册,《商标和反不正当竞争卷》一册,《国际公约与外国法卷》两册,《治学卷》一册,约500万字。再次翻阅那些熟悉的文字,与浮现在字里行间的逝者对话,令人感慨良多。

郑成思教授的文字,反映了他广阔的国际视野。他早年酷爱英文,曾经为相关单位翻译了大量的外文资料,包括有关知识产权的资料。正是在翻译、学习和领悟这些资料的过程中,他逐渐走上了知识产权法学的研究之路。知识产权法学是一门国际性的学问。由于从外文资料入手,他一进入知识产权法学的研究领域,就站在了国际化的制高点上。1982年,他前往英伦三岛,在伦敦经济学院师从著名知识产权法学家柯尼什教授,系统研习了英美和欧洲大陆的知识产权法学。在随后的学术生涯中,他不仅着力向中国的学术界介绍了一系列知识产权保护的国际条约,而且始终站在国际条约和欧美知识产权法学的高度,积极推进中国知识产权制度的建设。

从某种意义上说,中国的知识产权学术界是幸运的。自1979年开始,郑成思教授发表和出版了一系列有关《巴黎公约》《伯尔尼公约》及TRIPS协议等国际公约的论著以及有关欧美各国知识产权法律的论著。正是这一系列论著,不仅使得与他同时代的一些学人,而且也使得在他之后的几代学人,很快就站在了全球知识产权法学的高度上,从而免去了许多探索和弯路,有幸不会成为只见树木不见森林的"井底之蛙"。从某种意义上说,中国的知识产权制度建设也是幸运的。当中国的《商标法》《专利法》《著作权法》和《反不正当竞争法》制定之时,包括这些法律修订之时,以郑成思教授为代表的一批学人,参考国际公约和欧美各国的法律制度,为中国相关法律的制定和修改提出了一系列具有建设性的建议。这样,中国的知识产权立法,从一开始就站在了国际化的高度上,并且在短短的三十多年的时间里,完成了与国际知识产权制度的接轨。

郑成思教授的文字,体现了他深深的民族情怀。与中国历代的优秀知识分子一样，他始终胸怀天下，以自己的学术研究服务于国家和民族的利益。自1979年以来，他在着力研究和介绍国外知识产权法学的同时，积极参与了我国《商标法》《专利法》《著作权法》《反不正当竞争法》的制定和修订，参与了上述法律的实施条例和单行条例的制定和修订。在从事学术研究的同时，他还依据国际知识产权制度的最新动向，依据科学技术的最新发展和商业模式的变迁，向国家的决策高层提出了一系列调整政策和法律的建议。例如，适时保护植物新品种，积极发展电子商务，重视互联网络安全，编纂中国知识产权法典，等等。随着研究视角的深入，他并不满足于跟随国外的知识产权法学，而是结合中国和广大发展中国家的需要，积极推动民间文艺、传统知识和遗传资源的保护。他甚至以"源和流"来比喻民间文艺、传统知识和遗传资源与专利、版权的关系，认为在保护"流"的同时，更要注重对于"源"的保护。

或许，最能体现他深深的民族情怀的事情，是他在生命的最后时期，满腔热情地参与了国家知识产权战略的制定。一方面，他是国家知识产权战略制定领导小组的学术顾问，参与了总体方案的设计和每一个重要阶段的工作。另一方面，他又参与了中国社会科学院承担的"改善国家知识产权执法体制"的研究工作，为课题组提出了一系列重要的建议。2006年8月底，在国家知识产权战略制定领导小组向国务院汇报的前夕，他还拖着沉重的病体，逐字审阅了中国社会科学院的汇报提纲。这个提纲所提出的一系列建议，例如知识产权的民事、行政和刑事案件的三审合一、专利复审委员会和商标评审委员会转变为准司法机构，设立知识产权上诉法院等等，最终纳入了2008年国务院发布的《国家知识产权战略纲要》之中。仍然是在生命的最后时期，他在2006年5月26日为中共中央政治局的集体学习讲授"国际知识产权保护"，针对国际知识产权保护和科学技术发展的新动向，提出了我国制定知识产权战略应当注意的一系列问题。党的十七大提出的建设创新型国家的战略，党的十八大提出的创新驱动发展战略，都显示了他所提出的建议的印迹。

郑成思教授的学术研究成果，属于中华民族伟大复兴的时代。中国自1978年推行改革开放的国策，开启了新的历史进程。其中的对外开放，一个很重要的内容就是与国际规则（包括知识产权规则）接轨。对于当时的中国而言，知识产权法学是一个全然陌生的领域。然而，就是在这样一个蛮荒的领域中，郑成思教授辛勤耕耘，一方面将国际上最新的知识产权理论、学说和制度引进中国，另一方面又结合中国知识产权立法、司法的现实需要，撰写了一篇又一篇、一部又一部的学术论著。随着这些论著的发表和出版，不仅推动了中国知识产权法律制度的建立及其与国际规则的接轨，而且推动了中国的知识产权学术研究与国外知识产权学术研究的对话和接轨。特别值得一提的是，郑成思教授不仅将国际上的知识产权理论、学说和制度引入中国，而且还在中国现实需要的沃土之上，创造性地提出了一系列新的理论和学说，例如工业版权和信息产权，反过来贡献给了国际知识产权学术界。

中国的经济社会正处在由传统向现代的转型过程中。随着产业升级和发展模式的转变，"知识产权"四个字已经深入人心，走进了社会的各个层面。人们不再质疑，人的智力活动成果对于社会经济发展发挥着巨大的作用。当我们谈论知识经济的时候，当我们谈论创新型国家建设的时候，当我们谈论创新驱动发展的时候，我们不得不庆幸的是，在以郑成思教授为代表的专家学者的努力之下，我们已经对"知识产权"的许多方面进行了深入而细致的研究，我们已经在2001年加入世界贸易组织之前，建立了符合国际规则的现代知识产权制度。加入世界贸易组织之后，面对一系列我国知识产权保护水平过高、保护知识产权就是保护外国人利益的喧嚣，郑成思教授明确指出，在当今的时代，知识产权保护的水平不是一个孤立的问题，而是与国际贸易密切结合的。如果降低知识产权保护的水平，就意味着中国应当退出世界贸易体系，就意味着中国在国际竞争中的自我淘汰。郑成思教授还特别指出，一个高水平的知识产权保护体系，在短期之内可能对我们有所不利，但是从长远来看，一定会有利于我们自身的发展。这真的是具有穿透时空力量的论断。

郑成思教授的文字，充满了智慧和情感。初读他的文字，深为其中的渊博学识所折服。对于那些深奥的理论和抽象的原则，他总是以形象的案例、事例或者比喻加以阐发，不仅深入浅出，而且令人难以忘怀。阅读他的文字，那充满了智慧的珍珠洒落在字里行间，我们不仅可以随时拾取，而且忘却了什么是空洞的说教和枯燥的理论。初读他的文字，也为那处处流淌的真情实感所吸引。在为国家和民族建言的时候，他大声疾呼，充满了赤子之情。在批评那些似是而非的论调时，他疾言厉色，直指要害并阐明正确的观点。在提携同事和后进的时候，他总是鼓励有加，充满了殷切的期望。毫无疑问，那位中气十足的学者，不仅在演讲时让人感受到人格的魅力和学识的冲击力，而且已经将他的人格魅力和学术生命力倾注在了我们眼前的文字之中。阅读他的文字，我们是在与他进行智慧和情感的对话。

郑成思教授离开我们已经十年了。遥想当年，那位身形瘦弱的青年伏案疾书，将一份份有关知识产权的外文资料翻译成中文，并最终走上了知识产权法学的研究之路。遥想当年，那位即将走进中年的"老学生"，专心致志地坐在伦敦经济学院的课堂上，汲取国际知识产权学术的丰富营养，以备将来报效祖国之用。遥想当年，那位意气风发的中年学者，出入我国知识产权立法、行政和司法部门，以自己扎实的学术研究成果推动了中国知识产权制度的建设和发展。遥想当年，那位刚刚步入花甲之年的学术泰斗，拖着久病的躯体，参与国家知识产权战略的制定，为中共中央政治局的集体学习讲授知识产权的国际保护，并为此而付出了最后的体力。遥想当年，遥想当年，有太多、太多值得我们回顾的场景。

秋日的夜晚，仰望那浩瀚的星空，我们应当以怎样的情怀，来纪念这位平凡而伟大的学者？

李明德
写于 2016 年 8 月

《郑成思知识产权文集》各分卷导读

《郑成思知识产权文集·基本理论卷》导读

朱谢群

作为先行者和历史空白的主要填补者之一,郑成思教授为我国当代知识产权理论与制度的建立、发展作出了开创性和奠基性的贡献,而他关于知识产权基本理论的一系列重大思想成果正是其卓越建树中最为突出的方面之一。

一、关于"知识产权"

(1)郑成思教授从历史与法律的双重意义上回答了知识产权"从哪里来"。他采用以时间为经、以事件为纬的编年体,描绘出作为一种社会现象的"知识产权"在世界不同地方从萌芽而一步步成长直至走向人类生活舞台中心的轨迹。更可贵的是,郑成思教授还特别考证了知识产权(主要是版权)在我们这个首创了活字印刷术的文明古国中的起源。从法律意义上看,郑成思教授通过对英美法系财产权、法国法中的财产权、德国法中的物权之间从语词到语境抽丝剥茧般的对比,激浊扬清,勾勒出财产权体系的基本面貌,由此显示出知识产权在这一体系中独立地位的形成与确立,特别是厘清了知识产权中的"权"、知识产权客体、知识产权客体的载体"物"这三者之间的界限,澄清了不同传统、不同语言之间比较法研究与法律借鉴过程中所产生的诸多误解与曲解。

（2）"来路"既辨之后，解决关于知识产权"我是谁"的问题。郑成思教授首先采用了"外延界定"这一取得国际共识的方法，并特别讨论了在面对知识产权"创作性成果权利"与"识别性标记权利"的分类时如何避免误认与误判，由此引人深思究竟应如何理解知识产权客体的"创造性"；进而转入"内涵"层面时，郑成思教授提炼出知识产权无形、专有性、地域性、（法定）时间性和（客体）可复制性五个特点，深入浅出地展现出知识产权的"独特品格"。

"知识产权的第一个，也是最重要的特点，就是'无形'。这一特点把它们同一切有形财产及人们就有形财产享有的权利区分开。一台彩电，作为有形财产，其所有人行使权利转卖它，出借它或出租它，标的均是该彩电本身，即该有形物本身。一项专利权，作为无形财产，其所有人行使权利转让它时，标的可能是制造某种专利产品的'制造权'，也可能是销售某种专利产品的'销售权'，却不是专利产品本身。

"可以说，中国《著作权法》第18条，是对知识产权这种无形产权的极好描述。

"由于无形，使得这种标的所有人之外的使用人，因不慎而侵权的可能性大大高于有形财产的使用人。同时，也使得知识产权权利人有可能'货许三家'或'一女两嫁'。一幢房产的所有人，不可能把他的财产权标的同时卖给两个分别独立的买主。一项专利权的所有人，则有可能把他的专利权同时卖给两个（乃至两个以上）的不同买主。而只要这些买主在市场上不'碰头'，就可能永远不知道自己花了'买专利'的钱，实际得到的只不过是'非独占许可'。

"'无形'这一特点，给知识产权保护、知识产权侵权认定及知识产权贸易，带来了比有形财产在相同情况下复杂得多的问题。"

郑成思教授还在知识产权"内部"就不同概念间的关系、权利冲突、权利交叉、权利限制等作出了更深入的探索,他关于形象权、工业版权、权利冲突等等的论述至今仍富有启迪或者警示,例如"一批被炒得沸沸扬扬的'权利冲突'知识产权案例,实际上并非真正意义上的权利冲突,而是地地道道的权利人与侵权人的冲突"。

(3) 郑成思教授提出的作为知识产权扩展方向的"信息产权",已越来越可以被看作是对知识产权"到哪里去"的一个回答。郑成思教授1985年在世界范围内首次深入阐述了信息化社会中的信息产权及其与知识产权的关系,并于次年出版了专著《信息、新技术与知识产权》。西方国家1990年以后才进入这一领域,相继发表文章并出台相关的国家政策和立法,日本则在2002年发布《知识产权战略大纲》和《知识产权基本法》,明确提出"信息化社会以知识产权立国"的基本国策。随着互联网的兴起,直至当前大数据、云计算的风起云涌,对"信息产权"的关注与重视正在不断上升。正如郑成思教授预言和总结的那样:"信息社会既然已经(或将要)把信息财产作为高于土地、机器等有形财产的主要财产,这种社会的法律就不能不相应地对它加以保护,就是说,不能不产生出一门'信息产权法'。事实上,这门法律中的主要部分,也是早已有之的(至少是信息社会之前就已存在着的),这就是传统的知识产权法。""信息产权就包含传统的知识产权以及新的、虽与传统知识产权有关,但又具有完全不同的受保护主体或客体、完全不同的保护方式的法律。……当然,也可以说知识产权在扩展。"

二、关于"知识产权法"

(1) 知识产权法与民法的关系,不仅是知识产权法学研究中的基础,而且在当今市民社会的生产、生活方式已发生深刻巨变的知识经济背景下,此种关系事实上也已成为民法学研究中无从回避的时代主题。

作为中国民法典编纂史上第一位设计了"知识产权篇"的学者，郑成思教授针对这一充满复杂性挑战的基础课题，提出了系统化的见解。就整体而言，他指出：

首先，"知识产权本身，在当代，是民事权利的一部分……知识产权与一般（传统）民事权利的共同点、知识产权保护程序与一般民事权利保护程序的共同点，是进入知识产权领域首先应当了解的。"

其次，"（知识产权法）是民法中一块极特殊的领地"，"在为数不少（虽不占多数）的重要场合，知识产权保护不适用一般民法原则。""不加判断与取舍地用人们传统上熟悉的一切已被前人抽象出的民法原理，一成不变地硬往知识产权上套，则恐怕并不可取。这样虽然省时、省力，但可能出较大的谬误。"

最后，"只认识到（或尚未认识到）知识产权的特殊性，说明认识还有待深化，有待把尚未上升到一般性的理论提高一步。只有在民法一般原理中也给知识产权找到一个恰如其分的、并非勉强的位置，这种认识的深化过程才能算告一段落。"或者说，"研究其特殊性的目的，是把它们抽象与上升到民法的一般性，即上升为民法原理的一部分。这才是真正学者应有的思维方式。"

在知识产权法与合同法的交叉领域，郑成思教授研究的重点在于知识产权的特殊性对合同法适用的影响以及"合同的辅助保护如何纳入知识产权法的轨道"。例如，"由于版权不像专利权那样只有较短保护期，又不像商标权那样须按时续展，在其漫长的保护期内，就会有个'有限期转让'的问题。……《合同法》总则第12条中的'履行期限'，是适用于版权转让合同的。'买卖合同'分则中的绝大多数条款，却不适用于版权转让。"

在知识产权法与侵权法的交叉领域，郑成思教授仔细检视了我国侵权法在借鉴德、法等大陆法系代表国家侵权法时的偏差，兼与英美法上"infringe"与"tort"在责任构成要件、归责原则、责任形式等方面的区别互相佐证，可谓鞭辟入里，同时也找准了制约我国知识产权保护健康发展的"病灶"之一，至今乃至未来一个时期内都仍具有重大现实意义。

（2）如果说知识产权法与民法的关系是知识产权法学研究中的基础，那么知识产权法的"网络化存在"则是知识产权法学研究中的前沿。郑成思教授再次成为突入前沿的先行者之一，而且研究范围更加广阔，覆盖了从作为私法的知识产权法、公私法混合的个人数据保护法直至公法领域的网络安全、网络犯罪等，其思想成果的广度与深度也又一次昭示出他研究的先见性与先进性。他在国内互联网络1.0时代就提出"保障信息网络安全的两个关键点"是"对网络服务提供者的规范与管理"和"对认证机构（CA）的规范"，到现在国内互联网络3.0时代不仅依然如此而且更加如此；他关于电子证据立法的呼吁也随着两大诉讼法的修改而初步变为现实。但不无遗憾的是，郑成思教授在国内互联网络兴起之初就已发现的问题，现在仍未完全克服，例如立法层级低、多头管理等；而他提出的"在信息网络立法规划上，应考虑尽早制定一部基本法"等建议，至今也尚未实现。

（3）知识产权法与国际公法的关系是当代知识产权制度设计与学术研究中绕不过去的又一块"建构基石"。之所以如此，是因为当代知识产权法领域存在着大量缔约方众多、规范内容广泛的统一实体性国际公约，按照"条约必须遵守"的原则，相关公约中的实体性规定将直接构成或经一定程序转化成为这众多缔约方的国内法。因此，正如郑成思教授所言：

"按照本国的国内法，保护本国权利人与外国权利人的知识产权，与按照国际公约的最低要求，调整国内的知识产权保护制度（亦即'接轨'），将涉及国际法与国内法两个不同领域的问题。

"无论保护工业产权的巴黎公约还是版权领域的主要公约，或是其他工业产权领域或邻接权、相关权领域的公约，都已经处于国际公法之内，又都构成知识产权国际保护的主要内容。

"……这里讲属于国际公法范围的，指的是一国怎样依照它加入的公约的要求，以'国家'的地位调整其国内法，使之符合公约，从而在其以国内法从事涉外（及不涉外）的保护时，不致违反国际公约。这是国家间的'公'行为，是无法纳入私法（民法）领域的。这与国内法进行'涉外保护'（这确系民法或私法领域的问题）是完全不同的两回事。"

三、关于中国当代知识产权制度

郑成思教授在中国当代知识产权事业的处女地上树立起理论丰碑的同时，又以他广博的学识、超前的视野、敏锐的判断为我国知识产权制度的形成与完善作出了不可磨灭的贡献。

郑成思教授在我国知识产权立法体系初成之际提出的很多建言，随后不久即被各相关立法的修订所吸纳，例如他关于商标法中"其他含义"与"第二含义"、版权法中"录像""编辑""临摹"等术语的辨析以及对专利法中"实用新型等不审查制与最终确权机关设在专利局不协调"的批评和对商标质权的建议，等等；他对于植物新品种保护的呼唤也很快得到了《植物新品种保护条例》的回应。

然而，郑成思教授当时的另一些评点，例如"（反不正当竞争法）的主要缺点是：……前后不相协调的条款较多（例如第1条宗旨指明了保护'经营者'和'消费者'的两种权益，而第2条则只认定损害其他'经营者'权益的行为方属不正当竞争，等等）"很长时间里似乎并未引起足够的重视，直至人们今天看见《反不正当竞争法》修订草案中的"互联网专条"时，可能才切实体会到这种"不协调"背后立法政策的模糊及其可能引发的执法困境。至于郑成思教授二十余年前就提出的"'专利申请权'还是'专利申请案中的权利'？"等问题，或许还需要更长时间才能印证他的远见与洞察。

微观层面的具体制度之外，郑成思教授在中国知识产权事业发展的宏观层面上，同样独具见地。

我国企业"入世"之初曾在国际知识产权竞争中显现出一系列的"不适应"，由此引发了对中国知识产权保护水平的种种质疑。对此，郑成思教授理性地娓娓道来："许多人在抱怨我国知识产权保护水平'太高'时，经常提到美国20世纪30年代、日本20世纪六七十年代与我国目前经济发展水平相似，而当时它们的知识产权保护水平则比我们现在低得多。这种对比用以反诘日、美对我国知识产权保护的不合理的指责，是可以的。但如果用来支持他们要求降低我国目前知识产权保护立法的水平或批评我国不应依照世界贸易组织的要求提高知识产权保护水平，则属于没有历史地看问题。20世纪70年代之前，国际上经济一体化的进程基本没有开始。我们如果在今天坚持按照我们认为合理的水平保护知识产权，而不愿考虑经济一体化的要求以及相应国际条约的要求，那么在一国的小范围内看，这种坚持可能是合理的，而在国际竞争的大环境中看，其唯一的结果只可能是我们在竞争中被淘汰出局。"

"入世"数年后，随着国际国内形势的变化，我国知识产权战略逐渐提上日程。当此之际，郑成思教授深刻地警示道："由于作为物权客体的有形物（特定物）不太可能被多人分别独立使用，因此在物权领域不太可能发生把使用人的利益与公共利益混淆的事。而作为知识产权客体的信息（无论是技术方案、作品，还是商标标识），由于可以被多人分别独立使用，在知识产权领域把使用人的利益与公共利益混淆的事就经常发生。现在的多数'知识产权平衡论'均存在这种混淆。而这又是进行知识产权战略研究之前必须搞清楚的基本理论问题。"

为中国知识产权事业倾尽心血的郑成思教授离开我们已经10年了，但他关于我国目前正在实施的创新驱动战略所发出的"先声"犹在耳畔："随着生产方式的变动，上层建筑中的立法重点也必然变更。一批尚未走完工业经济进程的发展中国家，已经意识到在当代，仍旧靠'出大力、流大汗'，仍旧把注意力盯在有形资产的积累上，有形资产的积累就永远上不去，其经济实力将永远赶不上发达国家。必须以无形资产的积累（其中主要指'自主知识产权'的开发）促进有形资产的积累，才有可能赶上发达国家。牵动知识产权这个牛鼻子，使中国经济这头牛跑起来，袁隆平、王选等人已经做了，更多的创新者还将去做。在信息创新时代，只有越来越多的人这样做下去，中国才有可能在更高的层次上再现'四大发明'国度的异彩。这也就是我们常说的'民族复兴'。"

《郑成思知识产权文集·
版权及邻接权卷》导读

——斫取青光写楚辞　扬雄秋室无俗声

刘家瑞

郑成思教授是在中国乃至世界知识产权界享有卓越声誉的法学家，对中国知识产权制度的建立和发展作出了不可磨灭的贡献，其经典著作和人格魅力对几代中国知识产权的实践者和研究者都产生了深远的影响。

由郑成思教授家人、好友和学生精心汇编的《郑成思知识产权文集》已经顺利付梓，并将于中国社会科学出版社出版发行，这无疑是知识产权界的一件盛事。

《郑成思知识产权文集》的出版，不仅是作为对郑成思教授的深切纪念，更是树立了中国知识产权研究的一座丰碑。其中，《郑成思知识产权文集·版权及邻接权卷》共两册，全面收录了郑成思教授在版权领域的经典著作，包括《版权法》（修订版）（中国人民大学出版社，1997年版）、《计算机、软件与数据的法律保护》（法律出版社，1987年版）、《信息、新型技术与知识产权》（中国人民大学出版社，1986年版），以及53篇论文。

本卷收录的许多作品（尤其是《版权法》一书），早被公认为中国版权研究的奠基之作。《版权法》的创作始于20世纪70年代末，历时十年之久，郑成思教授自己戏称"十年磨一见"。那时，中国的法学研究百废待兴，研究资料和法律实践极度匮乏，身处网络时代的青年学者如今可能无法想象；仅有的一些法学教材，受研究条件所限，往往是由概念到理论，枯燥费解，难以付诸实践。但郑成思教授的《版权法》却似一缕春风，带给读者耳目一新的学习体验。该书旁征博引，洞见迭出，不仅详细论述了各国先进版权制度，而且包含了大量具体生动的判例（令人难忘的"戏剧脸谱与临时复制"）、妙趣横生的比喻（"已是悬崖百丈冰"的诗句与思想表达二分法）、翔实丰富的史料（有谁记得欧洲第一件雕版印刷品上印的是什么）。《版权法》一经问世，立刻受到法学界的广泛赞誉，成为众多版权学者的必备书，至今26载（修订本至今19载），仍有大量读者向书店和出版社求购。当美国人谈起 GOLDSTEIN ON COPYRIGHT 或 NIMMER ON COPYRIGHT，英国人谈起 COPINGER & SKONE ON COPYRIGHT，中国人可以自豪地谈起《郑成思知识产权文集》，尤其是其中长达700多页的《版权法》。而与国外经典作品相比，更令人惊异的是，《版权法》成书之际，中国甚至尚未颁布任何系统的版权立法。

郑成思教授不仅是中国版权制度的奠基人之一，近30年以来更是一直奋斗在版权研究的最前沿，不偷懒，不灰心，不唯上，只唯真。人们不会忘记，在这一段中国版权发展史中，郑成思教授几乎倡导和参与了所有重大理论与实践问题的探讨。他的诸多研究成果，有相当一部分至今仍在启发着版权界的进一步研究与争论，而另一些已经转化为立法和司法实践。本卷无异于最忠实的历史见证：从20世纪80年代初版权立法与否的争议，到20世纪80年代末的"版权"和"著作权"之争；从20世纪90年代初对于"思想/表达"还是"内容/形式"的划分，精神权利是否可以穷竭或限制的探讨，以及对世界贸易组织TRIPS协议的深入研究，到20世纪90年代末的权利冲突和侵犯版权无过错责任的讨论，对民间文学艺术保护和网络版权保护的积极倡导。21世纪以来，他更积极投身到知识产权法典化和知识产权战略等重大课题中。在这数十年间，郑成思教授的学术著作层出不穷，毫无间断，浩如星海般地洒落在各种学术书刊中。如果没有《郑成思知识产权文集》汇编者的辛苦努力，想要尽量收全郑成思教授各类作品的读者就只能"望洋兴叹"了。

郑成思教授不仅对中国知识产权事业的发展功不可没，更为中国知识产权界赢得了国际声誉。郑成思教授通过其英文著作，成为最早的（且至今最系统的）将中国知识产权发展全面介绍到西方国家的作者之一，但他的国际声望绝不局限于中西法学交流的窗口。郑成思教授与澳大利亚学者彭道顿教授（MICHAEL PENDLETON）于20世纪80年代中期提出了极富前瞻性的"信息产权"理论，由牛津出版的《欧洲知识产权评论》（EUROPEAN INTELLECTUAL PROERPTY REVIEW）重点推荐，在西方读者中产生了巨大反响，而美国学者对于类似课题的研究成果要到20世纪90年代之后才陆续问世。同时，郑成思教授对于20世纪80年代困扰许多国家的计算机程序保护问题，提出了独特的"工业版权"理论。虽然在美国出于自身经济利益的干涉之下，TRIPS协议最终将计算机程序作为文字作品保护，"工业版权"理论仍在欧盟数据库保护的相关指令中体现出巨大的指导意义。上述重要理论的中文本最初发表于《计算机、软件与数据的法律保护》和《信息、新型技术与知识产权》两本著作中，同时被收录于本卷。

对于《郑成思知识产权文集》的广大读者来说，唯一可能的遗憾就是我们再也无法向这本优秀著作的作者当面请教了，郑成思教授积劳成疾，于2006年的教师节永远地离开了我们。笔者至今仍常常感慨，郑成思教授的著作与思想，就像一个内容博大精深但却永不再更新的网站，站长最后登录日期永远停留在十年之前的秋天，令人不禁扼腕。笔者想说《郑成思知识产权文集》在许多方面也许是"前无古人，后无来者"的，但笔者在内心深处知道，"前无古人，后无来者"绝不是郑成思教授的期许。手捧厚重的《郑成思知识产权文集》，想象着在我们身边，曾经生活过这样一位在恶劣物质条件之下默默耕耘的学者,这样一位在知识产权荒野中披荆斩棘的智者,这样一位身形消瘦但人格无比坚毅的长者,中国知识产权事业应当大有希望,中国法学事业应当大有希望。正如郑成思教授时常引用唐朝诗人李贺的名句,"家住钱塘东复东",中国的法治建设还有很多路要走,中国的后辈学者当自强!

《郑成思知识产权文集·专利和技术转让卷》导读

张晓都

郑成思教授是中国知识产权法学的奠基人,被誉为"中国知识产权第一人",对包括中国专利法、商业秘密及技术转让法在内的中国知识产权法学事业的发展,作出了基础性的、开拓性的贡献。

正如郑成思教授所说,"中国的知识产权法学,总的来讲只是从 1979 年,即中国开始改革开放时,才起步的"[1]。改革开放初期,在中国是否需要制定专利法的争论中,郑成思教授于 1979 年便撰写了论文《试论我国建立专利制度的必要性》,对专利制度的本质与中国建立专利制度的必要性进行了深刻的论述。由于该论文当时太过超前,杂志社"看不懂"而未能刊用,后来发表于《法学研究》1980 年第 6 期。

1982 年,郑成思教授翻译出版了 P.D. 罗森堡的《专利法基础》一书。这本译著和他早先发表的关于专利制度的论文,对 1984 年我国第一部专利法立法产生了重要影响。

1985 年,郑成思教授的《知识产权的若干问题》出版。该书我国知识产权领域的奠基之作。对专利所涉刑事法律责任问题,该书从国际视野的角度,论证了为何专利侵权仅有民事责任而不能有刑事制裁,但假冒专利行为则不同。专利侵权被称为 infringe-

---

[1] 郑成思. 郑成思文选 [M]. 北京:法律出版社,2003:270.

ment，而假冒专利行为则被称为 offence。这些区别今天仍是我们区分专利民事责任与行政或者刑事责任的基本出发点。

1986年，郑成思教授的《知识产权法通论》出版。该书是我国最早的知识产权法教材之一，系统全面地介绍了知识产权法，包括专利法。书中阐述了每个国家专利法建立应遵循的基本原则：第一，它们必须随着科学技术的发展所提出的新问题而变化；第二，它们必须与国际、国内市场的变化相适应，与本国的经济发展水平相适应；第三，它们还必须与本国所参加的有关国际公约或者地区性条约不相冲突。这些原则至今仍应是指导我国专利法修改与完善时须遵循的基本原则。

方法专利侵权举证责任的分配问题，今天仍是人们讨论的热点话题。1984年《专利法》第60条第2款规定："在发生侵权纠纷的时候，如果发明专利是一项产品的制造方法，制造同样产品的单位或者个人应当提供其产品制造方法的证明。"2008年12月第三次修改后的《专利法》第61条第1款规定："专利侵权纠纷涉及新产品制造方法的发明专利的，制造同样产品的单位或者个人应当提供其产品制造方法不同于专利方法的证明。"2009年12月，《最高人民法院关于审理侵犯专利权纠纷案件应用法律若干问题的解释》第17条规定："产品或者制造产品的技术方案在专利申请日以前为国内外公众所知的，人民法院应当认定该产品不属于专利法第六十一条第一款规定的新产品。"而早在1986年出版的《知识产权法通论》中，郑成思教授已指出，在"方法专利"的侵权诉讼中，"如果找不到别的证据，则可以证明自己的按照专利中的方法所制的产品，在申请专利时以及在整个优先权时间内，属于一种过去从未上过市的新产品。法院就有权推定此后其他人生产的相同产品，均系使用该方法制造的"。

1986年，郑成思教授还出版有《信息、新型技术与知识产权》。该书中讨论的生物工程与微生物专利及植物新品种的保护问题，仍是今天专利保护重点研究的问题之一（另一重点研究问题为涉及计算机软件的专利保护)。转基因技术日益成熟的今天,动植物及动植物品种的专利保护问题已越来越不仅是理论研究问题,而更是实践中面临的急需解决的现实问题。书中所讨论的植物新品种保护法律制度,于1997年在中国成为了现实中的法律,即当年颁布了《中华人民共和国植物新品种保护条例》。

1988年,郑成思教授的《知识产权法》在四川人民出版社出版,相应繁体版《智慧財產權法》于1991年在台北水牛出版社出版。书中详述了中国专利法的历史沿革:从"专利"一词在两千多年前《国语》中的出处;1859年,太平天国领导人之一洪仁玕在他著名的《资政新篇》中,首次提出了建立专利制度的建议;到1944年,重庆国民党政府颁布了一部《专利法》。从新中国成立后不久,我国政务院(国务院的前身)于1950年颁布了《保障发明权与专利权暂行条例》;到1984年3月,六届全国人大常委会第四次会议,正式通过了《中华人民共和国专利法》(本书简称《专利法》)。

1988年的《知识产权法》中介绍已有关于专利的当然许可制度,近30年后的今天,正在进行中的《专利法》第四次修改真有希望增加当然许可制度。

2016年3月,《最高人民法院关于审理侵犯专利权纠纷案件应用法律若干问题的解释(二)》发布,其中第18条规范了在发明专利申请公布日至授权公告日期间实施该发明如何获得救济。针对该条规定,有人疑问在发明专利申请日至发明专利公布日期间他人实施发明该如何救济。《知识产权法》中早已充分论证,后来获得授权的发明专利权人无权干预他人在发明专利申请日至公告日期间的实施行为,且其无权干预是合理的。

2002年7月12日,最高人民法院民事审判第三庭《关于苏州龙宝生物工程实业公司与苏州郎力福公司请求确认不侵犯专利权纠纷案的批复》中首次确认了不侵犯专利权之诉。2009年12月发布《最高人民法院关于审理侵犯专利权纠纷案件应用法律若干问题的解释》中第18条正式以司法解释的形式确立了确认了不侵犯专利权之诉。提起确认不侵犯专利权之诉的前提条件是收到专利权人向其发送的专利权侵权警告函，而专利权人超过必要限度发送的专利权侵权警告函，却又可能引发不正当竞争纠纷，这正是最高人民法院2016年4月发布的2015年中国法院10大知识产权案件之首的"确认不侵犯本田汽车外观设计专利权及损害赔偿案"面临的问题。郑成思教授1995年出版的《知识产权与国际贸易》中所讨论的"非侵权声明"与"'以侵权诉讼相威胁'的诉讼"，就直接与确认不侵犯专利权之诉及不正当竞争纠纷之诉相对应，且书中对"'以侵权诉讼相威胁'的诉讼"的论述，对恰当区分警告函是正常维权还是不正当竞争，不乏指导意义。

1984年《专利法》制定时，规定抵触申请不包括自己于申请日之前提交而在申请日之后公开的专利申请案，即"没有同样的发明或者实用新型由他人向专利局提出过申请并且记载在申请日以后公布的专利申请文件中"。2008年《专利法》第三次修改时，将上述规定修改为"没有任何单位或者个人就同样的发明或者实用新型在申请日以前向国务院专利行政部门提出过申请，并记载在申请日以后公布的专利申请文件或者公告的专利文件中"，也即抵触申请包括自己于申请日之前提交而在申请日之后公开的专利申请案，自己在申请日之前提交且在申请日之后公开的专利申请案同样可以破坏自己专利申请的新颖性。而关于应当在抵触申请规定中删除"他人"的理由，郑成思教授初版于1997年的《知识产权法》中已进行了充分的论证。该部《知识产权法》（法律出版社）是司法部法学编辑部"九五"重点规划教材。

改革开放初始，中国需要大量引进先进实用的技术，国际技术转让法成为急需研究的法律问题。郑成思教授结合专利法及商业秘密法（技术秘密法）知识，于1987年撰写出版了《国际技术转让法通论》，系统地研究了国际技术转让各方面的法律问题，内容涉及国际技术转让的概念、国际技术转让法的渊源、国际技转让采用的各种形式、我国技术进出口的有关法律、西欧经济共同体的有关法律、美国的有关法律、日本的有关法律、几个东欧国家的有关法律、发展中国家的有关法律、有关的国际公约与国际惯例等。该书基于国内外法律、国际公约及国际惯例对国际技术转让法作了翔实具体的研究。

在《国际技术转让法通论》出版之前，郑成思教授已在《知识产权法若干问题》《知识产权法通论》等著作中对专利许可证与许可合同、技术转让合同等问题进行了深入具体的研究。在《国际技术转让法通论》出版之后，在《知识产权法》（四川人民出版社）等著作中则对中国技术转让法的具体实践等问题进行了深入研究。

郑成思教授在技术转让法方面的研究成果，对当时的技术转让活动具有重要的指导意义，对今天的技术转让法研究及技术转让实践，同样也具有重要的借鉴意义。

《郑成思知识产权文集·
商标和反不正当竞争卷》导读

——用志不分　乃凝于神

黄　晖

今年9月10日，郑成思教授离开我们10周年，作为我国知识产权研究的先行者，郑成思教授为我们留下了宝贵的精神财富，其中包括在商标和反不正当竞争领域的研究成果。

一、商标领域的研究成果

郑成思教授最早可以说是通过商标和知识产权结缘的，他在学术小传《我是怎样研究起知识产权来了》一文中详细介绍了当时他翻译世界知识产权组织编写的近百万字的《有关国家商标法概要》的生动情形。后来他作为我国改革开放后第一个公派去英国学习法律的留学生，在伦敦经济学院研究生院师从柯尼什教授学习知识产权，从此便开始了知识产权的研究历程。

有意思的是，柯尼什教授的经典著作《专利、商标、版权和有关权》中的一段话，即"商标不多不少是市场竞争的绝大部分的基础"，后来又被欧盟法院雅各布总法务官（Jacob A. G.）在欧盟法院为商标正名的第二个黑格案（Hag Ⅱ）中引用，雅各布进而阐述道："真实的情况是，至少从经济学的角度，或者也从'人的角度'来看，商标与其他知识产权的形式相比，既不逊色，应该得到的保护也不能更少。"也许正是因为商标的这种重要性，郑成思教授在柯尼什教授的直接指导下撰写了《商标在中国：知识产权领域第一个特别法》（为保持原貌，本卷作为唯一的英文论文收录），发表在《欧洲知识产权评论》（EIPR）上，甚至造成该期杂志畅销乃至脱销。

应该说，正是早期郑成思教授对外国商标法的娴熟掌握，使他一上来就站在巨人的肩上宏观地把握商标立法的历史演进和发展趋势。例如，在1980年《关于商标立法的几个问题》一文中，郑成思教授便已敏锐地指出：商标一般不能完全反映出商品的质量，有时则完全不反映商品的质量，尽管商标法应当有利于产品的质量管理。

对于商标注册制度的价值和意义，在同样写于1980年的另一篇《关于〈出口贸易〉中"商标"一节的几个问题》中，郑成思教授先是总体介绍了四种商标保护制度的优劣利弊，他认为相比英美的商标制度，"真正先进的，应算是法国的现行商标制度"。他在后来的《知识产权法通论》以及《知识产权法》书中也反复强调，"没有必要去论证只有'使用'才产生商标权，'注册'仅仅是对已通过使用而产生的商标权的行政确认"。同样在这篇文章中，他就已经注意到欧洲共同市场国的统一商标法正在拟议中，后来出台的共同体商标条例也印证了商标权利依注册产生的原则，欧共体商标到今年已经成功运转了20周年，且在去年大修中更名为欧盟商标并特意明确商标注册赋予其专有权。❶

后来，郑成思教授还特别考证出，"中国的香港地区，作为英国的殖民地，许多法律均来源于英国。但商标法却例外，它早于英国两年（1873年）直接从欧陆国家引进了注册商标制度。这也许与香港的国际贸易中心的特殊地位是分不开的"。因此，在某种意义上讲，真正赋予注册的法律效力的立法恰恰是在奉行使用至

---

❶ 依据欧盟新修订《欧盟商标条例》（欧洲议会及欧洲理事会第（EU）2015/2424号条例），自2016年3月23日起，欧盟内部市场协调局（OHIM）正式更名为欧盟知识产权局（EUIPO）。此外，自该日期起，该局所管辖的两项知识产权之一的"共同体商标"（CTM），正式更名为"欧盟商标"（EUTE）。——编辑注

上的英国为解决远东贸易提出的挑战过程中应运而生的。

在我国 1982 年制定新中国的第一部《商标法》之后，郑成思教授便持续关注商标法的发展和完善，在一系列专著和论文中，尤其在 1993 年第一次和 2001 年第二次《修改商标》法前后都有集中的评注和贡献。这些贡献主要集中在以下 6 个方面。

(一) 在先权利保护

保护在先权利是所有知识产权保护的基石。但我国 1982 年《商标法》中除了禁止商标申请与在先商标发生冲突外，并未提到与其他在先权利冲突，更未规定与在先权利发生冲突后的解决渠道，直到 1993 年《商标法》第一次修改后，实施细则才通过对欺骗和其他不正当手段取得注册进行解释的方式，间接地解决了与在先权利冲突的问题。在这之后，围绕注册商标是否可以被在先著作权起诉的问题，郑成思教授专门撰写了《"武松打虎"图法院判决及行政裁决引发的思考》，特别分析了著作权"权利穷竭"与未经许可使用作者的著作权作品（哪怕该作品已经作者许可另外的他人）全无关系，避免了理论上的混淆。

当然，这个问题在 2001 年《商标法》修订后基本已不再成其为一个问题。郑成思教授指出："2001 年商标法第九条突出对'在先权'的保护，却没有任何条款强调对侵权活动产生的'在后权'也应精心呵护，为今后民事立法确立了一个方向。"2008 年最高人民法院关于权利冲突和驰名商标的两个司法解释实际也进一步印证了他的预言。当然，还有一些问题有待进一步厘清：比如，对于宣告恶意注册商标无效的，不仅驰名商标所有人，其他在先权利的所有人也都不应受到五年时间的限制，否则会很不公平；又如，在普通的在先注册商标是否可以直接起诉在后注册商标的问题上，还存在一些模糊的认识，尽管欧盟法院已经明确表态在后注册并不是在先注册维权的障碍。

(二) 侵权责任问题

我国《民法通则》乃至后来的《侵权责任法》都将"过错责

任"作为包括知识产权侵权责任的承担前提。在这方面,郑成思教授一直在做正本清源的工作。事实上,一般民法中的侵权是指 tort,该词汇本身即有过错之意,而知识产权的侵权则是 infringement,fringe 是篱笆的意思,凡是未经许可进到 fringe 内的行为,不问过错均应负停止侵害的基本责任,甚至有侵害之虞的也应负停止即发侵权的责任,至于赔偿,则需要视其主观恶意的程度来定。

郑成思教授认为,2001 年《商标法》根据 TRIPS 协议的要求进行的第二次修订,"更改了民法学界多年来有关认定侵权须有'四要件'的通说,亦即否定了'无过错不负侵权责任''对权利人造成实际损害方能认定侵权'等等,这种修改对民事侵权法将有重大影响,当然也可以说'代表了方向'"。事实上,2013 年《商标法》第三次修改,规定对恶意侵犯商标专用权,情节严重的,可以在原告损失、被告获利以及许可费倍数方法确定数额的 1 倍以上 3 倍以下确定赔偿数额,应该说进一步肯定了主观故意只是与赔偿有关的问题。此外,2004 年的欧盟知识产权执法指令也有类似规定。

(三)驰名商标保护

2001 年之前的商标法缺乏驰名商标保护条款,与《巴黎公约》的明确要求相比,的确有一定差距。郑成思教授指出:"在商标纠纷中去认定驰名,从而一方面从横向将与驰名商标'近似'的标识范围扩大,从纵向将驰名商标所标示的商品或服务类别扩大,达到给其以特殊保护的目的,才符合商标保护的基本原理,也才是国际条约的初衷。""我国 2001 年的《商标法》修正时,正是参考了国际条约与国外成功的经验,首次在国家一级的立法中,增加了保护驰名商标的有关规定。"基于这种发展,郑成思教授也认为引入"防御商标"和"联合商标"的必要性并不太大了。同时,他也认为对于驰名商标的反淡化保护问题应当认真研究。

此外,驰名商标的按需认定原则也是郑成思教授一开始就倡导的,他甚至以"博士生导师"这一头衔为例深刻地分析了评比认定驰名商标的危害。2013年修改的《商标法》对此明确规定并禁止宣传,终于使驰名商标保护回到正轨上来。

(四)反向假冒

围绕西裤上的"枫叶"商标被人替换的正当性,产生了广泛的探讨:把他人已经使用的注册商标去除,换上自己的商标出售,表面上并没有使用他人的商标,或者应该是恰恰没有使用他人的商标,似乎与商标侵权绝不相干,但郑成思教授在《商标中的"创造性"与反向假冒》以及《从"灯塔"牌油漆说起》中指出,发达国家很早已经在立法及执法中实行的制止反向假冒,在中国则尚未得到足够重视,反向假冒若得不到应有的惩罚,得不到制止,就将成为中国企业创名牌的一大障碍,像"灯塔"油漆那样被人掉包的故事就不会被制止。

好在2001年修改的《商标法》终于接受了郑成思教授的这一主张,明文禁止反向假冒,确保了商标所有人的完整权利。或者说,商标恰如市场经济的"灯塔",正应该从维护商标"人-物-志"三要素统一的角度看待商标注册人的禁用权和使用权:禁用权意味着"排他"的消极方面,而使用权则意味着自己专用、禁止他人撤换的积极方面。

(五)品牌创新

事实上,禁止反向假冒,主要是对商标所具有的识别功能,尤其之外的广告、宣传和投资等其他功能的保护,这是因为离开商标,这些功能也失去了附属,商业的信誉变得无法累积,品牌架构也无从搭建。郑成思教授生前抱病集中撰写的《知名品牌终于有了中国制造》《创自己的牌子 做市场的主人》《创新者成大业》和《"似我者死":反思傍名牌》等文章,旗帜鲜明地反对傍名牌的山寨现象,殷切地希望我国的企业要走自主创新的路,尤其是要注重产品质量的管控以及品牌的运用,否则就会出现他所例举的"玉山自倒非人推"的"荣华鸡"现象。

在目前国家实行"创新驱动发展"的战略以及"大众创业、万众创新"的背景下,重温郑成思教授所引用的齐白石的名言"学我者生,似我者死,创新者成大业"尤其具有现实意义。

(六) 电子商务中商标保护

电子商务的发展突飞猛进,与此相关的商标保护问题也愈加突出。这不仅表现在互联网刚刚兴起时的域名问题、网络链接问题,也表现在后来出现的关键词检索、网络销售平台等问题。郑成思教授曾在《采取有效措施解决"域名抢注"问题:在互联网络环境下保护我国企业的知识产权》的专文中以他独特的敏锐力一直推动相关领域的立法和理论研究,后来虽然在域名抢注、电商平台乃至侵权责任法方面有了一定的发展,但现实提出的问题也要求我们进一步跳出传统解决思路的窠臼,在更大的层面上思考问题的出路,正所谓"家住钱塘东复东"。

当然,我国的商标立法尚未"臻于郅治",郑成思教授认为相关的研究也还在完善的路上:例如,"商标专用权"最好修改为"商标权"以涵盖作为对世权的更为完整的财产权;地理标志目前政出多门,亟须建立统一的管理体制;与商标有关的继承、质押乃至评估的立法和研究亟待深入;商标评审委员会作为居中裁定的机构,不应在行政诉讼程序中作为被告出庭等。

二、反不正当竞争领域的研究成果

与商业标识有关的反不正当竞争法,也是郑成思教授长期关注和研究的领域。他的贡献突出体现在以下四个方面。

(一) 反不正当竞争法与商标法关系

郑成思教授在1995年撰写的《反不正当竞争:国际法与国内法》一文中开宗明义地指出,"'反不正当竞争'的概念,起源于19世纪50年代的法国。它的立法来源是《法兰西民法典》第1382

条。而这一条又同时是法国商标法（亦即现代注册商标制度）的来源。当然，这一条也是大陆法系'侵权法'的来源。所以，从来源上，我们至少可以看到：反不正当竞争与商标的保护，是'同源'的。"而且，《巴黎公约》第 10 条之二也是围绕违反诚实信用的工商业惯例来切入不正当竞争的定义的。

他因此特别强调，反不正当竞争法的立法重点应该是保护知识产权，尽管保护消费者、反倾销、反垄断乃至打击串通投标、反回扣等也可以纳入其中。事实上，世界知识产权组织编撰的《反不正当竞争示范规定》紧扣知识产权的补充保护，具有简明扼要、重点突出的优点。目前，《反不正当竞争法》正在修改之中，如何加强与知识产权有关的不正当竞争行为的规制，无疑是一个十分重要的问题。

（二）企业名称保护

企业名称与商标是既有区别又有联系的重要的商业标识，在处理两者的纠纷和冲突上可以说走过一段时间的弯路。本来，《巴黎公约》第 10 条之二囊括了任何人任何手段所制造的关于商业机构、商业活动和商品的任何混淆，并未特别限制商业混淆的类型，完全有足够的弹性处理商标与企业名称的冲突，但我国一度囿于在企业名称经过主管机关登记即为合法以及在域外登记合法即可在内地使用的观念，除非突出使用，每每难以处理。

郑成思教授并未受此观念限制，而是直接剖析这种傍名牌行为的实质。这集中体现在他 2002 年撰写的《关于"报喜鸟集团有限公司"的驰名注册商标及企业名称、商品化权等遭受侵害问题的法律意见书》中。对于对报喜鸟的不正当竞争行为，他建议多管齐下，全面维权。2013 年《商标法》正是沿着这个方向明确规定，将他人注册商标、未注册的驰名商标作为企业名称中的字号使用，误导公众，构成不正当竞争行为的，依照《中华人民共和国反不正当竞争法》处理。2015 年大修的《欧盟商标条例》则直接将使用在商品上的企业名称纳入商标侵权的范畴。当然，《反不正当竞争法》正在修订中，如何在抽象的一般原则之下细化处理的规范和程序还有比较长的路要走。

（三）商品化权

虽说如今的商品化现象已是无所不在，然而20年前商品化权还仅仅是在个别案例中出现，但郑成思教授已经敏锐地意识到这个领域的发展值得早作筹划，他在1996年的《商品化权刍议》中把这一领域的权利归纳为"形象权"。他说："所谓'形象'，包括真人的形象（例如，在世人的肖像）、虚构人的形象、创作出的人及动物形象、人体形象等等。这些形象被付诸商业性使用的权利，我把它统称'形象权'。"他因此特别呼吁加强商业形象权的研究。

但在如何保护这些形象的问题上，单纯诉诸民法、版权法、商标法都会显得很滞后或者力不从心，只有加强从反不正当竞争路径的研究和立法才是根本出路。目前正在进行的法律修改也到了必须面对的时候了。

（四）商业秘密

在商业秘密方面，郑成思教授的研究也是开拓性的，特别是早期研究中，从 Know-How 的翻译开始，涉案商业秘密的性质、商业秘密与专利的差异、与传统财产权的差异、秘密相对性、专门立法及评估，等等。这些研究成果散见于《知识产权的若干问题》《信息、新型技术与知识产权》《知识产权与国际贸易》等中。

郑成思教授在商标和反不正当竞争方面的研究和论述具有非常强的现实性和理论性，至今也具有很强的指导作用。正如他经常引用《庄子·达生》中"用志不分，乃凝于神"的话所言，只有持续地关注研究世界各国的最新立法、司法和理论动态，才可能真正解决现实中我们所面临的困难，找到理想的路径，从而推动经济社会的发展。

《郑成思知识产权文集·
国际公约和外国法》导读

刘丽娟

郑成思先生最引人注目的贡献之一,是他对于知识产权国际公约和外国法的翻译和介绍,这应该是早期他在专业领域的主要工作。在不长的几年时间里,他几乎逐条阅读、翻译并研究了所有的知识产权国际公约,其中不仅包括《巴黎公约》《伯尔尼公约》《马德里协定》等重要公约,还包括非洲的《班吉协定》《哈拉雷协定》南美洲的《安迪斯协定》、早期的经互会组织的《莱比锡协定》这样不太受关注的公约。不仅如此,先生终生保持着对这些公约后续发展的关注,并在自己的著作中及时更新。

在先生数量庞大且包罗万象的著述中,有5本书可说是其在国际公约领域的主要成就,值得向读者重点推荐,也是本卷国际公约部分的主要收录来源。

1985年出版的《工业产权国际公约概论》,是先生第一次全面介绍工业产权的专著。该书写于我国第一部《专利法》(1984年)刚刚颁布之后,先生收集了"1984年1月为止缔结的全部世界性工业产权公约及一些主要地区性公约",其中"对于较有影响的公约讲的详细些,对于刚刚生效或尚未生效的公约讲的简略些"[1]。书中引用的公约条文,基本是先生本人译自从世界知识产权组织

---

[1] 原文引自:郑成思.工业产权国际公约概论[M].北京:北京大学出版社,1995:前言.

的公开出版物。

1986年先生出版《版权国际公约概论》。当时我国《著作权法》尚未制定，该书详细介绍了《伯尔尼公约》和《世界版权公约》的内容，并且对它们进行了比较分析，帮助我们的政策制定者了解并选择参加。在这本书中，先生重新翻译了上述两个版权公约，并附于书后。自此，先生逐渐着手翻译一些主要公约，并随时附于出版的著作中。这些译文作为先生的独创性成果，也都收录于本书。在这些译文中，很多专业词汇从未出现于中文中，无前人成果可供遵照借鉴，先生根据自己对公约的理解加以明确。这些译法，现大多已成为其通行的中文称谓。

1992年出版《版权公约、版权保护与版权贸易》时，我国第一部《著作权法》已经颁布，虽然仍主要是关于版权公约的著作，但先生的关注点已有所变化，从单纯的介绍转向了比较，对比我国的《著作权法》相关规定与主要的版权公约的不同，以及我国应采取的态度。

1995年出版的《知识产权与国际贸易》一书中的亮点，是对一些地区性公约的介绍，主要包括欧共体的一些知识产权公约、北美自由贸易协定、非洲的《班吉协定》、安第斯组织的《卡塔赫那协定》。这些内容基本为本卷收录。

1996年出版的《世界贸易组织与贸易有关的知识产权》是先生关于TRIPS协议论述的集大成著作，在本卷中全书收录。先生对TRIPS协议的关注是最多的，关于TRIPS协议的专著前后共出版了3部以上。较早的TRIPS专著是《关贸总协定与世界贸易组织中的知识产权——关贸总协定乌拉圭回合最后文件〈与贸易有关的知识产权协议〉详解》（以下简称《详解》），该书按照条目详尽介绍分析了新出现的TRIPS协议。但仅在2年之后，即1996年，先生有感于参加国际会议时新的发现和心得，对《详解》一书进行了大范围的修改和增补，同时保留了《详解》一书的精华内容，撰写了《世界贸易组织与贸易有关的知识产权》一书。这

纪念郑成思教授专题

本书是先生关于 TRIPS 协议最全面、最深入的论述，在本卷中也全书收录。虽然 2001 年又出版了《WTO 知识产权协议逐条讲解》一书，且影响巨大，但由于该书是为了方便人们理解 TRIPS 协议，按照协议条目逐条重新编排，基本内容都已出现在 1996 年书中，而未予收录。

出于对国际公约的特殊兴趣和关注，先生在其撰写的一般性知识产权著述中，往往也会附上相关的国际公约，并不断修改自己的认识。因此，先生对于公约的论述，还散落在各个不同的著作中。这些先后发表的著述中，对同一个国际公约的论述，随着时间的推移，会有所不同，有些观点会被保留，有些观点有所修改。这使得文集的编辑工作变得比较棘手。作为汇编者，我经常在对于同一内容的先后的几个版本的论述中反复琢磨，究竟应该收录哪些，而哪些内容，需要放弃。也是因此，本卷虽然尽力寻找先生所有的相关论述，但并不敢自称"全集"。

外国法部分，先生 20 世纪 80 年代初留学英伦，深入学习并研究了英国知识产权制度，这方面的著述比较丰富。在他第一部知识产权体系性著作《知识产权法通论》（1986 年）中，对美、英、德、法、日、苏联这些主要国家的知识产权制度进行了介绍。同时期出版的论文集《知识产权法若干问题》（1985 年）中，收录了他这段时间撰写的研究外国知识产权制度的许多文章。这些文章，连同后来撰写的一些研究外国制度的文献，都收录在本卷的外国法部分。

《国际公约和外国法卷》的编辑体例，与本文集的其他部分有所不同。本部分以公约性质和名称、国别编排，而未采取其他部分的以著述形式和论文编排体例，这主要是为了方便读者的理解。公约译文，也附在该公约的相关著述之后。

先生原在中国社科院法学所的国际法室工作，最初接触知识产权是因其杰出的英语水平，被委以翻译一些从国际知识产权会议中带回的资料。这些资料是当时急需加入国际体系的我国迫切需要了解的。正是缘于对这些资料的艰难翻译，先生萌发了对知识产权这种当时国人非常陌生的学科的兴趣。可以说，先生对知识产权的研究，始于对国际公约和外国法的翻译和研究，后来才逐渐转向对于知识产权一般性问题的研究上来的。这样的研究路径，意味着先生的学问从一开始，且自始至终，都是一种为国家利益服务、面对现实问题、实用主义的研究范式，也在很大程度上决定了我国知识产权学科诸多与众不同且意味深长的现象。

先生的研究兴趣和关注点，具有明显的前瞻性，而这种前瞻性缘于先生对国际公约新发展的关注。以 TRIPS 协议为例，早在我国"入世"近十年前，先生就早早觉察到"乌拉圭回合"将知识产权议题纳入 WTO 框架的新形势，并马上开始深入研究，拿出了翔实且令人信服的研究成果。当决策者开始考虑"入世"时，对其中的知识产权这个 WTO 中的新问题，已经心中有数。

先生治学，从来都是以问题导向，即通过关注国际前沿领域的发展，以及我国立法的需要、司法的疑难问题、实务的需要等等，确定自己的研究方向。从另一方面看，先生很少进行抽象的概念和理论探讨。这种治学方式，倒是暗合了胡适先生提出的"多谈些问题，少谈些主义"的主张，也体现了一种英美式的"实用主义"研究偏好。也正是因为这种研究思路，先生总是能够及时地了解实务部门和社会中出现的问题，并迅速深入研究，拿出解决方案，客观上成为立法机构、司法机关，甚至很多新型的企业的可以依靠、值得信任的支持者和求助对象，这是他所以产生一般学者难以达到的巨大社会影响力的重要原因。

作为一名深谙国际规则的学者，郑成思教授还表现出明显的国家利益、民族利益至上的情怀，这可能是他那一代成长于新中国的学人的共同意识。在他的心中，虽然全球联结越来越紧密，相互交流变得越来越重要，但主权和民族利益仍是决定对一切制度的态度的基本出发点，不能脱离民族利益抽象讨论知识产权制度的价值。正是因此，先生始终坚定地站在发展中国家立场，在晚年，他明确表示支持发展中国家倡导的对传统知识、遗传资源进行保护的倡议，因为发展中国家在现有知识产权体系中处于劣势，而传统知识、遗传资源这些客体，是发展中国家蕴含丰富、可以拿来与发达国家进行抗衡和谈判的砝码。❶

然而，先生的民族情怀是建立在理性和长远的考虑之上。在他最后的论著中，面对"入世"后越来越热闹的认为我国知识产权保护过高，从而要求"弱化"知识产权保护的呼声，先生却一再呼吁我国一定要坚持留在国际体系，我国的问题绝不能靠降低知识产权保护，或"退出"世贸组织等高标准保护体系来解决，因为时代已经改变，新的时代是以经济全球化、技术领先进行国际合作的时代，20世纪40年代的美国或20世纪60年代的日本那种通过压低知识产权保护水平，从而使本国获得一段自由发展时间的做法，在新的时代不但无法实现，而且会使我国在国际竞争中"自我淘汰"。❷ 先生特别对所谓"盗版有助于发展我国经济"的观点进行了批评，他说："我认为恰恰相反：盗版直接妨碍了我国经济的发展。第一，盗版者的非法收入，绝没有上缴国家以用来发展经济；而且对这一大笔非法收入是无法去收税的。从这里漏掉的税款，对国家就是个不小的损失。第二，盗版活动的主要受害者，是国内企业。仅仅以软件盗版为例，它是我国自己的软件产业发展不起来的直接原因。""对音像制品、图书等的盗版如果不给予有力打击，结果也是一样。"

这番话，是当时已身患重病的先生，对我国当权者和理论界、实务界最后一次提醒。

---

❶❷ 郑成思. 国际知识产权保护与我国面临的挑战［J］. 法制与社会发展，2006(6).

《郑成思知识产权文集·治学卷》导读
——有自信　不自满
Don't think you are nothing, don't think you are everything

管育鹰

郑成思老师作为"中国知识产权第一人",为我国的知识产权事业作出了杰出贡献。今天,我们在全面梳理老师留下的丰硕学术成果时,面对其等身的著述和平实无华的训导,我们不仅由衷地为老师斐然的学术成就和远见卓识所折服,也为老师的爱国、笃志、勤学、正直和谦和的珍贵品德所感动。

本卷收录了郑成思老师为自己和他人著述所写的前言、序言、书评和一些讲座上的发言稿。通过这些简短的文章,我们可以提纲挈领地了解老师对相关主题的观点、思想发展脉络和研究心得。比如,在1997年《版权法》修订时,郑老师自述:"的确,今天如果把1990年的这部《版权法》原封不动地再推向市场,据出版社估计,征订数仍不会少,但作者就未免对读者太不负责任了。在这六年里,有我的研究生、同事及热心的读者向我提出的应改正及应完善的论述;有我国的立法、司法实践提供的新素材;有外国法的修改及新国际条约的产生而提出的新问题;更有因实用技术的发展而扩大的新领域。同时,因为有机会在文学艺术创作源之一的'民间文学'中作进一步探索,特别是亲临'集体修改、集体流传'、却又始终无书面曲谱的民间音乐的演奏会(如丽江纳西古乐),得到更多的感性认识;有机会在国际知识产权诸学会的学术讨论中,对文学艺术创作的后继成果有更多的理性认识。这些，也使我感到自己原有的《版权法》一书，确有修订的必要了。"在1998年《知识产权论》出版时，针对国际互联网的发展与知识产权制度的关系，郑老师即预言："网络环境下出现的新问题，将促进知识产权地域性的趋弱与国际化的加强"；确实，我们今天看到，各国关于网络环境下和电子商务中的知识产权保护规则的趋同现象，无不印证了老师的远见。2005年，郑老师在他最后主编的著作《知识产权：应用法学与基本理论》中指出，"如果再有更多企业能像'海尔'那样，借助知识产权制度开拓市场，而不是总被别人以'知识产权'为棍子追打，那么中国对世界的贡献，可能会不亚于她做出四大发明的当年。在批判中注重对策研究，在构建基本理论时注重应用研究，对民商法学、经济法学均很重要，对知识产权法学来说，尤其重要。"郑成思老师生前为笔者关于民间文艺的著作作序时，念念不忘呼吁"我们以现有的由发达国家早已决定好框架的'国际知识产权'为基础制定知识产权战略时，切切不可忽视了一大部分尚未列入国际知识产权保护框架内的信息财产，因为这一部分恰恰是我国的长项"；老师希望有更多的人参加到关于民间文艺保护的研究中来，摈弃保护就是保守、就是不许公众使用那种误解或曲解，甚至将真心维护与光大中华瑰宝者比为禹舜。

作为我国知识产权法学研究领域卓有建树的学者，郑成思老师在治学与做人方面也堪称学人典范。在老师为他人撰写的序言、书评中，除了对专业问题画龙点睛的评述，我们还可以看到老师的端正学风、高尚德行和对同行、后辈努力的肯定与激励。比如，在为李明德教授的著作写序言时，郑老师写道："无论作为提供部分'思想'者，还是作为提供极少基础创作的依据者，从版权的角度，都不足以使我成为'共同作者'或'共同版权人'而在书上署名。这就是为什么项目上署二人之名、书上只署一人之名。事实上，这是李教授按我的坚决要求去署的。至于其他作了同样程度工作的项目负责人，是不是也只应如此署名，我不过问。我只坚持自己的原则,因为我毕竟是研究版权法的。"在学术风气浮躁的今天,多少"学者"急功近利,随波逐流,重读郑成思老师的这段坚守学术的朴实无华的话,我们能不肃然起敬?在为薛虹博士的论著作序时,我们可以看到郑老师不遗余力提携后辈的殷殷之情:"这次作序,作者虽是我的学生,但在数字技术与网络领域的知识产权保护方面,其研究水平显然在我之上。不过我却感到欣慰。原因是我看到中国年轻一代学者,在法学领域,已经大有希望。"郑老师对优秀学子的优秀研究成果从来不吝赞赏,他称黄晖博士的著作"读它不像是嚼苦果,却很像是饮清泉。读完之后,确有'秋寒扫云留碧空'的感觉";对朱谢群博士将知识产权法哲学与知识产权法经济学相结合的论著,老师则用"十二门前融冷光,二十三丝动紫皇"来形容读后感。

本卷也收入了郑成思老师撰写的版权法和国际技术转让相关名词、术语的西文中译及简要释义。悉心编纂知识产权领域的名词术语,同样反映了老师治学严谨的态度;其中一些名词术语的翻译和释义,更反映出老师对相关内容理解的准确和透彻。比如,与我国现行《著作权法》的"录像"等概念给人带来的疑惑不同,郑老师在1990年出版的《版权法》中即已经在术语部分将"Audiovisual Works"翻译为"视听作品",走在时代前面近30年。

郑成思老师在不同场合多次指出,学习是苦的,但同时学习中又是充满乐趣的,"我只是把读书当成一种乐趣"。老师将他的治学经验简要地总结为"不偷懒、不灰心;有自信、不自满"。笔者迄今仍记得2003年入学时老师的教诲:"在博士生学习期间,在可能的情况下,还须进一步拓宽知识面,以免成为'井蛙博士'。列宁曾要求年轻人'以人类全部知识丰富自己的头脑';英国法官丹宁对法学者也提出过类似的要求;历代武林高手中,'博采众长'者,方才成'家'。这些,其实都是一个意思。即使在自己专门钻研的窄领域,也只有将有关中外名篇尽量多看,方能避免重复劳动,避免走弯路。同时,要非常注意尊重他人的知识产权。切不可图省事抄袭别人，在自己历史上留下不良记录。这些又都要以'不偷懒'为前提。"勤奋、扎实、求真、创新，郑老师留给我们的宝贵治学经验，连同老师对知识产权制度的学术洞见，将一代代地传给后来的知识产权学人。

2016年7月

研讨会论文

民法总则应当如何界定知识产权

宋红松*

摘　要：《民法总则（草案）》对知识产权的定义存在分类标准不统一、列举不全面以及保护客体过于宽泛等严重问题，定义内容也未能反映知识产权学术研究的最新进展。本文提出知识产权的定义应主要以列举的方式尽可能全面地涵盖知识产权的保护客体，并通过适当的归纳抽象增强定义的适应性；在此基础上，通过规定制止不正当竞争条款对知识产权的定义进行补充和兜底，以弥补列举不全面造成的定义不周延问题；最后还要通过合理的限制与例外机制对知识产权的范围进行更为精确的反向限定，避免不合理地扩张知识产权保护范围与其他公共政策目标发生冲突与抵触。基于上述理念，本文提出了包含三个层次的更为全面的知识产权定义的建议条款。

2016年6月27日，第十二届全国人大常委会第二十一次会议对《民法总则（草案）》进行了初次审议。草案第108条第2款规定："知识产权是指权利人依法就下列客体所享有的权利：（一）作品；（二）专利；（三）商标；（四）地理标记；（五）商业秘密；

---

* 作者简介：烟台大学法学院教授，澳大利亚昆士兰大学法学博士，国家知识产权专家库专家。

（六）集成电路布图设计；（七）植物新品种；（八）数据信息；（九）法律、行政法规规定的其他内容。"与《民法通则》相比，本条款的定义虽然反映了近30年来知识产权领域的最新发展，但定义的水准却不无可议之处。

《民法总则（草案）》的知识产权定义采取列举知识产权保护客体的方式，然而所列举的客体却并未适用同一分类标准。比如，将专利与作品、商标、地理标记并列就不太妥当，专利是知识产权的一种类型而并非知识产权的客体。合理的选择应当将专利的客体发明、实用新型和外观设计与作品并列。此外，将数据信息列为知识产权的客体也存在突破现行法律规定、过于冒进的风险。

为知识产权下定义并不容易，尤其是在法律文件中为知识产权下一个准确的定义更为困难。日本和韩国知识产权基本法，以及主要知识产权国际公约，均采取简单列举知识产权或知识产权保护对象的方式进行定义。学术研究虽然给出了不少知识产权的定义，但由于出发点和侧重点不同，并不一定适合立法采用。❶ 本文对目前国内国际存在的知识产权定义方式和具体的定义内容进行比较，在此基础上探讨我国民事基本法应当采纳的知识产权的定义方式，以及对知识产权进行界定时应考虑的主要问题，并尝试就民法总则知识产权定义给出建议条款。

一、内涵式定义

内涵式定义是通过属加种差的方式，即确定被定义对象所属的上位阶属概念，将被定义对象与同该属概念下的其他并列种概念进行比较，找出被定义对象不同于其他种概念所反映的对象的

---

❶ DRAHOS P. The Universality of Intellectual Property Rights：Origins and Development [M] //GOLDSTEIN P. International Copyright：Principles，Law & Practice. New York：Oxford University Press，2001.

特有属性，然后运用所发现的被定义对象的特性对其上位阶属概念进行限定，从而为被定义对象界定准确的定义。

(一) 知识产权的上位概念

从法律上对知识产权这一概念进行内涵式定义，首先涉及知识产权的上位阶属概念的确定。由于对知识产权特性认识上的分歧，目前对于知识产权定义使用的上位阶属概念存在较大争议。在目前知识产权的各类内涵式定义中，使用的属概念位阶高低差异很大，有"权利"❶"私权（或民事权利）"❷"财产权"❸以及"专有权利（或排他性权利）"❹等。

以"权利"作为知识产权的上位阶概念无疑最安全，但由于其位阶过高，缺乏足够的指称特定性，作为知识产权定义的属概念意义不大。将知识产权定义为某种私权或民事权利目前争议不大，且能够得到《民法通则》《侵权责任法》和WTO《与贸易有关的知识产权协定》（TRIPS）的支持，应属于比较妥当的解决方案。

对于知识产权是否属于兼具财产权利和人身权利双重属性的问题，目前存在争议，但主流知识产权学者多主张知识产权属于财产权，本文赞同这一观点。不仅"知识产权"这一用语本身就含有财产权利的意思，其权利的主要内容也都是财产权利，将其定义为财产权利有利于更加准确地把握知识产权的属性。但由于知识产权的主要组成部分——著作权，兼具精神权利和财产权利

---

❶ 《建立世界知识产权组织公约》第2条第8项。

❷ 郑成思. 民法典（专家意见稿）知识产权篇第一章逐条论述 [J]. 环球法律评论，2002（秋季号）.

❸ 李琛. 质疑知识产权之"人格财产一体性" [J]. 中国社会科学，2004（2）. 吴汉东教授也认为知识产权属于财产权：吴汉东. 知识产权的多元属性及研究范式 [J]. 中国社会科学，2011（5）. 类似观点还参见：刘春田. 知识财产权解析 [J]. 中国社会科学，2003（4）；郑成思. 知识产权法 [M]. 北京：法律出版社，2003：9.

❹ 郑成思. 知识产权法教程 [M]. 北京：法律出版社，1993；[EB/OL]. [2013-08-11]. http://www.wto.org/english/tratop_e/trips_e/intel1_e.htm.

的双重内容，难以完全纳入财产权利的范畴，民法总则的知识产权定义作为著作权法的上位法，应避免与著作权法的相关规定发生冲突。因此，建议知识产权基本法对知识产权进行界定时还是以"民事权利"作为属概念。

从法律上对知识产权这一概念进行内涵式定义，还涉及对知识产权客体（或对象）的界定。对于知识产权的客体或对象学界也存在较大争议，目前主要有"知识"❶ "信息"❷ "知识产品"❸ "知识财产"❹ "智力成果"❺ （或创造性智力成果）与"识别性工商标记"❻ 等几种不同表述，还有学者主张知识产权保护对象包括创造性成果、经营性标记和经营性资信等三部分❼。

由于关于知识产权客体的学术观点分歧较大，本文认为民法总则知识产权定义中应慎重表述知识产权的客体或保护对象。关于"知识"或"信息"这两种表述，本文认为虽然不存在涵盖不周延的问题，但范围过于宽泛，不利于准确界定知识产权的保护范围，甚至很可能不恰当扩大知识产权保护范围。关于"知识产品"或"知识财产"这两种表述，本文认为与知识产权的概念存在同义反复，尤其是对应的英语表达无法与知识产权相区分。虽然日本和韩国知识产权基本法使用了"知识财产"的概念，但日本的立法例表明在列举了知识财产的具体范围之后再列举知识产权的范围给人以重复的感觉，并无太大实际意义。

由于知识产权包含的内容较为复杂，不同权利属性差异较大，客体也各不相同，因此没有必要勉强在知识产权的定义中选择单

---

❶ 刘春田. 知识产权解析 [J]. 中国社会科学，2003（4）.

❷ 郑成思，朱谢群. 信息与知识产权的基本概念 [J]. 中国社会科学院研究生院学报，2004（5）.

❸ 吴汉东，闵锋. 知识产权法概论 [M]. 北京：中国政法大学出版社，1987：34.

❹ 吴汉东. 关于知识产权本体、主体与客体的重新认识 [J]. 法学评论，2005（5）.

❺ 郑成思. 知识产权法教程 [M]. 北京：法律出版社，1993.

❻ 刘春田. 知识产权法 [M]. 北京：高等教育出版社，2000.

❼ 吴汉东. 关于知识产权本体、主体与客体的重新认识 [J]. 法学评论，2005（5）.

一的概念来指称知识产权的客体。相比之下,"智力成果"和"识别性工商标记"的表述能够比较准确地反映知识产权保护对象,也获得了较为一致的接受。而将经营性资信包括在知识产权的范围之内则显得过于激进,目前也并无相应的独立的具体知识产权保护对象属于这一类别,因此本文认为没有必要将经营性资信作为知识产权的客体写入知识产权的定义。

(二) 知识产权的特性

内涵式的知识产权定义在确定上位阶属概念和客体之后,还需要对知识产权的特点加以描述,以进一步准确限定。不同学者总结的知识产权特点也有所不同。关于知识产权的特点,郑成思认为应包括无形性、专有性、地域性、时间性和可复制性;❶ 郭寿康持"四特点说",认为包括无形性、专有性、地域性和时间性;❷ 吴汉东则认为应包括专有性、地域性、时间性;❸ 刘春田则提出无形性、专有性和地域性并非知识产权独有的特点,仅认同时间性和权利内容的多元性与多重性为知识产权的特点。❹

本文认为,专有性的确并非知识产权的特点,但理由与刘春田教授的观点不同。本文认为专有性实际上是对英语"exclusive"的误译,准确的翻译应为"排他性"。排他性意指知识产权仅为制止他人从事某种行为的权利,而非积极从事某种行为的权利,更非对知识产权保护对象的专有权利。其实仅具有排他性而无专有性才属于知识产权与物权或其他无体财产权不同的特性,属于知识产权独有的特点。本文认为可以用排他性对知识产权加以界定,将其界定为排他性民事权利。

关于地域性,有学者认为其他民事权利也有地域性,并非知

---

❶ 郑成思. 知识产权法 [M]. 北京:法律出版社,1997:3.
❷ 郭寿康. 知识产权法 [M]. 北京:中共中央党校出版社,2002:11-17.
❸ 吴汉东. 关于知识产权本体、主体与客体的重新认识 [J]. 法学评论,2005 (5).
❹ 刘春田. 知识产权解析 [J]. 中国社会科学,2003 (4).

识产权独有的特点。但是，不可否认，地域性问题在知识产权领域表现得特别突出，整个国际知识产权保护制度都是围绕地域性而构建的。但地域性为各国知识产权法默认的原则，不言自明，没有必要在民法总则知识产权定义中特别加以体现。

关于时间性，虽然主流学术观点均同意其为知识产权的特点。但是应当看到，时间性在商标、商业秘密以及制止不正当竞争等领域体现得并不明显，一些知识产权如商业秘密甚至无有限保护期可言。本文认为不宜将其作为一项特点写入知识产权的定义。

至于知识产权的无形性，本文认为应表述为无体性，且无体性并非指权利而是指知识产权的客体。虽然无体性毫无疑问应为知识产权的特点，但由于本文建议以列举知识产权客体的方式进行定义，没有必要再单独强调无体性，且本文建议以民事权利作为知识产权的属概念，不使用财产权，因此建议不在知识产权定义中使用无体财产权的概念。

（三）知识产权为排他性权利

在民法总则知识产权定义中应明确知识产权作为排他性民事权利的性质，即知识产权为消极权利，其权利效力仅在于禁止他人未经许可利用受保护的知识产权客体。之所以要在民法总则中明确规定知识产权的这一性质，主要是因为商标法等一些具体知识产权部门法中不恰当地使用了专用权或专有权等概念，著作权法对著作权权利内容的表述也采取了积极权利的表述方式，容易使当事人对知识产权的性质产生误解。事实上，不仅许多权利人误以为获得知识产权即意味着获得了从事某种行为或营业的许可，一些下级法院也认为知识产权属于积极权利，甚至在有些案件中将"并未利用知识产权保护的智力成果，仅仅是阻碍了权利人利用其智力成果的行为"判决为侵犯知识产权的行为。

排他性是知识产权的基本属性。田力普先生早年的文章中就指出专利权"就其本质而言是一种排他权，不是独占权"。《专利法》第11条"任何单位或者个人未经专利权人许可，都不得实施其专利"的规定，正如田力普先生所指出的，这"并非是以独占性的方式，而是以排他性的方式表述专利权的"。❶ 以专利权为例，知识产权为排他性而非独占性权利还在于，"自己拥有专利权只是拥有了排除他人实施其专利技术的权利，并不必然意味着可以独占该专利技术"。❷ 从现实层面来看，"实施自己的专利技术的同时也可能侵犯他人的权利；拥有专利和发生侵权可能同时存在"。❸

实际上，不仅专利权属于排他权性质的权利，商标权和著作权也同样如此。商标法虽然将商标权规定为注册商标专用权，但商标权人依据商标法获得的权利并非积极意义上的使用权，而是禁止他人在相同或类似商品门类上使用与其注册商标相同或相似标识的权利。至于积极意义上的使用，未注册商标的使用者也可以行使，注册的特殊意义仅在于排除他人使用的消极权利。著作权法也以积极权利的方式表述著作权权利。例如，复制权表述为"以印刷、复印、拓印、录音、录像、翻录、翻拍等方式将作品制作一份或者多份的权利"。这种表述容易造成公众对著作权性质的误解。现实中还出现了作者因作品未通过出版审查而起诉新闻出版行政管理机关侵犯其著作权的例子。但实际上，著作权也仅是权利人制止他人复制、传播、演绎其作品的权利。权利人复制、传播、演绎其作品并非依据著作权法获得的权利，即使不存在著作权，作者也有权对自己的作品进行复制、传播和演绎。所谓复制权、发行权、表演权或信息网络传播权，实际上应表述为禁止他人未经许可复制、发行、表演或网络传播作品的权利。

不过，知识产权的排他性是否绝对排斥任何意义上的独占性，理论上一直存在不同的声音。许多学者在谈及知识产权的排他性

---

❶ 田力普. 关于专利保护与专利侵权中若干基本问题的研究［G］//中国专利局专利法研究所. 专利法研究：1995. 北京：专利文献出版社，1995：76.

❷❸ 田力普. 关于专利保护与专利侵权中若干基本问题的研究［G］//中国专利局专利法研究所. 专利法研究：1995. 北京：专利文献出版社，1995：77.

时，也经常将专有性、独占性与排他性交替使用，甚至将排他性与专有权并列使用。❶ 田力普先生上述的文章中就认为，专利权的独占权也并非绝对不可能存在。在他看来，如果不考虑地域性，"那些以自由已有技术为基础的发明和少数没有已有技术的开拓性、首创性发明便可能享有真正意义上的独占权"。❷ 但这种独占并非法律意义上的独占，而是因其专利技术的特殊性质导致的实际意义上的独占。

知识产权的排他性是否可能造成专有权的效果或实际意义上的专有权？大量的知识产权滥用的事例和关于知识产权滥用的众多理论研究❸都表明，这种可能性不仅存在，而且很多时候甚至超出了专有权的范围，走向了竞争的反面，形成不正当竞争或者垄断。这不仅表现在著作权、商标权、专利权等传统知识产权领域，也表现在植物新品种权这样的新兴门类。

对于知识产权立法和司法而言，确立知识产权的排他性而非专有性或独占性，最主要的是要将其体现于有关法律制度、条文和法律适用之中。其中，最为迫切和关键的，或许是在知识产权的保护上，体现出其不同于物权等民事权利的专有性或独占性的排他性。而从现有知识产权各单行法来看，这一点显然没有得到充分的考虑和体现。我们认为，要使知识产权的排他性真正做到与专有性、独占性的区隔，还需要在未来立法时从知识产权侵权的认定、规则和损害赔偿等诸多环节通盘检讨，而不仅限于原则性、一般性的宣示。

---

❶ 江清云，单晓光.专利许可、专利联盟中的反垄断诉讼及其经济分析：兼从欧美的司法实践谈我国目前的对策 [J].制度经济学研究，2007（3）：155.

❷ 田力普.关于专利保护与专利侵权中若干基本问题的研究 [G] //中国专利局专利法研究所.专利法研究：1995.北京：专利文献出版社，1995：77.

❸ 中国期刊网按摘要搜索"知识产权＋滥用"，仅期刊文章就有700多篇，对于知识产权这样一个学科门类来说数量显然不算少。

二、外延式定义

外延式定义主要以列举的方式对知识产权的范围加以界定。这种定义方法避免了对知识产权客体类型及权利属性进行抽象的困难。一些综合性的知识产权公约主要采取这种定义方式。

（一）主要列举方式

《建立世界知识产权组织公约》采取的是列举知识产权保护对象的定义方式。该公约规定，"知识产权"应包括与下列各项有关的权利：文学、艺术和科学作品，表演艺术家的表演、录音制品和广播，人类一切活动领域内的发明，科学发现，工业设计，商标、服务标记和厂商名称及标记，制止不正当竞争，以及工业、科学、文学和艺术领域内源于智力活动一切其他权利。

而TRIPS则采取的是列举知识产权类型的定义方式。TRIPS规定，对于本协定而言，"知识产权"一词意指第二部分第1至7节规定的所有类别的知识产权。TRIPS第二部分明确规定的知识产权包括：版权与有关权利、商标、地理标志、工业设计、专利、集成电路布图设计（拓扑图）、未披露信息。但由于TRIPS也纳入了《巴黎公约》第10条之二，因此其内容也包括《巴黎公约》规定的制止不正当竞争的内容。此外，TRIPS有关专利的部分还要求以专利或特别制度保护植物品种，因此其知识产权的范围也包括植物新品种。虽然TRIPS的知识产权定义名为列举知识产权的类型，但除著作权及专利，实际上列举的都是各类知识产权的保护对象，并没有做到逻辑上的一致。

郑成思先生在主持起草《民法典（专家意见稿）知识产权篇》时也发现了这一问题，认为列举知识产权的类型不易做到逻辑上的一致，因此采取了列举知识产权保护对象的做法。《民法典（专家意见稿）知识产权篇》第2条规定，知识产权应包括就下列各项内容所享有的权利：（1）文字、艺术、科学作品及其传播；（2）商标及其他有关商业标识；（3）专利；（4）集成电路布图设

计；(5) 商业秘密；(6) 传统知识；(7) 生物多样化；(8) 其他智力创作成果。❶

(二) 是否包括制止不正当竞争

制止不正当竞争是外延式知识产权定义中比较难以处理的问题。尽管一些国际公约，如《巴黎公约》和《建立世界知识产权组织公约》等，将制止不正当竞争作为知识产权的一种类型加以规定，但将其与其他知识产权客体并列还是存在明显不妥之处。

首先，反不正当竞争涵盖的保护对象较为庞杂，很难作为一类单独的客体在知识产权定义条款中加以列举。其次，反不正当竞争属于一种救济性保护，其所保护的法益无法事先明定，不适宜如有些学者主张的那样作为反不正当竞争权与其他知识产权并列。最重要的是，与其他知识产权并列无法体现出反不正当竞争作为兜底条款对整个知识产权法律部门的补充作用。因此本文认为有必要将制止不正当竞争作为外延式知识产权定义的兜底加以规定，而不是将其作为知识产权的客体或类型加以列举。

反不正当竞争法的基本原则"经营者在市场交易中，应当遵循自愿、平等、公平、诚实信用的原则，遵守公认的商业道德"，实际上也是各具体知识产权部门法共同遵循的原则。各知识产权部门法实际上都确立了相似的利益分配规则，即权利人有权独占因知识财产而产生的商业利益，禁止他人对其商业利益进行不正当竞争。实际上各知识产权特别法都是相应领域的公平交易法。商标法与反不正当竞争法的密切关系自不待言，公认属于反不正当竞争法的特别法。甚至著作权法也可以说是文化创意以及信息网络产业的公平竞争规则。❷ 创造公平的商业交易环境是所有知识产权法的基本任务之一。

---

❶ 郑成思. 民法典（专家意见稿）知识产权篇第一章逐条论述 [J]. 环球法律评论，2002（秋季号）.

❷ 韦之. 作为商业规则的著作权法 [J]. 电子知识产权，2012（11）.

一方面，作为知识产权法体系中价值位阶最高的基本原则之一，制止不正当竞争的原则对整个知识产权法体系起到统摄作用，使得知识产权法体系在价值取向上更为协调，并获得形式上的一致性和合理性。另一方面，作为整个知识产权法体系的基础，制止不正当竞争的原则可以对具体知识产权法的不足起到补充作用。同时，确立制止不正当竞争的原则还可以使知识产权法体系具有开放性，使之能够应付社会变动和创新对知识产权保护带来的挑战。❶

制止不正当竞争在整个知识产权领域属于兜底条款，起到补充作用。这也得到了世界知识产权组织（WIPO）的赞同。WIPO《反不正当竞争示范条款》第1条规定，反不正当竞争条款应独立并补充于任何保护发明、工业设计、商标、文学艺术作品及其他知识产权客体的法律规定进行适用。❷ 我国反不正当竞争法的司法实践也贯彻了这一理念。湖南王跃文诉河北王跃文等侵犯著作权、不正当竞争纠纷案中，当姓名权、著作权、商标权以及反不正当竞争法具体条款对本案均无能为力时，人民法院适用《反不正当竞争法》第2条一般条款对名人形象特征进行补充保护。最高人民法院公报2005年公布这一典型案例并建议全国法院参考无疑代表了最高人民法院对反不正当竞争法一般条款补充保护作用的认可。❸

（三）是否包括传统知识与遗传资源

郑成思先生在主持起草的《民法典（专家意见稿）知识产权篇》中在定义知识产权时还将传统知识和生物多样化作为知识产权的客体加以列举。虽然时至今日仍然有人在谈论传统知识和遗传资源的知识产权保护问题，但比较公认的观点是这两者应属于限制或平衡知识产权的因素而非知识产权的客体。

---

❶ 宋红松. 反不正当竞争与知识产权保护 [J]. 烟台大学学报，2002（3）.

❷ WIPO. Model Provisions on Protection against Unfair Competition: Articles and Notes [M]. WIPO, 1996: 63.

❸ 湖南王跃文诉河北王跃文等侵犯著作权、不正当竞争纠纷案 [G]. 中华人民共和国最高人民法院公报，2005（10）.

保护知识产权、促进创新并非最终目的，只是实现造福人类这一最终目标的手段。除有助于鼓励创新之外，知识产权制度还应有助于创造者和使用者的互利，并与其他公共政策目标相协调，以有利于社会和经济福利及权利与义务平衡的方式加以实现。❶ 在TRIPS的谈判过程之中，发展中国家一直坚持应以更加平衡的方式建立国际知识产权保护制度。在其后的多哈回合谈判中，发展中国家还成功地将公共健康等发展议题引入谈判，对TRIPS相关条款进行了修改。❷ 我国也有不少学者开始关注知识产权利益平衡问题。❸

TRIPS第7条规定："知识产权的保护和实施应有助于促进技术创新及技术转让和传播，有助于技术知识的创造者和使用者的互利，并以有利于社会和经济福利及权利与义务的平衡的方式加以实现。"该条重申实现这一目标需要在权利和义务之间实现细致周到的平衡，即在为纠正市场失灵而赋予的排他性权利与培育竞争作为创新的主要推动力的需求之间实现细致周到的平衡。尽管这一条款是由发展中国家引入这场旨在提高保护标准的谈判之中的，反映了发展中国家长期以来对于知识产权的怀疑态度，但这一条款所表达的对协定目标的共同和公认的理解，对于工业化国家和发展中国家同样重要。在权利义务以及知识产权和竞争之间的恰当平衡不仅是可持续发展的关键，对于新技术的进步以及在任何国家避免结构性垄断都同样重要。❹

---

❶ TRIPS序言：认识到各国知识产权保护制度的基本公共政策目标，包括发展目标和技术目标。

❷ UNCTAD – ICTSD. Resource Book on TRIPS and Development [M]. Cambridge: Cambridge University Press, 2005.

❸ 参见：冯晓青. 知识产权法利益平衡理论 [M]. 北京：中国政法大学出版社，2006.

❹ COTTIER T, VERON P. Concise International and European IP Law: TRIPS, Paris Convention, European Enforcement and Transfer of Technology [M]. Zuidpoolsingel: Kluwer Law International, 2008.

利益平衡的难点在于确定与鼓励创新同等重要的其他公共政策目标的范围和具体表达方式。在保护和实施知识产权时，《联合国教科文组织文化多样性公约》规定的促进文化多样性同样属于TRIPS 第 7 条规定的目标，应当加以考虑。❶ 此外，WTO 多哈部长宣言要求 TRIPS 理事会特别审查 TRIPS 与生物多样性公约、传统知识和民间文学艺术之间的关系，并兼顾公共健康问题。❷ 从我国的现实需要以及国际谈判的重点看，至少应将公共健康和营养、公共教育、科学研究、传统知识、生物多样性及遗传资源等重要的公共政策目标涵盖在内，并建议作兜底性规定，对其他至关重要领域的公共利益作概括性涵盖。

因此有必要在知识产权定义条款中引入其他公共政策目标作为知识产权保护的必要限制与例外，进一步具体限定知识产权的外延。❸ 虽然在一些知识产权特别法中已经存在比较广泛的权利限制和例外的制度和条款，但在一些法律，如商标法中，权利限制和例外制度并未系统建立起来。因此，有必要在民法总则之中进行统一规定，以便作为知识产权特别法制定具体限制与例外的立法依据。

三、建议定义

未来民法总则的知识产权定义条款应分为三个层次。首先，对知识产权的内涵和范围进行尽可能全面的界定；其次，通过兜底的不正当竞争条款对上述界定进行补充；最后，通过对知识产权保护的公共政策目标以及其他应当协调和平衡的公共政策目标进行明确表述，对知识产权的保护范围进行更为精确的限定。

---

❶ 参见《文化多样性公约》序言。该序言承认知识产权对于从事文化创造者起到重要的支持作用。

❷ Commission on Intellectual Property Right. Integrating Intellectual Property Rights and Development Policy [R]. London：CIPR，2002.

❸ 吴汉东. 试论知识产权限制的法理基础 [J]. 法学杂志，2012（6）.

鉴于知识产权的内涵式定义和外延式定义各有优势，也都面临一些难以解决的问题。本文建议，知识产权基本法中结合两种定义方式，使用混合式的定义方式。即在列举知识产权客体类型的同时，对一些不易具体指称的客体使用较为抽象的上位阶概念。比如，著作权法中邻接权的客体不易处理，就将著作权客体称为作品及相关智力成果；商号、产品包装、装潢等不易处理，就称为商标及相关商业标志；未披露信息中的提交行政审批的药品信息不易处理，就称为商业秘密及其他未披露信息。

在对知识产权的内涵和外延进行界定之后，还需要通过规定制止不正当竞争条款对知识产权的定义进行补充和兜底，以弥补列举不全面造成的定义不周延问题，并防止定义不适应因法治发展带来的知识产权范围扩大。建议将反不正当竞争作为知识产权定义的补充条款，对前款定义进行兜底。

知识产权的范围还需要通过合理的限制与例外机制进行更为精确的限定，避免不合理地扩张知识产权保护范围与其他公共政策目标发生冲突与抵触。建议在正面界定知识产权定义之外，再对知识产权制度的公共政策目标以及需要与之协调和平衡的公共政策目标进行列举，通过概括性的限制和例外条款对知识产权的范围进行更为精确的反向限定。

【建议条款】

第×条　知识产权的定义

知识产权是指对发明、实用新型、外观设计、植物新品种、集成电路布图设计、作品及其他相关智力成果，商标、地理标志及其他相关商业标志，商业秘密及其他未披露信息等依法享有的（排他性）民事权利。

知识产权不限于前款规定的范围，反不正当竞争法对于本法未明确规定但应当给予保护的知识产权提供补充保护，制止以不正当竞争方式侵犯他人知识产权的行为。

知识产权保护应有利于促进文化、科学、技术及工商业领域的创新,并有助于创新成果的转让、利用和传播,实现知识的创造者、传播者、使用者和社会公众之间的利益平衡;不得损害改善公共健康和营养、公共教育和科学研究,保护传统知识、生物多样性和遗传资源等基本公共政策目标的实现。国家可采取必要措施,对知识产权设定合理限制或例外,保证上述重要公共利益的实现。

知识产权正当性的再讨论：
实证说和信念说的冲突
——对国家知识产权战略的启示

张金平[*]

摘　要：知识产权存在与否是知识产权正当性问题的根本问题，目前知识产权经济学分析并无法对这个问题给出一个确切的答案。有鉴于此，知识产权正当性的再讨论产生分歧：实证说坚信知识产权是功利主义下的工具，强调知识产权应当进行合目的性的限制，而实证研究对于知识产权制度的设计具有举足轻重的作用；而信念说则通过扩张解释传统的洛克理论和康德理论来证成知识产权的正当性，并主张知识产权是一种符合罗尔斯正义原则的基本权利，但对于知识产权的合理限制无法提供内在确定的标准，实证研究的重要性也大大降低。考察实证说和信念说的冲突及其背后的原因在很大程度上有利于国家知识产权战略的科学制定和实施。

一、再讨论的争议问题

深受约翰·罗尔斯反对功利主义的影响，罗伯特·莫杰斯教授在 2011 年出版新书《论知识产权的正当性》，认为功利主义涉

---

[*] 作者简介：北京大学法学院 2013 级博士研究生。

及复杂的成本与收益分析，难以成为知识产权的正当性理论，须从洛克劳动论、康德个人主义理论以及罗尔斯的正义论来证成其正当性。[1]由此，莫杰斯教授认为洛克劳动论和康德个人主义有关有体物财产权的论述适用于知识产权，从根本上证成知识产权作为权利的正当性；但同时，他并不抛弃功利主义下的效率原则，而是把其归入知识产权制度运作的原则，即高于规则但低于正当性理论的中间原则。[2] 不过，该书出版引起不少争议，一方面是因为一直主张功利主义的莫杰斯教授转变为反对功利主义，另一方面在于人们不理解莫杰斯教授的根本理论（正当性原则）和中间原则的关系。为此，莫杰斯教授在 2012 年发表《知识产权法下根本理论与原则的关系》一文，再次强调他所指的根本理论是解决知识产权是否有必要存在，中间原则是解决知识产权制度具体如何运作的原则；知识产权是否有必要存在不是因为知识产权具有效率，而是因为知识产权为洛克、康德等理论证成其正当性以后，我们尽可能让知识产权制度有效率地运作。[3] 对于根本理论（正当性原则）和中间原则的理解，莫杰斯还用一个简单的例子来类比，是否购买房子与购买房子后怎么装修不能混为一谈，前者是正当性理论处理的根本问题，后者是中间原则处理的问题。[4]

对此，马克·莱姆利教授在 2015 年发表《以信念为基础的知识产权》一文，重申知识产权的正当性在于符合功利主义，并尖锐批判莫杰斯教授的知识产权正当性理论。莱姆利教授批评莫杰

---

[1] MERGES R P. Justifying Intellectual Property [M]. Cambridge: Harvard University Press, 2011: 2 - 3.

[2] MERGES R P. Justifying Intellectual Property [M]. Cambridge: Harvard University Press, 2011: 4 - 10.

[3] MERGES R P. The Relationship Between Foundations and Principles in IP Law [J]. San Diego Law Review, 2012 (49): 957, 958 - 959.

[4] 莫杰斯教授在 2016 年 7 月的北京大学法学院博士论坛中提出这个类比。

斯教授的理论是一个纯粹的信念而不是可以用证据证明的"科学",导致知识产权政策必然是一个直觉的判断,并进而将其理论称为"以信念为基础的知识产权论"(faith-based IP,以下简称"信念论"。相对比而言,本文将莱姆利教授的观点称为"实证论"),批判其不看数据只靠信念行事,因而是一种倒退。❶

这两位美国学者对知识产权正当性的再讨论,表面上集中于实证数据是否准确和可信,实质上在讨论知识产权的本质是一个工具还是权利。这种不同定位的讨论,最终会影响包括国家知识产权战略方面的知识产权政策的合理性:它是一个信念论下的直觉判断,还是一个实证论下的科学决策?更加值得关注的是,当今社会,知识产权处于一种强势扩张态势,而不是草创初期的风雨飘摇。因此,信念论无疑将继续强化知识产权的扩张,对其却难以进行合理限制。在这个意义上,知识产权正当性理论的再讨论仍有重大的理论意义和现实意义。

二、再讨论中冲突的分析

(一)冲突的起点:对实证数据的不同看法

在知识产权正当性的再讨论中,双方分歧的起点在于怎么看待弗里茨·马克莱普教授1958年的观点。马克莱普教授指出:"没有任何一个经济学家基于现有的知识可以确定地说明目前运行的专利制度能够在整体上对社会而言是净收益的或者净损失的。他所能做到最好的是指出其运行的假设性前提,以及现实情况在多大程度上回应这些假设性前提。如果一个人不知道一个制度在整体上是好的或坏的,最安全的政治决定是选择'中庸':如果一个人已经长期跟它生活在一起,那就在一起;但如果一个人长期没跟它生活在一起,那就不要它。如果我们没有专利制度,但根

---

❶ LEMLEY M. Faith-Based Intellectual Property [J]. UCLA L. Rev., 2015(62): 1328, 1331, 1346.

据现有有关专利制度的经济作用的知识主张建立专利制度,这是不负责任的。然而,我们已经在很长一段时间存有专利制度,根据现有的知识主张废除它也是不负责任的。后者指的是美国这样的国家,而不是小国家或者非工业国家,这些国家的不同侧重点可能会导致不同的结论。"❶

对此,莱姆利教授在2015年指出,我们已经有很多证据证明专利、版权在多大程度上促进创新,虽然在不同领域这个证明的强度并不相同,但我们是朝着这种可以用证据证明的假设性前提方向在继续推进,尽管这些证据目前仍然无法给出一个绝对证据证明知识产权制度的正当性。❷ 然而,对莫杰斯教授而言:"尽管我们有很多新的数据,但在我看来并没有比1958年得到一个更具有说服力的实证答案。……这些丰富的数据仍然没有办法回答根本性问题。"❸据此,他更直接地阐述功利主义与实证数据的关系:"我反对功利主义作为正当性的理论是因为数据是该理论的一切。换言之,功利主义本身要求必须用准确的数据来回答知识产权'是否存在'的问题。"❹ 因此,在莫杰斯教授看来,没有确切数据,功利主义永远无法从中间原则上升为根本原则;粗略的数据

---

❶ MACHLUP F. An Economic Review of the Patent System: Study of the Subcommittee on Patents, Trademarks, and Copyrights of the Committee on the Judiciary United stats Senate Eighty – Fifth Cong. , Second Session (Study No. 15) [EB/OL]. Washington: United States Government Printing Office, 1958: 79 – 80. [2016 – 08 – 20]. https: //mises. org/system/tdf/An%20Economic%20Review%20of%20the%20Patent%20System_ Vol_3_3. pdf? file=1&type=document.

❷ LEMLEY M. Faith – Based Intellectual Property [J]. UCLA L. Rev. , 2015 (62): 1346.

❸ MERGES R P. Justifying Intellectual Property [M]. Cambridge: Harvard University Press, 2011: 6. See also MERGE R P. Updating Machlup: The (Still Uncertain) Case for Patents" [EB/OL] . (2015 – 08 – 10) [2016 – 08 – 20] . http: //www. mediainstitute. org/IPI/2015/081015. php.

❹ MERGES R P. The Relationship Between Foundations and Principles in IP Law [J]. San Diego Law Review, 2012 (49): 963.

只要足以比较两个方案中谁更加有效率即可,从而为知识产权政策提供粗略指导。❶

（二）冲突的中间地带：有关有体物的传统理论能否延伸至知识产权

目前实证数据的不充分导致莫杰斯教授认为功利主义无法成为知识产权制度的正当性理论,他转而寻求纯粹哲学理论来证成其正当性,功利主义下的效率原则退位为知识产权制度的运作原则。❷ 恰好相反,莱姆利教授则仍然深信功利主义可以证成知识产权的正当性,反对用传统哲学理论证成其正当性:"对于一些不符合他们信念的证据,他们并不是质疑自己的信念或者质疑这些证据,而是退回到不需要任何证据的信念体系。其中的一个例子是罗伯特·莫杰斯教授,他是过去十年中专利领域的引领者、对专利制度经济分析的最强支持者。"❸

对于莫杰斯教授而言,洛克的劳动论和康德的个人主义中有关有体物的财产理论可以扩展用于证成对无体物赋予知识产权也是正当的,尽管洛克的劳动混合原则修改为劳动适用原则更为合适,❹ 康德的个人主义并没有充分论证如何平衡个人财产权与他人利益的冲突。❺ 对此,莱姆利教授批判这种扩展适用传统有体物理论的冲动,根本原因在于洛克劳动论、康德个人主义以及罗尔斯正义论都是在论证传统有体物（尤其是土地）的财产权,而不是

---

❶ MERGES R P. The Relationship Between Foundations and Principles in IP Law [J]. San Diego Law Review, 2012 (49): 965.

❷ MERGES R P. Justifying Intellectual Property [M]. Cambridge: Harvard University Press, 2011: 3.

❸ LEMLEY M. Faith-Based Intellectual Property [J]. UCLA L. Rev., 2015 (62): 1336.

❹ MERGES R P. Justifying Intellectual Property [M]. Cambridge: Harvard University Press, 2011: 14-15.

❺ MERGES R P. Justifying Intellectual Property [M]. Cambridge: Harvard University Press, 2011: 18-19.

论证抽象的无体物（思想）的财产权，后者与前者在权利产生上存在重大区别：后者不能因为谁第一个"摘苹果"或者谁第一个发表言论就从信念上或者直觉上直接获得财产权，而是因为在权衡了利弊之后认为符合功利主义——有利于提升社会福利——才赋予财产权。❶ 可惜的是，莱姆利教授并没有更进一步分析传统理论为何不能延伸适用于无体物上的知识产权的正当性论证。

所幸的是，独立于知识产权基础理论的再讨论，彼得·达沃豪斯教授早在1996年就从比较客观的角度来系统回答传统有体物的这些理论是否可以扩展适用于知识产权的无体物。

对于洛克劳动论的扩展适用，达沃豪斯教授指出，洛克理论是从政府的性质这个更广泛的层面（契约论）来讨论财产权的，本身并没有涉及或考虑到知识产权，后来人们将其劳动混同原则适用于知识产权"在很大程度上是将洛克集中于劳动的分析用在错误的地方"，因为"劳动不仅不确定，还不完整，难以成为财产权正当性的基础"；❷ 而且洛克在分析财产时是以物理上的公有领域为起点，但对抽象物通过劳动混同原则设置知识产权却是在阻止智慧公有领域的产生，引发诺奇克悖论——往海洋倒入番茄汁就可以主张对整个海洋享有所有权。❸ 因此，达沃豪斯认为，洛克的理论对于财产形式的选择在根本上是关于社会性质的选择，积极的社会并不愿意选择用劳动论来证成知识产权，因为智慧公有领域需要长期的累积来培养；但消极的社会愿意作这样的选择，

---

❶ LEMLEY M. Faith-Based Intellectual Property [J]. UCLA L. Rev., 2015 (62): 1339-1344.

❷ DRAHOS P. A Philosophy of Intellectual Property [M/OL]. Australian National University eText, 2016: 56. http://press-files.anu.edu.au/downloads/press/n1902/pdf/book.pdf?referer=1902.

❸ DRAHOS P. A Philosophy of Intellectual Property [M/OL]. Australian National University eText, 2016: 58-61. http://press-files.anu.edu.au/downloads/press/n1902/pdf/book.pdf?referer=1902.

并更有可能干扰甚至阻碍智慧公有领域的累积。❶

对于康德的理论,达沃豪斯教授并未全面涉及,他选择评价类似的理论,即黑格尔的理论。这里并不讨论康德理论与黑格尔理论的差别性,二者理论都不是从社会契约论的角度展开,而是基本认同社会制度对于个人自由/人格的发展是至关重要的,而财产权是个人控制其发展空间、参与民主社会的关键基础。在这个意义上,达沃豪斯教授对于黑格尔财产理论的评价绝大部分可以直接适用于康德财产理论。对于黑格尔理论,达沃豪斯教授指出,黑格尔理论主张个人意志外化于物以后就对其享有财产权,该财产权是个人自由/人格发展的必要;不论是有体物还是无体物(包括信息),只要是区别于主体的我都可以基于黑格尔理论主张财产权,由此容易排斥他人再对特定外在物主张财产权,从而侵害到他人的自由/人格。❷ 他还进一步指出,由于知识产权客体具有沟通功能(在国内常称为"无形性"或者"共享性"),因此个人对于无体物主张的知识产权可以形成跨国界的全球知识产权体系,从而超出黑格尔理论解决一国内部个人自由发展的范畴,进而很可能危及其他人的自由。❸

对于洛克劳动论和康德个人主义理论扩展适用于知识产权的问题,莫杰斯教授也都承认,并基于这些问题提出修正理论,例

---

❶ DRAHOS P. A Philosophy of Intellectual Property [M/OL]. Australian National University eText, 2016: 58 – 61. http://press – files. anu. edu. au/downloads/press/n1902/pdf/book. pdf? referer=1902.

❷ DRAHOS P. A Philosophy of Intellectual Property [M/OL]. Australian National University eText, 2016: 89 – 95. http://press – files. anu. edu. au/downloads/press/n1902/pdf/book. pdf? referer=1902.

❸ DRAHOS P. A Philosophy of Intellectual Property [M/OL]. Australian National University eText, 2016: 98 – 109. http://press – files. anu. edu. au/downloads/press/n1902/pdf/book. pdf? referer=1902.

如将洛克劳动混合原则修正为劳动适用原则。❶ 应当指出的是，本文的重点并不在于其修正理论的内容（因为不会改变其信念论的属性），而在于莫杰斯教授提出修正理论的方法论，具体在下文展开。

（三）冲突的根本：知识产权是工具还是（基本）权利

是否应当存在知识产权的根本性分歧，在于知识产权本身是工具还是权利的定位。实证论将知识产权作为提升社会福利的工具，而信念论将知识产权作为一种符合罗尔斯正义论的权利——应当平等分配。在这个工具与权利的属性争议中，罗尔斯的正义论提供了重要的判断标准。

为了反对用功利主义作为唯一评判社会基本制度是否正义的标准，罗尔斯教授提出公平的正义观：它是一种看待正义原则的方式，即将那些想促进他们自己的利益的自由和有理性的人们，将在一种平等的原初状态中接受的、确定他们联合的原初契约目标的基本原则，看作调节所有后续的契约、指定各种可行的社会合作和政府形式（例如通过宪法和设立立法机关等）的原则。❷ 继而，他将该正义观分为两个原则来解决社会基本制度是否正义的问题：第一个原则是"每个人对与其他人所拥有的最广泛的基本自由体系相容的类似自由体系都应有一种平等的权利"，解决的是政治层面的问题，每个人对于基本的权利和义务应当平等分配，不容进行利益平衡或者交换；第二个原则是"社会的和经济的不平等应这样安排，使它们被合理地期望适合于每一个人的利益；并且依系于地位和职务向所有人开放"，强调的是经济社会的不平

---

❶ MERGES R P. Justifying Intellectual Property [M]. Cambridge：Harvard University Press，2011：14 – 19.

❷ 约翰·罗尔斯. 正义论 [M]. 何怀宏，何包钢，廖申白，译. 北京：中国社会科学出版社，1988：9 – 10.

等分配只有在特别条件下才是正义的。[1] 罗尔斯教授区分第一原则和第二原则的主要目的是区别于功利主义,"用于社会基本结构的功利主义原则要我们最大限度地增加代表人的期望总额,这允许我们用一些人的所得补偿另一些人的所失。相反,两个正义原则却要求每个人都从经济和社会的不平等获利。"[2] 通过这两个原则,罗尔斯教授对所有社会价值(即哲学意义上的"善")——自由和机会、收入和财富、自尊的基础——都要平等地分配,除非对其中的一种价值或所有价值的一种不平等分配合乎每一个人的利益。其中,罗尔斯指出,"保障个人财产的权利"和"依法不受任意剥夺财产的自由","按照第一个原则,这些自由都要求是一律平等,因为一个正义社会中的公民拥有同样的基本权利"。[3]

在方法论上,罗尔斯教授认为自己并没有提出新的理论,而是按照一定序列安排了传统有关正义的理论,目的是指出社会基本制度不能依靠单一的功利原则或者直觉来判断其是否正义,进而提出正义的两个原则:第一个原则或首要原则是绝对平等分配的基本权利和义务,不是效率原则解决的问题;第二个原则下可以再细分为效率原则和差别原则,目的在于实现在某一社会基本制度下经济运作满足效率原则的同时让机会向每一个能够和愿意努力的人开放。与此同时,由于两个正义原则被假定为每一个有理性的人在原初状态下的选择,"原初状态"具有纯粹的假设性,在现实中并不存在,因此对其的解释可以被修正并达到"反思的平衡",即说明了"在这种原初状态的描述中的条件正是我们实际上接受的条件。或者,如果我们没有接受这些条件,我们或许也

---

[1] 约翰·罗尔斯. 正义论[M]. 何怀宏,何包钢,廖申白,译. 北京:中国社会科学出版社,1988:56-60.

[2] 约翰·罗尔斯. 正义论[M]. 何怀宏,何包钢,廖申白,译. 北京:中国社会科学出版社,1988:60.

[3] 约翰·罗尔斯. 正义论[M]. 何怀宏,何包钢,廖申白,译. 北京:中国社会科学出版社,1988:57.

能被哲学的反思说服而去接受"。[1]

莫杰斯教授接受了罗尔斯正义论的实质内容和方法论，反对将功利主义作为知识产权的正当性理论或根本性原则。在建立和论证知识产权的正当性时，他将洛克和康德的传统理论进行扩展适用，根据知识产权客体的特殊性作了修正，并以此作为知识产权构成财产权（权利）的正当性理论。修正后的洛克、康德理论类似于罗尔斯的正义论的第一原则。在此基础上，他提出了知识产权制度运作的中间原则，并可以进一步细分为效率原则、不可移除原则、比例原则和尊严原则，类似于罗尔斯正义论的第二原则可再细分为效率原则和差别原则。[2] 由此可见，莫杰斯倾向于将知识产权类比于罗尔斯正义论第一原则的基本自由（基本权利）而平等分配。

与莫杰斯教授的分析相反，达沃豪斯教授在分析罗尔斯正义论对知识产权适用性时认为该理论并不能恰当地适用于知识产权。[3] 虽然罗尔斯正义论并没有提出"信息"应当作为一种善，但达沃豪斯认为信息也是一种主要的善，并主张信息对政治生活和社会生活的重要性决定了它同时适用于罗尔斯正义论的第一个原则和第二个原则：绝大部分知识产权都有一个固定的保护期限，由此仅仅产生暂时性的不平等。[4] 然而，考虑到知识产权的保护期限在不断增加的事实，他指出，这种增加的趋势导致了主要的善

---

[1] 约翰·罗尔斯. 正义论 [M]. 何怀宏，何包钢，廖申白，译. 北京：中国社会科学出版社，1988：18.

[2] See MERGES R P. The Relationshop Between Foundations and Principles in IP Law [J]. San Diego Law Review, 2012 (49): 974-975.

[3] DRAHOS P. A Philosophy of Intellectual Property [M/OL]. Australian National University eText, 2016: 265. http://press-files.anu.edu.au/downloads/press/n1902/pdf/book.pdf?referer=1902.

[4] DRAHOS P. A Philosophy of Intellectual Property [M/OL]. Australian National University eText, 2016: 203-208. http://press-files.anu.edu.au/downloads/press/n1902/pdf/book.pdf?referer=1902.

在社会中的不平等分配。进而，他对罗尔斯正义论有关财产权的定位解读为："在考虑通过主要社会制度的设计，罗尔斯正义论者会将财产权作为一个工具来保障政治自由和最大化获取和分配主要的善（例如信息）。……当然，罗尔斯理论并没有排除私人财产权或者暗示着知识产权没有一个确定的范围。相反，在抽象层面，罗尔斯理论预示着对信息过度财产化会与其分配原则所要建立的正义的社会制度是相违背的。"❶

最终，基于美国等发达国家在 1994 年的 TRIPS 中已经将知识产权与贸易的强势挂钩，他将知识产权定位为实现特定目的的工具："工具主义必然要求要将公共目的与知识产权扮演的角色强烈地对接起来。知识产权的发展需要严格受限于该目的。工具主义将要求起用传统的称谓：财产权的术语将替换为垄断特权的术语。这些垄断权的授予与对应的义务思想相结合。负担义务的特权将成为知识产权工具主义的核心。在工具主义下知识产权将被放在具有更广泛意义上的道义论和一系列的价值背景下进行讨论。财产权是道德的仆人而不是其主导者。"❷ 在工具主义下，达沃豪斯教授主张"我们应当更关注于私人财产权在社会生活不同领域可实证确定的后果，而不是要增加私人财产权的道德正当性理论"。❸

很明显，对于罗尔斯正义论的不同解读，❹ 导致莫杰斯教授和

---

❶ DRAHOS P. A Philosophy of Intellectual Property [M/OL]. Australian National University eText, 2016: 209. http://press-files.anu.edu.au/downloads/press/n1902/pdf/book.pdf?referer=1902.

❷ DRAHOS P. A Philosophy of Intellectual Property [M/OL]. Australian National University eText, 2016: 265. http://press-files.anu.edu.au/downloads/press/n1902/pdf/book.pdf?referer=1902.

❸ DRAHOS P. A Philosophy of Intellectual Property [M/OL]. Australian National University eText, 2016: 7. http://press-files.anu.edu.au/downloads/press/n1902/pdf/book.pdf?referer=1902.

❹ 国内对于罗尔斯如何定位财产权的讨论很少，近两年来有一些涉及。参见：胡波. 罗尔斯"正义论"视野下的财产权[J]. 道德与文明, 2015 (3): 67-74.

达沃豪斯教授对于知识产权形成截然不同的定位：前者将知识产权定位为基本权利，并加强知识产权的正当性论证；后者将知识产权定位为实现特定立法目的的工具，要求从实证后果倒过来限制知识产权。类似于达沃豪斯教授的观点，莱姆利教授坚持的知识产权功利论也是关注从激励创新的立法目的来限制知识产权的扩张："知识产权功利主义框架提供了一个确定我们是否应该赋予主张知识产权的人特定的知识产权的标准。但是如果将知识产权定位为权利，不是为了某一个目的而是仅仅因为第一个创造的在先身份就赋予其知识产权，那么就很难找到一个类似的限制标准。"❶

考虑到近20年来知识产权不断扩张的趋势，尤其是TRIPS之后的全球扩展趋势，本文倾向于认同对知识产权的功利主义定位或者工具主义定位：一是这样的定位并不会剥夺知识产权的现有类型和保护，并不会不合理地损及发明者、创作者等知识产权主体的利益；二是这样的定位可以将知识产权基本制度修正为激励创新和创作目的下可以合理限制其权能、保护期限和许可使用的条件的"特权"，从而使知识产权制度有利于知识产权使用者；三是将知识产权定位为工具更符合罗尔斯分配正义的要求，即为了实现社会整体福利的提升，通过赋予创作者、发明人特定时间内的垄断性特权的形式提供合目的性的必要激励，相对于赋予具有内在扩展性的康德式知识产权，❷ 知识产权工具论内在地限制知识产权保护期限的扩张，将其暂时的不平等分配限定在有限的期限内。

---

❶ LEMLEY M. Faith-Based Intellectnal Property [J]. UCLA L. Ren，2015 (62)：1341.

❷ 莫杰斯教授和休斯教授近期拟发表《版权与分配正义》来回应莱姆利教授的批评，不过据公开的该文草稿来看，莫杰斯教授并没有提出如何限制版权的扩张性，而是进一步强调作者个人通过版权获得财富、发展个人版权事业是公平的、符合罗尔斯正义原则，这是令人比较遗憾的。See HUGHES J, MERGES R P. Copyright and Distributive Justice [EB/OL]．(2016-04-07)．http：//ssrn.com/abstract=2758845.

三、再讨论对于国家知识产权战略的启示

近期美国对知识产权正当性的再讨论，对于我国的知识产权战略并非毫无意义，而是在很大程度上有利于我们更加坚定国家知识产权战略的发展和实施。首先，我国将知识产权提高到战略的高度的首要目的并不在于纯粹为了保护权利而加强保护，而在于将知识产权作为"国家发展的战略性资源和国际竞争力的核心要素"来对待。其次，我国的国家知识产权战略的指导思想是"实施创新驱动发展战略，按照激励创造、有效运用、依法保护、科学管理的方针，坚持中国特色知识产权发展道路"。换言之，激励创新和创造是指导思想，也是战略的根本目的。很显然，我国的国家知识产权战略对于知识产权的定位非常符合实证说（包括知识产权功利主义和知识产权工具主义）对于知识产权的定位，即为了特定目的而赋予和保护知识产权，并提供了合理限制知识产权的内在标准——受限于其特定的立法目的（激励论）。在这个前提下，知识产权政策和战略就不会成为一个依靠信念或者直觉来判断的神秘过程，而是具有实证支持和结果导向的科学决策。

在国际层面，世界知识产权组织（WIPO）作为知识产权领域的主要国际机构，近年来已经意识到"过去知识产权问题并没有经常被作为核心要素纳入到创新政策的制定"，因此 WIPO 开展了一系列国家创新体系的国别报告，希望能够更加有效地利用知识产权体系来强化国家创新体系。❶ 在这个调研过程中，不少国家咨询 WIPO 如何科学实证分析知识产权的经济作用。起先 WIPO 对咨询国家进行个案回答，后来在 2016 年统一发布了有利于从实证意义上科学制定国家知识产权战略的指导性文件：《发展国家知识产权战略的方法——工具一：过程》《发展国家知识产权战略的方

---

❶ WIPO. National IP Strategies [EB/OL]. [2016-08-24]. http://www.wipo.int/ipstrategies/en/.

法——工具二：示范性问卷》《发展国家知识产权战略的方法——工具三：主要指标》。其中，WIPO指出，"知识产权发展的特定目的可以单独识别出来并独立于国家发展目标和产业政策，同时国际上也广泛认同将知识产权发展目标融入到国家发展战略是一个更加有效的方法"，"知识产权战略的重要性在于它能强化一国增加知识产权资产的能力"。[1] 不过，应当指出的是，WIPO并未贸然地直接指明知识产权应当定位为功利主义下的工具，而只是在近年来强调要实证分析知识产权的政策和战略。例如，在2015年的发布的《版权产业的经济贡献调查指南》中，WIPO指出："对于版权经济分析的重点在于版权产业在经济背景下体量的计算，而不在于计算版权对于经济的直接影响或者确立二者之间的任意关系。另外，评估版权的经济影响，并以此确定版权的存在或者不存在在多大范围内影响经济是非常困难的，这并不是本研究的重点。"[2]

在这个背景下，我们可以肯定的是，知识产权战略的科学制定和实施需要大量的实证研究，统计数据越来越成为知识产权政策的依据，而不再单纯依靠某一信念去为了强化权利保护而制定政策。在这个意义上，知识产权正当性的再讨论有助于我们更加清楚地认识知识产权及其经济影响的实证研究在当代的应有价值。

---

[1] WIPO. Methodology for the Development of National Intellectual Property Strategies: Tool 1: The Process [M]. [S. L.]: WIPO, 2016: 7.

[2] WIPO. Guide on Surveying the Economic Contribution of the Copyright Industries [M]. Rev. ed. [S. L.]. WIPO, 2015: 29.

研究制定知识产权司法保护战略

管荣齐[*]

摘 要：知识产权日益成为国家发展的战略性资源及其国际竞争力的核心要素。我国知识产权保护工作目前面临前所未有的机遇和挑战，应当充分发挥司法保护知识产权的主导作用，研究制定知识产权司法保护战略。通过优化知识产权"双轨制"保护模式、健全知识产权司法保护体制机制、完善知识产权司法保护相关法律制度、提升知识产权司法国际竞争力，有效解决知识产权司法保护"举证难""周期长""赔偿低""效果差"和"成本高"等问题，尽快把我国建设成为知识产权司法保护强国。

在国际、国内日益重视和加强知识产权保护、我国知识产权司法保护面临诸多机遇和挑战的形势下，如何充分发挥司法保护知识产权的主导作用成为亟待研究解决的重大课题。将学术界尤其是实务界具有操作性的意见和建议系统整理、归纳升华为国家政策文件，即研究制定知识产权司法保护战略成为现实选择。

---

[*] 作者简介：天津大学法学院副教授、硕士研究生导师，天津大学知识产权法研究基地研究员，中国社会科学院知识产权中心法学博士、客座研究员。本文系最高人民法院 2016 年度司法研究重大课题"中国知识产权司法保护战略研究"（项目编号：ZG-FYKT201604－1）之阶段性成果。

一、知识产权司法保护战略的国内外背景

从国际来看，知识产权日益成为国家发展的战略性资源及其国际竞争力的核心要素。在经济全球化快速发展、全球新一轮科技革命和产业变革加速演进的今天，劳动力、自然资源、金融资本等物质要素的作用日趋减小，创新成果特别是拥有知识产权的科技创新成果日益成为国家发展的战略性资源，国际竞争力的核心要素不再是先天继承的自然条件，而变为后天形成的创新成果（知识产权）及其相关法律、制度、政策。美、日、欧等发达国家为继续保持国际竞争优势，除了提升国家知识产权战略高度、知识产权保护水平和修改完善知识产权国内法以外，还加紧进行新的知识产权国际布局和主导制定新的知识产权国际规则，通过推动达成《反假冒贸易协议》（ACTA）、《跨太平洋伙伴关系协议》（TPP）、《跨大西洋贸易与投资伙伴关系协议》（TTIP），试图建立超越世界贸易组织《与贸易有关的知识产权协议》（TRIPS）的、"面向21世纪"和"高标准、全面"的知识产权国际保护新机制。同时，发达国家为了缓解国内民众对其经济发展的不满，以维护本国利益及其国际竞争力的名义，滥用知识产权实行贸易保护主义，通过挑起知识产权国际争端不断加大对我国知识产权保护的施压力度。维护知识产权国家利益，解决知识产权国际争端，提升知识产权国际竞争力，已经成为我国知识产权保护的战略目标任务之一。

从国内来看，我国知识产权保护工作目前面临前所未有的机遇和挑战。我国正在加快实施国家知识产权战略、国家创新驱动发展战略和大数据战略，大力推进大众创新、万众创业、"互联网＋"行动和知识产权强国建设，贯彻落实创新、协调、绿色、开放、共享五大新的发展理念，这些新的形势对知识产权保护工作提出了新的要求。其中，《国家知识产权战略纲要》《国家创新驱动发展战略纲要》《深入实施国家知识产权战略行动计划（2014—2020

年)》和《国务院关于新形势下加快知识产权强国建设的若干意见》,将发挥司法保护知识产权的主导作用作为其主要目标任务之一,但没有就此针对国际国内新形势新要求作出全面、系统的安排和设计。2014年6月《全国人民代表大会常务委员会执法检查组关于检查〈中华人民共和国专利法〉实施情况的报告》指出,专利维权存在"时间长、举证难、成本高、赔偿低"和"赢了官司、丢了市场"等状况,专利审判队伍和专利司法能力建设有待进一步加强,专利侵权诉讼中确权程序复杂,侵权举证难度大,而判决赔偿额往往无法弥补权利人遭受的损失。❶ 正在进行的第四次《专利法》修改中,专利行政机关针对以上问题扩充了行政执法权,并以此形成送审稿报请国务院审议并面向社会征求意见。❷ 我国知识产权司法保护的主导地位受到空前质疑和挑战,如何充分发挥司法保护知识产权的主导作用成为我国法院亟待研究解决的重大课题。

就发挥司法保护知识产权的主导作用,学术界尤其是实务界都提出了很多具有较强操作性的意见和建议。中南财经政法大学吴汉东教授在其《中国知识产权司法保护的理念与政策》一文中提出,克服知识产权司法保护和行政保护"双轨制"模式的弊端,树立司法保护知识产权的优先性、全面性和终局性理念,研究制定符合我国国情的知识产权司法保护政策。❸ 最高人民法院知识产权庭庭长宋晓明在其《当前我国知识产权司法保护的政策导向与着力点》一文中提出,发挥司法保护的机制优势和知识产权法院

---

❶ 陈竺.全国人民代表大会常务委员会执法检查组关于检查《中华人民共和国专利法》实施情况的报告:2014年6月23日在第十二届全国人民代表大会常务委员会第九次会议上〔R/OL〕.http://www.npc.gov.cn/wxzl/gongbao/2014-08/22/content_1879714.htm.

❷ 参见国家知识产权局《中华人民共和国专利法修订草案(送审稿)及其说明》(2015年)。

❸ 吴汉东,锁福涛.中国知识产权司法保护的理念与政策[J].当代法学,2013(6).

的功能作用,深入贯彻知识产权保护的比例原则,加大损害赔偿力度,强化临时措施保护,使我国法院成为当事人信赖的知识产权国际争端解决首选地。❶最高人民法院副院长陶凯元在其《充分发挥司法保护知识产权的主导作用》一文中提出,调整优化知识产权"双轨制"保护模式,修改完善相关知识产权法律,健全知识产权司法保护体制,加强知识产权法官队伍建设,强化知识产权保护的国家利益意识。❷最高人民法院院长周强在最高人民法院知识产权司法保护研究中心成立大会上讲话指出,建立知识产权诉讼证据开示制度,增加知识产权侵权惩罚性赔偿制度,健全符合我国国情的专利无效制度,再造专利商标侵权和授权确权案件审理程序。❸但这些意见和建议要付诸实施,首先必须将之系统整理、归纳升华为国家政策文件,即研究制定知识产权司法保护战略。

二、知识产权司法保护战略的意义和要求

(一) 知识产权司法保护战略的意义

研究制定知识产权司法保护战略,充分发挥司法保护知识产权的主导作用,有利于增强我国司法的国际影响力,有利于适应国际、国内新形势新要求,有利于运用司法保护的比较优势,有利于营造公平竞争的法治环境,有利于提升司法公信力。

(1) 研究制定知识产权司法保护战略,充分发挥司法保护知识产权的主导作用,是提升我国司法国际影响力、树立大国国际形象的重要方式。司法保护是国际通行的保护知识产权的主导性机制,被国际社会广泛接受和认可。推行司法保护为主导的知识产权保护模式,有利于我国融入知识产权保护国际化进程,有利

---

❶ 宋晓明. 当前我国知识产权司法保护的政策导向与着力点[J]. 人民司法·应用, 2015 (13).

❷ 陶凯元. 充分发挥司法保护知识产权的主导作用[J]. 求是, 2016 (1).

❸ 周斌. 最高法知识产权司法保护研究中心成立:周强:为创新驱动发展提供有力司法保障[N]. 法制日报, 2015 – 03 – 19 (1).

于我国的对外开放和国际交往，有利于发出中国声音、把握话语权、参与知识产权保护国际规则制定，有利于树立中国负责任大国形象，提高我国司法的国际公信力和国际竞争力。

（2）研究制定知识产权司法保护战略，充分发挥司法保护知识产权的主导作用，是主动适应新形势和服务大局的必然选择。当今世界，科学技术发展日新月异，知识经济和经济全球化深入发展，知识产权日益成为国家发展的战略性资源及其国际竞争力的核心要素。我国经济发展进入新常态，低成本比较优势发生变化，环境资源约束更加明显，经济发展方式由要素驱动、投资规模驱动为主向以创新驱动发展为主转变。在大众创业、万众创新和"互联网＋"时代，创新对经济发展的引擎作用更加突出，研究制定知识产权司法保护战略，充分发挥司法保护知识产权的主导作用，才能更好地服务党和国家工作大局。

（3）研究制定知识产权司法保护战略，充分发挥司法保护知识产权的主导作用，是司法本质属性和知识产权保护规律的内在要求。司法保护具有比较优势，知识产权权利人日益将之作为维护权益最值得信赖的途径。① 司法保护具有稳定长效优势，可以很好地避免行政保护可能形成的执法弊端；② 司法保护具有明确规则优势，不仅能够解决纠纷，还能够基于裁判文书的公开性和说理性，明确法律标准和阐明法律界限，划定知识产权案件当事人的行为界限，为处理类似纠纷以及行业发展方向提供重要的依据、指导和参考；③ 司法保护具有终局权威优势，作为知识产权保护的最终环节和最后的救济途径，具有终局的救济效力，较之行政保护更具权威性。

（4）研究制定知识产权司法保护战略，充分发挥司法保护知识产权的主导作用，是尊重市场规律和建设统一开放、竞争有序的市场体系的客观需要。党的十八届三中全会强调处理好政府和市场的关系，使市场在资源配置中起决定性作用和更好发挥政府作用，更加注重建设统一开放、竞争有序的市场体系。这就要求我们尊重市场规律,划清政府和市场的边界,搞好政府和市场"两只手"的协调配合。知识产权是私人权利,是市场主体参与市场竞争的核心资源和重要武器。知识产权司法保护由权利人自主发动,很好地契合了知识产权的私权属性、市场属性和竞争属性。司法有着严谨、规范、公开、平等的程序规则,通过司法途径保护知识产权,研究制定知识产权司法保护战略,对于明确公开开放透明的市场规则、营造公平竞争的法治环境具有根本性作用。

(5) 研究制定知识产权司法保护战略,充分发挥司法保护知识产权的主导作用,是全面推进依法治国和提升司法公信力的重要体现。党的十八届四中全会对全面推进依法治国作出重要部署,标志着我国法治建设进入新阶段。司法是法治的重要体现和象征,司法工作在国家和社会生活中的地位、作用和影响更加凸显。在知识产权保护工作中,法院不仅负有知识产权民事保护和刑事保护的司法职责,还负有对知识产权行政执法行为的司法监督职责。强化法院对知识产权行政执法行为的监督,规范和促进行政机关依法行政,是司法保护知识产权主导作用的重要体现,是知识产权领域法治建设的重要内容。[1]

(二) 知识产权司法保护战略的要求

知识产权司法保护战略要求包括知识产权司法保护战略的指导思想、主要目标和基本原则。

(1) 知识产权司法保护战略的指导思想。以邓小平理论、"三个代表"重要思想、科学发展观为指导,深入贯彻习近平总书记系列重要讲话精神,按照"充分发挥司法保护知识产权的主导作用"的目标要求,优化知识产权"双轨制"保护模式,健全知识产权司法保护体制机制,完善知识产权司法保护相关法律制度,提升知识产权司法国际竞争力,为建设成为知识产权司法保护强国、实现中华民族伟大复兴的中国梦提供有力保障。

---

[1] 陶凯元. 充分发挥司法保护知识产权的主导作用 [J]. 求是,2016 (1).

（2）知识产权司法保护战略的主要目标。分两步走：第一步，到2020年进入知识产权司法保护强国行列，知识产权司法保护与行政保护标准基本一致，知识产权司法保护体制机制基本健全，知识产权司法保护相关法律制度基本完善，知识产权司法国际竞争力得到有效提升，司法保护知识产权的主导作用得到有效发挥；第二步，到2030年跻身知识产权司法保护强国前列，知识产权司法保护与行政保护协调一致，知识产权司法保护体制机制健全完好，知识产权司法保护相关法律制度完善成熟，知识产权司法国际竞争力得到充分提升，司法保护知识产权的主导作用得到充分发挥。

（3）知识产权司法保护战略的基本原则。① 创新原则，包括知识产权司法保护体制机制创新，知识产权司法保护相关法律制度创新，知识产权案件审判组织和审判程序创新；② 协调原则，包括知识产权司法保护与行政保护"双轨制"协调，知识产权民事、行政和刑事审判"三合一"协调，审判与公安、检察、知识产权行政机关协调；③ 效率原则，包括知识产权民事、行政和刑事审判"三合一"，强化知识产权保护临时措施，赋予法院在民事侵权诉讼中审查知识产权效力的司法职权和在专利商标确权案件中的司法变更权，建立知识产权案件诉讼证据开示制度、文书提出命令制度和举证妨碍制度；④ 统一原则，包括行政执法标准与司法审判标准统一，知识产权民事、行政和刑事审判标准统一，技术类知识产权案件管辖法院统一，各类知识产权侵权赔偿制度和标准统一。

三、知识产权司法保护战略的任务和措施

为了有效解决知识产权司法保护"举证难""周期长""赔偿低""效果差"和"成本高"等问题，应当优化知识产权"双轨制"保护模式，健全知识产权司法保护体制机制，完善知识产权司法保护相关法律制度，提升知识产权司法国际竞争力，尽快把我国建设成为知识产权司法保护强国。

(一) 优化知识产权"双轨制"保护模式

世界各国对于知识产权的保护，目前主要有"单轨制"和"双轨制"两种模式。所谓"单轨制"，是指对于知识产权的保护，只有司法保护一种方式和途径，即通过法院对知识产权侵权案件的审理，判令侵权人承担停止侵害、赔偿损失等法律责任。所谓"双轨制"，是指对于知识产权的保护，有司法保护和行政保护两种方式和途径可供选择，即知识产权侵权纠纷发生后，权利人既可请求知识产权行政机关处理，对侵权人责令停止侵权、给予行政处罚；也可以向有管辖权的法院起诉，要求侵权人承担侵权责任。在知识产权保护实践中，"单轨制"为世界各国所普遍采用，特别是在发达国家，知识产权保护主要通过司法途径来实现；"双轨制"以中国为代表，形成了行政保护和司法保护两条途径"并行"运作的知识产权保护体制。比较而言，知识产权行政保护更加高效但可能不够公正，知识产权司法保护更加公正且国际通行但效率偏低。

知识产权行政保护和司法保护并行的"双轨制"模式，在我国知识产权制度建立之初，满足了在较短时间内建成有效知识产权保护体系的需要，为知识产权保护工作作出了重要贡献。但随着我国知识产权法律制度不断完善和知识产权司法保护的日益成熟，行政保护与司法保护在相互配合、相互协调过程中出现的问题不断增多，"双轨制"模式本身所存在的弊端不断显现，一定程度上制约了知识产权司法保护主导作用的发挥。知识产权保护"双轨制"中行政保护和司法保护相互竞合甚至冲突的问题，主要表现在三个方面：一是行政执法权力的普遍性和行政执法方式的广泛性，导致认定是否构成知识产权侵权甚至犯罪的标准多样化，缺乏统一性；二是在裁决知识产权纠纷上行政和司法机构重叠化，在知识产权侵权证据取得和诉讼解决程序上缺乏效率性；三是知识产权行政机关在知识产权确权认定、侵权打击、纠纷解决方面程序独立化，同司法机关在知识产权确权和刑事犯罪司法移送方

面缺乏衔接性。❶

基于知识产权的私权属性和司法保护的制度优势,应当树立以司法保护为主导的保护理念。知识产权是一种私权,其权利保护和救济手段适用民法的基本原则和基本制度,对于知识产权的保护问题国家不应随意插手。知识产权司法保护有着行政保护不可比拟的优势:① 终局权威性,司法保护是知识产权保护的最终救济途径,较之于行政保护具有更加权威的法律效力;② 稳定长效性,司法审判历经法庭调查、双方质证和辩论,可以很好地避免行政保护可能形成的执法弊端;③ 全面完整性,司法保护既可以维护知识产权民事权利,又可以监督知识产权行政执法行为,还可以对知识产权犯罪行为予以刑事制裁;④ 指引指导性,司法保护不仅能够解决纠纷,还能够通过裁判文书阐明有关法律界限,为相关行为人和行业发展提供参考。因此,一方面,应当逐步优化以司法保护为主导、以民事诉讼为主渠道的知识产权保护模式,合理确定知识产权行政执法的执法事项和范围,将有限的行政资源集中于危害社会公共秩序和公共利益的严重侵权行为;另一方面,应当加强对行政执法行为的司法监督和引导,严格规范知识产权行政执法行为,强化对执法行为的程序审查和执法标准的实体审查,积极引导行政执法的调查取证、证据审查、侵权判定等向司法标准看齐。❷

(二) 健全知识产权司法保护体制机制

虽然知识产权司法保护有着行政保护所不可比拟的优势,但目前确实存在一些迫切需要克服的缺陷,主要有:① 诉讼周期长,由于知识产权案件事实(如涉及技术等专门性问题)和诉讼程序(如常常叠加诉前保全、请求无效、行政诉讼等程序)的复杂性,有的 3 年甚至 5 年以上结不了案,个别的还可能陷于循环诉讼;

---

❶ 吴汉东,锁福涛. 中国知识产权司法保护的理念与政策 [J]. 当代法学,2013 (6).
❷ 陶凯元. 充分发挥司法保护知识产权的主导作用 [J]. 求是,2016 (1).

② 诉讼成本高，因诉前证据保全、诉前行为保全、委托技术鉴定、请求宣告无效、提起行政诉讼等，知识产权案件常常发生一些非常规的诉讼费用；③ 权利人举证难，知识产权诉讼证据具有无形性、技术性、复杂性，且大多数掌握在侵权人手中，权利人举证非常困难；④ 赔偿数额低，由于知识产权侵权损失或收益难以举证，再加上知识产权市场价值难以评估，知识产权权利人常常"赢了官司、丢了市场"。❶ 分析这些缺陷产生和存在的根源，主要是由知识产权案件审判模式、审判体系、审判程序和审判规则等，即知识产权司法保护体制机制造成的。

我国已经建立起比较完备的知识产权司法保护体制机制，但仍亟待改革和加以完善。一是民事审判、行政审判和刑事审判相互分立的审判模式不尽合理，造成知识产权行政案件、刑事案件的审判不专业，知识产权民事、行政、刑事交叉案件的管辖机关、证据规则、审判标准不统一，难以形成保护合力并获得相关各方满意的保护效果；二是知识产权审判体系尚待完善，知识产权案件尤其是专业性较强的技术类知识产权案件的上诉法院不统一，难免出现裁判结果不协调甚至冲突的情况，影响了知识产权司法保护的质量和效果；三是知识产权法院各项制度均在探索当中，特别是符合知识产权案件审判规律的专门化审理程序和审理规则以及技术调查官制度，因而其运行效果在短时间内难以显现；四是法院对知识产权保护临时措施运用不足，不能满足权利人及时制止侵权、便利获取证据、有效保护权利的正当需求，影响了知识产权司法保护的效率、效果和满意度。

健全知识产权司法保护体制机制，是提高和改善知识产权司法保护效率和效果的有效措施。第一，推动建立知识产权民事、

---

❶ 陈竺. 全国人民代表大会常务委员会执法检查组关于检查《中华人民共和国专利法》实施情况的报告：2014 年 6 月 23 日在第十二届全国人民代表大会常务委员会第九次会议上 [R/OL] . http：www. npc. gov. cn/wxzl/gongbao/2014 - 08/22/content _ 1879714. htm.

行政和刑事审判"三合一"协调机制,统一知识产权民事、行政、刑事交叉案件的管辖机关、证据规则和审判标准,在全面提升知识产权审判专业性的基础上发挥整体保护效能;第二,加强审判机关与公安机关、检察机关以及知识产权行政执法机关的协调配合,完善工作配套机制,形成保护合力;第三,完善知识产权审判体系,推动建立国家层面的知识产权高级法院,作为专业性较强的技术类知识产权案件的上诉管辖法院,有效统一知识产权案件终审裁判标准;第四,强化知识产权法院在司法保护主导作用中的引领地位,完善包括技术调查官制度在内的各项知识产权诉讼制度,探索符合知识产权案件审判规律的专门化审理程序和审理规则;第五,发挥知识产权保护临时措施的制度效能,妥当有效采取保全措施,依法满足权利人迅速保护权利、获取证据的正当需求,提高司法救济的及时性、便利性和有效性。❶

(三) 完善知识产权司法保护相关法律制度

随着知识产权保护实践的发展和全社会知识产权保护需求的不断提高,现行知识产权法律体系中一些与实践和需求不适应的环节和方面逐渐显现。一是现有知识产权损害赔偿制度未对侵权人形成足够威慑甚至会使侵权人获得不正当利益,有相当比例的知识产权权利人对法院判决的赔偿数额有着较强烈的负面评价,这不但阻碍了知识产权的真实市场价值的实现过程,而且严重影响了知识产权司法的权威;❷ 二是知识产权侵权民事诉讼程序与知识产权无效宣告行政程序各自分立,而且知识产权无效宣告行政程序极易引发知识产权行政诉讼一审程序、二审程序,使得知识产权侵权民事诉讼程序被无限期拖长甚至停滞,知识产权权利人的合法权益不能得到及时、有效的保护,严重制约了知识产权司法保护的效率和效果;三是现行专利商标确权程序包括有双方当

---

❶ 陶凯元. 充分发挥司法保护知识产权的主导作用 [J]. 求是,2016 (1).
❷ 宋晓明. 新形势下我国知识产权司法政策 [J]. 知识产权,2015 (5).

事人平等对抗的无效宣告行政程序、以无效宣告行政决定机关为被告的行政诉讼程序,其定位不科学且过于复杂冗长,法院缺乏在行政诉讼中直接变更无效宣告行政决定的司法职权,导致专利商标确权程序陷于循环诉讼的情形屡有发生;四是知识产权证据制度不完善,当事人举证义务分配不合理尤其是权利人举证负担过重,无正当理由拒不提供证据的法律后果不明确、制裁不严厉,给案件事实查明和权利人维权造成极大困难。

完善知识产权司法保护相关法律制度,通过建立惩罚性赔偿制度、附加法院司法职权和完善诉讼证据制度,有效解决知识产权司法保护实践中突出存在的赔偿低、周期长、举证难等问题。第一,以修改《专利法》《著作权法》和《反不正当竞争法》为契机,参照《商标法》的规定增加惩罚性赔偿制度,促进形成符合知识产权市场价值的损害赔偿计算机制,强化适用裁量性赔偿方法即根据案情运用裁量权酌定公平合理的赔偿数额;第二,研究解决知识产权民事侵权诉讼程序与知识产权行政无效宣告程序各自分立造成的诉讼效率问题,赋予法院在民事侵权诉讼程序中审查知识产权有效性的司法职权,避免知识产权侵权民事诉讼程序叠加无效宣告行政程序及其引发的行政诉讼程序,提高知识产权司法保护的效率和效果;第三,改革和简化专利商标确权程序,明确专利商标确权纠纷案件的民事纠纷属性,明确规定法院在专利商标确权案件中的司法变更权,避免专利商标复(评)审机关在确权程序中地位尴尬、疲于应付而造成行政资源浪费和使用不公;第四,建立知识产权案件诉讼证据开示制度、文书提出命令制度和举证妨碍制度,赋予当事人披露相关事实和证据、侵权行为人提出相关文书的义务,明确无正当理由拒不提供证据的法律后果以及实体和程序制裁,以完善的程序和规则确保最大限度地查明案件事实和减轻权利人举证负担。❶

---

❶ 陶凯元. 充分发挥司法保护知识产权的主导作用[J]. 求是, 2016 (1).

（四）提升知识产权司法国际竞争力

知识产权日益成为国家发展的战略性资源及其国际竞争力的核心要素，知识产权司法保护应当注重维护国家利益、解决国际争端、谋求国际话语权。美国的337调查和司法长臂管辖，欧盟对于地理标志的保护，各主要国家对平行进口中知识产权侵权问题的不同立场，都是出于各自的国家利益考量。我国应当借鉴发达国家维护国家利益和提升国际竞争力的通行做法，在进行知识产权司法保护时，既要准确把握知识产权司法保护的国内外发展变化趋势，高度重视国内裁判的国际影响、国际形象和国际认同，为参与国际规则制定和谋求国际话语权提供基础和保障，又要进一步增强知识产权司法保护中的国家利益意识，注重保护具有浓厚历史传统和中国特色的创新成果（知识产权），如中华老字号、中国传统文化知识、计算机中文字库等。

知识产权国际争端往往具有很强的国际敏感性和社会关注度，其解决既要熟练掌握和善于运用现有知识产权国际规则，又要具有创设新的知识产权国际规则的能力和水平，还要努力使我国在新的国际规则制定中发出更多中国声音、注入更多中国元素。我国法院要特别注重对知识产权大案要案的审判，如奇虎公司与腾讯公司不正当竞争与垄断案、华为公司与IDC公司标准必要专利纠纷案、IPAD商标权属纠纷案等，特别是要在认定事实、适用法律上体现出参与和引领知识产权国际司法前沿的能力和水平，以此扩大国际影响、树立国际形象、得到国际认同，成为当事人信赖的知识产权国际争端解决的首选地，[1] 并争取更多机会参与知识产权国际规则的制定，在知识产权国际规则制定中谋求更多国际话语权，尽快把我国建设成为知识产权司法保护强国。

---

[1] 宋晓明. 当前我国知识产权司法保护的政策导向与着力点 [J]. 人民司法·应用，2015 (13).

京津冀知识产权案件跨区域
管辖与审理制度研究

原晓爽[*]

摘　要：为全面贯彻落实《京津冀协同发展规划纲要》的战略部署，最高人民法院提出积极探索京津冀知识产权案件集中管辖或专门管辖制度。当前，京津冀司法保护优势资源集中于北京，北京知识产权法院的建立更加拉大了三地知识产权司法保护水平的差异。天津海事法院的发展史和知识产权审判由专业审判庭到专门法院的发展进程均证明，专门法院专业化审判队伍的建设是提高审判水平、服务和保障经济发展的重要制度保障。京津冀构建知识产权跨区域管辖与审理制度必须遵循服务和保障京津冀协同发展、充分发挥知识产权司法保护的主导作用，注重京津冀知识产权案件管辖统筹协同的原则。笔者建议依托最高人民法院顶层设计，借鉴北京知识产权法院的成功经验，大力推进天津、河北知识产权专业化审判机构建设，以专业化审判机构带动专业化审判水平提升，是京津冀知识产权司法保护服务和保障京津冀创新发展、协同发展的必由之路。

---

[*] 作者简介：天津市高级人民法院民三庭副庭长，中国应用法学研究所与中国社会科学院法学所联合培养博士后研究人员。

2014年8月31日,第十二届全国人民代表大会常务委员会通过了《全国人民代表大会常务委员会关于在北京、上海、广州设立知识产权法院的决定》(以下简称《决定》)。自此,2008年《国家知识产权战略纲要》实施以来,知识产权案件管辖和审理制度改革取得了突破性进展,但这仅仅是探索设立知识产权法院进程中的第一步。最高人民法院院长周强在提请全国人大常委会审议《决定》草案时也指出,知识产权法院的设立必须坚持逐步探索、稳步推进的原则。❶

2015年4月30日,中共中央政治局审议通过了《京津冀协同发展规划纲要》(以下简称《纲要》),推动京津冀协同发展上升为重大国家战略。为全面贯彻落实《纲要》的战略部署,充分发挥人民法院审判职能,为京津冀协同发展提供优质高效的司法服务和保障,最高人民法院制定下发了《最高人民法院关于为京津冀协同发展提供司法服务和保障的意见》(以下简称《意见》),提出积极探索知识产权案件集中管辖或专门管辖制度。

最高人民法院副院长陶凯元在2016年全国法院知识产权审判工作座谈会暨全国法院知识产权审判"三合一"推进会上明确提出,要在京津冀率先推进知识产权法院案件审判体制改革,尽快研究落实北京知识产权法院跨区域集中管辖京津冀技术类案件试点工作,切实发挥知识产权专门化审判在推动京津冀创新驱动发展方面的作用。知识产权战略与京津冀协同发展战略叠加,专门进行京津冀知识产权案件跨区域管辖与审理制度研究具有重大而深远的意义。

一、京津冀知识产权案件跨区域管辖与审理制度现状

2014年11月6日,北京知识产权法院作为全国首家知识产权

---

❶ 李明德. 知识产权法院与创新驱动发展 [N]. 人民法院报, 2014 – 09 – 03 (5).

审判专门法院正式成立，按照《决定》第 2 条规定，北京知识产权法院管辖有关专利、植物新品种、集成电路布图设计、技术秘密等专业技术性较强的第一审知识产权民事和行政案件。《决定》同时规定，知识产权法院对上述案件实行跨区域管辖，在知识产权法院设立的 3 年内，可以先在所在省（直辖市）实行跨区域管辖。目前，京津冀知识产权案件跨区域管辖改革仍然在各自行政区划范围内进行。

（一）北京市知识产权案件跨区域管辖与审理制度现状

北京知识产权法院成立前，北京知识产权民事和行政案件分别按照级别管辖和最高人民法院的指定管辖确定审理法院。自 2014 年 11 月 6 日北京知识产权法院受理案件起，原由最高人民法院指定北京市人民基层法院审理的专利等专业技术性较强的民事一审案件和北京市各中级人民法院管辖的知识产权民事、行政案件实现了由北京知识产权法院集中管辖。此外，北京法院还积极推进基层法院跨区域管辖知识产权案件。2015 年 12 月 17 日，北京市高级人民法院对外发布《北京市高级人民法院关于北京市基层人民法院知识产权民事案件管辖调整的规定》（以下简称《北京高院管辖规定》），根据北京市各基层人民法院知识产权庭的案件数量、审判人员的经验及能力、各区区域经济发展需求等情况，按照方便当事人诉讼、确保案件相对均衡、兼顾审判实际的原则，对部分城区法院知识产权案件管辖范围进行调整。自 2016 年 1 月 1 日起，北京市东城区、西城区、丰台区、石景山区人民法院实现了跨区域管辖知识产权民事案件，[1] 北京市郊区法院将不再受理第

---

[1] 具体管辖范围：东城区人民法院管辖本辖区并跨区域管辖通州区、顺义区、怀柔区、平谷区、密云区人民法院辖区内的第一审知识产权民事案件；西城区人民法院管辖本辖区并跨区域管辖大兴区人民法院辖区内的第一审知识产权民事案件；丰台区人民法院管辖本辖区并跨区域管辖房山区人民法院辖区内的第一审知识产权民事案件；北京市石景山区人民法院管辖本辖区并跨区域管辖门头沟区、昌平区、延庆区人民法院辖区内的第一审知识产权民事案件。

一审知识产权民事案件，[1] 朝阳区、海淀区人民法院依然审理各自辖区内的一审知识产权案件。

（二）天津市知识产权案件跨区域管辖与审理制度现状

天津知识产权民事案件由三级五个法院集中审理，包括天津市高级人民法院，天津市第一中级人民法院（以下简称"天津一中院"）、天津市第二中级人民法院（以下简称"天津二中院"）和滨海新区人民法院、和平区人民法院。其中，和平区人民法院2009年起成立专门的知识产权审判庭跨区域审理本辖区及南开区、河北区、红桥区行政区划范围内诉讼标的额在100万元以下的非技术类知识产权民事案件及相关行政案件，并管辖辖区内的知识产权刑事案件。2009年天津市滨海新区成立之前，原天津经济技术开发区人民法院自2001年起跨区域管辖本辖区及塘沽区、大港区、汉沽区和天津港保税区行政区划内诉讼标的额在5万元以下的著作权纠纷案件和诉讼标的额在50万元以下的非技术类知识产权民事案件，2007年起对辖区内知识产权刑事自诉案件、民事和行政案件试行集中管辖。2009年天津市滨海新区人民法院成立后，承继天津经济技术开发区法院审理部分知识产权民事案件的职能。2015年10月，最高人民法院指定滨海新区人民法院管辖滨海新区行政区域内诉讼标的额在300万元以下的第一审一般知识产权民事案件。2015年12月24日，天津市滨海新区人民法院中国（天津）自由贸易试验区法庭在东疆保税港区正式挂牌成立，2016年1月1日起，自贸区法庭正式开门立案。自此，滨海新区范围内的知识产权案件分别由滨海新区人民法院民二庭和自贸区法庭审理，自贸区法

---

[1] 《最高人民法院关于知识产权法院案件管辖等有关问题的通知》（法〔2014〕338号）第1条规定，知识产权法院所在市辖区内的第一审知识产权民事案件，除法律和司法解释规定应由知识产权法院管辖外，由基层人民法院管辖，不受诉讼标的额的限制。不具有知识产权民事案件管辖权的基层人民法院辖区内前款所述案件，由所在地高级人民法院报请最高人民法院指定具有知识产权民事案件管辖权的基层人民法院跨区域管辖。

庭审理与自贸区相关联的知识产权民事案件，涉自贸区的刑事案件、行政案件和执行案件，也将由自贸区法庭审理执行。

（三）河北省知识产权案件跨区域管辖与审理制度现状

河北省知识产权民事案件仍由省高级人民法院和各中级人民法院集中管辖，基层人民法院不享有管辖权。其中，专利案件、植物新品种案件、涉及驰名商标认定的案件、反垄断案件、集成电路布图设计纠纷等民事案件集中在石家庄中级人民法院管辖。在级别管辖上，诉讼标的额在2亿元以上的第一审知识产权民事案件，以及诉讼标的额在1亿元以上且当事人一方住所地不在本省辖区或者涉外、涉港澳台的第一审知识产权民事案件，由河北省高级人民法院管辖。上述标准以下（不含）的第一审知识产权民事案件，由相关中级人民法院管辖。

二、京津冀知识产权案件跨区域管辖与审理制度中存在的问题

知识产权作为知识经济时代促进和保护创新，助推经济发展的催化剂，其案件的数量一般与地域经济发展水平密切相关，总体而言，我国知识产权案件主要集中在东部经济较为发达的地区，例如广东、北京、江苏、浙江、山东、上海等地，而中西部地区知识产权案件较少，并且大都集中在省会城市。[1]但是，京津冀以首都北京为中心的特殊区域布局，使得知识产权案件数量更多吸附于北京政治文化中心的功能，除不服国务院部门作出的涉及知识产权授权确权的行政行为的司法审查案件集中由北京法院管辖外，北京法院受理知识产权民事案件的数量也远远超出天津，河北等，造成案件数量差别较大的原因除京津冀经济发展水平有差距外，知识产权审判专业化程度的差异是重要因素，尤其是北京

---

[1] 吴汉东.知识产权法院的专门法院属性与专属管辖职能［N］.人民法院报，2014－09－03（5）.

知识产权法院成立以后，京津冀知识产权审判机构和审判队伍发展的不均衡性更加突出，知识产权司法保护水平差距也将进一步拉大。如果不及时通过京津冀地区整体跨区域管辖与审理制度改革改变局面，津冀知识产权司法保护水平的滞后将会影响津冀创新发展进程，进而对京津冀协同发展造成制度阻碍。

（一）京津冀知识产权案件数量分布不均衡

知识产权是知识经济时代的制度催化剂，知识产权案件分布情况总是与经济发展状况息息相关。珠江三角洲、长江三角洲和京津冀地区作为拉动我国区域经济发展的"三驾马车"，GDP总量与知识产权案件受理数量均居全国前列，如2015年广东省GDP总量72812.55亿元，排名第一，而该省新收知识产权民事一审案件数量也排名全国第一，达23766件；江苏、浙江、上海、北京GDP总量分别排名第二位、第四位、第十二位和第十三位，新收知识产权民事一审案件数量也与广东省一样高位运行，[1] 分别为江苏9173件、浙江16999件、上海8004件、北京13939件。天津、河北的GDP总量分别排名第十九位和第七位，但是受理知识产权案件数量确远低于"三驾马车"中的其他省市，分别为天津1887件、河北880件。[2]（参见图1）

从地理区域分布来讲，长江三角洲与京津冀都有很多相似之处，如前者是以直辖市上海为中心环绕两省，后者是以首都北京为中心环绕一省一直辖市，但是两大经济区的发展历史和城市功能定位的不同等因素，使两大经济圈的经济发展呈现出了完全不同的轨迹，知识产权案件数量区域分布状况也不相同（参见图2~图4）。

---

[1] 参见最高人民法院发布《中国法院知识产权司法保护状况（2015）》。
[2] 天津、河北均在发布的知识产权司法保护状况中没有区分民事案件一审、二审案件数量。

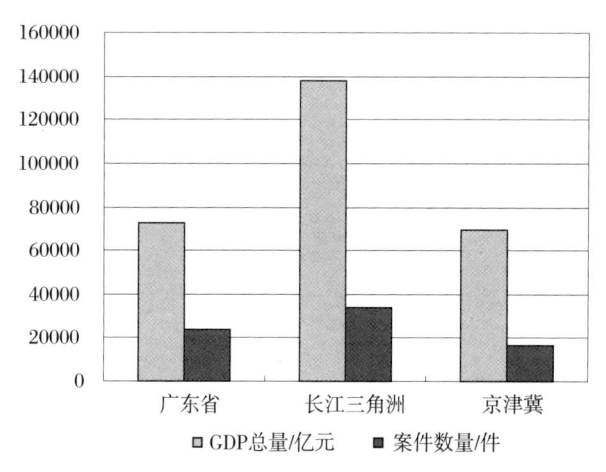

图 1　经济发展与知识产权案件数量对比

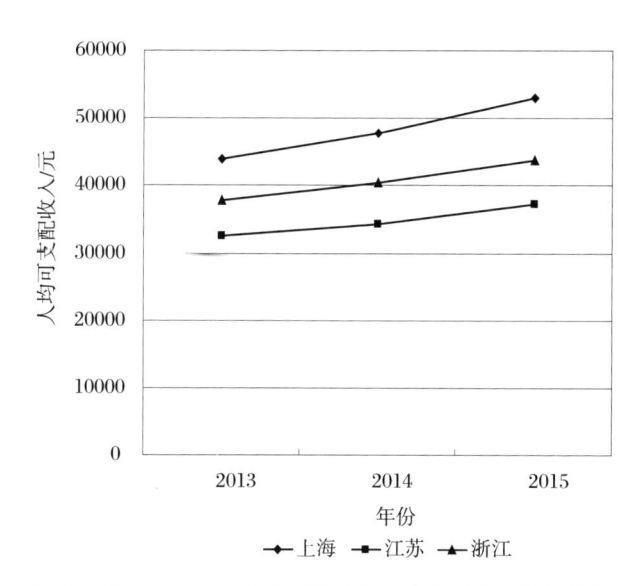

图 2　2013～2015 年沪苏浙城镇居民人均可支配收入变化

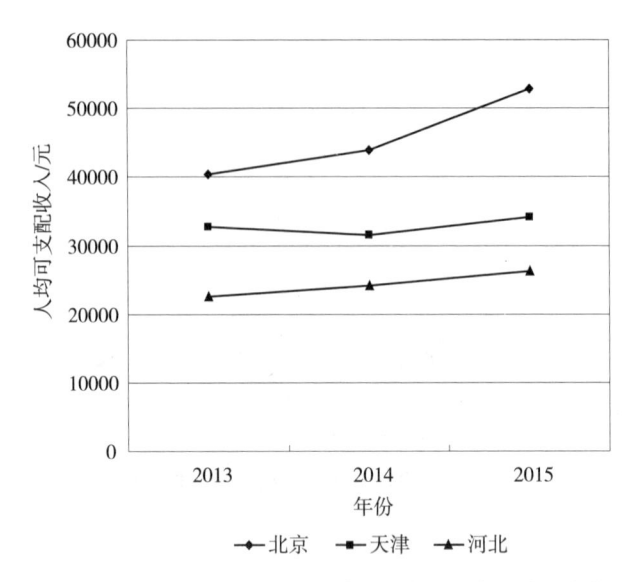

图 3　2013～2015 年京津沪城镇居民人均可支配收入变化

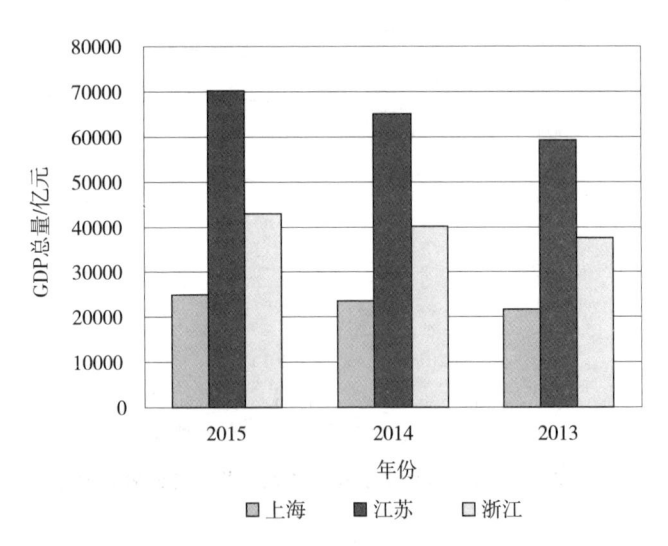

图 4　2013～2015 年沪苏浙 GDP 总量比较

作为国际经济、金融、贸易和航运中心之一的上海，带动着长江三角洲地区和整个长江流域的发展，一批"小巨人"城市GDP都呈飞速增长，经济总量基本都超过1亿元人民币。世界500强企业已有400多家在这一地区落户，长江三角洲已经变成一个吸引国际资本与技术的强大磁场。❶ 而京津冀区域发展存在较大差异：2015年全国居民人均可支配收入21966元，农村居民人均可支配收入11422元；北京全市居民人均可支配收入48458元，其中，城镇居民人均可支配收入52859元，农村居民人均可支配收入20569元；天津全市居民人均可支配收入34101元，农村常住居民人均可支配收入18482元；河北省城镇居民人均可支配收入26152元，农村居民人均可支配收入11051元。在京津周围的河北省辖区内，分布着20多个贫困县、200多万贫困人口。过于悬殊的社会经济二元结构的直接后果就是，合理经济梯度难以形成，核心城市的能量很难辐射和发散出来。❷

上海、江苏、浙江齐头并进的经济发展趋势，带来了知识产权案件数量均呈高位运行的直观结果（参见图5）。

而京津冀经济发展的结构性失衡，如GDP总量居于高位的河北省因经济增长依然主要依附于高能耗低产出的传统制造业，经济发展水平远低于主要依靠服务业带动经济增长的北京，加之北京作为政治文化中心吸附了津冀两地的大量知识产权服务机构，导致京津冀知识产权案件受理数量严重不平衡（参见图6、图7）。

---

❶《天津经济》课题组. 京津冀一体化的综述与借鉴[EB/OL]. (2016-11-26) [2014-04-12]. http://www.bh.gov.cn/html/dtl/XXCL23826/2014-11-26/Detail_56858.htm.

❷《天津经济》课题组. 京津冀一体化的综述与借鉴[EB/OL]. (2014-11-26) [2016-04-12]. http://www.bh.gov.cn/html/dtl/XXCL23826/2014-11-26/Detail_56858.htm.

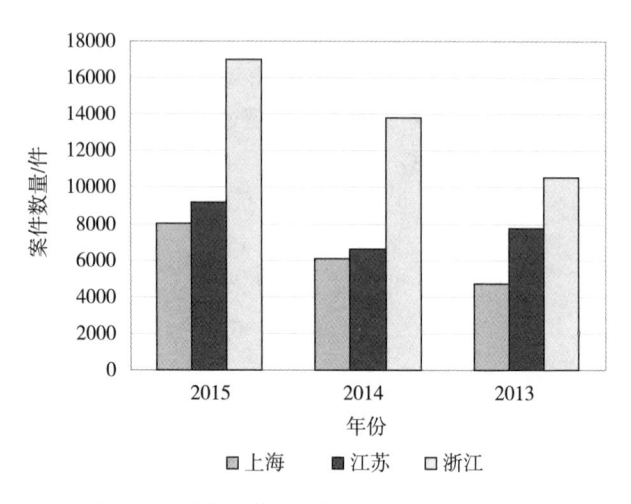

图 5　2013～2015 年沪苏浙法院受理知识产权案件数量比较

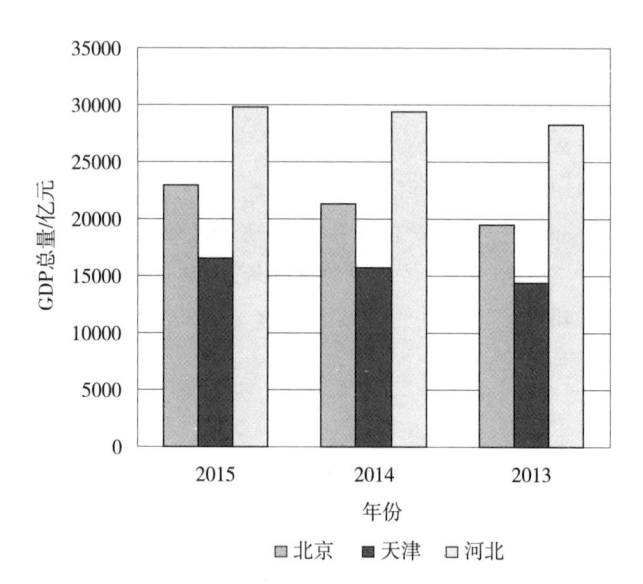

图 6　2013～2015 年京津冀 GDP 总量比较

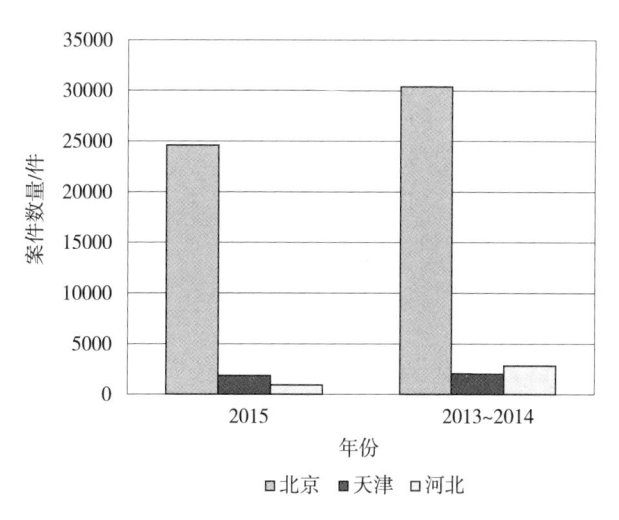

图 7 2013～2015 年京津冀法院受理知识产权案件数量比较

（二）京津冀知识产权审判机构和审判队伍发展不均衡

自 1993 年北京市高级人民法院和中级人民法院在全国率先成立独立编制的知识产权审判庭，到 2014 年 11 月 6 日北京知识产权法院正式挂牌成立，历经 20 多年的改革探索，北京知识产权审判机构不断完善，审判队伍不断发展壮大，特别是北京知识产权法院的成立，标志着北京法院知识产权审判机构和审判队伍进入了以专门法院为平台、专业化审判队伍为保障的新阶段。北京法院已经实现了技术类和非技术类知识产权民事案件的集中管辖，其中技术类案件由北京知识产权法院专属管辖，非技术类案件除海淀区、朝阳区按行政区域受理案件外，东城区、西城区、丰台区、石景山区四个基层人民法院实现了跨区域集中管辖。实现知识产权案件的集中管辖和专属管辖，对于优化审判机构设置，打造正规化、专业化和职业化审判队伍具有积极的意义。如北京市海淀区人民法院自 1995 年被确立为全国首批管辖知识产权案件的基层法院以来，经过近 20 年的发展，于 2013 年 4 月 26 日，成立了全国首个以审理知识产权案件为主的派出法庭——中关村法庭,为推动中关村国家自主创新示范区创新发展提供了体制机制保障;海淀区人民法院专业化审判使得裁判水平不断提升,在最高人民法院组织的全国知识产权裁判文书评选中连续3年荣获一、二、三等奖;此外,海淀区人民法院还培养了宋鱼水等专家型知识产权法官。❶ 北京法院知识产权审判机构和审判队伍的发展拉大了与津冀法院的距离,京津冀知识产权审判机构和审判队伍发展不平衡现象更加突出。

自1995年6月天津市高级人民法院成立知识产权审判庭以来,天津法院知识产权审判经过20年的发展也有了长足的进步。和平区人民法院集中管辖取得明显效果,案件受理量由建庭前两年的200多件发展到2014年、2015年分别受理554件、563件。滨海新区人民法院2015年受理知识产权民事案件86件;截至2016年8月1日,2016年已受理知识产权案件566件,结案388件,结案率68.55%。但是,与北京法院相比较,天津法院知识产权审判还存在审判机构建设不合理、专业化队伍建设缺乏体制机制保障等问题。目前,只有天津市高级人民法院和和平区人民法院知识产权审判庭实现了专业化审判,而天津市高级人民法院知识产权审判庭同时还负责部分人身损害等传统民事申请再审案件的复查工作。天津一中院民五庭,即天津一中院驻高新技术产业园区审判庭,除受理天津一中院辖区的知识产权民事案件外,还受理辖区内的涉外民商事案件,以及涉及高新技术产业园区企业的一审、二审民商事案件。2015年,天津一中院民五庭共受理知识产权民事案件156件,审结163件,分别占其受理和审结的全部民商事案件的41.7%和44.1%。天津二中院民三庭,除受理辖区的知识产权民事案件外,还负责审理辖区内的交通事故损害赔偿二审、涉

---

❶ 陶凯元. 在北京市海淀区人民法院调研座谈时的讲话[G]//知识产权审判指导;2014年第1辑. 北京:人民法院出版社,2014:4-5.

外商事、破产案件及域外协助司法送达。2015年，天津二中院民三庭共受理知识产权民事案件147件，审结185件，分别占其受理和审结的全部民商事案件的21.59%和25.8%。滨海新区人民法院没有审理知识产权案件的专门审判庭，知识产权案件由主要负责审理商事案件的民二庭负责。2015年，滨海新区人民法院民二庭共受理知识产权民事案件86件，审结80件，分别占其受理和审结的全部民商事案件的11.76%和13.05%。显然，天津中级法院和基层法院知识产权审判机构的非专业化设置严重阻碍了天津法院正规化、专业化和职业化知识产权审判队伍的形成，知识产权审判质量受到影响，如天津二中院民三庭2015年被发改的案件中主要是知识产权类型案件。

河北中级、高级两级法院均没有专门审理知识产权案件的审判庭，如河北省高级人民法院知识产权庭和石家庄市中级人民法院知识产权庭同时也是涉外民事案件审判庭。

"津冀法院知识产权案件数量不多—影响专业化审判队伍建设—影响案件质量—案件数量流失"的恶性循环局面，将不利于津冀两地创新驱动发展，尤其是天津滨海新区知识产权专业化审判队伍的缺失将直接影响滨海新区作为国家自主创新示范区和自由贸易试验区的创新驱动发展。在创新驱动发展和自由贸易区建设的国家战略下，知识产权司法保护水平将成为吸引投资、保障创新发展的重要软实力。如上海市浦东新区人民法院自1996年起在全国率先实施由知识产权审判庭统一审理知识产权民事、刑事和行政案件的"三合一"审判机制，❶ 经过20多年的专业化审判发展，为加强上海自由贸易试验区知识产权司法保护打下了坚实的基础，上海自贸试验区成立第一年，2015年共受理知识产权民事案件2221件，审结2126件，受理和审结民事案件同比分别增长

---

❶ 参见：宋健．江苏法院知识产权审判"三合一"改革试点工作情况报告[G]//知识产权审判指导：2015年第1辑．北京：人民法院出版社，2015．

90%、86%，其中受理涉自贸区案件1393件，审结1281件，分别占受理和审结案件的62.72%和60.25%。

（三）京津冀知识产权案件的社会影响力差异明显

在知识产权案件仍然以行政区划为管辖权适用范围的现行管辖体制中，各地区知识产权司法保护水平除可以通过案件审理数量，专业化审判设置因素予以衡量外，审理典型案件、疑难复杂案件的影响力也是主要判断因素之一。自2008年起，最高人民法院每年公布年度知识产权司法保护10大案件，这些案件具有典型性和示范性，可供各级人民法院学习借鉴和对外宣传。❶ 自2012年起，由于知识产权审判中新情况新问题层出不穷、新难案件越来越多，对这些案件的裁判能力直观地反映司法保护能力。针对上述现状，为了营造良好的司法环境，培育法官的创新精神，❷ 最高人民法院2012年至2014年还公布了10大创新性案件。根据统计，2008年至2015年，10大案件中，京津冀地区中北京7件，津冀没有，长江三角洲地区上海6件，江苏3件，浙江3件；10大创新性案件中，北京5件，上海3件，江苏3件，浙江2件；50大案件中，北京27件，天津10件，河北1件，上海20件，江苏25件，浙江16件。显然与长江三角洲地区相比较，京津冀地区典型案件和创新型案件数量差距明显，北京占据优势地位，而河北只有2010年有1件案件入选50件典型案件，天津没有案例入选10大案件和创新性案件，入选50件典型案件数也远低于上海、江苏和浙江（参见表1）。2015年9月9日最高人民法院发布14起北京、上海、广州知识产权法院审结的典型案例，随着北京、上海、广州知识产权法院的建立，京津冀典型案件的数量和质量差异将

---

❶ 参见《最高人民法院关于发布2008年中国知识产权司法保护10大案件和50件典型案件的通报》（法〔2009〕152号）。

❷ 参见《最高人民法院办公厅印发2012年中国知识产权司法保护10大案件、10大创新性案件和50件典型案例的通知》（法〔2013〕44号）。

进一步拉大。

表1 2008～2015年京津冀与长江三角洲入选典型案例统计❶

单位：件

年份	项目	北京	天津	河北	上海	江苏	浙江
2015	10大案件	2	0	0	1	0	1
	50件典型案例	1	2	0	4	3	4
2014	10大案件	0	0	0	1	1	0
	10大创新性案件	1	0	0	1	1	2
	50件典型案例	6	1	0	2	1	1
2013	10大案件	1	0	0	1	1	0
	10大创新性案件	2	0	0	2	1	0
	50件典型案例	2	1	0	0	3	3
2012	10大案件	1	0	0	1	0	1
	10大创新性案件	2	0	0	0	1	0
	50件典型案例	5	2	0	3	4	1
2011	10大案件	3	0	0	1	0	0
	50件典型案例	2	0	0	3	4	3
2010	10大案件	0	0	0	1	0	0
	50件典型案例	3	1	1	3	3	2
2009	10大案件	0	0	0	0	1	1
	50件典型案例	5	2	0	4	2	1
2008	10大案件	0	0	0	0	0	0
	50件典型案例	3	1	0	2	5	2

---

❶ 数字来源于最高人民法院公布的年度10大案件、10大创新型案件和50件典型案件。

三、京津冀知识产权案件跨区域管辖与审理制度构建

(一) 京津冀知识产权案件跨区域管辖与审理制度构建应当遵循的基本原则

知识产权制度构建是为经济社会发展服务的。最高人民法院院长周强在对《决定》草案作出说明时,明确指出探索设立知识产权专门法院,是适应当前社会发展的需要,是落实党的十八届三中全会决定、全面深化司法改革的重大措施,是推动实施国家创新驱动发展战略的需要,是加大知识产权司法保护力度的需要,是提高知识产权审判水平的需要。在京津冀协同发展背景下,构建知识产权跨区域管辖与审理制度必须遵循服务和保障京津冀协同发展、充分发挥知识产权司法保护的主导作用、注重京津冀知识产权案件管辖统筹协同的原则。

第一,服务和保障京津冀协同发展原则,就是要按照《纲要》确定的目标、方向、思路和重点,特别是围绕有序疏解北京非首都功能、优化提升首都核心功能,大力促进创新驱动发展,统筹推进协同发展相关任务,按照中央对京津冀的定位,合理配置京津冀知识产权司法资源,持续推进知识产权案件跨区域管辖与审理制度改革,用改革实现京津冀知识产权案件审判质效的共同提升,为京津冀地区创新、协同、绿色、开放、共享发展提供有力司法保障。

第二,充分发挥知识产权司法保护的主导作用原则,就是要立足知识产权行政和司法保护并存的制度基础,切实发挥京津冀司法保护知识产权的体制机制优势,统一裁判标准,努力去除行政执法地方保护主义,强化司法审查和监督职能,积极引导京津冀知识产权行政执法向司法标准看齐,既要严格保护知识产权权利人的利益,又要确保公平合理的竞争秩序,还要充分保障创新成果的合理利用和有效传播,行政执法和司法保护共同推进京津冀协同发展、创新驱动发展。

第三，注重京津冀知识产权案件管辖统筹协同原则，就是要注重顶层设计，按照最高人民法院《意见》和陶凯元副院长在2016年全国法院知识产权审判工作座谈会暨全国法院知识产权审判"三合一"推进会上的部署，京津冀高级法院在最高人民法院的指导下成立京津冀知识产权案件审判体制改革研究小组，立足京津冀幅员辽阔、经济发展不平衡的现实基础，深入分析京津冀知识产权案件的特点和发展规律，对京津冀知识产权案件跨区域管辖与审理制度进行体系化、全局化布局，以审判资源的合理配置，实现京津冀知识产权司法保护平等互补、相辅相成，最终完成知识产权制度激励和保护创新的制度目标。

（二）京津冀知识产权案件跨区域管辖与审理制度构建的外部要求

根据《意见》积极探索京津冀知识产权案件集中管辖或专门管辖制度，进一步推进京津冀设立跨行政区划法院集中审理跨区划重大民事案件、行政案件试点工作的要求，和陶凯元副院长对京津冀率先推进知识产权法院案件审判体制改革的部署，结合"十三五"期间知识产权审判面临的新形势和新任务，笔者以为京津冀知识产权案件跨区域管辖和审理制度构建，至少要考虑以下三个方面。

第一，要为京津冀实现功能定位服务。京津冀协同发展背景下，北京发展定位为"全国政治中心、文化中心、国际交往中心和科技创新中心"，天津发展定位为"全国先进制造研发基地、北方国际航运核心区、金融创新运营示范区、改革开放先行区"，河北发展定位为"全国现代商贸物流重要基地、产业转型升级试验区、新型城镇化与城乡统筹示范区、京津冀生态环境支撑区"。京津冀协同发展的战略核心是有效疏解北京非首都功能，调整经济结构和空间结构，走出一条内涵集约发展的新路子，探索出一种人口密集地区优化开发的模式，促进区域协同发展，形成新增长极。长江三角洲经济协同发展的经验表明，京津冀协同发展需要知识产权司法保护水平地域间的均衡发展，尤其是创新驱动发展战略与知识产权战略叠加，地域知识产权保护水平将成为吸引投资、保障创新驱动发展的重要考量因素。根据天津、河北的功能定位，致力于保护创新的专利、植物新品种等技术类案件，和致力于保护公平竞争秩序的商标、著作权等非技术类案件都属于随着功能定位的实现会大量涌现的案件，如天津作为改革开放先行区、自贸试验区的发展必然带来贴牌加工、平行进口等案件的增加。2015年，天津市高级人民法院公布了法国大酒库股份公司诉慕醍国际贸易（天津）有限公司侵害商标权纠纷案，明确了审理平行进口案件的裁判规则。河北作为产业转型升级试验区、京津冀生态环境支撑区，专利案件数量将不断增加：河北法院2013～2014年审结专利案件585件，占审结知识产权案件总数的28.62%；2015年审结专利案件303件，占审结知识产权案件总数的34.43%。2014年，河北法院公布了北京金五谷种子科技开发中心与李文响侵害植物新品种纠纷案件，明确了审理侵害植物新品种案件的裁判规则。因此，虽然《决定》明确规定北京知识产权法院在成立3年内在北京行政区域内实现知识产权案件的跨地域管辖，陶凯元副院长2016年已明确要求尽快研究落实北京知识产权法院跨区域集中管辖京津冀技术类案件试点工作，但陶凯元院长也同时强调，要切实发挥知识产权专门化审判在推动京津冀创新驱动发展方面的作用。因此，北京知识产权法院跨地域管辖案件的范围在京津冀地域内如何合理确定，还必须考虑京津冀实现功能定位、保障协同发展和创新驱动发展对知识产权审判体制机制改革的新要求。

  第二，要符合知识产权法院改革的要求。知识产权法院是专门法院。专门法院，也称为特别法院，是指法律明确规定授予某类案件管辖权，即管辖范围仅限于某一类或某几类案件的法院。专门法院是法律现代化的产物，从一定意义上说，司法的专门化是法律现代化的前提。❶ 2013 年 11 月 13 日通过的《中共中央关于全面深化改革的若干重大问题的决定》提出"加强知识产权运用和保护,健全技术创新激励机制,探索成立知识产权法院"。2014 年 7 月 9 日,最高人民法院通过的《人民法院第四个五年改革纲要(2014—2018)》明确指出,"在法院设置方面,推动在知识产权案件较集中的地区设立知识产权法院",显然,知识产权法院的设立要循序渐进、因地制宜,不是一拥而上的,我们没有必要一刀切地在各个省、自治区和直辖市设立专门的知识产权法院。❷ 京津冀地区在北京已经成立中级法院级别的北京知识产权法院后,短时间内,河北、天津成立同样级别的知识产权法院实现知识产权案件的集中管辖是不符合目前知识产权法院改革实际的,但是知识产权法院改革并没有将知识产权法院限于中级法院级别,津冀如何实现知识产权案件的集中管辖还要结合本地经济社会发展,实现功能定位的需要,立足司法实践本身予以确定。

第三,要契合实现知识产权民事、行政和刑事案件"三合一"审理制度改革的需要。2008 年颁布的《国家知识产权战略纲要》,明确提出,要完善知识产权审判体制,优化审判资源配置,研究设置统一受理知识产权民事、行政和刑事案件的专门知识产权法庭。截至 2015 年 11 月,全国共有 6 个高级人民法院、95 个中级人民法院和 104 个基层人民法院开展了"三合一"改革试点工作。京津冀地区与长江三角洲地区开展试点工作差距很大。目前,北京知识产权法院只是实现了民事、行政审判"二合一",京津冀只有北京的海淀区人民法院和天津的和平区人民法院开展试点工作,而上海受理知识产权案件的全部 7 个基层法院均开展"三合一"试点工作,江苏实现了全省三级法院知识产权庭统一开展试点工

---

❶ 参见:吴汉东. 知识产权法院的专门法院属性与专属管辖职能 [N]. 人民法院报,2014-09-03 (5).

❷ 参见:李明德. 知识产权法院与创新驱动发展 [N]. 人民法院报,2014-09-03 (5).

作，浙江有杭州、宁波等5个中级法院和杭州西湖区等7个基层法院开展试点工作。据统计，自2009年7月至2014年12月，江苏法院在"三合一"框架下，除审理大量知识产权民事案件外，还审理一审、二审知识产权刑事案件2287件，审理一审、二审行政案件106件，积累了丰富的"三合一"审判经验。[1] 2016年7月5日，最高人民法院印发《最高人民法院关于在全国法院推进知识产权民事、行政和刑事审判"三合一"工作的意见》，明确了全国法院全面推进知识产权审判"三合一"改革工作日程表，京津冀知识产权案件管辖和审理制度改革必须以完成"三合一"审判工作改革任务为目标。

（三）京津冀知识产权案件跨区域管辖与审理制度构建的内部保障

如前所述，当前京津冀司法保护优势资源集中于北京，北京知识产权法院的建立更加拉大了三地知识产权司法保护水平的差距。津冀知识产权审判专业队伍缺失，难以吸引更多案件，专业化审判水平与北京差距越来越大的恶性循环局面，将阻碍京津冀协同发展的进程。天津海事法院的发展史和知识产权审判由专业审判庭到专门法院的发展进程均证明，专门法院专业化审判队伍的建设是提高审判水平、服务和保障经济发展的重要制度保障。

第一，天津海事法院和知识产权专业审判庭的发展证明了专业化审判机构建设是提升司法服务能力和水平的制度保障。

1984年5月，天津被中央和国务院确定为全国首批14个沿海开放城市之一。1984年6月1日，天津海事法院应运而生，是我国最早设立的海事法院之一。1984年天津海事法院年受理案件数量只有3件，经过30多年的建设发展，到2015年共受理各类案件

---

[1] 参见：宋健. 江苏法院知识产权审判"三合一"改革试点工作情况报告[G]//陶凯元. 最高人民法院民事审判第三庭. 知识产权审判指导：总第25辑. 北京：人民法院出版社，2015.

1690件，30多年增长了563倍，年均增长52.72%。2015年天津海事法院确立了"以黄骅港巡回审判实体化为重点，全力服务京津冀协同发展"的新机制，形成以服务黄骅港为重点，辐射石家庄、北京地区，"巡回收案＋实体审判"双轨并行的新格局，秦皇岛和曹妃甸派出法庭分别负责秦皇岛和唐山地区的海事海商案件，两个派出法庭依托秦皇岛港和京唐港区位优势，充分发挥跨地域管辖特色。巡回审判庭及两个派出法庭审判职能和服务的进一步拓展，使天津海事司法服务覆盖了环渤海区域，实现京津冀一体化发展"无缝隙衔接服务"。

北京市海淀区人民法院知识产权审判庭经过20年的发展，审判人员从6名发展到22名，从全年受案仅有50件发展到全年收案突破6000件，占北京法院受理知识产权案件数的30%。浦东新区人民法院2015年受理各类知识产权案件2259件，审结2167件，分别占上海市一审知识产权案件的27%和29%，从事知识产权审判法官人均结案253件，诉讼标的额超过1000万元的有11件，最高标的额达9000万元；扩大"三合一"审判案件范围，将刑事受案范围由"侵犯知识产权罪"7个罪名扩大到"生产、销售伪劣商品罪"的9个罪名和"扰乱市场秩序罪"中的5个罪名（损害商业信誉、商品声誉罪，虚假广告罪，串通投标罪，非法经营罪，强迫交易罪）。

第二，北京知识产权法院的成立为京津冀知识产权案件跨区域管辖与审理制度构建提供了理论和实践基础。

知识产权专业审判庭的发展为进一步深化司法体制改革、回应国家知识产权战略和创新驱动发展战略需求、成立知识产权专门法院奠定了智力基础和人才保障。知识产权法院的成立，不仅是顺应知识产权司法保护体制变革的国际潮流，更是深化我国司法体制改革的重要举措。我国司法体制改革的目标，针对的是妨碍司法独立品格和阻碍司法健康发展这两大症结。超地方化的改革措施，旨在强化司法机关整体独立行使司法权的能力，体现对司法机关外部环境的调整；去行政化的改革措施，旨在破除司法机关行政化结构和行政式运行的毛病，体现对司法机关内部的调整。承认知识产权法院的专门法院地位，实行司法区域与行政区划适当分离的错位管辖制度，可以发挥其跨行政区划审理案件的示范引导作用，这即是实现去司法地方化的改革；同时，赋予知识产权法院以专属管辖职能，遵循知识产权审判的司法规律，统一知识产权司法标准，提高知识产权司法水平，这即是以独立性、专业性为目标的司法运行机制的改革。❶

2015年北京知识产权法院共受理各类案件8758件，审结5432件，❷其中民事案件共有1573件，含一审377件、二审1196件，2015年北京知识产权法院在审理案件中的7项创新之举包括北京知识产权法院审委会全体委员直接开庭审理案件中涉及的重大法律适用问题，开全国先河；援引在先案例，作为裁判说理理由；技术调查官参与案件审理；"要素式"文书撰写模式；向学术机构公开征求意见，并将上述意见完整附在判决书中；在判决书中增加引注；将合议庭少数意见写入判决书等。这些创新之举如果不是在专门法院恐怕难以成行。

第三，京津冀协同发展背景下，应当着力加强天津、河北知识产权专业审判机构专门审判队伍建设。

北京知识产权法院运行一年取得的成绩，充分证明了建立知识产权专门法院的积极意义，充分展示了知识产权专业化审判的未来前景，也是京津冀知识产权案件跨区域管辖与审理制度改革的制度和实践依据。京津冀协同发展背景下，应当充分借鉴天津海事法院、北京知识产权法院专业化审判已经取得的经验，着力加强天津、河北知识产权专业审判机构专门审判队伍建设。只有

---

❶ 参见：吴汉东．知识产权法院的专门法院属性与专属管辖职能［N］．人民法院报，2014-09-03（5）．

❷ 受理案件数量和审结案件数量分别来自于北京市第十四届人大第四次会议新闻稿和北京知识产权法院2015年度《知产宝司法数据分析报告》。

专业审判机构才能稳定专业审判人员，只有专门审判人员才能保证知识产权案件审判质效，只有审判质效有了保障，才能吸引更多知识产权案件，才能在量变中使得审判水平有质的飞越，才能切实为创新驱动发展服务。因此，通过顶层设计合理布局知识产权案件跨区域管辖，有效构建天津和河北知识产权专业审判机构和专业审判队伍，以专业化审判促进案件数量的提升，以案件数量积累更多审判经验，形成专业化审判提升案件数量，案件数量提升促进专业化审判水平提升的良性循环局面，才能实现京津冀知识产权司法审判水平的均衡提升，才能有效激励京津冀创新驱动协同发展，以知识产权司法保护水平的提升促进新经济增长极的形成。

（四）京津冀知识产权案件跨区域管辖与审理制度的具体设置

如前所述，陶凯元副院长明确提出要"加快研究落实北京知识产权法院跨区域集中管辖京津冀技术类案件试点工作，切实发挥知识产权专门化审判在推动京津冀创新驱动发展方面的作用"。显然，京津冀知识产权案件集中管辖和专门管辖的制度设计目标是要服务于京津冀一体化，服务于京津冀创新驱动发展，且从试点目的上还要对上海知识产权法院和广州知识产权法院集中管辖和专门管辖改革形成可复制、可推广的经验。

因此，首先，北京知识产权法院的试点工作必须符合京津冀一体化的发展要求。2016年9月28日，作为深入贯彻落实京津冀协同发展重大国家战略和习近平总书记"2·26"重要讲话、推动京津双城联动发展的重要举措，京津签署《北京市人民政府、天津市人民政府加快建设天津滨海-中关村科技园合作协议》。根据该协议，滨海-中关村科技园将按照"创新引领、市场主导、政府推动、互利共赢"的原则，建设高端创新要素聚集、产业特色鲜明、可持续发展的国际一流科技研发和成果转化园区。2013年北京市海淀区人民法院中关村法庭的成立充分说明区域经济快速发展对知识产权司法保护工作的新要求。可以预见，作为京津冀一体化战略重点工程的滨海-中关村科技园的建设和发展，会大幅增加天津滨海新区知识产权司法保护需求，尤其是对创新成果的保护质效将直接影响该园区的健康快速发展。北京知识产权法院试点工作如何服务于滨海-中关村科技园的建设发展是必须要认真思考和回答的问题。

其次，北京知识产权法院试点工作还必须以行政、司法相衔接为条件。北京知识产权法院试点工作是事关知识产权战略和创新驱动发展战略实施的系统工程，牵一发而动全身，在行政-司法双轨制保护知识产权的制度背景下，知识产权技术类案件的跨区域集中管辖机制的构建必须与行政区域化管理改革同时推进，在知识产权行政区域化管理与知识产权法院改革配套工程还没有完成顶层设计、同步推进的情况下，知识产权法院单方面的集中管辖恐难以有效推进，甚至会因地方司法保护的缺失而阻碍创新投入进而影响区域创新驱动发展。在国家知识产权战略要求下，各地区成立了知识产权战略领导小组，都拟定了地区发展知识产权战略，各地高级法院都是战略小组成员，参与战略推进计划的制定和实施，对于发挥知识产权司法保护主导作用具有积极意义，知识产权法院试点工作如何实现与地方知识产权战略的衔接也是必须解决的问题。

最后，知识产权法院的试点工作，还必须先科学分析和梳理目前区域知识产权案件的质效情况。通过指定管辖完成案件集中管辖的形式目标很容易实现，但是，如何通过案件科学分流，以改革促进案件质效的提升，以改革更好地为区域经济发展提供司法保障是试点工作必须解决好的本质问题。如前所述，北京知识产权法院成立以来，在专业化审判上取得了长足的发展，但是案件数量的不断增多、法官超负荷工作等影响审判质效的问题也是不能回避的。2015年，京津冀三地法院受理专利案件数量分别为506件、60件和303件，看似北京知识产权法院集中管辖专利等技术类案件，案件数量增加不到一倍，但是，在北京知识产权法院案件数量已经超负荷的情况下，审理难度大、周期长的技术类案件数量的较小增长都会对审判质效形成影响。2016年1月到9月，北京知识产权法院新收案件7616件，审结案件4437件，结案率58.26%，如何实现案件分流，确保案件质效，也是开展试点工作之前必须解决的问题。此外，对于试点工作的可复制、可推广的改革要求而言，其他知识产权法院能否顺利开展集中管辖工作也是必须考虑的因素。以上海、江苏、浙江为例，2015年三地专利申请量分别为100006件、428337件、307264件，受理专利案件数量分别是445件、824件、2118件（参见图8、图9），上海知识产权法院集中管辖技术类案件的区域范围和发展前景也会决定和影响北京知识产权法院试点工作的成败。

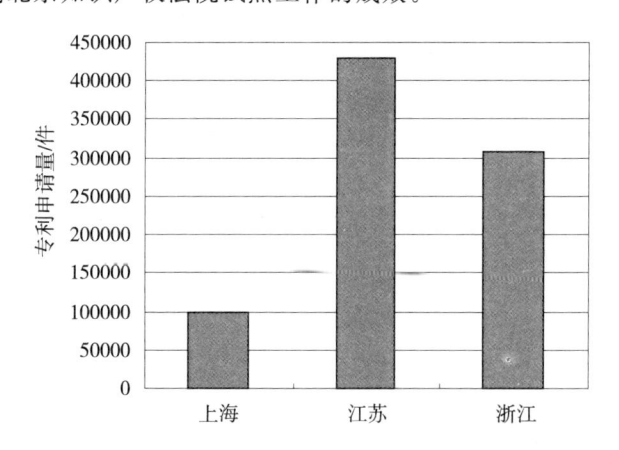

图8　2015年长江三角洲专利申请量比较

综上，笔者以为，在没有解决好现实中存在的制度体制等问题之前，北京知识产权法院还不具备开展试点工作的条件。笔者建议，目前京津冀知识产权案件跨区域管辖与审理制度改革可以尝试如下几方面，为北京知识产权法院顺利开展试点工作打好基础：一是以滨海-中关村科技园的发展为契机，在天津成立滨海新

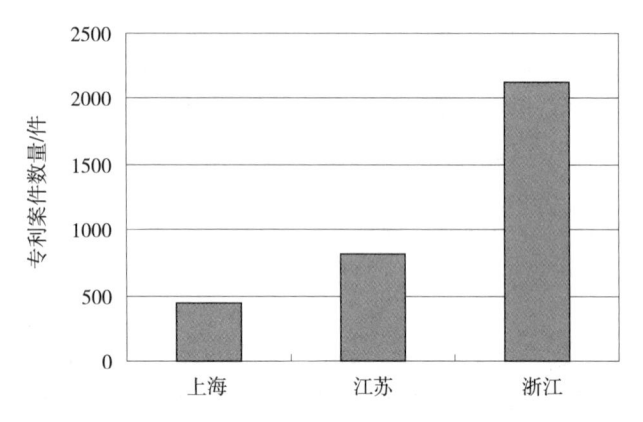

图 9　2015 年长江三角洲专利案件数量比较

区知识产权法院，作为基层法院专门集中管辖天津地域范围内的非技术类知识产权案件，同时统一管辖天津地域内相关知识产权的民事、行政和刑事一审案件，以回应京津冀一体化知识产权司法需求，考虑到和平区人民法院审理知识产权案件的已有经验，可以在和平区设立派出法庭；二是指定天津一中院、天津二中院中的一个知识产权审判庭，负责集中管辖滨海新区知识产权法院的二审案件和天津地域内技术类案件的一审案件；三是河北省在现有的中级法院范围内指定石家庄市中级人民法院集中管辖知识产权技术类和非技术类案件，有必要的地区可以设立派出法庭；四是天津三级法院和河北中高级法院都要开展"三合一"审判工作。

四、结束语

京津冀协同发展背景下，如何充分发挥知识产权审判职能作用，立足北京知识产权法院审判实践，进一步完善京津冀知识产权案件管辖和审理制度，是"十三五"期间京津冀法院在最高人民法院顶层设计下应当着力完成的改革任务之一。以专业化审判机构带动专业化审判水平提升是充分发挥知识产权司法保护的主导作用、保障京津冀协同发展的必由之路。

知识产权研究之困

——作者对法学期刊编者的恳谈

刘 华[*]

摘 要：当下的知识产权研究正面临着比历史任何时期更为复杂的现实，通过学科交叉、研究范式与方法的新尝试、研究组织结构的改良以适应复杂现实对知识产权研究的要求，既是知识产权研究的国际趋势，亦是解决中国问题的现实需求。对知识产权研究呈现出的与传统法教义学研究范式显著不同的特点，法学期刊编者应给予尊重和宽容，并培植这种改良走向成熟和完善，以在一定程度上缓解知识产权研究的现实困境。

知识产权研究在中国繁荣的外表遮盖着许多真实的无奈。按照严格的学科体系划分所形成的学科资源配置、研究成果表达与评价机制，使一贯倡导学科交叉、研究范式与方法多元、协同创新的知识产权研究显现出严重的不适应。如果不正视这些问题，且对问题的解决没有基本共识及切实的方法，或许会使这个可以兴盛的学科走向衰败，而这种衰败并非学科生态的自然淘汰。今天，无论是中国还是世界，以互联网为中心的技术革命使知识产权研究面临着比知识产权制度演进的任何历史时期更为复杂的现

---

[*] 作者简介：华中师范大学法学院教授、博士生导师、华中师范大学知识产权研究所所长。

实，知识产权制度理论及实践创新更需要学术的提示和支撑。因此，知识产权研究的学术表达支撑体系（在此专论法学期刊）能否作出及时回应和调整意义重大。揭示其中困扰知识产权学科发展的问题并提出可能的解决思路，应是知识产权研究者的责任，也可以为法学期刊行使其引领和服务使命提供启发。从近年发生的一些典型事件中，我们至少可以把知识产权研究中经常遭遇的困扰凝练为以下几个方面。

一、学科归属之困

2016年3月，教育部发布的学位授权点专项评估结果中有4所高校的一级学科博士点因评估不合格而被撤销，其中同济大学和华南理工大学的法学一级学科博士点、中国科技大学公共管理一级学科博士点均在此列，这3个被撤销博士点的共同之处均是以知识产权学科为特色。知识产权学科成为重灾区的多种原因值得反思，但客观的提示是，知识产权的跨学科发展特征使得它无论归属到哪个学科都逃脱不了被边缘化的宿命！知识产权研究产出是学科交叉的产物，但它的平台建立及评估却是传统体制内单一学科的标准，如此，一个错位的评价就可以"客观地"把它灭掉了！学位点评估只是一个缩影，知识产权学科归属问题不从根本上解决，这个学术共同体的磨难会接踵而至。

当下的知识产权研究已经在很大程度上脱离了制度创设之初工业社会之背景，直面着知识产权制度一体化、现代化、国际化之现状，回应着知识产权法律的本土化、政策的战略化之诉求，探寻着数字化、网络化、协同化环境下创新及经营活动中崭新的商业模式和利益分配机制……显然，知识产权研究的许多问题已经溢出法学的疆域。"对于这些问题，既无法简单沿用传统的法学理论来诠释，也不宜拘泥单一的学科知识作研究，我们应从法学理论出发，结合政治学、社会学、伦理学、经济学、技术科学、政策科学等理论,多元视角地考察知识产权制度的属性与功能。"❶ 况且,为满足社会发展的需求,对传统的研究格局进行调整是必要的亦是可行的,一些在先的、有益的探索也给我们提供了启示。

德国马克斯·普朗克创新与竞争研究所是国际知识产权研究领域最杰出的机构之一,其前身是 1966 年于慕尼黑创立的"外国与国际专利、著作权和竞争法研究所"(Institute for Foreign and International Patent, Copyright and Competition Law)。50 年来,伴随着该所研究视野及资源的调整,曾于 2002 年更名为"马克斯·普朗克知识产权、竞争和税法研究所"(MPI for Intellectual Property, Competition and Tax Law),2011 年更名为"马克斯·普朗克知识产权与竞争法研究所"(MPI for Intellectual Property and Competition Law),2014 年更为现名"马克斯·普朗克创新与竞争研究所"(Max Planck Institute for Innovation and Competition)。❷ 尤其是最近的这次更名,传统法学研究机构最典型的标志诸如 property、law 消失,取而代之以"创新"及"竞争"作为研究领域的表达,展现出该机构从法学学科视野到超越学科界限以行为及事实范式的跨学科观察之转变,而该所近年的研究活动及其产出亦印证了这种转型及其价值。

在我国,客观存在的是一个固化的体系化学科格局以及按此格局配置学术资源和考察研究产出的机制。变动不居的知识产权制度以及学科交叉的知识产权研究特点,使置身于该学科格局中的知识产权研究遭遇很大的不适应。从学科格局观察,传统格局下知识产权法是"孙子"——法学三级学科;而政府政策赋予它

---

❶ 吴汉东. 知识产权的多元属性及研究范式 [J]. 中国社会科学, 2011 (5).
❷ [EB/OL]. [2016-07-29]. https: // en. wikipedia. org/wiki/Max_Planck_Institute_for_Innovation_and_Competition#History.

"儿子"的身份——多个一级学科下的二级学科,[1] 但传统的学科格局不认同。在知识产权的学科归属认识上,学界的"保守"和政府的"开明"形成了某种对峙,知识产权学科像一个只能自娱自乐的"弃儿",找不到均衡的方案却时常沦为博弈的牺牲品。这种现象的产生,更多源于"每一个学科从业者的首要任务就是自觉成为自己学科的'猎场守护人'"。[2] 事实上,"知识是统一的整体,它的分化成各个学科是对人类软弱的一种让步"。[3] 今天固化的学科划分格局的正当性还有待历史检验。而当下,在各学科内在逻辑的封闭性与社会运行的现实开放性之间,智慧的生存法则应该是一种弱者之间的相互尊重和宽容。

二、研究范式和方法之困

知识产权研究的交叉学科特征使之经常可以从相关学科获得新的理论启示、研究路径及有效方法,它时常会以有别于传统法学研究的范式与方法来实现其研究目的,并经常以实证的方法来提出问题、解决问题、反哺理论。而这种呈现显然有别于我国法学研究共同体所习惯的规范研究进而在其评判中先入劣势,结果是此类研究成果在我国法学期刊中难觅踪影。

我们统计了《中国法学》《法学研究》2014~2016年上半年发表的所有论文,在两刊发表的15篇知识产权论文中仅发现1篇涉及实证的论文,即于志强的《我国网络知识产权犯罪制裁体系检视与未来建构》。该论文通过对网络环境下我国知识产权犯罪罪名

---

[1] 参见《国家知识产权战略纲要》第60条:设立知识产权二级学科,支持有条件的高等学校设立知识产权硕士、博士学位授予点;《国务院关于新形势下加快知识产权强国建设的若干意见》第31条:加强知识产权相关学科建设,完善产学研联合培养模式,在管理学和经济学中增设知识产权专业,加强知识产权专业学位教育。

[2] 冯钢.跨学科研究何以成为可能?[J].浙江社会科学,2007(4).

[3] 哈·麦金德.历史的地理枢纽[M].林尔蔚,陈江,译.北京:商务印书馆,2015:41.

体系适用的司法实效的数据考察,客观呈现、评价、反思及完善我国知识产权犯罪制裁体系,❶ 理论基础上的数据支撑,使问题的现实性及论证的合理性更具说服力,这一例呈现之代表性对我国今天的知识产权研究弥足珍贵。

事实上,知识产权研究具有更多实证及跨学科研究的可能性。比如,专利制度研究有一个先天优势条件,那就是各国专利数据库,这是一个具有客观海量数据的巨大宝藏。通过对这些数据不同方案的分析,我们可以考察专利制度的法律效果,预警创新及投资风险,提示创新和市场主体的专利布局及运营等,对这些问题的探讨将知识产权法学与统计学、经济学、管理学等学科理论或方法结合常常会带来制度完善的新启示。故知识产权实属"数据密集型学科"和"学科聚集型领域",具有天然的实证研究和学科交叉研究优势。但传统惯性是如此之强大,主流评判标准下的范式与方法导向,使这些资源及具有国际性的方法似乎被我国学者们普遍忽视了。而接下来的后果是,我国知识产权研究的方法论与国际学界的不对接,在某些领域沦为自说自话的"方言"。

通过检索 Hein Online 法学全文数据库可以发现,近年外文法律类期刊刊登知识产权相关论文的数量是较多的,主要集中于知识产权、科技法、互联网法等法律评论及法学杂志中。在这些论文中,有相当比例的论文采用了实证分析或学科交叉的研究方法。例如,浏览《芝加哥肯特知识产权杂志》(*Chicago-Kent Journal of Intellectual Property*) 第 15 卷 2016 年第 1 期的 10 篇论文,其中 4 篇论文运用了或简单或复杂的实证分析、社会学及计量经济学方法。实证的、学科交叉的方法已是国际知识产权研究和法学研究的常态。"这种研究取向甚至超越法学院、超越美国,成了一种全球性的趋势。目前,关注并运用实证研究方法,系统地使用

---

❶ 参见:于志强. 我国网络知识产权犯罪制裁体系检视与未来建构 [J]. 中国法学,2014 (3).

统计学、经济学方法开展实证研究已经开始成为美国以及其他一些国家法律学者们重要的研究方法。"❶

实证以及学科交叉的知识产权研究对当下的我国尤为必要。在我国知识产权法律体系基本建立后,知识产权研究的重心将必然从法律立制转移到法律实施中的中国问题,以及随着技术发展、创新组织方式的转变、知识产权利用模式的变革所牵涉的制度创新问题。对于这些问题,我国法学研究长期占主导地位的逻辑推理和比较研究等规范研究方法的局限性渐次显现,而实证研究和学科交叉研究恰恰是知识产权研究在这一转型期最适宜的工具。其实,对于我国备受诟病的法律实施问题,这种研究范式与方法亦是中国法学研究的必要工具。但一个比较现实的问题是,由于上述研究方法在我国法学期刊的判断标准中既非主流亦不为审稿人所青睐,这些辛勤的实践者被拒稿也就不足为奇了。长此以往,先行尝试的研究者就可能会因现实考评标准而放弃他们的尝试,这些研究方法在知识产权研究乃至法学研究的运用中所可能带来的新生长点亦会就此夭折。基于同样的考量,有学者呼吁:"为了促进我国法学实证研究的发展,我国的法学期刊应当解放思想,积极接受有别于传统法教义学的法学实证研究。"❷

三、作者署名之困

一些法学期刊已经明确告示或实际执行只录用单一作者署名的稿子,这使得相当多合作完成的知识产权研究论文在法学期刊上的录用就直接没有了可能。前面统计的两种法学期刊的 15 篇知识产权论文均为单一作者署名,其实代表了大多数法学期刊的偏好和要求。

这个问题的产生与知识产权研究范式与方法的多元化是关联

---

❶ 左为民.法学实证研究的价值与未来发展 [J].法学研究,2013 (6).
❷ 黄辉.法学实证研究方法及其在中国的运用 [J].法学研究,2013 (6).

的。正因为知识产权研究经常选择实证和学科交叉的研究方法，所以它的研究样式与传统法教义学主张之样式截然不同。知识产权研究中大量的数据处理工作，诸如社会调查或数据挖掘以获得尽可能客观的数据样本、数据分析方案选择、数据去噪、统计分析等，这往往需要多人甚至团队的协作；知识产权交叉学科研究更是如此，各有专长的研究者们通过合作中的相互启发将不同学科的理论及方法有机结合，较之以个人之力通晓多个学科从而实施跨学科研究会更有效率，亦更有可能提升交叉学科研究的质量。

在当代科技领域，由于许多科学计划的规模和复杂性超出科研机构甚至一个国家的能力，双边和多边的科技合作成为重要途径。从20世纪80年代开始的"大科学"研究模式业已成熟，由众多科学家以一定组织建立关联、分工协作又相对独立进行的"分布式"大科学研究以及由巨额投资建造、运行大型研究设施的"工程式"大科学研究模式有效运行，正是在这种创新的科研机制下，诸如人类基因图谱研究、全球变化研究、国际空间站计划、Cassini卫星探测计划等科技成就才能得以完成。❶ 回望科技发展近几十年的历程，"大科学"思路下的科技组织模式创新带来了有别于传统"作坊式"科研产出的突飞猛进，这就是协同创新的力量。理所当然，我们经常可以看到这些国际合作组的论文在权威的国际科学期刊上由参与合作的多个作者署名发表。

当然，社会科学尤其是法学的研究范式与自然科学有很大不同，而知识产权法与科技的天然联系使其研究范式率先从"大科学"模式中获得启发并展露成效，许多知识产权研究团队在合作中获得更大规模、更广泛视野和更高质量的工作。所以，一些法学期刊对法学论文单独署名的要求反映的是它们对传统法学研究样式的坚守并事实上造成了法学研究仅能解决以个人智慧及能力

---

❶ 参见：大科学研究的主要特征与运行模式［EB/OL］.（2004-02-23）. http://www.cas.cn/zt/jzt/kyzt/lrgzdgjdkxjh/200402/t20040223_2665091.shtml.

所能解决的问题，这与时代对法学的当下期望相距甚远，不仅对知识产权研究乃至对整个法学研究的进步并无益处。

四、论文发表之困

近年，我国知识产权研究呈现出研究内容丰富、研究队伍体量庞大的特点。研究内容丰富反映在：全球化、中国化的知识产权制度问题，现代化、本土化的知识产权司法和行政执法问题，体系化、理性化的知识产权基础理论问题，生态化、社会化的知识产权制度环境问题等。对这些问题的讨论，既是在知识产权制度创新的国际实践中发出的中国声音，也是对中国国情下知识产权制度实践提出的本土化方案，且与知识产权学科发展的历史要求趋同，在相当程度上折射出知识产权研究的繁荣。研究队伍体量庞大反映在：我国知识产权研究共同体构成的多元性，高等院校、科研院所、知识产权司法机关和行政管理机构、知识产权法律及相关服务机构、企业知识产权相关部门中聚集了大量的知识产权研究人员，他们从不同立场、方法、视角的研究，丰富了知识产权研究的视野和层次。如此丰富的知识产权研究产出，既是技术进步和文化发展的客观需要，也是我国建设知识产权强国的现实要求，❶ 是知识产权研究共同体对时代赋予机遇的正常回馈。

如此背景下，法学期刊的反馈其实是迟缓的或者是滞后的。我们对《中国法学》《法学研究》2014～2016年上半年的统计显示，两刊共发行的30期中，发表知识产权研究论文15篇。其中，《中国法学》共发表论文238篇，包含9篇知识产权研究论文，占全部论文的3.78%；《法学研究》共发表论文179篇，其中知识产权研究论文为6篇，占全部论文的3.35%。两种法学权威期刊的

---

❶ 参见：知识产权强国研究课题组. 对知识产权强国建设的理论思考［J］. 知识产权，2015（12）.

情况是法学期刊整体的一个缩影,法学期刊为知识产权研究提供的展示空间与知识产权研究表达的需求之间存在严重错位。

五、基于研究者立场的期望

知识经济、互联网时代、数字化生存——无论我们如何描述这个时代,它带给知识产权制度的机遇都是不言而喻的。知识产权研究如果在这个时代不繁荣只能说明研究者的漠然或懈怠;法学期刊如果在这个时代没有更多对知识产权研究的关注和呈现,说明它们还没有全方位融入这个时代,没有理解这个时代下的知识产权研究价值。这是一个知识产权制度生若夏花的季节,需要足够的空间来表达它不断自省的勇气,舒展它正走向成熟的品质与绚烂。从云端回归现实——以下是以一个知识产权研究者的立场表达对法学期刊的期望。

其一,学科交叉的知识产权研究丰富了传统法学研究的范式,无论它的枝叶伸展到哪些不同学科,知识产权的根扎在法学。"社科学术期刊要对学术动态具有敏锐的感受力和鉴别力,要不拘泥于传统的学科分类方法,善于推陈出新,促进学科发展。"❶ 期望法学期刊的偏好能在一定程度上超越法学学科之视域,对知识产权交叉学科研究给予应有的宽容,而不要将这一时代使命和历史重任全部推给其他学术期刊。

其二,知识产权研究范式与方法多元,浪漫主义的雅法学和理性主义的实证法学在知识产权研究中均有其存在价值。实证研究既具有国际性,也是当下研究中国问题的一个有效办法,不能厚此薄彼。当然,实证法学研究需进一步提升其水准,使之能够从实证化的具体素材中提升出来,反哺理论并加强学科间的沟通与关怀,这是另一个层面更进一步的要求。

其三,在"大科学"科技及协同创新社科的现实背景下,法

---

❶ 杨寅. 社科学术期刊的社会使命[J]. 浙江学刊, 2005 (3).

学研究的组织模式的改良是必然趋势，小题大做、独立思辨的传统法学研究范式与结构性制度考察、系统化思维和实证性研究的新法学研究样式并存，才能对法治中之宏观、中观、微观各层次的问题作出有质量的研究回应。而这些新研究范式的实现需要团队合作，法学期刊不应排斥合作作品的发表。

其四，期刊引领作用的体现在于刊物的选题策划以及基于选题策划的选稿用稿。❶ 非常期望看到法学期刊能间或就知识产权焦点问题进行策划和组稿，亦期望法学期刊的常规编辑出版中可以留给知识产权研究更多的版面。

---

❶ 参见：张新宝总编辑在"三大刊＋作者·读者·编者恳谈会"上的致辞和发言[EB/OL]．http：//www.zgfx.cbpt.cnki.net/WKA3/WebPublication/wkTextContent.aspx? contentID＝e20f4dc0－f870－4c00－bad8－71b9242a1382&mid＝zgfx.

中日反不正当竞争法比较研究

李明德[*]

摘　要：依据《建立世界知识产权组织公约》《巴黎公约》和 TRIPS，制止不正当竞争是对于人类智力活动成果的保护，属于知识产权的范畴。根据相关的国际公约，应当予以制止的行为包括商业标识的仿冒、商业诋毁、虚假宣传、窃取他人商业秘密和商业标识的淡化。除此之外，一些国家还提供了对于形象权的保护，以及制止依样模仿的保护。

日本于 1934 年制定《不正当竞争防止法》，并不断加以修订，涉及了仿冒、淡化、依样模仿、商业秘密、商业诋毁和虚假宣传。中国于 1993 年制定《反不正当竞争法》，除了制止仿冒、虚假宣传、商业诋毁和窃取他人商业秘密，还规定了一些反垄断的内容和其他的内容，属于特殊的混合立法。

日本的《不正当竞争防止法》基本属于知识产权保护法，并且没有一般条款的规定。比较中日两国有关制止不正当竞争的立法，有助于中国的立法、行政、司法部门和学术界进一步认识反不正当竞争法的本质，进而更好地修订和运用这部法律，规范市场竞争。

---

[*] 作者简介：中国社会科学院知识产权中心主任，研究员，国家知识产权专家咨询委员会委员。

一、制止不正当竞争的立法

制止不正当竞争的法律规则，起源于对于商标的保护。在大陆法系，制止不正当竞争的规则，可以追溯到《法国民法典》第1382条。根据规定，任何人因为自己的行为而致使他人受到损害的，应当为自己的过失而承担赔偿责任。正是依据这一条的规定，法国法院提供了对于商标的保护，并且在1857年制定了世界上第一部注册商标法。同时，也正是依据这一条，法国法院逐步提炼出了制止不正当竞争的规则，并且在后来制定了一系列制止不正当竞争的单行法律，例如1905年的《反欺诈法》。❶ 至于德国，则在1896年颁布了世界上第一部成文的反不正当竞争法，并在1909年作了大幅度的修订。紧随德国之后，奥地利于1924年颁布了反不正当竞争法，瑞士于1943年颁布了反不正当竞争法。❷

在英美法系国家，制止不正当竞争的法律规则同样起源于有关商标的保护。例如，英国在相当长的时间里，以制止仿冒的法律规则提供了对于商标的保护。在仿冒法的基础之上，英国还在1875年制定了一部《商标注册法》，对商标提供了注册保护。至于仿冒法则继续存在，不仅对未注册商标和商号提供了保护，还扩展到了制止虚假宣传和商业诋毁。直到今天，英国的反不正当竞争法仍然称之为"仿冒法"。❸ 美国立国之初继承了英国有关商标仿冒的法律，并在此基础上发展出了制止不正当竞争的规则，提供了对于商标及其所承载的商誉的保护。❹ 随着经济的发展，美国

---

❶ CAMPBELL D. Unfair Trading Practices [M]. Kluwer Law International, 1997: 91-92.

❷ 孔祥俊. 反不正当竞争法新论 [M]. 北京: 人民法院出版社, 2001: 23-25.

❸ See CORNISH W, LLEWELIN D. Intellectual Property: Patents, Copyright, Trade Marks and Allied Rights [M]. 6th ed. London: Sweet & Maxwell, 2007: 606-607.

❹ See GOIDSTEIN P. Copyright, Patent, Trademark and Related State Doctrines [M]. New York: Foundation Press. 1997: 219.

国会还在1870年制定了联邦的注册商标法。尽管这部法律在1879年被美国联邦最高法院宣布为违宪，❶ 但美国国会最终在1946年制定了注册商标法《兰哈姆法》，对商标提供了联邦的注册保护。与此同时，联邦和各州的反不正当竞争法仍然提供着对于未注册商标的保护，并且延伸到了对于虚假宣传、商业诋毁和淡化的制止，以及对于商业秘密和形象权的保护。

在国际公约的层面上，制止不正当竞争的原则是在1900年第一次出现在《保护工业产权巴黎公约》（以下简称《巴黎公约》）的布鲁塞尔文本中。根据当时的第10条之二，本公约的国民，在本联盟的所有成员国中，应当获得给予其国民的制止不正当竞争的保护。❷ 显然，这仅仅是相关原则的宣示，并没有多少实际意义。直到1925年，《巴黎公约》的海牙文本才规定了成员应当制止两种不正当竞争行为，即商业标识的仿冒和商业诋毁。❸ 到了1958年的里斯本文本，《巴黎公约》又增加了成员国应当制止误导公众的虚假宣传。❹ 这样，在《巴黎公约》的层面上，应当予以制止的不正当竞争行为，就有3种之多。❺

到了世界贸易组织的TRIPS，则将制止不正当竞争的范围扩大到了商业秘密。根据TRIPS第39条，成员应当依据《巴黎公约》第10条之二关于有效制止不正当竞争的规定，提供对于未披露信息的保护，防止他人未经许可而以违背诚实商业行为的方式，披露、获得或者使用有关的未披露信息。❻ 其中的未披露信息，就是指商业秘密。除此之外，TRIPS第16条还规定了驰名商标的反淡化保护。根据规定，如果将他人的驰名注册商标或者与驰名注

---

❶ Trade-mark Cases, 100 U. S. 82 (1879).
❷ See Paris Convention, Article 10bis, Brussels, 1900.
❸ See Paris Convention, Article 10bis, Hague, 1925.
❹ See Paris Convention, Article 10bis, Lisbon, 1958.
❺ See Paris Convention, Article 10bis, Stockholm, 1967.
❻ See TRIPS Agreement, Article 39.

册商标近似的商标，使用在不类似的商品或者服务上，有可能暗示该商品或者服务与注册商标所有人存在某种联系，而且注册商标所有人的利益可能因此受损，属于法律应当制止的行为。❶ 关于驰名商标的反淡化保护，有些国家规定在商标法中，有些国家则规定在反不正当竞争法中。

除了《巴黎公约》和 TRIPS 所规定的上述五种不正当竞争行为，有些国家还规定了形象权保护和制止依样模仿。例如，依据《美国反不正当竞争法重述》第 46 条，为了商业性的目的，未经许可使用他人的姓名、肖像或者其他身份标记，属于盗取他人身份中的商业价值，应当承担禁令和损害赔偿的责任。❷ 又如，按照《德国反不正当竞争法》的规定，模仿他人的产品或服务的样式，属于不正当竞争行为。❸ 根据国际知识产权保护协会（AIPPI）1996 年的专家建议，依样模仿或者准依样模仿（slavish or quasi-slavish imitation），只有在涉及了原创性的产品或服务（original product or service），消费者无法区别原创物和模仿物的时候，才可以认定为不正当竞争。❹

中日两国关于制止不正当竞争的法律，都履行了《巴黎公约》和 TRIPS 的相关义务，提供了制止商业标识仿冒、商业诋毁、虚假宣传、淡化和窃取他人商业秘密的保护。在此基础之上，日本还额外规定了对于依样模仿的制止。先来看日本《不正当竞争防止法》的立法进程。

日本早在 1871 年就制定了一部有关专利保护的临时法律。到

---

❶ See TRIPS Agreement, Article 16.
❷ American Law Society. Restatement (third) of Unfair Competition, Section 46.
❸ 参见《德国反不正当竞争法》第 4 条第 9 项。
❹ WIPO. Model Provisions on Protection Against Unfair Competition: Articles and Notes [M]. Geneva: WIPO, 1996: Notes on article 1. And see HEATH C. The System of Unfair Competition Prevention in Japan [M]. London: Kluwer Law International, 2001.

了 1885 年，日本制定了现代的专利法，对于技术发明提供专利保护。同年，日本还制定了外观设计法，对工业品外观设计提供保护。在此之后，日本又于 1905 年模仿德国制定了实用新型法，对处于发明和外观设计之间的实用性小发明提供保护。❶ 然而直到 1934 年，日本才依据《巴黎公约》的规定，制定了《不正当竞争防止法》，并在 1938 年作了修订。根据这部法律，市场竞争者可以提起诉讼，制止他人的仿冒和商业诋毁的行为。但是，在当时市场竞争尚不成熟的条件下，这部法律的适用非常有限。

到了 20 世纪 60 年代末期，日本的市场竞争关系日臻成熟，市场主体、法院和立法机关对于《不正当竞争防止法》逐渐重视起来。例如，东京地方法院在 1966 年的"雅西卡"一案中，适用《不正当竞争防止法》，判定被告在不同类别的商品上使用原告的商标，虽然不会造成消费者的混淆，但仍然构成了不正当竞争。❷ 这相当于是对驰名商标提供了反淡化的保护。又如，东京地方法院在 1991 年的"目木化妆纸"一案中，提供了对于制止依样模仿的保护。❸ 再如，日本国会于 1990 年修订《不正当竞争防止法》，对于商业秘密提供了制止不正当竞争的保护。❹ 在上述立法和司法实践的基础上，国会于 1993 年大幅度修改了《不正当竞争防止法》，主要是吸取司法判决的经验，明确规定了全国性驰名商标的反淡化保护，以及制止依样模仿的保护（日文的术语是 dead copy）。❺

自 1993 年以后，日本又对《不正当竞争防止法》作了几次小的修订。例如，1998 年修订《不正当竞争防止法》，禁止向外国公务员提供不正当利益，也即禁止贿赂外国官员。又如，1999 年修订《不正当竞争防止法》，规定了对于版权技术措施的保护。再

---

❶ 参见：中山信弘. 工业所有权法：第二版增补版（上）[M]. 弘文堂，2000.
❷ 东京地方法院，"雅西卡"，昭和 41.8.30，下民 17 卷，7＝8 号 729 页。
❸ 东京高等法院："目木化妆纸"案，平成 3.12.17，知裁集 23 卷 3 号 808 页。
❹ 参见日本《不正当竞争防止法》第 2 条第 1 项第 4、5、6、7、8、9 号。
❺ 参见日本《不正当竞争防止法》第 2 条第 1 项第 2 号（淡化），3 项（依样模仿）。

如，2001年修订《不正当竞争防止法》，还规定了对于域名的保护。❶

再来看中国《反不正当竞争法》的制定历程。中国现代的知识产权法律体系建立于1978年以后。其中，《商标法》于1982年制定，1983年实施；《专利法》于1984年制定，1985年实施。1990年制定了《著作权法》（1991年实施）。至于《反不正当竞争法》的制定则相对晚一些，直到1993年才颁布实施。事实上，中国在20世纪80年代中后期就开始起草《反不正当竞争法》，但相关的进展一直比较缓慢。到了1992年1月，中美两国达成了第一个有关知识产权保护的谅解备忘录。在这个备忘录中，中国政府承诺将于1994年1月以前，依据《巴黎公约》第10条之二的规定，对商业秘密提供制止不正当竞争的保护。❷ 而依据《巴黎公约》第10条之二，中国还应当提供对于制止仿冒、商业诋毁和虚假宣传的保护。显然，正是在中美第一个知识产权保护谅解备忘录的背景下，中国加快了制定《反不正当竞争法》的步伐，于1993年9月由全国人大常委会通过，于1993年12月开始实施。

中国《反不正当竞争法》在第2条规定了诚实信用的原则。规定："经营者在市场交易中，应当遵循自愿、平等、公平、诚实信用的原则，遵守公认的商业道德。"在此基础之上，有4个条款规定了商业标识的仿冒、虚假宣传、商业诋毁和窃取他人的商业秘密。

关于商业标识的仿冒，第5条规定："经营者不得采用下列不正当手段从事市场交易，损害竞争对手：（一）假冒他人注册商标；（二）擅自使用知名商品特有的名称、包装、装潢，或者使用与知名商品近似的名称、包装、装潢，造成和他人的知名商品相

---

❶ 参见日本《不正当竞争防止法》第18条（贿赂外国公务员），第2条第1项第11、12号（技术措施保护），第2条第1项第13号（域名保护）。

❷ 参见《中美关于保护知识产权的谅解备忘录》（1992年），第4条。

混淆,使购买者误认为是该知名商品;(三)擅自使用他人的企业名称或者姓名,引人误认为是他人的商品。"其中的注册商标,包括商品商标、服务商标、集体商标和证明商标;其中的知名商品的特有名称、包装、装潢,具体是指未注册商标;其中的企业名称或者姓名,具体是指商号。此外,《反不正当竞争法》第2条第3款规定:"本法所称的经营者,是指从事商品经营或者营利性服务(以下所称商品包括服务)的法人、其他经济组织和个人。"结合第5条和第2条第3款的规定来看,商业标识的仿冒,涉及了注册商标、未注册商标和商号的仿冒。其中的注册商标、未注册商标和商号,又包括了与商品和服务相关的所有标记。由此可以看出,中国《反不正当竞争法》关于商业标识仿冒的规定,具有非常广泛的含义。

关于虚假宣传,《反不正当竞争法》第9条和第5条规定了3种情形:第一,经营者不得利用广告或者其他方法,对商品的质量、制作成分、性能、用途、生产者、有效期限、产地等作引人误解的虚假宣传;第二,经营者不得在商品上伪造或者冒用认证标志、名优标志等质量标志,伪造产地,对商品质量作引人误解的虚假表示;第三,广告经营者不得在明知或者应知的情况下,代理、设计、制作、发布虚假广告。❶ 在以上3种虚假宣传行为中,第一种和第二种都是有关产品或者服务的虚假陈述,第三种则是有关广告经营者的规定。应该说,将广告经营者纳入虚假广告的范畴,是中国的一个特有做法。

关于商业诋毁,《反不正当竞争法》第14条规定:"经营者不得捏造、散布虚伪事实,损害竞争对手的商业信誉、商品声誉。"

关于窃取他人商业秘密,《反不正当竞争法》第10条中规定:

---

❶ 中国《反不正当竞争法》第5条是关于仿冒的规定,包括商标、商号的仿冒。至于第5条的第4款,则是关于伪造或者冒用认证标志、伪造产地的虚假宣传行为。从立法技术上看,应当将第5条第4款的规定,纳入第9条的虚假宣传之中。

"经营者不得采用下列手段侵犯商业秘密：（一）以盗窃、利诱、胁迫或者其他不正当手段获取权利人的商业秘密；（二）披露、使用或者允许他人使用以前项手段获取的权利人的商业秘密；（三）违反约定或者违反权利人有关保守商业秘密的要求，披露、使用或者允许他人使用其所掌握的商业秘密。第三人明知或者应知前款所列违法行为，获取、使用或者披露他人的商业秘密，视为侵犯商业秘密。"

应该说，上述有关窃取他人商业秘密手段的规定相对比较复杂，个别中国学者曾经试图论证，中国提供了更好的商业秘密保护。然而在事实上，上述规定并没有超越TRIPS第39条的规定，即他人未经许可不得以违背诚实商业行为的方式，披露、获得或者使用有关的商业秘密。[1]

中国《反不正当竞争法》自1993年制定以来一直没有修订。原因之一在于，这部法律的制定，比较充分地反映了《巴黎公约》和TRIPS的要求。例如，现行的《反不正当竞争法》规定了《巴黎公约》关于诚实经营的一般原则，规定了对于仿冒、商业诋毁和虚假宣传的制止，以及TRIPS所要求的对于商业秘密的保护。所以，从履行国际公约所要求的义务来看，不存在修订这部法律的外在动力。当然在另一方面，这部法律的制定比较匆忙，在条文的编排顺序上，在一些规定的措辞上，还存在着需要修订和澄清的地方。

例如，《反不正当竞争法》第5条应当是关于商业标识仿冒的规定，但是却在第4项中规定："在商品上伪造或者冒用认证标志、名优标志等质量标志，伪造产地，对商品质量作引人误解的虚假宣传。"显然，这是有关虚假宣传的规定，应当纳入有关虚假宣传的条文之中。又如，以第5条规定商业标识的仿冒、第9条规定虚假宣传、第10条规定窃取他人商业秘密、第14条规定商业诋

---

[1] See TRIPS Agreement, Article 39.

毁，多少有些割裂了这些不正当竞争行为之间的关系。至少，在现实的商业活动中，虚假宣传和商业诋毁往往同时存在，放在一个条文或者顺序上连在一起的两个条文中加以规定，更容易反映这两种行为的本质。再如，第5条第2款的行文："知名商品特有的名称、包装、装潢"，从字面上看是先有商品的知名，然后才有对于"特有名称、包装、装潢"的保护。然而在事实上，受到保护的应当是知名的或者可以指示商品或者服务来源的特有名称、包装和装潢。除此之外，第5条第1款规定的"假冒他人的注册商标"，如果理解为造成混淆，则没有必要在《反不正当竞争法》中加以规定。因为，《商标法》中有关混淆的规定，已经可以解决注册商标混淆的问题。如果将"假冒"他人注册商标理解为"仿冒"，理解为尽管不会造成混淆但有可能对于注册商标所有人造成其他损害，例如淡化，则会具有非常积极的意义。

二、制止不正当竞争与智力活动成果

制止不正当竞争的法律，或者反不正当竞争法，是保护智力活动成果的法律。例如，缔结于1967年的《建立世界知识产权组织公约》第2条规定："知识产权应当包括与以下内容相关的权利：文学、艺术和科学作品；表演艺术家的表演、录音制品和广播；人类在一切领域中的发明；科学发现；工业品外观设计；商品商标、服务商标、商号及其他商业标记；制止不正当竞争的保护；以及所有其他的工业、科学、文学或艺术领域中智力活动成果的权利。"[1] 根据这个定义，知识产权是有关人类智力活动成果的权利，不仅包括有关作品、发明、工业品外观设计、商业标识的权利，而且包括对于制止不正当竞争的保护。与此相应，对于制止不正当竞争的保护属于知识产权的范畴。

---

[1] Convention Establishing the World Intellectual Property Organization, 1967, Article 2 (8).

按照传统的划分方法，知识产权主要由版权和工业产权构成。其中的工业产权，包括专利、商标和制止不正当竞争。例如，《巴黎公约》第2条明确规定："工业产权保护的客体，包括发明专利、实用新型、工业品外观设计、商品商标、服务商标、商号、货源标记或原产地名称，以及制止不正当竞争。"[1] 事实上，《巴黎公约》是关于工业产权的国际公约，其中又规定了对于制止不正当竞争的保护，表明对于制止不正当竞争的保护属于工业产权的一个组成部分。在这方面，《巴黎公约》第10条之二进一步规定，本公约的成员国应当确保各成员国的国民，享有制止不正当竞争的有效保护；工商业活动中违反诚实信用的所有行为，属于不正当竞争的行为；成员国尤其应当制止仿冒、商业诋毁和虚假宣传。[2]

TRIPS是有关知识产权的国际性公约。TRIPS先是在第2条规定，世界贸易组织的全体成员，应当遵守《巴黎公约》1967年斯德哥尔摩文本第1条至第12条，以及第19条。[3]《巴黎公约》的第1条到第12条，是关于工业产权保护，包括反不正当竞争保护的实体条款。这表明，在知识产权或者工业产权的保护方面，TRIPS完全接受了《巴黎公约》的规定。在此基础之上，TRIPS又在第39条明确规定，成员应当依据《巴黎公约》第10条之二的规定，在制止不正当竞争有效保护的意义上，提供对于商业秘密的保护。[4] 由这个规定可以看出，正是从制止不正当竞争的角度，TRIPS将商业秘密的保护纳入了知识产权的范围。除此之外，TRIPS在第16条第3款还规定了对于驰名商标的反淡化保护。[5]

关于具体的应当予以制止的不正当竞争行为，《巴黎公约》规定了商业标识的仿冒、商业诋毁和虚假宣传，TRIPS规定了商标

---

[1] Paris Convention, Article 2.
[2] See Paris Convention, Article 10*bis*.
[3] See TRIPS Agreement, Article 2.
[4] See TRIPS Agreement, Article 39.
[5] See TRIPS Agreement, Article 16.

的淡化和窃取他人商业秘密，共有五类之多。应该说，制止这五类行为，都是为了保护市场主体所拥有的智力活动成果。

例如，制止商业标识的仿冒是为了防止消费者在商品或者服务来源上的混淆，但是其核心则是保护商业标识所承载的商誉。因为，商业标识所承载的商誉，来源于企业的技术创新和经营创新，属于企业的无形财产。又如，商业诋毁和虚假宣传也与商誉密切相关。因为，商业诋毁就是对他人的产品、服务和企业经营散布诋毁性的言论，直接损害了相关商标、商号所承载的商誉。至于虚假宣传，一方面扩大了自己商品或者服务的声誉，另一方面则是贬低了他人商标或者服务的声誉。再如，TRIPS规定的反淡化保护和商业秘密保护，同样是对于智力活动成果的保护。就前者而言，反淡化保护所涉及的显然是驰名商标所承载的商誉，也即他人对于相同或者近似标记的使用，如果利用了驰名商标所承载的商誉，即使没有消费者混淆的可能性，也应当予以制止。就后者而言，无论是其中的技术秘密还是营业秘密，都是商业秘密所有人拥有的无形财产，他人未经许可不得以违背诚实信用的方式加以披露、获取和使用。

根据以上的论述可见，无论是《建立世界知识产权组织公约》《巴黎公约》和TRIPS关于制止不正当竞争的规定，还是对于仿冒、商业诋毁、虚假宣传、商标淡化和窃取他人商业秘密行为的分析，都无可争辩地说明，对于制止不正当竞争的保护，属于知识产权的保护。与此相应，相关成员对于制止不正当竞争予以保护的域内立法，也属于知识产权法律体系的一个组成部分。例如，美国联邦的反不正当竞争法是《兰哈姆法》第43条第1款和第3款。其中第1款规定了对于仿冒、虚假宣传和商业诋毁的制止，第3款规定了对于商标标识淡化的制止。❶ 除此之外，各州的反不正当竞争法还提供了对于商业秘密和形象权的保护。其中的形象

---

❶ See Lanham Act, Article 43 (a), (c).

权是指他人不经许可，不得使用名人身份要素中所承载的商业价值。关于美国联邦和各州的反不正当竞争法，美国法学会于1995年颁布的《反不正当竞争法重述》作了全面总结，包括制止虚假宣传、商业诋毁、商业标识的仿冒和淡化，以及对于商业秘密和形象权的保护。❶ 由此可见，美国的反不正当竞争法，无论是联邦层面上的，还是州层面上的，都是保护智力活动成果的法律，属于单纯的知识产权法。

在国内立法的层面上，日本的《不正当竞争防止法》基本属于智力活动成果保护的法律。例如，日本于1934年制定《不正当竞争防止法》，其目的就是要落实《巴黎公约》第10条之二的规定。按照当时的海牙文本，《巴黎公约》的成员国至少应当制止两种不正当竞争行为：商业标识的仿冒和商业诋毁。与此相应，日本1934年的《不正当竞争防止法》也规定了对于商业标识仿冒和商业诋毁的制止。到了1958年的里斯本文本，《巴黎公约》第10条之二增加了虚假宣传属于应当予以制止的行为。与此相应，日本也在1965年修订《不正当竞争防止法》，规定了对于虚假宣传的制止。除此之外，日本于1990年修订《不正当竞争防止法》，提供了对于商业秘密的保护；于1993年修订《不正当竞争防止法》，规定了制止商业标识的淡化和依样模仿。随着1993年《不正当竞争防止法》的修订完成，日本就有了制止商业标识的仿冒、制止商业标识的淡化、制止依样模仿、制止商业诋毁、制止虚假宣传和制止窃取他人商业秘密等6个事例。❷ 与此相应，日本现行的《不正当竞争防止法》已经履行了《巴黎公约》和TRIPS关于制止不正当竞争的义务，并且额外规定了依样模仿的事例。

中国于1993年制定的《反不正当竞争法》，大体属于智力活动成果保护的法律。因为这部法律虽然早在20世纪80年代中后期

---

❶ See American Law Society: Restatement (Third) of Unfair Competition, 1995.

❷ 参见《不正当竞争防止法》第2条。

就开始起草，但是能在1993年颁布实施，则是因为1992年签订的《中美关于保护知识产权的谅解备忘录》。在这个备忘录中，中国承诺将在1994年1月以前，依据《巴黎公约》第10条之二的规定，对商业秘密提供制止不正当竞争的保护。这表明，由《中美关于保护知识产权的谅解备忘录》而催生的《反不正当竞争法》属于知识产权法律的范围。同样，依据《巴黎公约》第10条之二而制定的《反不正当竞争法》，属于工业产权的范畴。事实上，中国于1993年制定的《反不正当竞争法》，也确实依据《巴黎公约》第10条之二，规定了对于商业标识仿冒、虚假宣传和商业诋毁的制止。同时，这部法律还依据TRIPS的草案，规定了对于商业秘密的保护。❶ 正是从这个意义上，中国现行的《反不正当竞争法》是对于智力活动成果提供保护的法律，是知识产权法律体系中的一个组成部分。可以说，正是由于这部法律的制定和实施，才与先前颁布实施的《商标法》《专利法》和《著作权法》一起，构成了中国现代的知识产权法律体系。

应该说，中日两国关于制止不正当竞争的法律，都履行了依据《巴黎公约》和TRIPS的义务。不过，在此基础之上，日本还多了对于依样模仿的制止。关于制止依样模仿的保护，是由德国法院创设的规则，并在后来纳入了《德国反不正当竞争法》中。根据《德国反不正当竞争法》第4条第9项，如果竞争者模仿他人商品或者服务的样式，导致了消费者对于商品或者服务来源的混淆，或者不合理地利用或者损害了被模仿商品或者服务的声誉，那么构成不正当竞争。❷ 受到德国关于反不正当竞争理论和实践的影响，日本也在1993年修订《不正当竞争防止法》，在第2条第1项第3号规定了对于依样模仿的制止。根据规定，"转让、出租，为转让或者出租而展览、出口、进口模仿了他人产品样式的商品

---

❶ 中国于1993年制定《反不正当竞争法》时，TRIPS草案已经公布。

❷ 参见《德国反不正当竞争法》第4条第9项。

的",属于不正当竞争行为,但不包括模仿商品功能所不可缺少的样式。由这个规定可以看出,日本关于依样模仿的规定有两点不同于德国的规定:一是仅仅涉及了产品的样式,而没有涉及服务的样式;二是对产品的样式仅仅提供 3 年的保护,自相关的产品在日本销售之日起算。❶ 由此可见,日本虽然受德国的影响规定了制止依样模仿的保护,但在相关的保护上打了很多的折扣。

从知识产权的法律体系来看,在反不正当竞争法中提供一个制止依样模仿的保护,显得有些多余。因为在知识产权法律体系中,专利法或者外观设计法是对于工业品外观设计提供保护的法律,商标法或者反不正当竞争法是对于有识别性的商业标识提供保护的法律。在这些法律之外增加一个制止依样模仿的保护,就会对某些没有获得专利法或者外观设计法保护的工业品外观设计提供额外的保护,就会对某些不具有可识别性的商品式样或者服务式样提供额外的保护。正是由此出发,美国、英国和法国等很多国家,都没有提供制止依样模仿的保护。在这方面,世界知识产权组织于 1996 年发布的《关于反不正当竞争的示范规定》,刻意没有将制止依样模仿纳入其中。关于这一点,《关于反不正当竞争的示范规定》的注释解释说:"本示范规定没有包括制止依样模仿的规定。这是因为,至少在目前的条件下,还无法规定制止此种行为的普遍接受的条件,以证明在专利法之外采用该条件有正当的理由。"❷

近年来,受到德国反不正当竞争法理论和学说的影响,中国的个别专家学者也希望在制止不正当竞争的框架下,提供对于依样模仿的制止。然而,在中国已经通过《专利法》保护工业品外观设计、已经通过《商标法》和《反不正当竞争法》保护具有识

---

❶ 参见日本《不正当竞争防止法》第 2 条第 1 项、第 3 项,第 19 条第 1 项第 5 号。

❷ WIPO. Model Provisions on Protection Against Unfair Competition: Articles and Notes [M]. Geneva: WIPO, 1996.

别性的商业标识的条件下，显然没有必要模仿德国和日本的做法提供制止依样模仿的保护。至少，按照目前的知识产权法律体系和很多国家的做法，产品的外观设计在符合相关法律要求的情况下可以获得外观设计权利的保护，商品或者服务的样式在指示商品或者服务来源的意义上，可以获得商标的保护。如果产品的外观设计不能获得专利法或者外观设计法的保护，如果商品或者服务的样式不能作为商标获得商标法或者反不正当竞争法的保护，则没有必要对之提供一个额外的制止依样模仿的保护。

三、知识产权法与混合法

无论是按照《建立世界知识产权组织公约》，还是按照《巴黎公约》和TRIPS，对于制止不正当竞争的保护，都属于知识产权的范畴。与此相应，成员层面上的反不正当竞争法也应当是关于智力活动成果保护的法律。然而，很多成员国的相关立法，虽然名称叫作"反不正当竞争法"，但是在履行《巴黎公约》和TRIPS义务的同时，或者在规定仿冒、商业诋毁、虚假宣传、淡化和窃取他人商业秘密的同时，还规定了一些其他的内容。从这个意义上说，这些成员的反不正当竞争法又具有混合法的色彩或者特征。

在成员的立法层面上，《德国反不正当竞争法》是一种典型的混合立法。德国于1896年制定了世界上第一部单行的反不正当竞争法，为其他国家制定相关的立法树立了典范。事实上，这部法律从规范市场竞争的角度，列举了一系列应当予以制止的不正当竞争行为，如误导、贬低、商业诋毁、仿冒和泄露企业秘密。[1] 显然，这些行为涉及了商业标识、商业诋毁、虚假宣传和商业秘密，都与智力活动成果的保护密切相关。到了1909年，德国重新制定反不正当竞争法，主要是增加了不得违反善良风俗的一般条款，

---

[1] 安斯加尔·奥利. 德国反不正当竞争法导读[M]//范长军. 德国反不正当竞争法研究. 北京：法律出版社，2010：2.

在规范竞争者的问题上没有变化。

然而到了20世纪30年代,受到社会法学的影响,德国法院通过一些判例将公众利益的保护纳入了反不正当竞争法。与此相应,立法机关也颁布了《附赠法》和《折扣法》,禁止商家通过附赠礼品和打折的方式吸引消费者,以保护消费者的利益。除此之外,法院还禁止任何比较性广告,以防止对于消费者的欺骗。到了1965年,法院又授权消费者团体(而非个人)可以依据反不正当竞争法提起诉讼。[1] 通过这样一种变革,《德国反不正当竞争法》在保护宗旨上,就不再限于竞争者,而是多了一个消费者的维度。原来,反不正当竞争法规范竞争秩序和保护市场主体的智力活动成果,就是为了维护社会公众利益。所以,随着消费者保护维度的引入,《德国反不正当竞争法》就形成了保护目标上的三叠系,即竞争者、社会公众和消费者。

到了20世纪90年代,德国在反不正当竞争法的问题上,出现了自由化和宽松化的思潮,一方面废除了《附赠法》和《折扣法》,另一方面不再一般性地限制比较广告。不过,有关制止不正当竞争的三叠系宗旨仍然延续了下来。例如,现行《德国反不正当竞争法》第1条规定:"本法旨在保护竞争者、消费者以及其他市场参与者免受不正当商业行为,同时保护社会公众在正当竞争方面的利益。"[2] 事实上,《德国反不正当竞争法》对于不正当的商业行为,就是从竞争者和消费者两个方面加以定义的。例如,该法第3条第1款规定:"不正当商业行为,是指足以显著地侵犯竞争者、消费者或者其他市场参与者的利益的行为。"[3] 正是从维护市场竞争秩序和保护消费者的双重目标出发,《德国反不正当竞争法》不仅提供了对于竞争者智力活动成果的保护,例如制止仿冒、

---

[1] 安斯加尔·奥利. 德国反不正当竞争法导读[M]//范长军. 德国反不正当竞争法研究. 北京:法律出版社,2010:2.

[2] 参见《德国反不正当竞争法》第1条。

[3] 参见《德国反不正当竞争法》第3条第1款。

淡化、依样模仿、虚假宣传、商业诋毁和窃取他人商业秘密，而且作出了一系列保护消费者利益的规定。❶ 与此相应，《德国反不正当竞争法》不是单纯的智力活动成果保护法，而是一种兼顾了消费者保护的混合立法。

《德国反不正当竞争法》同时保护市场竞争者和消费者的利益，来自一元论的学说。按照这种学说，市场竞争者、消费者和其他的市场参与者，是一个不可分割的共同体，应当在同一部法律中予以保护。这与法国等国采纳的二元论不同。因为按照二元论的学说，应当分别立法保护市场竞争者和消费者。❷ 基于一元论的学说，《德国反不正当竞争法》不仅规定了对于市场竞争者的保护，而且规定了对于消费者的保护，不仅允许市场主体提起制止不正当竞争的诉讼，而且允许消费者团体提起制止不正当竞争的诉讼。当然，保护市场竞争者和消费者，又在最终达到了保护社会公众利益的目的。

在成员立法的层面上，中国《反不正当竞争法》是一种不同于德国的混合立法模式。其中，既规定了对于智力活动成果的保护，如制止仿冒、虚假宣传、商业诋毁和窃取商业秘密，又规定了反垄断的内容和其他的内容。关于智力活动成果保护的规定，已经在前文中加以论述，这里仅讨论有关反垄断的内容和其他内容。大体说来，有关反垄断的规定主要有以下几条。

第6条规定："公用企业或其他依法具有市场独占地位的经营者，不得限定他人购买其指定的经营者的商品，以排挤其他经营者的公平竞争。"

第7条规定："政府及其所属部门不得滥用行政权力，限定他

---

❶ 参见《德国反不正当竞争法》第4条"不正当商业行为列举"、第5条"误导性商业行为"、第5a条"误导性的不作为"、第6条"比较广告"、第7条"不可合理预期的骚扰"，以及第17条至第19条关于商业秘密的保护。

❷ 安斯加尔·奥利. 德国反不正当竞争法导读[M]//范长军. 德国反不正当竞争法研究. 北京：法律出版社，2010：1.

人购买其指定的经营者的商品，限制其他经营者正当的经营活动。政府及其所属部门不得滥用行政权力，限制外地商品进入本地市场，或者本地商品流向外地市场。"

第12条规定："经营者销售商品，不得违背购买者的意愿搭售或者附加其他不合理的条件。"

第15条规定："投标者不得串通投标，抬高标价或者压低标价。投标者和招标者不得相互勾结，以排挤竞争对手的公平竞争。"

关于其他的内容，第8条第1款规定了商业贿赂："经营者不得采用财物或者其他手段进行贿赂以销售或者购买商品。在账外暗中给予对方单位或者个人回扣的，以行贿论处；对方单位或者个人在账外暗中收受回扣的，以受贿论处。"

第11条第1款规定了低价倾销："经营者不得以排挤竞争对手为目的，以低于成本的价格销售商品。"

第13条规定了重奖销售："经营者不得从事下列有奖销售：（一）采用谎称有奖或者故意让内定人员中奖的欺骗方式进行有奖销售；（二）利用有奖销售的手段推销质次价高的商品；（三）抽奖式的有奖销售，最高奖的金额超过五千元。"

以上第8条、第11条和第13条的规定，既不属于智力活动成果的保护，又不属于反垄断的范围，所以称之为其他规定。

应该说，中国于1993年制定《反不正当竞争法》，采取混合立法的模式，有其特定的历史原因。首先，中国应当依据《巴黎公约》和中美1992年的知识产权保护谅解备忘录，提供制止仿冒、虚假宣传、商业诋毁和窃取商业秘密的保护，这属于智力活动成果的保护。其次，中国当时没有制定反垄断法，但在现实生活中又出现了一些必须加以制止的垄断行为，所以作为权宜之计在《反不正当竞争法》中作出了规定。此外，由于认识上的原因，1993年《反不正当竞争法》还将商业贿赂、低价倾销和重奖销售纳入了应当予以制止的范畴。

前些年，受到德国一元论学说的影响，中国的一些专家学者曾经提出，应当允许消费者提起制止不正当竞争的诉讼。或者至少可以学习德国，让消费者团体提起制止不正当竞争的诉讼。然而在制止不正当竞争的问题上，中国显然采取了二元论的立法宗旨，不仅于1993年制定了保护经营者的《反不正当竞争法》，而且在同年制定了《消费者权益保护法》。❶ 在这方面，《反不正当竞争法》的相关规定，也明确排除了消费者，包括消费者团体提起诉讼的可能性。例如，《反不正当竞争法》第二章在11个条文中规定了不正当竞争行为，其中有9个条文的规定是"经营者"不得采取相应的行为。只有第7条规定"政府及其所属部门不得滥用行政权力"，第15条规定投标者不得串通投标，投标者和招标者不得相互勾结，以排挤竞争对手的公平竞争。显然就前者而言，"政府及其所属部门"与消费者无关，就后者而言，投标者和招标者具体所指也是经营者。❷ 又如，《反不正当竞争法》第2条中的一般条款，明确规定"经营者在市场交易中"，应当遵守诚实信用原则。在此基础之上，第2条第3款还对"经营者"下了一个定义，即经营者是指从事商品经营或者营利性服务的法人、其他经济组织和个人。❸ 由此可见，中国《反不正当竞争法》与消费者的保护没有直接关系。

中国的《反不正当竞争法》是从规范市场经营者的角度制定的。然而，这部法律在规范市场经营者的时候，不仅涉及了智力活动成果的保护，而且容纳了一些反垄断的内容和其他内容。显然，这种混合立法的方式是否适当，值得进一步探讨。如前所述，依据《建立世界知识产权组织公约》《巴黎公约》和TRIPS，"制止不正当竞争"是对于智力活动成果的保护，由此而制定的《反

---

❶ 参见中国《消费者权益保护法》（1993年10月31日由全国人大常委会通过）。
❷ 参见中国《反不正当竞争法》第5条至第15条的规定。
❸ 参见中国《反不正当竞争法》第2条第2款和第3款。

不正当竞争法》，也应当是知识产权法律体系的一个组成部分。中国在1993年制定《反不正当竞争法》的时候，由于各种原因而纳入了一些反垄断的内容和其他的内容。然而时至今日，中国已经在2007年制定了《反垄断法》，同时对于低价倾销和重奖销售也有了不同的认识，并且在《刑法》等法律中规定了对于商业贿赂的制裁。在这种情况下，显然没有必要继续保留《反不正当竞争法》的混合法性质。至少在本文作者看来，中国的《反不正当竞争法》应当是一部智力活动成果保护法，而非夹杂了其他内容的混合法。

大体来说，日本近代的法律体系，包括商标法、专利法和著作权法，深受德国法律的影响。然而在制止不正当竞争的问题上，日本则是紧跟《巴黎公约》的规定，于1934年制定了《不正当竞争防止法》，规定了对于仿冒和商业诋毁的制止。随后，日本又依据《巴黎公约》的发展，增加了对于虚假宣传的制止。再后来，则依据现实的需要，增加了对于商业秘密的保护，增加了制止商业标识淡化的规定，以及制止依样模仿的规定。❶ 至少在制止不正当竞争的问题上，日本既没有接受德国一元论的思路，也没有在《不正当竞争防止法》中规定消费者保护的内容。进而与中国相比，日本《不正当竞争防止法》更没有关于反垄断内容的规定。事实上，日本早在1947年就制定了单独的反垄断法，即《关于禁止私人垄断及确保公正交易的法律》（又称独禁法）。而且，两部法律"公""私"分明。其中，《不正当竞争防止法》属于私法的范畴，在发生了问题的时候，由市场竞争者向法院提起诉讼，寻求私法的救济；而反垄断法则属于公法的范畴，在发生了问题的时候，由行政机关"公平交易委员会"发起调查和作出相应的处理。❷

---

❶ 参见本文第一部分关于日本制定和修订《不正当竞争防止法》的论述。
❷ 孔祥俊. 反不正当竞争法新论[M]. 北京：人民法院出版社，2001：28-29.

当然，日本《不正当竞争防止法》除了规定对于仿冒、淡化、依样模仿、窃取他人商业秘密、商业诋毁和虚假宣传的制止，还规定了一些其他的内容。例如，第2条第1项第11号和第12号规定，不得规避他人保护音像制品和计算机软件而设定的技术措施；第2条第1项第13号规定，不得将他人的商标或者商号抢注为域名；第2条第1项第16号规定，代理人或者代表人，不得使用被代理人或者被代表人的商标；第18条规定不得贿赂外国公务人员。❶ 显然，这些规定都与《巴黎公约》TRIPS规定的制止不正当竞争，尤其是制止仿冒、商业诋毁、虚假宣传、淡化和窃取他人商业秘密无关。

具体来说，不得规避他人保护音像制品和计算机软件而设定的技术措施，来自《世界知识产权组织版权条约》和《世界知识产权组织表演与录音制品条约》，❷ 在很多国家是规定在著作权法或者版权法中，而非反不正当竞争法中。至于代理人或者代表人，不得抢注和使用被代理人或者被代表人的商标，来自《巴黎公约》第6条之六，❸ 在很多国家是规定在商标法中。而日本将不得"抢注"被代理人或者被代表人的商标规定于商标法中，将不得"使用"规定在反不正当竞争法中。是否有必要这样分别规定，值得探讨。除此之外，是否有必要单独规定将他人的商标或者商号抢注为域名，也是一个值得探讨的问题。在20世纪90年代末和21世纪初的几年里，很多国家曾经将域名当作一个独立的客体加以对待。然而，随着对于域名性质的深入认识，各国逐渐将之作为一种商业标识对待，并且运用商标法的混淆理论和反不正当竞争法的淡化理论，来处理有关域名的争端。与此相应，单独规定不得将他人的商标或者商号抢注为域名，就多少显得有些多余了。

---

❶ 参见日本《不正当竞争防止法》第2条相关规定，以及第18条的规定。
❷ See WCT, article 11; WPPT, Article 19.
❸ See Paris Convention, Article 6 septies.

基于以上的分析可以看出，日本《不正当竞争防止法》不仅规定了制止仿冒、淡化、依样模仿、商业诋毁、虚假宣传和窃取他人商业秘密，而且涉及了技术措施、域名、代理人或者代表人不得使用被代理人或者被代表人的商标。后面的这些规定虽然不属于《巴黎公约》和 TRIPS 意义上的制止不正当竞争保护，但又属于广义的知识产权保护的范畴。应该说，在《不正当竞争防止法》的所有规定中，只有不得贿赂外国公务人员，与知识产权没有关系。从这个意义上说，日本的《不正当竞争防止法》基本属于保护智力活动成果的法律。当然，是否有必要在《不正当竞争防止法》中规定技术措施、域名，以及代理人或者代表人使用他人商标等问题，则是一个可以另行讨论的问题。

四、一般条款与具体事例

在反不正当竞争法中，一般条款是指法律所规定的诚实信用、善良风俗、商业伦理等原则。在这方面，《巴黎公约》和大多数国家的反不正当竞争法都规定了诚实信用一类的一般条款，并在此基础之上列举了应当加以制止的不正当竞争行为。例如，《巴黎公约》第 10 条之二第 2 款规定："在工商业活动中，任何违反诚实信用的行为，属于不正当竞争的行为。"[1]又如，2008 年《德国反不正当竞争法》第 3 条规定，禁止损害其他竞争者和消费者利益的"不正当"商业行为。[2] 再如，中国《反不正当竞争法》第 2 条第 1 款规定，市场经营者应当遵循自愿、平等、公平、诚实信用的原则，遵守公认的商业道德。[3]

在一般条款与具体事例的关系上，"具体事例"是指仿冒、商业诋毁、虚假宣传和窃取他人商业秘密一类的行为。显然，诚实

---

[1] See Paris Convention, Article 10*bis*.
[2] 参见《德国反不正当竞争法》第 3 条。
[3] 参见中国《反不正当竞争法》第 2 条第 1 款。

信用、正当竞争和商业伦理一类的原则，就像理性、公平、正义一类的原则，都是抽象的概念，应当借助具体的事例加以说明。正是由此出发，《巴黎公约》在诚实信用原则之下，规定了仿冒、商业诋毁和虚假宣传构成不正当竞争行为。而TRIPS又在《巴黎公约》的基础之上，规定了窃取他人商业秘密属于不正当竞争的行为。在此基础之上，美国还进一步规定未经许可商业性地使用他人的形象属于不正当竞争，德国和日本则规定了依样模仿属于不正当竞争。这样，无论是在《巴黎公约》TRIPS的层面上，还是在成员国立法的层面上，都是通过具体事例来说明和解释一般条款的。

在一般条款与具体事例的关系上，一个经常引起争论的问题是，相关国家的反不正当竞争立法，是否一定要规定诚实信用的一般条款。应该说，《巴黎公约》第10条之二先规定诚实信用的一般条款，然后列举一些具体的不正当竞争事例，这种体例有其存在的必要性。因为，从国际公约的角度来看，《巴黎公约》只有在成员国达成一致或者基本一致的情况下，才有可能规定或者增加不正当竞争的事例。这样，在规定了诚实信用的一般条款的前提下，一些成员国就可以在公约所列举的事例之外，进一步规定其他的不正当竞争的事例。值得注意的是，《巴黎公约》第10条之二规定的一般条款是，"任何"违反诚实信用的行为都属于不正当竞争行为。❶ 通过这样一种包容一切的规定，就为成员国将更多的事例纳入反不正当竞争法留下了足够的空间。例如，在这样一个框架之下，美国和英国等国家将形象权的保护纳入了反不正当竞争法中。又如，德国和日本将依样模仿纳入了反不正当竞争法中。事实上，世界贸易组织的TRIPS也是利用了《巴黎公约》第10条之二规定的一般条款，在制止不正当竞争的意义上，提供了

---

❶ See Paris Convention, Article 10*bis*.

对于商业秘密的保护。[1] 可以预计，在这样一种框架之下，无论是相关的国际公约，还是成员的立法，都有可能规定一些新的不正当竞争的事例。

但是，就一个具体的成员来说，是否一定要在反不正当竞争法中规定诚实信用的一般条款，则是值得讨论的。例如，日本的《不正当竞争防止法》并没有规定诚实信用、善良风俗一类的一般条款，而是直接列举了仿冒、淡化、依样模仿、窃取商业秘密、商业诋毁和虚假宣传等不正当竞争行为。又如，美国的联邦反不正当竞争法是《兰哈姆法》第43条第1款和第3款，也没有规定诚实信用或者善良风俗的一般条款。[2] 但是美国的联邦法院却通过一系列的判决，确定了仿冒、虚假宣传、商业诋毁和商业标识的淡化为不正当竞争行为。除此之外，各州的法院还通过判例确定了商业秘密和形象权的保护。值得注意的是，日本和美国都是《巴黎公约》的成员国。虽然这两个国家没有规定公约第10条之二所说的诚实信用原则，但国际上并没有出现过日本和美国没有履行公约义务的指责。这似乎表明，只要相关的成员规定了《巴黎公约》和TRIPS所列举的不正当竞争的事例，就算是履行了国际公约的义务。至于是否规定诚实信用的一般原则，则不是履行公约义务的必要条件。

在1993年修订《不正当竞争防止法》的过程中，日本曾经发生了一场是否应当规定一般条款的争论。根据相关的资料，赞成纳入一般条款的理由主要有：①面对不断变迁的商业活动,很难在《不正当竞争防止法》中列举所有的应当予以制止的不正当竞争行为。因此有必要规定一般条款，以应对市场竞争、产业和贸易发展的需求。②《巴黎公约》第10条之二规定了诚实信用的一般条款，从完善立法和全面落实公约规定的角度来看，应当在《不正

---

[1] See TRIPS Agreement, Article 39.
[2] See Lanham Act, Article 43 (a), (c).

当竞争防止法》中纳入一般条款。③一些发达国家例如德国和瑞士，都在反不正当竞争法中作出了有关一般条款的规定，值得日本效法。而在另一方面，反对者也提出了一系列的理由：①一般条款的法律效力具有很大的不确定性，市场主体难以判定自己的行为是否属于违反一般条款的行为。与此相应，如果法院过多地依赖一般条款，就会扭曲市场竞争，不利于市场主体的诚实经营活动。②按照具体列举不正当竞争行为的立法模式，市场经营者可以清楚地知道什么是法律不允许的行为，什么是法律允许的行为，进而从事必要的经济活动。如果在列举具体的不正当竞争行为的同时，又去规定一般条款，就会使得整个法律体系模糊起来，有可能将具体事例之外的行为纳入不正当竞争的范围。这同样会造成市场竞争的不确定性。③根据《巴黎公约》的相关规定，虽然要求成员国应当在国内法中明确制止仿冒、商业诋毁和虚假宣传等三种行为，但并不要求成员国必须规定诚实信用的一般条款。④《德国反不正当竞争法》中的一般条款，来自于《德国民法典》第826条有关侵权责任的一般性规定。而日本的《不正当竞争防止法》则不是来自《日本民法典》第709条有关侵权责任的一般性规定，所以德国的情形并不适用于日本。❶

应该说，赞成在《不正当竞争防止法》中纳入一般条款的论点，更多地是诉诸空泛的理论，例如应当加入一般条款，应当学习德国和瑞士，应当全面落实《巴黎公约》第10条之二的规定，等等。至于反对者的论点，则把立论的基点放在了"一般条款"具有市场竞争中的不确定性上。在此基础之上，反对者又有力地回答了《巴黎公约》并不要求成员国必须规定一般条款，德国的法律体系不同于日本的法律体系等。显然，正是从市场竞争关系应当具有更大的确定性的角度出发，日本国会接受了反对者的意

---

❶ 参见：通产省．不正当竞争防止法的修改方向：产业构造审议会知识产权政策部会报告书［R］．1992．

见，没有在1993年修订的《不正当竞争防止法》中规定诚实信用一类的一般条款。

事实上，"制止不正当竞争"的术语，或者"反不正当竞争法"的名称，本身就体现了商业伦理的要求，反映了诚实信用的理念。正是由这样的理念出发，美国法院根据具体案情的要求，不仅创设了制止商业标识淡化的事例，而且创设了未经许可不得利用他人身份特征的事例。正是由这样的理念出发，日本法院也在相关的司法判决中，创设了制止淡化他人驰名商标和制止依样模仿的事例。而且，日本的立法机关还适时修订法律，将司法创设的淡化和依样模仿纳入了《不正当竞争防止法》中。依据美国和日本的经验，我们完全可以说"反不正当竞争法"的术语已经体现了善良风俗、诚实信用的理念，我们完全可以将"正当竞争"视为相关法律的一般条款。

在一般条款与具体事例的关系上，另一个值得讨论的问题是，一般条款是否可以凌驾于具体事例之上。或者说，在发生了一些不见于具体事例的行为时，法院是否可以依据一般条款，将相关的行为解释为不正当竞争并加以制止。关于这个问题，可以通过《德国反不正当竞争法》的变迁予以说明。德国于1896年制定的《德国反不正当竞争法》没有一般条款，只是列举了5种不正当竞争行为，例如误导、贬低、商业诋毁、商标仿冒和泄露企业秘密，没有一般条款的规定。到了1909年，德国修订《德国反不正当竞争法》，一方面是在第1条中增加了一个一般条款，即"在商业交易中，以竞争为目的违背善良风俗者，其他竞争者可以请求其不作为以及支付损害赔偿"[1]；另一方面则以典型列举的方式，规定了一些应当予以制止的不正当竞争行为。按照这样一种立法体例，在相关案件的处理中，法院应当首先诉诸反不正当竞争法所列举的典型事例。如果不在法律所列举的典型事例之内，则可以依据

---

[1] 参见1909年《德国反不正当竞争法》第1条。

不得违反善良风俗的一般条款，创设新的事例，例如依样模仿、不当比较广告、不当利用他人声誉等。至于立法者，也会在适当的时候修订反不正当竞争法，将司法创设的事例加以法典化。在这方面，1909年《德国反不正当竞争法》中的一般条款，甚至有了"帝王条款"的说法。其含义显然是说，一般条款可以凌驾于具体事例之上。

然而，"不得违反善良风俗"的一般条款，具有过多的模糊性和可供解释的空间，也造成了司法中的一些混乱。一些不应当加以制止的商业行为，例如附赠商品、价格折扣和比较广告，也因为相应的解释被纳入了违反善良风俗的范围之内。❶ 到了2004年，德国修订《德国反不正当竞争法》，在一般条款与具体事例的关系上作出了两点重大改变。一是使用更为明确的"不正当商业行为"的术语，取代了原来的"违反善良风俗"的行为。显然，"不正当商业行为"比"违反善良风俗"具有更大的确定性，解释的空间相对较小。二是通过列举11种不正当竞争行为，将一般条款中的"不正当商业行为"具体化。按照这种体例，一般条款中的"不正当商业行为"，是由11种具体行为加以说明的。在相关案件的处理中，法院应当着力诉诸《德国反不正当竞争法》所列举的11种不正当竞争行为。只有在无法适用这11种不正当竞争行为的时候，才有可能诉诸"不正当商业行为"的一般条款。从立法本意来看，适用一般条款应当是特例。❷ 2008年修订的《德国反不正当竞争法》，除了纳入欧盟《不正当商业行为指令》附录一所列举的31种不正当商业行为，在一般条款与具体事例的关系上没有其他变化。❸

---

❶ 安斯加尔·奥利. 德国反不正当竞争法导读［M］//范长军. 德国反不正当竞争法研究. 北京：法律出版社，2010：5.

❷ HENNING-BODEWIG F. A New Act Against Unfair Competition in Germany [J]. IIC, 2005（4）.

❸ 参见《德国反不正当竞争法》及其附录。

中国《反不正当竞争法》第 2 条规定了经营者应当遵守诚实信用原则的一般条款，在此基础之上规定了 4 种与智力活动成果有关的不正当行为，规定了 4 种垄断性行为，以及 3 种其他行为。近年来，随着中国市场竞争关系的发展，尤其是互联网络领域竞争的白热化，一些市场主体、律师、法官和专家学者将目光投向了"诚实信用"的一般条款，试图在《反不正当竞争法》规定的具体事例之外，将一些他们所认为的"不正当竞争行为"，纳入应当予以制止的行列。一方面，诚实信用原则的模糊性为他们的扩张性解释留下了空间；另一方面，中国《反不正当竞争法》的混合特征，也为他们对于"不正当竞争行为"的扩充性理解留下了空间。然而，试图将一般条款凌驾于法律规定的具体事例之上，或者将法律没有明确规定的行为纳入违反诚实信用的范畴，却是没有法律依据和理论依据的。

先来看缺乏法律依据。中国《反不正当竞争法》第 2 条除了在第 1 款规定诚实信用的一般原则，还在第 2 款明确规定："本法所称的不正当竞争，是指经营者违反本法规定，损害其他经营者的合法权益，扰乱社会经济秩序的行为。"[1] 按照第 2 款，应当予以制止的是"违反本法规定"的行为，而非其他的行为。显然，"违反本法规定"的不正当竞争行为，既不同于《巴黎公约》第 10 条之二第 1 款规定的"任何"违反诚实信用的行为，也不同于《德国反不正当竞争法》第 3 条规定的泛泛而论的"不正当商业行为"。至于"违反本法规定"的行为，就是中国《反不正当竞争法》第二章所列举的 11 种应当予以制止的商业行为。事实上，第二章的标题就是"不正当竞争行为"。[2] 如果将第 2 条第 2 款与第二章结合起来，完全可以得出结论：中国《反不正当竞争法》所制止的行为，或者说违反诚实信用原则的行为，应当是"违反本

---

[1] 参见中国《反不正当竞争法》第 2 条第 2 款。
[2] 参见中国《反不正当竞争法》第二章"不正当竞争行为"及第 5~15 条。

法规定"的 11 种行为，而非其他的行为。至少，中国《反不正当竞争法》中不存在"其他不正当竞争行为"的语句，或者"任何不正当竞争行为"的语句。与此相应，试图将其他的行为解释为不正当竞争行为，是没有法律依据的。

再来看缺乏理论依据。按照《巴黎公约》第 10 条之二和 TRIPS 第 39 条，经营者在商业活动中应当遵守诚实信用的原则，仅仅涉及智力活动成果的保护。因为《巴黎公约》和 TRIPS 都是有关知识产权保护的公约，而非有关反垄断的公约。在这方面，中国《反不正当竞争法》也是依据《巴黎公约》第 10 条之二的原则规定而制定的。具体来说，中美两国于 1992 年 1 月达成了第一个关于知识产权保护的谅解备忘录，中国政府承诺将在 1994 年 1 月以前，依据《巴黎公约》第 10 条之二的规定，对商业秘密提供制止不正当竞争的保护。❶ 正是依据这个承诺，中国于 1993 年 9 月通过《反不正当竞争法》，于 1993 年 12 月开始实施，规定了制止仿冒、虚假宣传、商业诋毁和窃取商业秘密的保护。尽管这部法律中有一些反垄断的内容和其他的内容，但毋庸置疑的是，这部法律是依据《巴黎公约》第 10 条之二和 1992 年《中美关于保护知识产权的谅解备忘录》而制定的，其主要目的是对于智力活动成果提供制止不正当竞争的保护。与此相应，假如有人非要依据《反不正当竞争法》第 2 条规定的一般条款，将某些行为打上"不正当竞争"的标记，也应当在保护智力活动成果的意义上予以考虑。至少，我们不能在保护智力活动成果的意义上，解释出更多的垄断行为或者其他行为。假如反垄断法的专家学者要想对垄断行为作出扩大解释，也应当在《反垄断法》而非《反不正当竞争法》中寻求依据。

在一般条款与具体事例的关系上，中国应当反思德国所走过的弯路，吸取其中的教训。事实上，德国法院自 1909 年以来过于

---

❶ 参见《中美关于保护知识产权的谅解备忘录》（1992 年）第 4 条。

倚重一般条款，对于"违反善良风俗"作出扩大解释，已经在某些方面妨碍了正常的商业活动。经过了多年的反思和总结经验，于2004年修订的《德国反不正当竞争法》重新定位一般条款与具体事例的关系，将一般条款放在了几乎无用的地位上。或许，中国的市场主体、律师、法官和专家学者，对于《反不正当竞争法》没有明确予以制止的行为，应当采取一种宽容的态度，不必计较这些行为可能或者已经对他人造成了这样或者那样的损害。至少在本文作者看来，有些问题属于技术发展的产物，可以通过技术本身的发展而加以解决。而另外一些问题则属于市场竞争模式的变迁，可以通过市场模式的发展而加以解决。这就是通常所说的，技术的问题交由技术发展而解决，市场模式的问题交由市场模式的发展而解决。至于法院或者法官，所要解决的仅仅是法律的问题。在这方面，法院或者法官，既没有必要越俎代庖去解决技术发展本身的问题，也没有必要尝试解决市场竞争模式本身的问题。包括反不正当竞争法在内的知识产权法，甚至是整个的法律体系，不过是为技术和市场的发展提供了一个框架而已。法律框架是必要的，但不是万能的。立法者、司法者和法律实务工作者需要解决的问题，仅仅是法律框架本身的问题。

五、结　　论

制止不正当竞争起源于对于商标的保护，属于对于智力活动成果的保护。无论是英美法系还是大陆法系，都在反不正当竞争法的基础上，制定了注册商标法，以强化对于商标的保护。从这个意义上说，商标法也属于广义的反不正当竞争法。随着市场竞争关系的发展和日益成熟，制止不正当竞争的保护，不再局限于商标的领域。根据《巴黎公约》和TRIPS，成员应当予以制止的不正当竞争行为，涉及商业标识的仿冒、商业诋毁、虚假宣传、窃取他人商业秘密和商业标识的淡化。除此之外，有些国家还规定了对于形象权的保护和对于制止依样模仿的保护。

日本于1934年制定《不正当竞争防止法》，并在随后的年代里依据《巴黎公约》和市场竞争的需要加以修订，提供了对于制止仿冒、淡化、依样模仿、商业秘密、商业诋毁和虚假宣传的保护。中国于1993年制定《反不正当竞争法》，提供了对于制止仿冒、虚假宣传、商业诋毁和窃取他人商业秘密的保护。此外，中国还在《商标法》中提供了对于注册商标的反淡化保护。大体来说，中日两国有关制止不正当竞争的法律，都履行了《巴黎公约》和TRIPS的有关义务。当然，日本还额外提供了对于制止依样模仿的保护。

日本现行的《不正当竞争防止法》，除了规定仿冒、淡化、依样模仿、商业秘密、商业诋毁和虚假宣传，还涉及技术措施的保护、域名抢注、代理人或者代表人不得使用被代理人或者被代表人的商标。这些内容虽然不属于《巴黎公约》和TRIPS所要制止的不正当竞争行为，但是又与知识产权的保护密切相关。在日本的《不正当竞争防止法》中，只有不得贿赂外国公务员的规定，与知识产权的保护无关。从这个意义上说，日本的《不正当竞争防止法》，基本属于知识产权法。

中国《反不正当竞争法》是一种混合立法。除了规定了对于仿冒、虚假宣传、商业诋毁和窃取他人商业秘密的制止，还涉及一些反垄断的内容，例如公用事业单位限制竞争的行为、行政机关限制竞争的行为、搭售行为和串通招投标行为，以及一些其他的内容，例如商业贿赂、低价倾销和有奖销售。应该说，中国于1993年制定《反不正当竞争法》的时候，规定某些反垄断的行为和其他行为，具有一定的历史必要性。然而，在中国的《反垄断法》已经于2008年实施的条件下，在其他法律已经对于商业贿赂、低价倾销有所规范的情况下，在对于有奖销售有了新的认识的情况下，是否还有必要在《反不正当竞争法》中保留这些内容，就是一个值得探讨的问题。或许，中国有必要在修订《反不正当竞争法》的过程中，剔除有关反垄断的内容和其他内容，使之成为《巴黎公约》和 TRIPS 意义上的知识产权保护法。

在制止不正当竞争的保护方面，一般条款与具体事例的关系是一个引起广泛争议的问题。《巴黎公约》第 10 条之二规定了诚实信用的原则，并在此基础之上规定了仿冒、商业诋毁和虚假宣传 3 个事例。显然，这种体例为成员国规定更多的不正当竞争行为留下了空间。然而在成员国的层面上，规定诚实信用的一般条款，则不是必需的。在这方面，中国《反不正当竞争法》有一般条款的规定，而日本《不正当竞争防止法》则没有一般条款的规定。事实上，相关法律的术语"正当竞争"与"不正当竞争"，本身就蕴含了商业伦理的要求，本身就可以发挥一般条款的作用。

中国关于反不正当竞争的理论和实践，深受德国的影响。一些专家学者甚至模仿德国提出了竞争法的概念，认为竞争法既包括反垄断法又包括反不正当竞争法，显然混淆了公法与私法的区别。关于反不正当竞争法的理论和实践，世界上并非只有德国一家。中国不仅应当关注德国的相关理论与实践，还应当关注《巴黎公约》和 TRIPS 等国际公约，以及日本、美国有关反不正当竞争法的理论与实践。只有站在相关国际公约的高度上，只有站在美、欧、日的高度上，中国才能够更好地回答究竟需要一部什么样的反不正当竞争法。

商标注册、使用与诚信的关系及价值判断

黄 晖[*]

摘 要：商标权利的取得经历了"使用在先"到"申请在先"的演变，虽然各有利弊，但注册原则的高效明晰最终取得了胜利。当然，为了避免注册原则过于绝对可能导致的问题，后来又发展出一系列的限制：（1）必须以申请日作为判断可否注册的基准日；（2）在先使用商标可以在原有范围内继续使用；（3）商标注册以后必须使用；（4）一定时间没有使用的商标不得对抗后来申请的中间商标；（5）恶意注册商标无效且不得对抗他人使用。

一、从"使用在先"原则到"申请在先"原则

（一）"使用在先"原则的起源

所谓"使用在先"原则，主要是指商标权依在先使用取得的原则。商标要用于区别商品的来源，怎么来区别呢？你一定要把例如"农夫山泉"这几个字贴在商品上，这样才能让消费者下一次购买的时候记住"农夫山泉"这几个字。所以大家认为"农夫山泉"这几个字归谁呢？应该就是归最早把"农夫山泉"这几个

---

[*] 作者简介：北京万慧达律师事务所。本文是根据 2015 年 12 月及 2016 年 6 月作者在中国政法大学的学术讲座的记录整理、增删、修改而成。

字与矿泉水结合起来的这个人，这就是"使用在先"原则。这在一定意义上与我们去餐馆吃饭是一样的：先到先得，你去了，有空地，你就坐下开始吃；你去了，位子都占满了，那就没办法了，只有等人家吃完了你再吃。这个制度显然有它的合理性。因为你去了以后，人家还没来，当然就该你吃了。英语中把这个叫作"First come, first serve"。

其实在美国没有成文商标法的时候，是用普通法来对商标进行保护的，即任何人没有权利把自己的东西说成别人的东西（passing off）。它的原理和做法其实很简单，谁先使用就归谁。由于美国很大，东部、西部隔得很远，如果两个人在两个不同的地方用同一个标记指示同一种商品的时候，两者一般可以互不相干，也就是说可以并存。因为100多年前，商品的流通不可能那么大、那么宽，你的商品就在你的范围卖，所以当时美国联邦最高法院的解决方法就是，如果互相没有故意模仿另一方，那么这两个商标可以共存。❶

现在在中国也很可能出现这种情况，例如海南岛的人并不知道黑龙江有一个同样的商标。当这种情况出现时，正常的情况是大家可以井水不犯河水，这时挺好的。但企业往往会不断发展，最后大家有可能把生意都做到北京来了，甚至可能海南岛的人把东西卖到黑龙江去，这个时候问题可能就比较大了。这在我国《反不正当竞争法》的司法解释中也有规定："在不同地域范围内使用相同或者近似的知名商品特有的名称、包装、装潢，在后使用者能够证明其善意使用的，不构成反不正当竞争法第五条第（二）项规定的不正当竞争行为。因后来的经营活动进入相同地域范围而使其商品来源足以产生混淆，在先使用者请求责令在后使

---

❶ Hanover Milling Co. v. Metcalf, 240 U. S. 403; United Drugs Co. v. Theodore Rectanus Co. 248 U. S. 90 (1918).

用者附加足以区别商品来源的其他标识的,人民法院应当予以支持。"❶ 这实际上也是对未注册商标的一种保护,谁先用,用到一定知名度,就可以受到保护。

不知道大家有没有吃过"老干妈"辣椒酱?最开始是贵州公司使用老干妈的商标的,后来湖南也有了老干妈,再后来这两家就打起来了,在北京形成了一场诉讼,争夺老干妈的权利归属。其实老干妈本身不具有显著性,申请商标申请不下来,但由于一直在用,事实上形成了识别的作用。❷ 为了解决这个问题,《反不正当竞争法》司法解释第1条第2款首先说了,如果"在不同地域范围内使用相同或者近似的知名商品特有的名称、包装、装潢,在后使用者能够证明其善意使用的,不构成反不正当竞争法第五条第(二)项规定的不正当竞争行为"。这就是我们刚才所说的共存。

但如果"因后来的经营活动进入相同地域范围而使其商品来源足以产生混淆,在先使用者请求责令在后使用者附加足以区别商品来源的其他标识的,人民法院应当予以支持"。比如贵州老干妈可以要求湖南老干妈必须标明"湖南老干妈",这样能起到一定的区别作用。但其实这样的方式对双方来讲都是一件很头疼的事情。对贵州老丁妈来讲,即使加上"湖南",也并不能起到明显的区别作用。比如大众,有一汽大众、上海大众,我们还是会觉得它们是一家的,最多是一种分支机构关系。所以加一个所谓的区别标志,是一个没有办法的办法,并不是一个很理想的方式。但是,另一方可以说,我并不知道你先有了这个商标,所以我用了我也觉得很无辜啊。在先的觉得你加了也没有区别开,在后的觉得我为什么要加呢,我连加都不想加,也觉得很委屈。所以在这

---

❶ 《最高人民法院关于审理不正当竞争民事案件应用法律若干问题的解释》(法释〔2007〕2号)。

❷ 贵州南明老干妈风味食品公司诉湖南华越食品公司不正当竞争案〔(2000)高知终字第85号〕。

种情况下，在先使用的人获得的权利，表面上看是很公平的，很正义的，但是往往会产生一种大家都不满意的后果。就好比说你现在到餐馆去，餐馆告诉你我不给你留座位，来了再说，你会觉得这个餐馆真好，它们不会给没去的人留着座位，只给去了的人吃饭。但是从历史的发展来看，大家慢慢意识到，这种方式有它的弊端在里面，你真要请客，是不敢去这样不给订座的餐馆的。这样才有了注册制度。

（二）"申请在先"原则的兴起

其实商标权依注册产生的制度最早的产生地不是在别的地方，就是在中国香港。❶ 1873 年，香港制定了"商标条例"。之前 1862 年制定的条例规定得很费劲，费时费力费钱。这是使用制度带来的问题，比较麻烦。那时候交通很不方便，为了证明在先使用，要坐船，需要几个月，是很麻烦的一件事情。所以英国在中国香港地区率先建立了注册制度，谁先注册就把权利给谁。之后在 1875 年，英国本土才通过了英国自己的商标法，也采取了这个制度。当然，英国是双轨制。就是说，你先去了，去也可以。你没去，注册了也可以。这两个是并行的。但是它确立了"仅仅是先申请注册的也可以获得权利"的规则，这一点具有里程碑的意义。这个商标是有了商标法以后注册的第一个商标，现在仍然有效。大家这样看这个商标可能不是很熟悉，有一幅名叫《女神游乐厅酒吧》的马奈的画，画的是酒吧里的一个服务员，左下角和右下角就有这个三角牌的啤酒。所以可以说这个商标很有名，从那个时候到现在一直都还有。大家去英国，你还可以尝试去要这个牌子的啤酒。这就说明它的注册一直延续了下来。其实我们在清朝搞过一个《商标注册试办章程》，后来清朝很快就灭亡了，北洋政府制定的商标法也是采取了注册制度。当时我们国家注册的第一个商标，应该就是"兵船"牌的面粉，这是荣氏家族注册的

---

❶ 郑成思. 知识产权论［M］. 北京：社会科学文献出版社，2007：9.

一个商标。当然这个商标没有像三角牌这个商标一样一直延续下来。现在它已经消失了。后来,"注册在先"这个制度得到了很多国家的认可。

我们举一个最新的例子。在20世纪90年代,《欧洲共同体商标条例》第6条就明确规定了"共同体商标应通过注册取得"。当时欧共体有15个成员国,现在发展到了28个成员国。这28个国家的法律制度都是不一样的,后来统一规定采取注册制度是有它的道理的。2015年欧盟修改商标法的时候第9条增加的一个词,就是把之前"共同体商标赋予专有权"改为"欧洲商标的注册赋予专有权",这就使得文意和前面第6条完全接上,意思变得更清楚,注册的价值也就明确无疑了。

我们来看我国的商标法,刚才我说了,从清朝、民国、新中国成立到最新的商标法,我们一贯是以商标的注册确定商标的所有权的。《商标法》修改以后,我觉得这几条非常有意思:一个是第94条,这条不是新的,国家工商行政管理总局商标局(以下简称"商标局")设置《商标注册簿》,这是商标局最主要的职责。我们要找一个信得过的公权机关,在它那留一个底档,它说这个商标注册了,这个商标就注册了。就好比我们去餐馆拿号。你要找到前台小姐给你记下来,她那里有一个登记本说你是先来的,给你一张条,轮到你了你就去。如果人人都发条那大家就要打架了。所以商标局就是保证要有一个最原始的记录,即谁先来谁后来。一旦中间出了问题,以注册簿为准;另一个是这次增加了第95条,即"商标注册证也是证明商标注册的一个依据"。但商标局的工作有可能会出现失误,即拿到商标注册证的人未必是真正注册商标的人,尤其是在修改以前的商标法中,因为商标申请中存在异议,如果异议不成立,异议人没有提出复审的话,商标局就应当注册。但如果这时候提出复审,中间工作衔接不是很及时的话,商标局有可能会感觉没有人提复审,它就把这个商标注册证发出去了,实际上却提了复审。这时候两个人就会错位。不应该注册的商标反而拿到了注册证。现在这一条就解决了这个问题。如果有矛盾的话，就以《商标注册簿》为准。这一条是借鉴了《物权法》中关于房产的规定，即"房产证跟登记簿发生冲突时以登记簿为准"；再一个是增加我觉得最重要的第 96 条，该条明确规定了商标注册以后，推定公众已经知道或者应当知道，这是注册获得的最大的一个好处，也就是公示公信。有了这个以后，其他人再说我不知道就没有道理了。海南岛的人不能再说黑龙江的注册商标我不知道，因为通过查公告是可以知道的。就不能再说我用了你不让我再用，我很冤枉。你有什么好冤枉的，从它公告之日起，你就应该知道这个商标不能用了，你就可以及时采取措施。

我们再看看美国。刚才我们说美国是依据使用在先来确定归属，但它现在也意识到了这样规定的弊端，它的产业界呼吁改变这一做法。所以到了 1988 年，它终于找到了一个办法，就是意图使用制度（intent to use）。以前是申请商标必须有使用，必须拿出使用证据再来申请注册。这时候注册会有一些好处，但是总体来讲，注册要晚于使用。这时候大家就会觉得我在不知道有没有冲突的时候就开始使用风险很大。因此意图使用制度就是允许先申请，我只要说我要用就可以申请，如果半年到了还没有用，可以再等等，一直到三年。但是到了 3 年以后始终没有用的话，这次申请就作废。那就没有这个申请日了，一切归零。但是如果在 3 年之中用了这个商标，这个注册证就可以发给你。而且最关键的是从登记的申请之日起就会获得全国性的优先权。❶ 大家说美国人玩一个花招也好，或者说想办法作了一个变通也罢，其实这与我们这个 3 年不使用的制度非常近似。等于先把申请放在那个地方，然后给你 3 年的缓冲期来兑现你的使用。如果实在不兑现我就撤销掉。如果兑现了，效力从申请之日起算。我们比他们还更

---

❶ 《美国商标法》第 7 条。

宽松一点。比如申请完了1年左右给你发注册证，发了注册证你有3年的时间使用，如果不使用就把商标撤销，这中间有一定的可比性，所以这样注册的效果就体现出来了。

所以在《欧洲共同体商标条例》中专门有一条说欧洲商标的权利应当从注册公告之日起才可以对抗第三方，就是说从申请到注册这之间可能有几个月到1年的时间，等注册公告以后，其他人就不能再用了，但是它加了一个申请之后的临时保护，❶ 就是申请之后如果进行了公告，那么申请公告，注意不是注册公告，之后的行为就可以起诉了。这个起诉不是马上判，会等到商标注册下来以后，因为有可能商标因为异议没有注册成功，这段时间的行为也会成为违法行为。这是一种临时保护。法国的商标法更厉害，❷ 它认为申请公告前的行为不是侵权行为，这与欧共体商标法的规定是一样的。但它的但书规定，如果你拿出了申请的证明，比如申请的受理通知书，就可以去通知侵权嫌疑人，说你别用了，因为我已经申请商标了。我虽然没有通过申请的普遍公告来通知你，但我通过一个对你的特定公示，警告你别用，这个行为就是一个可以追溯的行为。法国这个规定最大限度地保护了申请人。我一旦申请了以后，就会在市场上获得一个及时的保护。谁要再用我就告诉他，要不就等到商标局公告以后就不能用了。如果商标局还没公告我就已经看不下去了，我就直接上门去通知他说你别用了，我已经申请了。这就给申请人带来了一个很大的好处。

因此，《欧洲共同体商标条例》中就规定第16～23条中所有关于转让、抵押、许可等一些规定，都适用于商标的申请。这样商标的申请就获得了一种财产上的地位。关于商标注册申请的价值，我们来看一个实际的案例，涉及一个百威的商标。大家都知道百威是捷克的一个地名，以生产啤酒著名。有些人移民到美国

---

❶ 《欧洲共同体商标条例》（2015年修订版）第9条之二。
❷ 《法国知识产权法典》第L.716-2条。

以后成立了百威啤酒公司。可能大家更多知道的是美国的百威。其实在欧洲，捷克的百威很有名。1981 年美国的百威在葡萄牙申请了一个商标。1986 年葡萄牙和捷克签订了一个地理标志保护协定，并依此协定不让美国注册商标。为此美国百威动用所有的资源，把案子打到了欧洲人权法院。❶ 大家可能会觉得这有点小题大做。但这对于它们来说是很自然的，因为它们觉得财产权是人权最主要的内容，而商标申请就是一种财产权。这个观点最终得到了法院的认可。这样商标申请就带来了几个方面的后果，其中一方面就是对混淆的判断。

  商标有了申请日以后，就可以分在先在后，或者说比较容易分在先在后。有了这个时间点以后，我国《商标法》的第 57 条第 1 项、第 2 项作了一个区分：第 1 项是说商品相同商标也相同的情况下，直接就构成侵权，不要求去证明有没有混淆；第 2 项强调如果是同一种商品上使用与其注册商标近似的商标，或者在类似商品上使用与其注册商标相同或者近似的商标，需要再证明混淆。但是这个混淆是在什么时间点上的混淆呢？其实是在申请日的混淆。

  混淆会出现不同的情况。比如在先和在后的商标知名度都不高，比较的难度就不是很大，因为没有其他因素的干扰，就可以按照通常的判断来认定混淆。如果在先的商标知名度比较高，在后的商标知名度比较低，认定混淆时就更容易，即在后商标搭在先商标的车。但是反过来，如果前面的商标知名度小，后面的知名度大，比如我们遇到的"蓝色风暴"那种案子，❷ 我们叫作反向混淆。就是说大家不会把百事可乐蓝色风暴误认为先注册的小商品，反而大家会认为先注册商标的小商品是百事可乐的产品，产生反向混淆，这也应该受到制止。这是美国的一个反向混淆的案

---

 ❶ Case No. 73049/01, Anheuser‐Busch, Inc. v. Portugal (ECHR, Grand Chamber, Jan. 11, 2007).

 ❷ 浙江蓝野酒业有限公司与杭州联华华商集团有限公司、上海百事可乐饮料有限公司商标侵权纠纷上诉案［（2007）浙民三终字第 74 号］。

例——Bigfoot 案[1]。当时固特异用了一个商标，叫 Bigfoot。但其实在它之前就已经有一个商标注册了。因为固特异财大气粗执意这么用，结果它的影响比在先使用的商标影响还要大，在先商标权利人向法院起诉。固特异就说我没有仿制在先商标的恶意啊，法院说那不管，你这样用了以后弄得前面的商标没法用了，所以你得消除影响。这是关于反向混淆的一个有名的案例。

传统意义上的混淆通常指正向混淆，即在后商标与在先商标发生混淆，而反向混淆指的在先商标与在后商标发生混淆。但消费者在购物时可能先发现在后注册的商标，所以这时候在先商标就可能被在后商标给混同了，这就意味着在后商标的使用情况及其对商标所承载的商誉的控制，将会影响在先商标的商标质量，因为它做得好，人家觉得我占了人家的便宜；它做得不好，我的商誉又受影响——总之我失去了对商标的控制，因为商家没有别的追求，它只希望自己被消费者当作一个独立的商品或服务提供者，即把我当成我。我认为反向混淆和一般的混淆没有区别，所以 TRIPS 就没有规定"混淆"究竟是在先的混淆在后的，还是在后的混淆在先的，它只说"两者混淆了"，那么就发生商标侵权。所以混淆是不应当有方向性的。正向混淆和反向混淆在法律上是没有意义的。

侵权行为能不能产生权利呢？我们来看看欧盟关于牛仔裤裤兜花纹的一个案例[2]。具体案情是，Levi's 牛仔裤后裤兜上有一个图案，已经注册成商标，最初它发现有人使用这个图案就去起诉他，但由于审理时间比较长，在此间就发生了很多事情，越来越多的人在裤兜上使用这个图案。以至于市面上就比较淡化了这个商标。甚至它的显著性现在都可能存疑了。这时候被告就来劲了，

---

[1] Big O Tire Dealers, Inc. v. Goodyear Tire & Rubber Co., 561 F. 2d 1365 (10th Cir. 1977).

[2] C-145/05，Levi's 案。

他说你看现在大家都不认为这是个商标，你现在还告我，我现在其实是没有责任。

后来法院对此作了一个判断。法院说我不能助长你的这种非法行为，因为本身你就是有责任的，甚至你还助长这种行为，因此对这种行为应当以侵权行为发生的时间来看是不是构成侵权。而不是今天用的人多了再看，等于有点法不责众的意思。这是不妥的。因为如果这成立的话，那就会意味着任何一件事情，大家一起上，大家一起用或者一起给它拖住，用的人多了就不犯法了。它的意思是说，用的第一个就该告诉他，你用是违法的，哪怕后面用的人越来越多，你还是违法的。所以欧盟法院坚持了保护在先注册商标的原则。

在我国也有类似事情的发生。比如"荣华月饼"这个案子。"荣华"当时是一个1989年就注册的糖果的商标。香港的荣华月饼到大陆来以后也想注册商标但是注册不下来，但它仍然继续使用。后来顺德的一个自然人把商标买了过来，买过来以后就跟香港的公司打起来了，香港荣华月饼就提出我已经是一个知名商品特有名称，甚至是个驰名商标（当时一审法院东莞法院就认定它是个驰名商标，二审法院广东高院没认定它是驰名商标，但认定的是知名商品特有名称）。为这个事情打到最高人民法院以后，法院认为人家已经有注册商标的情况下，不可能再出现一个知名商品特有名称。❶ 如果承认这个的话，会损害注册制度的基本价值。这个观点还是对的。

但是在"服务大局"的这个意见里面，提出了"对于注册使用时间较长、已建立较高市场声誉和形成自身的相关公众群体的商标，不能轻率地予以撤销"❷。这里面就不再说在后商标是什么

---

❶ 《最高人民法院知识产权审判庭关于"荣华月饼"是否为知名商品特有名称等有关问题的复函》。

❷ 《最高人民法院关于当前经济形势下知识产权审判服务大局若干问题的意见》（法发〔2009〕23号）第9条。

时候开始形成所谓的自己的相关公众群体、市场声誉。在"文化大繁荣"这个意见里,最高人民法院提到"要妥善处理最大限度划清商业标识之间的边界与特殊情况下允许构成要素近似商标之间适当共存的关系。相关商标均具有较高知名度,或者相关商标的共存是特殊条件下形成时,认定商标近似还应根据两者的实际使用状况、使用历史、相关公众的认知状态、使用者的主观状态等因素综合判定"❶,较高知名度似乎是和历史原因平行的一个共存理由。

大家注意这里的共存和美国法院讲的共存是不一样的。那个共存说的是异地共存,这是相对容易的。但这里问题就更严重,这里没有讲商标是因为什么原因取得了较高知名度。待会我们还要讲到,在先使用的商标相对注册而言我们怎么规制它。所以北京市高级人民法院在"授权确权"的这个指南里讲到"当事人主张其尚未获准注册的诉争商标经过使用已经形成稳定的市场秩序能够与引证商标相区分,但不能证明其诉争商标在引证商标申请日前已持续使用的,不予支持"。❷ 这就说明,北京的法院已经意识到,不能简单地因为已经用了的证据就当然可以获得注册,还得证明在引证商标申请日前已经使用,这与最高人民法院的标准其实是有所区别的。

最高人民法院最近在"福联升"一案❸中指出:"在再审申请人作为同业竞争者明知或者应知引证商标具有较高知名度和显著性,仍然恶意申请注册、使用与之近似的被异议商标的情形下,如果仍然承认再审申请人此种行为所形成的所谓市场秩序或知名

---

❶ 《最高人民法院关于充分发挥知识产权审判职能作用推动社会主义文化大发展大繁荣和促进经济自主协调发展若干问题的意见》(法发〔2011〕第18号)第19条。

❷ 《北京市高级人民法院关于商标授权确权行政案件的审理指南》第10条。

❸ 北京福联升鞋业有限公司与国家工商行政管理总局商标评审委员会、北京内联升鞋业有限公司商标异议复审行政纠纷申请再审案,参见最高人民法院(2015)知行字第116号行政裁定书。

度，无异于鼓励同业竞争者违背诚实信用原则，罔顾他人合法在先权利，强行将其恶意申请的商标做大、做强。"由此可见已经不是无差别对待被告商标的知名度因素了。

2017 年发布的关于商标授权确权的司法解释的第 12 条、第 13 条重申了需要考虑"请求保护商标"或"引证商标"的显著性和知名程度，应该是一种回归。

二、注册商标可能受到的五个限制

（一）申请日商标必须显著对注册商标的限制

第一是申请日对于商标注册的稳定性有至关重要的作用。这个"申请日恒定"的原则对申请后才产生的显著性会有什么影响呢？这在欧盟也有一个案例，涉及 Pure Digital[1]这个商标。这个商标在申请时不太有显著性，Pure Digital 更像一个叙述性的词汇，是不能注册的。但由于它的使用、宣传，以至于在申请后产生了一定显著性，申请人就说申请以后事实上已经获得显著性了，为什么不给我注册呢？欧盟的法院就认为之所以不给他注册，是考虑到这中间万一有特殊的情况发生，比如青岛啤酒在 1 月 1 日申请了一个叫作"青岛"啤酒的商标，但是过了一年才获得显著性。因为地名本身是不能获得注册的。假定地名在经过注册获得使用性以后可以注册，假定这时又有人申请了一个"青鸟"牌啤酒，正常情况下，它申请的这天青岛啤酒还没有获得显著性，青鸟啤酒就觉得那我应该获得注册，虽然我的申请日晚于青岛啤酒的申请日，但这会儿就把申请日占下来是不合适的，所以法院支持了青鸟的观点。法院认为这会儿你才获得显著性，却把获得显著性之前申请的商标给挡住了是不合理的，所以在这种情况下就不承认它的显著性。不过，如果当时的申请没有被驳回从而获得了注册，欧盟商标法也允许不再追究最初的"原罪"，即不再宣布该商

---

[1] C-542/07 P，Pure Digital 案。

标的注册无效。至于由此可能产生的不合理，则通过下面我们会讲到的第四项规则去限制。

还有一个案例是申请之后显著性丧失。同样的逻辑，如果申请后取得的显著性都不予承认，那申请后丧失显著性就更不能获得注册，例如Flugborse案❶。在我国也有类似的情况，以"金骏眉"案❷为例，"金骏眉"本来是一个未注册商标，但因各方争议，该商标申请后迟迟未被注册登记，导致这期间其发生淡化。北京市高级人民法院认为，判断其显著性的时点不是申请注册时，而是决定作出时，因此不给注册。有人就觉得"金骏眉"有点冤，因为只要商标局注册得快点儿，其就顺顺当当地成为注册商标了，就可以维权，就不会淡化了。还有就是"ZIPPO"案，2001年它就申请了，现在还没成功注册，为什么呢？因为它在申请期间被人异议了，然后又走了很多行政程序，打了两场官司，现在还在申诉。ZIPPO的异议人就说：现在市面上很多人用这种形状的打火机，因此它没有显著性。但在2001年时，并没什么人用这种造型，如果当时注册得快点，ZIPPO现在就没问题了——如果考虑这种申请之后的情况，这容易给社会传达一种信号：只要拖住商标注册申请人，他就无法获得注册。❸

（二）在先使用商标可以继续使用对注册商标的限制

下面说说商标的使用。我觉得在2010年的修法中，《商标法》第59条第3款是最重要的变动。立法者第一次很明确地将"使用"和"注册"这一对关系的边界写明了。法条列出了3个时点：申请时点、在先使用人的使用时点、申请人的使用时点——这好比你虽然包下一个餐厅，但你没法把已经在餐厅里吃饭的人赶走。

---

❶ C-332/09 P，Flugborse案。

❷ 上诉人（原审）武夷山市桐木茶叶有限公司与被上诉人因商标异议复审行政纠纷一案商标异议复审行政纠纷二审行政判决书［（2013）高行终字第1767号］。

❸ 二审判决后来从功能性拒绝了ZIPPO商标的注册，因为不在本文讨论范围内，这里就不展开。

以前商标法的做法就是把已经就餐的人给轰出去，所以后来立法者觉得这不妥，就打算留给已就餐的人一条活路。但这个活路留多大，现在有争议。有观点认为，只要使用发生在申请之前，就可以享受第 59 条第 3 款的保护；但严格的解释应当是，使用行为须发生在申请人的使用行为之前，该使用人才受法律保护——有人认为这不公平，因为对于使用人而言，他都不知道别人已经使用。但先用权还有两个限制条件：一是使用范围限于原有范围，二是须附加区分标志。在反不正当竞争法上，先使用人可以要求后使用人附加标志，但如果后使用者去注册商标了，他就可以反过来要求先使用者附加区分标志——这就体现了法律鼓励注册的宗旨。

关于什么是"原有范围"，我以为这是"地域范围"。如果我已经在餐厅就餐，我当然不能在人家包场后再叫一帮人过来陪我吃饭。以前就有"锦江饭店"案，上海的锦江饭店注册后，成都的锦江饭店就只能在成都营业了，它就不能去西安开馆子。郑成思教授曾经指出："按照上述两种制度，就可能产生两个以上的、在不同地区持有相同商标的所有人。而获得了注册的人，一般也无权排斥原使用（而现在仍未注册）的人在原贸易活动范围内继续使用其商标。但原使用人无权再扩大其使用范围。"❶

使用人和注册人的矛盾是不可避免的，而且必须予以解决。所以我们的任务就是怎么样让人们提前知道矛盾的发生，进而尽早地避免矛盾，而注册显然是最好的方法。《商标法》第 59 条第 3 款已经弱化了注册的效力，但在先使用不能在取得先用权之后就得陇望蜀：我想再活过来了，我得发展壮大啊。但在先使用人一旦扩大活动范围，注册人就没法儿安宁。你先用人当初为什么不去申请呢？你这不是自个儿和自个儿过不去吗？

---

❶ 郑成思. 郑成思知识产权文集·商标和反不正当竞争卷［M］. 北京：知识产权出版社，2017：5.

《商标法》采用注册制就是为了修条盲道让你走，你不走盲道摔倒了，你能怪谁？如果你在盲道上摔了，那由政府赔，如果政府多赔些钱，它就再也不敢让你在盲道上摔跤了。你现在修了盲道还鼓励人们走别的道，那还要盲道干吗？如果人人都走注册制度，相应的问题就会越来越少。如果我们一直容许别人以在先使用抗辩，那谁能保证自己不是那个"在后注册人"呢？只有大家都遵守注册制的时候，游戏参与者就很清楚其潜在的机会和风险了，在后者就可判断其排队是否有意义。比如我们等候补机票，我们总会知道有谁排在我们前面，这样我好算时间啊。

（三）使用义务对注册商标的限制

在注册在先原则确立之后，商标使用的意义并没有消失，因为商标在注册后还是得使用的，比如我国就规定注册三年内必须使用，否则就要撤销。在具体法律操作中，目前的最大的问题是对何谓"实际使用"的认识不够清晰。其实，尽管不可能有一个最低使用的门槛，但不同的行业，实际使用还是应该有一个基本的规模：比如你卖飞机，不可能一年卖几千架，十几架乃至几架可能都是符合实际使用的要求；同时你开面馆，也不可能要求几千万元的营业额，但3年一共就拿出几张发票或账单，可能就说不过去。当然，这都需要由一般人的合理预期来决定。

对于没有使用的注册商标的保护，2013年《商标法》增加了"不使用不赔偿"的规定，应该说是一个进步。但具体的司法实践中甚至出现了"不使用不保护"的案例，如广西的桂花案[1]，理由是注册在金融服务的商标尚未使用，则市场上还没有你的产品，消费者没有机会将他人的产品和你联系到一起，故不会有混淆，因而也不必保护。

可是，商标一旦注册，就应该可以对抗任何第三人，且对抗

---

[1] 帅扬与广西北部湾银行股份有限公司商标侵权案[（2014）桂民三终字第7号]。

范围还应该是全国性的，而不应当要求权利效力限于实际使用范围，除非 3 年或 5 年内确实没有使用。因为实际上没法要求商标权人到全国去使用商标，然后再取得商标权——商标在各地的影响一定是参差不齐的，而注册的意义就在于，其一旦注册就预留了在全国使用的权利。商标权人对商标的使用是依照其商业战略来的，所以只要商标权人真实地使用了商标，而不是虚假地使用，则权利就都归他。这对其他人也没什么不公平的，因为你一开始就有选择的机会，你若一意孤行去撞车，你自然应该自担责任。我甚至认为商标法所谓的"没使用就不赔偿"的规定也不是完全没有问题的，因为使用人可能把商标用坏。所以如果大家都遵守公示公信的原则，这个问题就都不存在了，但是如果法官老是惦记着有没有"实际使用"，这就把注册制度架空了。

实际上在美国推出意图使用制度之前，就有这个问题的存在了。这个案例发生在 20 世纪 50 年代。❶ 在美国西海岸有一个叫黎明牌的甜甜圈，结果在东海岸也有一个叫黎明牌的甜甜圈。西海岸黎明牌甜甜圈公司就到法院去告东海岸的这家公司。法院就说你现在有到东海岸来做生意的打算吗？西海岸公司说暂时没有。法院说那你告它干吗呢，西海岸公司说我以后会有啊，法院说那就这样，由于现在你没有马上要到东海岸开发经营的意思，东海岸公司就还可以用这个商标。但是由于这个商标已经注册了，东海岸公司你是在它之后才开始使用的，西海岸的公司来了，你就得让地儿。这对双方来说是一个比较公平的解决方式。这样最大限度地照顾了实际使用和注册的效果。这是一个非常经典的案子。今年，美国联邦第二巡回上诉法院就修正了甜甜圈的案子❷，就是不能单是因为在先商标仅在部分地域使用就不发放全国范围包括互联网范围的禁令，固守不使用就不保护的做法看来是不能适应

---

❶ Dawn Donut Co. v. Hart's Food Stores. Inc. , 267 F. 2d 358.
❷ Guthrie HealthCare System v. Contextmedia, Inc. et al.

现代社会的保护需求了。

事实上，欧盟的 Länsförsäkringar 案例也涉及注册后不满五年但未使用的商标是否可以或应该保护的问题，欧盟法院最后认为注册不满五年的未使用商标也必须保护。[1]

(四) 中间权利对注册商标的限制

商标注册之后不仅要处理与在先使用的关系，也要处理与在后注册的关系，即所谓的"权利冲突"问题。而在某种意义上，处理在先的甲和在后的乙的关系，也就是在处理在后的乙和在先的甲的关系。《商标法》第 56 条被解释为一种正向权利，即商标权人有权使用注册商标，但有人认为这和第 57 条会形成冲突：如果在后注册的商标与在先商标混淆了应如何处理？也许，这个正面的权利可以理解为我使用的商标别人不能不经许可就去除，因此实际和第 57 条第（6）项禁止反向假冒的规定是吻合的。否则，如果承认在先商标有禁止他人使用的权利，则在后的商标就不能被认为有一个使用的权利。因此把整个知识产权理解为排他权或禁用权就比较好理解了：比如翻译作品是有著作权的，但译者不可以擅自使用作品。欧盟的 FCI 案就明确了在先注册商标可以排斥在后注册商标的使用。[2] 就比如"武松打虎"商标案[3]，山东的一家酒厂用了别人的画，然后等商标出名后权利人发现了就来告他——如果当初就明确了商标在注册需要遵守的义务，这个案子就不会有那么大的争议了。后来的权利冲突司法解释以及驰名商标司法解释都有注册商标因为侵犯在先权利或驰名商标可以被禁止使用的规定，也说明把第 56 条理解为有权使用是不成立的。虽然权利冲突司法解释保留了注册商标不能直接起诉注册商标，但

---

[1] C-654/15，Länsförsäkringar 案。
[2] C-561/11，FCI 案。
[3] 裴立、刘蔷与山东景阳岗酒厂侵犯著作权纠纷案［(1997) 一中知终字第 14 号］。

道理上不容易说圆。

2015年欧盟商标法修改一个突出的变化就是承认了中间权利，也就是将第二个商标申请日作为衡量与第一个注册商标冲突的基准日。刚才我说到在两个商标都已经注册的情况下，注册以后第一个商标还是想打第二个商标。那么正常情况下是这样的，欧盟的法律规定什么时候第二个商标就不能被打了呢？它与我国不一样，我国讲的是注册满5年，自动的这个商标就不可以被无效了。欧盟的商标是说注册了必须得使用，你要不用，任何时候都可以打你。而且你用了还必须是让我知道的使用，我知道之后又不管，这种如果达到5年，我就算是懈怠，就丧失我的权利了，这个时候我才不能打你。这是一个正常的处理在先商标在后商标的一个关系。

但是，这一次又作了进一步的明确，就是以在后商标的申请日为准，在这个申请日的那一天，在先商标必须符合3个方面的条件。第一个就是符合基本的起码的显著性，"翻译"成中国的法律，就是要符合我国《商标法》第11条的要求。如果当初你这个商标就是不能获得注册的商标，结果你侥幸获得注册了，你到时候来打我，就是不可以的。比如我们之前说的PDA的案子，当时大家都不知道PDA是什么，就给注册了，后来才发现PDA就是掌上电脑的意思，认为应该被撤销，我们假设当时PDA来告另一个商标，可能这个事情就属于不符合第一个条件的这种情况。这个和上面第一个限制不同之处在于，第一个限制中的商标不显著事关在先商标自己的有效性，此处事关在第二个商标申请之日在先商标是否可以对抗它，即使因为不够显著不能对抗，也并不当然导致在先商标无效。

回到前面的"青鸟案"，欧盟商标法实际作了一定妥协。怎么妥协的呢？就是"青岛啤酒"这个商标可以注册为商标，但即使注册下来以后也不能对抗"青鸟啤酒"这个商标。因为"青鸟啤酒"在申请的时候"青岛啤酒"还没有取得显著性。在一定意义上法院承认了在先申请日，同时也在一定意义上对在后申请作出了妥协。

第二个就是它不具有认定混淆所要求的显著性，就是说从绝对意义上它的显著性过关了，但还不够强，不足以对抗在后商标注册。这对于我们国内的商标法来讲，可能理解上有一定的困难，困难就在于我们现行的商标法虽然修改了，但相关的司法解释还没有跟上。我们现在在解释商标近似的时候，是把显著性、知名度考虑到近似的认定过程中，而欧盟的商标法是先认定商标的客观近似、商品的客观类似，再把在先商标的显著性、知名度作为一个单独的因素来在商标是否混淆的框架下进行考虑。这样就会出现一个同样的相同近似的商标，由于在先商标的显著性、知名度不同，高的就产生混淆了，低的就不混淆。有两个商标客观比较的时候，你会疑惑这个商标怎么就赢了，那个商标怎么就输了。所以，它这个就是要求你的商标的知名度作为一个单独的因素，如果你在在后商标的申请日那天欠缺的话，你就不能打在后的商标。这个情况有可能是说当时不够，后来够了。它的意思就是你后来够了不能改变当时不够这个现实，当时你撤不了在后的商标，在后的商标就稳定了。

第三个就是在先商标如果在在后商标申请之日不够知名，同样道理，就不能对抗在后商标的注册。关于驰名商标保护的这条，其实在我国驰名商标的司法解释里面能找到与欧盟对应的规定。我国权利冲突司法解释里面是禁止在先注册商标直接告在后注册商标的，但对驰名商标开了一个口子。驰名商标的司法解释第11条规定，如果在先商标是一个驰名商标，它就可以告在后商标。但是在开这个口子的同时，它又加了两个限制条件，在后的注册商标已经注册满5年了，你就不能撤销它，比如说它没有恶意，又过了5年了，这个时候你即使在先的是驰名商标，也不能打在后的注册商标。另外一个条件是如果在后的商标注册了的话，这个"驰名"就不是你打它的时候驰名，而应该是在它申请注册的时候驰名，这个条件与欧盟的条件要求是一致的，强调把你的相关条件要放到在后商标申请日的那个时候去满足。如果那个时候没有满足，即使后来满足了，你可以去打别人，但你不能打这个人，因为这个人当时申请的时候是没有问题的，它不应该因为你事后的壮大发展而最后成为一个问题。所以，我认为欧盟这个商标法修改是一个比较平衡的做法。

另外还有一个结合了在先商标的使用问题和在后商标的注册问题的限制，最初出现在1994年的《欧洲共同体商标条例》，当时就规定要想异议或请求宣告在后申请的商标无效，就必须证明在在后申请公告日之前5年已经实际在使用商标（注册不满5年的除外），2015年修改得更加严格，把时间提前到在后商标申请日之前5年必须使用自己的商标，否则不能胜诉。

（五）诚实信用对注册商标的限制

最后来看看兜底的诚实信用原则。欧盟商标法将具有恶意的商标注册列入可以无效的理由中，这样就给了法院很大的自由裁量权。美国的商标法也有类似规定。我国这个原则最早是1993年入法的，按照当时的《商标法实施细则》，具体包括抢注、代理人滥用权限等。2001年修法时将上述情况都单独升级为第41条第1款，所以现在这个条文有何意义，不无争议。最高人民法院将此条文限制于损害"公共利益"的情形，❶ 而将损害私人特定权利的情形纳入相对条款来处理。2017年的商标授权确权司法解释第24条也重申了这一精神。

2013年修改的《商标法》专门增加了禁止违反诚实信用的条文，有人认为单独列诚实信用显得多余，因为《民法通则》《反不正当竞争法》都有此规定。但我认为，作为特别法的《商标法》因为强调了注册制度，如果没有申明诚实信用原则，就可能意味着排除了该原则的适用，并认为注册是绝对优先的。而诚实信用

---

❶ 《最高人民法院关于审理商标授权确权行政案件若干问题的意见》（法发〔2010〕12号）第19条。

原则对商标的注册、使用甚至是变更都适用，例如注册商标之后擅自变更导致和他人商标混淆，同样也可能被撤销。但鉴于新法第44条第1款（原法第41条第1款）没有修改，目前的司法实践还是按照之前的授权确权意见将该条的适用局限在大规模抢注的情况。

值得注意的是，最高人民法院在近期的歌力思❶和赛克斯❷两个案件中也都特别强调恶意注册的商标在维权时是不能予以保护的，也体现了诚实信用原则在商标法中的意义和价值。

三、结　　语

整体来说，商标的权利确定经历了使用到注册的演变，两者各有优劣，但历史最后选择了注册制度应该不是偶然，而且为了避免注册制度过于僵化，也发展出对有问题的注册商标的若干限制，已经最大限度地中和了注册制度的不利方面。

正如郑成思教授所言："我们也没有必要为'强调'商标与商品及服务之间所谓'不可分'的联系，就回到多数英联邦国家早已放弃的'使用在先'原则。没有必要去论证只有'使用'才产生商标权，'注册'仅仅是对已通过使用而产生的商标权的行政确认。我在十多年前的《知识产权法通论》（第68～69页）曾介绍过这种过时的制度与理论。它现在至少已不符合 TRIPS 协议。我们不能为强调某个侧面就翻回头去走别人已不走的老路，因为那是与商标保护的国际化趋势不相容的，也不符合我国已发展了十五年的实际。"❸

---

❶ 深圳歌力思服饰股份有限公司、王碎永与杭州银泰世纪百货有限公司侵害商标权纠纷案［最高人民法院（2014）民提字第24号］，2017年该案已被列为最高人民法院的指导案例。

❷ 宁波赛克斯液压有限公司与邵文军侵害商标权纠纷［最高人民法院（2014）民提字第168号］。

❸ 郑成思. 郑成思知识产权文集・商标和反不正当竞争卷［M］. 北京：知识产权出版社，2017：366.

论商标注册能否作为仿冒诉讼的抗辩理由

李 艳[*]

摘 要：起源于英美普通法系的仿冒法相当于大陆法系的反不正当竞争法。仿冒诉讼与商标注册有共同的渊源和密切的联系。就商标注册能否作为仿冒诉讼的抗辩理由而言，在英美法系具有三种观点，即"可抗辩说""不可抗辩说"以及"折中说"。本文结合大陆法系日本的观点，支持不可抗辩说，并提出英国与日本的不可抗辩说对我国的启示和借鉴意义。

一、仿冒诉讼[❶]与商标注册

（一）仿冒诉讼

"仿冒"（passing off）这个词汇出现在19世纪的法律诉讼中，意思是被告销售的产品实际上假借了原告的名义，因此是一种通过仿冒对原告的商誉造成损害的行为。仿冒诉讼是指因仿冒行为

---

[*] 作者简介：西北政法大学副教授，法学博士。本文是2015年度国家社科基金项目"数字环境下，知识产权法与反不正当竞争法的冲突与协调"（ISBFX134）的阶段性成果。

[❶] 本文讨论的"仿冒"在英美法系是普通法意义上的反不正当竞争法上的内容，在日本是指《不正当竞争防止法》上涉及仿冒的条款。日本的《不正当竞争防止法》与我国的《反不正当竞争法》相对应。

而提起的诉讼。仿冒法起源于英国，是英国普通法和衡平法的产物。仿冒法的规则是在法院的判例中产生的，换言之，是法官通过一个又一个重要的判例创造了仿冒法的规则。仿冒法早在16世纪就被英国普通法所确认。由于普通法强调主观欺诈作为侵权的构成要件，因此仿冒法规定根据欺诈提起法律诉讼，并将主观欺诈作为构成要件。其后出现的衡平法在发展过程中扮演了重要角色，禁令成为重要的救济方式。1875年英国《商标注册法》颁布之后，普通法和衡平法的融合使得仿冒侵权具有严格责任并以虚假表示为基础，主观欺诈不再作为仿冒的构成要件。Spalding诉Gamage❶案提供了20世纪仿冒侵权的框架。该案确立了商誉的概念，并且商誉被作为财产权受到保护。20世纪70年代的advocaat案❷确定了仿冒诉讼的五要件：①虚假表示行为；②该虚假表示行为由经营者在经营的过程中作出；③行为表示的对象是经营者所提供商品或者服务的潜在顾客或者最终消费者；④该行为损害的是另一个经营者的商誉；⑤这种行为对另一个经营者造成了或者可能造成对商誉的实质性损害。在Lemon案❸中，Oliver法官提出了著名的判断仿冒的"经典三元论"（classic trinity）：第一，原告的商品或服务在市场中获得了商誉和声誉，并且以一些显著性特征而有名；第二，被告错误地表示出与原告存在联系或者被告的商品、服务等与原告存在联系；第三，原告受到损害或可能具有受到损害的危险，如客户的流失、商誉力的减弱等诸如此类的损害。简而言之，英国仿冒之诉的构成要件是商誉、虚假表示和损害。

商誉是仿冒诉讼的第一个基本要件。商誉是指与好的名称、声誉和营业相联系的利益和优势，是经营中促使消费者购买商品的一种吸引力，也是一种可以区别旧的经营活动与新的经营活动

---

❶ [1915] 32 R. P. C. 273，H. L.；[1918] 35R. P. C. 101，C. A.

❷ Erven Warnink B. V. v. J. Townend & Sons (Hull) Ltd. [1979] 2 All E. R. 927；[1980] R. P. C. 31. 93 (H. L.).

❸ Reckitt & Colman Products Ltd. v. Borden Inc [1990] RPC 341.

的事物。营业的商誉必须具有一定的来源。商誉只有在与贸易或者营业相联系的时候才被看作财产权。仿冒是通过虚假表示行为对商誉造成损害。

虚假表示是仿冒诉讼第二个基本要件。所谓虚假表示,是指在仿冒中将自己的商品或服务表示为他人的商品或服务从而损害他人商誉的行为。虚假表示传统上表现为与原告或者与原告相联系的商品或服务事实上是被告的商品或者服务。仿冒中的虚假表示经常表现为被告在与原告相同或者相似的商品或服务上使用与原告相同或者相似的名称、标记、商品外观或者其他标记以达到欺骗消费者的目的。商品一旦流通,虚假表示行为即被认为开始施行。

损害是构成仿冒之诉的第三个基本要件。只有虚假表示行为造成原告商誉的损害才构成仿冒之诉。损害成为判定虚假表示行为是否构成仿冒之诉的标准。原告不必证明真正受到损害,只需表明存在某种有形的损害的可能性就足够了。有两类最重要的损害方式,一类方式是,如果原、被告处于相互竞争之中,原告的经营会流失到被告那里去;另一类方式是,原告会由于被告的商品或服务的质量低劣而受到影响。当然,指出这两种最重要的方式并不意味着不存在其他的损害类型,也不意味着损害类型就此固定化。

(二) 商标注册

商标法最早与仿冒法同源,仿冒早在16世纪就被普通法所确认。在英国的 Southern v. How[1]和 Dean v. Steel[2]案中记载了一个判例,被告在质量差的布上用了一个有名布商的商标并将其销售出去。Dodderidge J. 法官就该案评论道:"一个布商在普通法院起诉,他对于自己制造的布享有很高的商誉,获利丰厚并且布上有

---

[1] [1618] Cros. Jac. 468, 79 E. R.

[2] [1826] Lat. 188; 82 E. R. 339.

自己的商标，因此他因所制造的布而有名。另一个人为了达到欺骗的目的，在此布上用了与之相同的商标，消费者也由于该故意欺骗行为而购买了被告的布匹，从而导致原告的正当权益受到损害……最后原告胜诉了。"[1] 布商案被作为仿冒法起源的标志性案例。由于该案的布商是使用更有名的布商的商标达到欺骗消费者的目的，因此该案还被认为是最早的有关商标保护的案例。

商标法的成文化，包括注册体系在1875年商标法中被引入。1875年英国《商标注册法》表面上没有影响仿冒诉讼，但是其间接的影响却值得关注。该法并没有创建一个商标侵权诉讼的救济方式，而是沿用仿冒法的救济方式。直到1905年商标法才规定商标侵权诉讼的救济条款。[2] 1905年商标法明确表示任何内容都不能影响仿冒法，但是在当时法院也主动地根据先例得出同样的结论。[3]

1875年英国《商标注册法》的目的是为注册商标提供诉讼程序和证据方面的有利条件，并且是为了鼓励注册。因为只有注册后才有权依据《商标注册法》而提起商标侵权诉讼。商标此处的定义范围相当狭隘。只有商品商标受到有限的保护，服务商标仍由仿冒法保护。新的注册系统只适用于商标而不包括商号或其他名称，这些内容也仍然需要仿冒法的保护。

1875年英国《商标注册法》第1条规定，"除非商标注册，否则不能提起商标侵权诉讼"。该条的含义是1875年《商标注册法》并未要求商标注册之前必须使用。在1875年《商标注册法》颁布后的一段时间内，人们并不清楚可注册的商标是否只有在注册后才可以受到保护。法院的态度却很明确，认为只有通过真正的贸

---

[1] 这段话在 Magnolia Metal Co. v. Tandem Smelting Syndicate Ltd.（1900）R. P. C. 477（H. L.）案中被 Halsbury 法官引用来说明仿冒的古老性。

[2] 参见英国1905年《商标注册法》第39条。

[3] Faulder（Henry）&Co. Ltd. v. O.&G. Rushton Ltd.［1903］20 R. P. C. 477（C. A.）.

易活动产生了商誉之后，商标才可以得到保护。换言之，尽管《商标注册法》规定了商标注册可以产生商标权，但这种权利只是表面上推定有效的权利，商标侵权获得救济的前提仍然是被侵权的商标通过使用产生了商誉。❶普通法和衡平法仍然通过仿冒诉讼提供救济，即使原告被他人仿冒的商标是已经注册的商标。❷值得注意的是，对注册商标的保护方式是累加的，而非选择性的。❸也就是说，注册商标既可以获得商标法的保护，也可以获得仿冒法的保护。继1905年《英国商标法》之后的1938年《英国商标法》在20世纪被沿用了很长时间。该法第2条指出，任何人都不能要求对未注册商标的救济，但是该法任何内容都不能影响经营者被他人仿冒商品或服务通过诉讼所获得的救济。1938年《英国商标法》第2条与1994年《英国商标法》第2条之（2）含义相同，只是表述有所不同。

英国作为普通法系的鼻祖，其法律体系在其他普通法国家得到继承和发展。典型的国家如加拿大、澳大利亚、美国等。仿冒法与商标法的体系正是如此。需要强调的是其他普通法国家在继承英国法律体系的同时，根据自身国家的法律环境的需要，对普通法系的内容进行了某些改变。因此虽然同为普通法系国家，但在对待商标注册是否成为仿冒诉讼的抗辩理由这个问题上，英国、加拿大和澳大利亚的观点具有较大的差异。

---

❶ British Telecommunications plc and another v. One In A Million Ltd and others and other actions ［1998］4 All ER 476，［1999］1 WLR 903，［1999］RPC 1案中，法官评论道："1875年商标法没有改变普通法的原则即一个标志只有在公开使用时才成为商标。注册成为权利的证明。"

❷ 英国法院在 Great Tower v. Langford ［1888］5 R. P. C. 66 案和 Faulder v. Rushton ［1903］20 R. P. C. 477，CA 案中表明注册商标也可以提起仿冒诉讼。

❸ CORNISH W，LLEWELYN D. Intellectual Property：Patents，Copyright，Trade Marks and Allied Right［M］. London：Sweet & Maxwell Press，2003：576.

二、英美法系商标注册与仿冒诉讼

(一) 商标注册不影响仿冒诉讼

第一种观点认为商标注册不能成为对抗仿冒诉讼的抗辩理由,商标注册的效力不会影响仿冒诉讼,这两者处于平行的关系。主张这一观点的国家是英国。英国上诉法院 2003 年审理的 Inter Lotto (UK) Ltd v. Camelot Group plc❶ 案是对这种观点的有力支持。根据案情,原告在酒吧中从事彩票业务,被告经过国家彩票委员会的许可经营全国性的彩票业务,双方在该业务中都使用了 hotpick 商标。原告诉称,他们自 2001 年 8 月起开始使用该商标,到 2001 年 10 月 17 日,几百家酒吧使用 Hotpick 商标从事彩票业务,到 2001 年 11 月 28 日全面使用该商标。被告诉称,自 2001 年 8 月选择 Hotpick 商标,于 2001 年 10 月 17 日将该商标在彩票服务上申请商标注册,并于 2002 年 4 月以 Hotpick 为商标的彩票业务对公众开放。被告的商标注册遭到原告的反对。2003 年 1 月原告提起商标侵权和仿冒之诉。初审审判的焦点是能否将 2001 年 10 月 17 日(即被告申请商标注册之日,从这日起是商标申请人获得商标权起算日期)这一天作为评价原告具有商誉的重要时间点。法官判决认为,该时间点应该是被告在彩票服务上使用 Hotpick 商标之日起而非从申请该商标注册之日起。因此法官判决原告胜诉。被告不服一审判决随后上诉,声称对商标注册不能对抗原告在商标申请前的权利的观点没有异议,但是根据 1994 年《英国商标法》第 5 条之 (4) 的规定,❷ 原告具有的优先权必须在被告申请商标注册之前取得方可,而在被告商标申请之后原告使用该商标

---

❶ [2003] EWCA Civ 1132, [2003] 4 All ER 575, [2004] 1 WLR 955, [2003] 4 LLR 699.

❷ 1994 年《英国商标法》第 5 条之 (4) 是不予注册的情形,即如果一个商标的使用是根据其他保护未注册商标或者在贸易过程中保护标志的法律原则(尤其是仿冒法)所禁止的,则该商标不能注册。

的行为则属于侵犯商标权，而且不能用以支持仿冒诉讼。因为根据《英国商标法》第9条的规定，商标权人享有排他性的权利。

一审判决认为，1994年《英国商标法》第2条之（2）确认了仿冒法，仿冒法上的责任的确定是被告以该商标进入市场之日即2002年4月作为判定原告具有商誉的时间点。1994年《英国商标法》第2条之（2）没有留下空间解决商标法与仿冒法的冲突问题。上诉法院支持了一审判决，被告的上诉被驳回。上诉法院认为，确定原告Inter Lotto商誉的时间点应该是被告在商品上使用Hotpick的时间，而不是被告申请注册Hotpick商标的时间。

该案表明被告使用与原告相同的商标，造成消费者误认为被告的彩票服务是原告的，构成虚假表示行为。这种虚假表示行为对原告的彩票业务所建立的商誉构成了损害。因此，该案满足了仿冒诉讼要求的三要件，构成仿冒之诉。该案的焦点问题是何时是关键的时间点。根据仿冒法，重要的时间点是2002年4月，即被告的业务进入市场的时间为本案的关键时间点，但在该案中被告是在2001年10月17日申请商标注册，那么该案不再是单纯的普通法上的仿冒之诉，在判断时间点时需要考虑是否适用《英国商标法》的有关条款，因此有必要再进一步考察《英国商标法》条款才能作出判断，也就是说，该案是否也适用商标法，适用商标法时是否与普通法的仿冒规则相冲突。因此，该案争议的焦点是仿冒法与商标法相关条款适用的相互关系问题。

在二审法庭审理过程中形成了两种处理意见。第一种认为，如果依据《英国商标法》第5条之（4）❶、第9条之（3）❷、第47

---

❶ 1994年《商标法》第5条之（4）是不予注册的情形，即如果一个商标的使用是根据其他保护未注册商标或者在贸易过程中保护标志的法律原则（尤其是仿冒法）所禁止的，则该商标不能注册。

❷ 1994年《商标法》第9条之（3）规定商标从注册申请之日起算商标权，只要在申请之日该商标没有被注册而被他人提起诉讼。

条之（2）(b)❶等的规定，该案确定以商标的申请日作为关键的时间点；第二种意见认为，商标法不影响仿冒法，应该根据仿冒法本身的规定以被告的服务进入市场的日期作为原告商誉的判定时间，即以仿冒法本身的原则解决本案的焦点问题。因此，商标法与仿冒法是平行的，商标注册不构成仿冒的抗辩理由。

法庭形成的两种观点的实质在于商标注册能否抗辩仿冒侵权诉讼。对于第一种观点，判定被告商标注册申请日为关键的时间点，意味着被告在商标注册申请日后，有权对于原告使用其商标的行为提出侵权诉讼。换句话说，原告在申请日后的使用不具有在先权。商标权可以对抗原告根据仿冒诉讼产生的权利。而第二种观点以被告的服务进入市场之日作为仿冒诉讼的关键时间点，则意味着商标权不对仿冒诉讼产生任何影响，仿冒诉讼按照仿冒法上的原则处理，无论被告是否注册商标，都不影响仿冒诉讼的成立。该案明确了仿冒法与商标法的关系，即仿冒法与商标法处于平行的地位，商标法上的权利不能成为仿冒诉讼的抗辩理由。

1994年《英国商标法》可以视为处理商标法和仿冒法关系的立法方面的综合反映。通过定义和提供在先权，该法特别确认在商标注册申请日之前该商标被他人在先使用产生的权利。在商标注册申请日之后商标注册人具有使用该商标的排他性权利。但是这一规则在Inter Lotto案中并没有被采用，因为《英国商标法》第2条之（2）明确规定商标法不对仿冒法产生任何的影响，这种表述比1938年《英国商标法》更为明晰，虽然该款与商标法其他条款有明显的冲突之处，但是这一条款表明了商标法对仿冒法不会产生影响的基本立法态度。20世纪初以来，商标权依靠注册获得，仿冒法上的权利基于使用获得。虽然有时这两者的关系并不

---

❶ 商标注册5年不真正使用会被撤销［第46条之（1）(d)］，如果商标因为存在在先的权利会被宣告无效，［第47条之（2）(b)］但是在先权人如果在5年内有意地默许，提起宣告商标无效的权利会丧失。

稳定，但是关于这两个体系相互分离的观点从未受到质疑。

（二）商标注册可对抗仿冒诉讼

第二种观点认为商标注册具有对抗仿冒诉讼的效力。这一观点的代表国家是加拿大。

2002年之前，加拿大法院对商标注册行为能否抗辩仿冒诉讼存在两种观点。第一种观点认为商标注册行为不能作为仿冒诉讼的抗辩理由。在 Re lyle& Kinahan Ltd's Appln 案中，该案法官指出"商标注册只能阻止他人在其同类商品上使用该注册商标。如果在商标注册申请日，有人因其商标被他人使用而提出仿冒之诉，商标所有人则不能以商标注册为抗辩理由"。在 Chancery，Van Zeller v. Mason，Cattley &Co. 案中，该案的法官也认为"商标的注册不能影响该案。如果商标使用行为具有虚假表示，而他人可以依此提起诉讼和要求禁令救济。那么该商标就不能被商标注册人使用，而该案只是普通的仿冒诉讼"。在 Waxoyl A. G. v. waxoyl Canada Ltd. 案中，该案法官也认为商标注册行为不能成为仿冒诉讼的抗辩理由，并指出此观点主要受英国法院判决的影响。第二种观点认为商标注册行为能够作为仿冒诉讼的抗辩理由。在 Chemicals Inc. v. Shanahan's Ltd. (1951)，15 C. P. R. 1 at p. 13，11 Fox. Pat. C. 206 案中，法官认为"有利于原告的理由是，无论被告是否注册，原告都可以依据普通法的仿冒提起仿冒之诉而不受商标法的影响"。但是笔者认为商标法排除了此项权利。在该案中唯一可以作为诉讼的理由是使用了相似的名称。但是，一旦被告获得了该名称的注册，被告就有权依据《加拿大商标法》第4条之（1）具有排他性的使用权。依据此规定，该标记的使用者不能再起诉侵权。在 Building Products Ltd. v. B. P. Canada Ltd. (1961)，36 C. P. R. 121 案中，该案法官认为"该案被告具有成文法上的使用该商标的权利，而且未被提起商标无效的诉讼。原告提起仿冒诉讼应被驳回"。上述两种观点长期以来同时存在。

而 2002 年的 Molson Canada v. Oland Breweries Ltd./Les Brasseries Oland Ltée❶案的二审判决使得第二种观点占据上风，从而成为加拿大目前处理该类案件的主流观点。根据该案，被告在 1996 年作为啤酒制造商将他制造的啤酒引入多伦多。原告声称被告啤酒的名称"Oland Export Ale"，与原告啤酒的名称"Molson Export"名称相似可能会导致混淆，违反了仿冒法的原则和《加拿大商标法》第 7 条之（b）的规定。❷ 在一审中，法院论述了适用该案的法律和事实，认为被告的使用不构成对原告商标的侵权，驳回了原告的诉讼请求。原告不服一审判决上诉至加拿大高等法院，认为一审法院的判决存在错误。

二审法院在审理后认为根本没必要考虑原告提出的抗辩理由，因为被告已经胜券在握。一审法院的错误在于没有总结出该案的焦点问题，即被告的商标注册行为能否成为针对原告仿冒之诉的抗辩理由。在分析该案时，二审法院提出根据《加拿大商标法》第 19 条的规定，商标注册即享有商标权。从表面上看，这种立法获得的授权是无懈可击的，但是一审法官得出相反的结论，即认为当商标注册所有人阻止他人在其注册的商品上使用商标时，如果这种使用与他人在先使用的商标构成混淆，则该商标所有人就无权使用该注册商标。因此该案法官认为"单纯的商标注册不能作为仿冒诉讼的抗辩理由"。二审法院法官则认为该案一审法官和上述案件的法官过分重视英国判例的观点而导致错误，并认为英国商标法规定的商标注册不影响仿冒诉讼，在加拿大商标法上则无此规定，所以加拿大法院不必过分遵从英国法院的做法。二审法院通过对判例的回顾得出结论：一审被告有权在加拿大的啤酒

---

❶ Molson Canada v. Oland Breweries Ltd./Les Brasseries Oland Ltée 59 O. R. (3d) 607；2002 Ont. Rep.

❷《加拿大商标法》第 7 条之（b）："任何人都不能为了使公众关注他的商品或者服务，在加拿大通过引起混淆或者可能引起混淆的方式，将公众对竞争者的产品或服务的注意力吸引到他的商品或服务上。"

上使用该商标。如果竞争者想要提出例外的使用要求，所能依据的只能是提起商标无效程序。原告起诉其他竞争者的商标注册行为引起了公众的混淆，而实际上原告本身的行为就构成了对商标的混淆。根据《加拿大商标法》第 20 条的规定，如果他人在出售的商品上使用的是与注册商标相混淆的商标，则该人使用的商标必定构成对该注册商标的侵权。根据上述理由二审法官判决驳回上诉。该案之后，在 Jonathan，Boutique Pour Homes Inc v. Jay - Gur International Inc❶ 一案的判决中也指出 Molson Canada v. Oland Breweries Ltd. /Les Brasseries Oland Ltée 案确定的"商标注册是仿冒诉讼绝对的抗辩理由已经成为一个确定无疑的原则"。

加拿大的这种做法和英国截然相反。在英国无论商标是否注册，都可以单独适用仿冒法而不受商标注册所授予的商标权的影响。加拿大法院作出了相反的判决。商标注册所获得的商标权与仿冒法上的权利因此形成冲突。在此情形下优先选择适用商标法，通过商标注册取得的商标权得以对抗仿冒法上的权利。

（三）折中理论

第三种观点是折中理论，虽然承认商标注册不会构成仿冒诉讼的抗辩理由，但是在赔偿责任承担方面采取折中的处理方式。这一观点的代表国家是澳大利亚。

澳大利亚有关此问题的规定与英国和加拿大有所不同。根据 1995 年《澳大利亚商标法》第 20 条之（1）的规定，当在商品或服务上注册了商标时，商标所有人具有排他性的权利。《澳大利亚商标法》第 230 条之（1）进一步规定，商标法不影响仿冒法。此款与英国相同，意味着商标所有人即使通过注册获得商标权，也不得对抗他人在仿冒法上获得的权利。但是与英国不同的是第 230 条之（2）的规定："在被告使用原告的商标注册而提起的仿冒诉

---

❶ Jonathan，Boutique Pour Homes Inc v. Jay - Gur International Inc［2003］Fed. Ct Trail Lexis 67.

讼中：A 被告是注册商标的所有人或被许可人；B 被告的商标与原告的商标实质相同或者相似使人受到误导。如果被告满足 C 或 D 的要求，可以免于赔偿：即 C 当被告开始使用商标时，被告没有意识到以及没有能力发现原告正在使用该商标；D 当被告意识到原告商标的存在和性质，被告立即停止使用该商标。"1995 年《澳大利亚商标法》第 230 条之（2）的含义反映澳大利亚在权衡商标注册取得的权利和仿冒法上的权利之后作出的折中选择。澳大利亚在认可英国商标法规定的商标法不影响仿冒法的前提之下，作出适度的调整。商标注册虽然产生商标权，但是不能作为普通法上仿冒的免责理由，即被告的商标虽然注册，但是依据仿冒法上的规定侵犯了原告在仿冒法上享有的权利，仍然需要承担责任。即原告可以要求法院发布禁令禁止被告使用其商标。在赔偿责任的承担上，采取了区别对待，即当被告开始使用商标时，被告没有意识到以及没有能力发现原告正在使用该商标，以及当被告发现原告商标的存在，被告立即停止使用该商标时，被告不必承担赔偿责任。也就是说如果被告是善意的或者采取积极的措施减少原告的损失，被告可以免除赔偿责任，反之，被告是恶意时或没有采取必要的措施减少原告的损失，被告则需要承担赔偿责任。因此，在澳大利亚原告有权提起对注册商标所有人的仿冒诉讼。注册商标所有人只具有有限的在 1995 年《澳大利亚商标法》第 230 条之（2）所规定的对损害赔偿的抗辩。与英国 inter lotto 案不同，很显然澳大利亚立法者认为商标权和仿冒法上的权利存在权利冲突，因此采用了折中的方式协调两者的权利冲突。《澳大利亚商标法》第 230 条之（2）没有试图改变商标注册不能对抗仿冒诉讼的观点，但是却认为商标注册取得的商标权对仿冒诉讼仍然具有一定的影响。

（四）对三种观点的评析

综上所述，英国、加拿大和澳大利亚同属普通法系国家。加拿大、澳大利亚仿冒法均来源于英国，并根据各自的国情有所变化。就商标注册行为能否成为仿冒诉讼的抗辩理由而言，英国一直坚持商标法与仿冒法分离的态度，商标注册行为不影响仿冒法。澳大利亚基本上采纳英国的做法，但是在规定损害赔偿的方式时区分了善意和恶意的主观状态。从澳大利亚的商标法条款的规定来看，澳大利亚实际上认为商标权和基于仿冒法上的权利相互冲突，以主观状态的善意和恶意的区分来平衡两者的利益冲突。加拿大对于该问题虽然一直以来存在两种相左的观点，但是2002年判例的结论，即商标注册是仿冒诉讼的抗辩理由成为主流观点。这一观点与英国几乎背道而驰，加拿大法院采取这一观点的理由是加拿大商标法没有规定商标法不影响仿冒法的条款，不必遵从英国立法和法院的做法。

笔者认为英国规定的商标法与仿冒法相互平行，商标法不影响仿冒法的原则更值得效仿。英国是仿冒法的起源国，仿冒诉讼通过商誉、虚假表示和损害三要件的构成使商标得以保护。根据仿冒法的基本原则，仿冒诉讼保护的是商誉，而商誉附着在商标上。商誉是仿冒诉讼保护的实质，而商标只是保护商誉的手段。商标法通过商标注册赋予商标注册人以权利，使注册商标获得保护。在英国商标注册获得的权利只是用来阻止别人在相同商品上使用该商标，以免引起混淆。而商标法与仿冒法处于平行的地位，说明英国对商誉作为财产权保护，如果原告在先使用商标，并获得商誉，原告即具有仿冒法上的权利，被告则不能以商标已注册为由，对仿冒法上的权利进行抗辩。这样可以有效地防止商标恶意抢注行为，体现诚实信用原则。

三、大陆法系日本的商标注册与仿冒诉讼

英国、加拿大和澳大利亚的仿冒法与大陆法系的反不正当竞争法相对应。这两部法不同点在于仿冒法是判例法，仿冒原则根据判例总结出来；而反不正当竞争法则是成文法。日本与我国同属大陆法系国家，法律环境比较相似。商标注册是否作为不正当

竞争防止法上仿冒的抗辩理由在日本学术界也成为一个深入探讨的理论问题。该问题对于处理商标法和《不正当竞争防止法》❶的关系也非常重要。所以通过了解日本的研究现状，对协调我国商标法和反不正当竞争法的关系具有积极的启示作用。

根据旧《不正当竞争防止法》第6条的规定，不正当竞争防止法不能规范注册商标，即商标法的效力优先于不正当竞争防止法的效力。从历史的角度来看，实施旧《不正当竞争防止法》第6条的理由是体现注册的重要性，也就是说，政府授予的商标权（通过注册）应该获得保护。简而言之，不正当竞争防止法的适用不能凌驾于商标法之上。首先，商标权经过严格的审查而取得；其次，没有经过商标无效或者撤销程序不宜于适用不正当竞争防止法，因为商标权是政府授予的。

旧《不正当竞争防止法》第6条在1993年《不正当竞争防止法》修改时被废除。不正当竞争防止法上的利益和商标法上的权利处于竞争的地位，因此明确这两部法的关系很有必要。旧《不正当竞争防止法》第6条的废除，使得不必经过商标权的无效和撤销程序而直接适用《不正当竞争防止法》规范注册商标成为可能。对于旧《不正当竞争防止法》第6条废除原因的官方解释是："商标权是一种排他性的权利，《不正当竞争防止法》保护的是事实上的利益。因此，商标法不能优先于不正当竞争防止法。"不正当竞争防止法得以修改，正如某立法者所解释的那样"在这两部法之间的利益调整是根据这样的一个基本原则即不适当地行使权利的行为不能被允许"。❷ 当商标混淆时，具有知名商标的经营者可以根据《不正当竞争防止法》对注册商标所有人提起禁令之诉。例如，某经营者拥有著名商标"立山"在富山县有名，被允许根

---

❶ 日本的《不正当竞争防止法》与我国的《反不正当竞争法》含义相同，名称有所区别。

❷ Report dated December 14, 1992, p.44, issrued by Sangyou Kouzou Singikai Titekizaisan Seisakubukai.

据《不正竞争防止法》第2条第1款第1项的规定禁止被告在米酒上使用"越乃立山"商标。虽然该商标已经被被告注册。在终审判决中，该判决被称作"标准先例"，这样不正当竞争防止法缓慢地建立了先例。

虽然日本主流观点都赞成商标注册行为不能作为不正当竞争防止法仿冒的抗辩理由，但是也有学者根据商标法的有关条款提出质疑。根据《日本商标法》第32条的规定，商标权人有权要求商标的在先使用人在其商品或者服务上额外添加标记以防止混淆。按照日本知识产权法著名学者田村善之教授的观点来看，❶ 该条规定说明当商标注册后取得的商标权可以作为在先权的抗辩理由。因为当存在不正当竞争防止法上的在先权时，商标法仍然确认了对通过商标注册产生的商标权的效力，转而要求商标的在先使用人添加其他标记以防止混淆。说明商标权的效力足以对抗不正当竞争防止法上的在先权。另一知识产权法著名专家涩谷达纪教授也承认《日本商标法》第32条规定确实与废除旧《不正当竞争防止法》第6条后学术界的主流观点即商标注册不能作为不正当竞争防止法混淆的抗辩理由具有抵触之处。但是他认为法院在处理此类情形时，往往依据法理如权利滥用原则作出商标注册行为不能作为不正当竞争防止法上仿冒的抗辩理由。在日本很有意思的一点是立法上的缺陷往往被法院在判决时所依据的法理所弥补了。❷

综上所述，虽然商标法的条款对于商标注册行为是否作为不正当竞争防止法仿冒的抗辩理由规定的有模糊之处，但是主流观点仍然是认为商标注册行为不能作为不正当竞争防止法仿冒的抗辩理由。旧《不正当竞争防止法》第6条的废除可以成为有力的

---

❶ 笔者在2010年7月至2011年1月在日本知识产权研究所做访问学者期间，与北海道大学著名的知识产权专家田村善之教授的访谈时，他谈到对该问题的观点。

❷ 笔者在2010年7月至2011年1月在日本知识产权研究所做访问学者期间，与早稻田大学的著名知识产权法专家涩谷达纪教授访谈时，他阐释了对该问题的理解。

证据。因此，可以得出结论，《日本商标法》与《不正当竞争防止法》的关系是商标法与不正当竞争防止法是平行的，商标的注册效力不会影响到不正当竞争防止法上的仿冒成立。这一观点与英国的商标法与仿冒诉讼是平行的观点相一致。

四、英国和日本的做法对我国的启示

我国《商标法》和《反不正当竞争法》第5条都涉及对商业标记的保护，《商标法》和《反不正当竞争法》对商业标记的保护方式是否相同，商标法与反不正当竞争法之间会否产生相互影响，这些问题一直困扰知识产权法学术界。有学者提出《商标法》保护的是注册商标，《反不正当竞争法》第5条保护的是未注册商标，这样以来似乎泾渭分明，这两部法的关系昭然若揭。事实上，问题远没有那么简单。《反不正当竞争法》第5条第1项规定假冒注册商标是仿冒的一种，根据该项的含义如果使用他人的注册商标，使消费者误认为是他人的商品时即构成仿冒。从该项可知，如果原告的商标注册，他人假冒该商标，原告除了依据《商标法》提起商标侵权之诉之外，也可依据该项提出反不正当竞争之诉。反之，如果被告已将仿冒原告的商标注册，而原告使用该商标在先，当原告起诉被告不正当竞争，被告能否以商标注册为抗辩理由，在《反不正当竞争法》中并无规定。但是根据《商标法》的规定，如果商标成为驰名商标时，可以对抗已注册商标，即要求不予注册并停止使用。❶《商标法》这样规定的理由是他人的驰名商标在长期的使用中具有很高的商誉，虽然没有注册却需要保护。

---

❶ 《商标法》第13条第2款规定："就相同或者类似商品申请注册的商标是复制、摹仿或者翻译他人未在中国注册的驰名商标，容易导致混淆的，不予注册并禁止使用。"《商标法实施条例》第3条进一步解释为"商标持有人依照商标法第十三条规定请求驰名商标保护的，应当提交其商标构成驰名商标的证据材料。商标局、商标评审委员会应当依照商标法第十四条的规定，根据审查、处理案件的需要以及当事人提交的证据材料，对其商标驰名情况作出认定"。

商标注册产生的商标权，是通过国家授权程序获得的权利，而这种权利的取得因为不需要以使用为前提，可以不必具有商誉。而保护商标权的实质应该是商标上所附着的商誉。因此在这种情形下，未注册的驰名商标可以对抗注册商标。同理，如果原告使用某商标，获得了一定的商誉，被告将该商标注册，这时被告能否以注册作为抗辩理由？如果比照驰名商标的做法，这个问题不难回答，即虽然原告的商标尚未达到驰名，但是已具有一定的商誉。被告通过注册获得的商标权只能阻止他人在相同的商品上使用该商标，而对他人获得的因使用而产生的商誉不能作为抗辩理由。所以英国的做法值得借鉴。同时，作为大陆法系的日本也得出了同样的答案，日本废除旧《不正当竞争防止法》第6条的做法说明，日本立法者放弃了依据商标注册由政府授予的商标权优先于不正当竞争法上经营者通过经营产生的商誉上的利益的观点，使商标权不能凌驾于其他利益之上，从而将商标权和不正当竞争防止法上的利益同等对待。

我国目前对商标注册获得的商标权的理解与日本1993年不正当竞争防止法改革之前的观点相似，认为商标权是经过严格的审查程序，由政府授权而获得，商标权被作为一种绝对的权利看待。商标一旦注册，即享有权利，即使他人对于相同商标的使用已经具有一定的商誉。虽然立法没有规定，但以此观点不难得出与日本1993年之前的观点相同的结论，商标权的效力大于不正当竞争法上保护的利益的效力。而这点早在1993年就被日本放弃了。耐人寻味的是，日本虽为大陆法系国家，处理该问题的态度与普通法系的代表国家英国极为相似。英国的仿冒诉讼以保护经营者的商誉为核心，同理，商标法也是以保护商誉为主要目的。因此英国采用了商标法与仿冒法平行的观点，商标注册不作为仿冒诉讼的抗辩理由。

英国和日本处理商标法和仿冒法及反不正当竞争法的关系时强调保护商誉的理念也符合我国的经济发展的要求。我国为了发展市场经济，需要一个良性发展的市场环境。保护竞争者在诚实经营中积累的商誉，可以有效地促进市场竞争，创造良好的市场竞争秩序。同时，对经营者商誉的保护也是民法诚实信用原则和公平原则在市场经济中的体现。根据民法的诚实信用原则，每个经营者都应该凭着自己的诚实劳动创造市场价值，在市场竞争中获得收益和财富。经营者通过经营活动所获得的商誉是其努力经营的结果。而其他经营者试图通过抢先注册经营者的商标的方式从而达到利用经营者商誉的目的，就违反了民法的诚实信用和公平原则，从而不利于形成良性的市场竞争秩序，最终会损害市场经济的发展。因此，我国在处理《商标法》和《反不正当竞争法》的关系时，也应注重保护经营者的商誉，商标注册行为不应作为反不正当竞争诉讼的抗辩理由。唯有如此，方可逐步扭转我国立法过分强调商标注册的作用、商标注册产生的商标权为绝对权的观念，从而使《商标法》与《反不正当竞争法》的关系得以明晰。

商标授权确权中判断显著性的时间基准

姚洪军[*]

摘 要：在所有的商标案件中，通常都要涉及与显著性密切相关的问题的判断。而对于判断的时间基准，我国目前的法规和判例尚未能够明确。这不但增加了审查员和法官在相关问题的处理上的困惑，也使得当事人对于自己在商业活动中使用的具体商标上的权利是否成立和权利归属难以预期，在一定程度上给健康市场秩序的培植造成了阻碍。与申请日相比，把初审决定作出日作为商标授权确权案件中判断显著性时共同的、明确的时间基准，既可以更为全面地考虑商标授权确权对于市场的影响，符合公平竞争的需要，又更有合理性。在无效宣告程序中，商评委的首次争议裁定作出日也是一个必须考虑的时间基准。

一、引　言

显著性是指一个标志指示商品或服务来源的能力，是任何标志取得商标保护的必要条件。《商标法》第 9 条第 1 款规定"申请注册的商标，应当有显著特征，便于识别"，就是在强调这一点。《商标法》第 13 条规定的对已经使用但未注册驰名商标和既未注

---

[*] 作者简介：上海政法学院副教授，法学博士。

册也未使用的驰名商标的保护，❶ 也是以相关公众已经能够把商品或服务与某个特定商家联系起来，即该商标具备显著性为前提。《商标法》中的显著性与《著作权法》中的独创性和《专利法》中的新颖性、创造性一样，都是所涉对象取得保护的前提条件。

标志的显著性是一种事实，是一种可以不断变化的事实。在是否可以不断变化这一点上，商标显著性与作品的独创性和发明的新颖性、创造性不同：作品的独创性在作品完成之时确定，之后不会发生变化；发明的新颖性、创造性在确定了专利申请的申请日之后也不可能有会影响应否授权或者会改变专利权效力状态的变化。而商标的显著性则不论是在核准注册之前还是在核准注册之后，都是可以不断变化的。

没有固有显著性的商标可以通过使用获得显著性，并取得注册。《商标法》第11条第2款的规定就体现了这一点。在商标注册之后，如果相同市场上出现注册人之外的商家在相同或类似的商品或服务上独立地使用相同或近似的标志，并且放任不管，就会使消费者不再能够根据该标志区分商品或服务的提供者，使它丧失显著性。《商标法》第30条、第32条对于与在先注册、在先申请、在先使用并有一定影响的商标相抵触的注册申请的否定，都是为了维护在先商标的显著性。

在对商标进行授权和确权的过程中，需要对显著性这一事实状态是否存在作出判断。而要对一个处于不断变化中的事实作出判断，必须先确定判断的时间基准。我国《商标法》对于显著性

---

❶ 《商标法》第13条第3款的规定："就不相同或者不相类似商品申请注册的商标是复制、摹仿或者翻译他人已经在中国注册的驰名商标，误导公众，致使该驰名商标注册人的利益可能受到损害的，不予注册并禁止使用。"此时，商标在要获得保护的商品或服务类别上是既没有注册，又没有使用的，否则就可以因其注册或者作为《商标法》第13条第2款规定的已经使用但未注册的商标获得保护。此处的"误导公众"，是该商标在相关公众的认知中能够指向某一特定商家（在其他类别商品或服务上的商标注册人），即在一定范围内具有显著性。

判断的时间基准并没有规定,《商标审理标准》中的规定也不够明确合理。判断时间基准的缺失在商标授权确权和维权案件中造成了一定程度上的混乱。

下面分别就商标注册申请的初步审查、注册商标的无效宣告和其他相关程序中对判断显著性的时间基准作一些探讨,以抛砖引玉,为就这一问题取得共识作一些努力。

二、在初步审查时考虑的时间基准

对于专利申请的新颖性、创造性、实用性审查,都是以申请日为基准。但商标是为了促进市场的运转,保护来源指示标志,专利是为了鼓励科研,保护新发明,两者的宗旨和保护对象毕竟不同,因此,其审查的时间基准也可以有所不同。

(一) 对于具有固有显著性的商标的审查

对于与所使用的商品或服务没有内在联系、一旦用在商业活动中就可以具有来源指示功能的存在固有显著性的标志,在注册审查时通常只关注商标的使用是否会与在先注册商标、在先注册申请相抵触或者损害公共利益。

由于商标注册的审查时间通常都在半年以上,在作出初审决定之前,申请商标的显著性可能会因市场情况的变化而发生变化。假设对于某个未经申请人使用但具备固有显著性的商标,在其申请日之后、申请公布日之前,市场上出现了相同的商标,并且使用了该商标的商品和服务的用户数量迅速扩大,达到了审查员不经检索就已经知晓的程度,甚至审查员自己也成了这个商标的消费者。此时,如果只考虑申请日的状态,商标申请就不应因在后开始的对相同商标的使用而被驳回。

但是在这种情况下核准商标的注册,又必然会打乱已经形成的市场秩序,造成消费者对以该商标销售的商品或提供的服务的来源产生误认。由于在后使用者对于该商标的在先申请完全不知,其对商标的使用并没有搭别人便车、故意干扰商标申请人取得注册商标或者其他恶意，在后的使用就不具有违法性。因此，在后使用产生的公众对于商标指示的特定来源的认知也没有违法性。在这种情况下，不但这种公众认知不应被改变，而且产生的使用者在商标上的利益也不应当被剥夺。考虑到申请商标已经失去了在市场上指示商品来源的能力，则不应当被核准注册。❶

另外，在初审过程中，可能有在先的相同或近似申请被核准注册。由于在驳回申请的初审决定中需要列明据以驳回注册申请的引证注册商标或者在先申请，并对两种情况加以区分，如果在初审决定作出之时要引证的在先申请已经被核准注册，它将以注册商标的身份出现在初审决定书中。因此，实际上审查员还是对商标申请日与初审决定作出日之间发生的变化给予了关注。

在美国，商标申请人要以商标的使用为基础提出主簿注册申请，需要在提交注册申请书的同时提交在申请日正在商业活动中使用申请商标的声明和使用的样本。❷ 对于以意图使用为基础的商标申请，只要申请人在法定期限内提交了已经将申请商标使用于商业活动中的证据，就可以得到与以使用为基础提出的申请完全相同的后续处理。因此，对于以使用为基础的申请和以意图使用为基础的申请，为核准注册而查明商标是否已经真实地使用在商业活动中，考虑的时间点并不是申请日，而是把核准之前的情况都予以考虑，进而，可以认为审查的时间基准是审查决定作出之日。另外，如果申请人对审查员拟作为驳回依据的引证商标提起了撤销申请，那么审查员就会中止对注册申请的审查，直到争议程序终结。❸ 如果只考虑申请日的状况，就没有等待商标争议结果的必要。这样的安排可以从另一个角度说明美国注册审查的时候并不以申请日的状况为准。

---

❶ 对于使用中的商标能否取得注册，要另行考查。

❷ See 37 C.F.R. Part 2 – Rules of Practice in Trademark Cases § 2.34 (a), July 2015.

❸ See TMEP § 716.02 (a), April 2016.

总之，由于初审决定作出前的情况都应当在审查员的考虑范围之内，本文认为对于有固有显著性的商标，其审查基准日是初审决定作出日。

（二）对通过使用获得显著性的商标的审查

如果一个标志描述了商品的某些特点，除非申请人主张已经通过使用获得了显著性，否则就会因为缺乏显著性而被拒绝注册。对于获得显著性的认定标准，虽然美国的规定比我国的明确，但是其核心都是商标在市场上的控制者唯一。❶ 对于考查的时间基准，则缺少明确的规定。

按照《美国商标法》第 2 条的规定，缺乏固有显著性的商标需要经过 5 年以上连续的独家使用才可能被核准主簿注册，申请人应当提交相应的证据来证明获得显著性，❷ 哪怕这个证据只是申请人自己作出的声明。5 年的起算点在 1946 年《美国商标法》中是申请日，经过 1988 年《美国商标法》的修改，变更为作出通过使用取得了获得显著性的声明之日。❸ 一般而言，申请商标注册的时候，申请人并不提交获得显著性的声明，因为提交了这份声明就意味着自认申请商标没有固有显著性。然而，审查员在发出驳回决定之前，必须先发审查意见书，给申请人申辩和补证的机会，而不能直接作出不予注册的决定。❹ 当审查员认为申请商标缺乏显著性时，申请人既可以对审查员的主张进行辩驳，也可以另行主张已经通过使用取得了显著性，而且主张获得显著性并不意味着承认了申请标志的描述性。❺ 但是要通过主张获得显著性而取得注册，在审查结束前必须提交获得显著性声明，5 年区间就是指从作

---

❶ 参见：姚洪军. 商标获得显著性认定标准的中美比较 [J]. 知识产权，2015 (7).
❷ 15 U.S.C. 1502 (f).
❸ 15 U.S.C. 1502 (f).
❹ TMEP § 714.01, April 2016.
❺ MEP § 1212.02 (c), April 2016.

出声明之日向前推算。

从这种变化看来,美国审查员作出审查决定的依据是其作出决定之时能够掌握的全部情况。虽然审查员掌握的情况一般不会全部是在决定作出之日获得,但是如果审查员认为关键情况可能有所变化,也会对其进行再次核实。因此,可以认为美国审查获得显著性的时间基准是美国专利商标局(USPTO)的审查决定作出日。

对于缺乏固有显著性商标的审查,我国《商标审查标准》规定:"对经过使用取得显著特征的商标的审查,应考虑相关公众对该商标的认知情况、申请人实际使用该商标的情况以及该商标经使用取得显著特征的其他因素。"从这样的规定上看,如果申请人认为自己申请的商标用在指定的商品或服务上缺乏显著性,就可以向国家工商行政管理总局商标局(以下简称"商标局")提交关于自己对申请商标的使用情况、公众对申请商标的认知情况等方面的证据,通过主张获得显著性取得注册。

但是实践中,除非出现申请日相同的冲突申请,商标局审查注册申请时通常并不接收这些证据,也不在作出驳回决定前向申请人发出审查意见书给申请人陈述意见或者补充证据的机会,而是在认定申请商标用在指定商品或服务上缺乏固有显著性之后直接作出驳回决定。❶ 申请人如果不同意关于缺乏固有显著性的认定或者要证明已经通过使用获得了显著性,需要向国家工商行政管理总局商标评审委员会(以下简称"商标评审委员会")提出复审

---

❶ 当然,也有例外情况。围绕着餐馆等服务上的"小肥羊"及其近似商标,有多次注册申请。在审查西安小肥羊烤肉馆"小肥羊及图"商标注册申请的过程中,商标局于2001年4月5日向申请人发出2001标审三意第839号商标注册申请审查意见书,认为"小肥羊"在指定使用的服务上缺乏显著性,要求其删去"小肥羊"文字。后来,对于内蒙古小肥羊餐饮连锁有限公司于2001年12月18日申请注册的"小肥羊LITTLE SHEEP及图"商标,却又给予初步审定,可能是接受了关于该商标使用情况的证据并给予了考虑。

请求。在商标局不对获得显著性进行判断的情况下，其判断的时间基准就无从谈起。

应当认为，在商标被初步审定予以公告之前，无论对商标进行审查的过程有多长，商标申请也不会直接对市场产生任何影响。而商标一旦被核准注册，注册人就会取得注册商标专用权，有权制止他人在相同或类似的商品或服务上对相同或近似标志的使用；如果标志是某种商品或服务的通用名称或者直接表示其质量、原料、用途等特点，就容易对同业经营者带来极大的不便。所以，认定获得显著性并进一步核准缺乏固有显著性商标的注册必须充分考虑核准注册将对市场产生的影响，对于审查过程中能够掌握的情况要进行全面的考虑。

这样看来，不论申请商标用在指定的商品或服务是否有固有显著性，对于显著性判断的时间基准都应当是初审决定的作出日。尽管审查员无法获取初审决定作出日已经存在的各个方面的全部信息，但是在该日已经掌握的信息应当全部在其考虑的范围之内。任何工作都难以做到尽善尽美，即使作出初审决定时考虑的信息有所遗漏，也不能否定审查时考虑的时间基准。

三、在无效宣告程序中考虑的时间基准

对于无效程序中考查显著性的时间基准，我国《商标法》中并没有明确的规定。《商标审理标准》把判断获得显著性的时间基准规定为"审理时"这个单一的时间点。

在"棕色方形瓶"立体商标无效案❶中，北京市高级人民法院在判决书提及对争议标志"使用主体众多、使用数量庞大且持续不断的实际使用行为"，也认定我国调味品生产厂商"对与争议商标标志近似的三维标志的使用行为，远早于雀巢公司申请注册争

---

❶ 参见北京市第一中级人民法院（2012）一中知行初字第269号行政判决书、北京市高级人民法院（2012）高行终字第1750号行政判决书。

议商标的时间",但并没有清楚地显示出判定获得显著性时考虑的时间点。从其整体内容上看,该判决没有像《商标审理标准》要求的那样强调争议案件审理时这一时点,可以认为对于商标注册时的事实状态是有所考虑的。

这种规定与实践不一致的现象,说明在我国对于无效程序中考查显著性的时间基准问题,并没有清楚的认识。下面参考几个遵循判例法的美国的裁决,以期得到一些启发。

在1973年"HOOK N' LOOP"商标争议案[1]中,美国商标审判上诉委员会的行政法官认定,只证明注册时没有获得显著性不足以使商标无效。但是这个认定被后来的裁决推翻。在1988年用于电线包线上的"蓝色"商标无效案中,行政法官认定:在商标被核准注册之前,必须已经有显著性。注册时没有显著性的商标应被宣告无效,即使在日后获得了显著性,也仍然要被宣告无效。[2]

在1989年"5-280X"商标争议案[3]中,无效宣告申请人提出商标无效的理由是:"5-280X"是车辆传动装置部件的常用型号,该商标在注册之时具有描述性,且没有获得显著性。行政法官认为,在大多数的案件中,考虑获得显著性时考虑的时间点应当是核准注册的时间。考查的证据既包括申请商标时已提交的证据,也包括在无效纠纷中提交的能够证明注册时情况的新证据。如果商标无效申请人对商标注册之时的获得显著性提出了有效质疑,注册人就要证明在核准注册时,商标已经具有了把商品来源指向注册人的第二含义。即使对于在处理商标无效的当时商标已经获得了显著性并没有争议,如果能够证明在注册之时标志缺乏显著

---

[1] See American Velcro, Inc. v. Charles Mayer Studios, Inc., 177 USPQ 149, 154-55 (TTAB 1973).

[2] Harsco Corp. v. Electrical Sciences, Inc., 9 U.S.P.Q. 2d 1570, 1571 (TTAB 1988).

[3] See Neapco Inc. v. Dana Corp., 12 USPQ2d 1746, 1747 (TTAB 1989).

性，仍然应当将它宣告无效。

　　同时，该案的法官也认为在商标无效纠纷处理中，考查获得显著性是否存在时，案件处理当时的情况也在考查范围之内。如果能够认定在处理商标无效纠纷的时候获得显著性不存在，无效请求也应当被支持。当然，通常商标注册之后，其显著性会因继续使用得到增强而不是减弱，这种情况的出现机会很少。

　　这样的认定在 2014 年"ANNAPOLIS TOURS"商标争议案❶等案例中被广泛延用，已经成为相关行政、司法实践的共识。由于需要考查的是核准注册之时的状态，对于无效宣告申请人关于争议商标在注册申请日没有显著性的主张，不应予以考虑。❷ 而如果一个商标在注册之时没有显著性，就说明它不应当被核准注册，而应当随时可以被撤销。

　　可以认为，在美国商标无效宣告请求人只要能够证明在商标注册之时和无效案件处理之时两个时间点之一，具有描述性的争议商标没有获得显著性，其无效宣告请求就会被支持。另外，这里的注册之时显然不是指注册申请日，而是指作出核准注册的决定之日。

　　实践中，描述性的商标在初期商业推广上比较容易，使用者往往比较多，难以真正获得显著性。缺乏显著性的商标被注册后，在形式上取得了法定的商标专用权，更容易变成实质上的独家使用者。特别是在我国《商标法》没有规定真正的在先使用权的情况下，❸《商标审理指南》规定显著性的判断要以审理时的状态为

---

　　❶ See Alcatraz Media, Inc. v. Chesapeake Marine Tours Inc., 107 USPQ2d 1750, 1766（TTAB 2013），affirmed, 2014 U. S. App. LEXIS 13001 (Fed. Cir. May 13, 2014).

　　❷ Harsco Corp. v. Electrical Sciences, Inc., 9 U. S. P. Q. 2d 1570, 1571 (TTAB 1988).

　　❸ 我国《商标法》第 59 条规定，在先使用人可以在原有范围内继续使用与注册商标相同或近似的商标，但是注册人有权要求先用人附加适当区别标志。既然先用人的标志可以被在后的注册人要求改变，就说明先用人并不享有真正的先用权。

准，会使得注册之时没有显著性的商标的注册效力很容易得到维持，使注册人没有在市场中建起标志的显著性时，可以直接向行政机关索取，容易造成对注册人之外的注册前使用者的不公平。

另外，如果市场上其他独立的商家对于商标的使用已经比较有影响力，包括商标注册人在内的商标权人发现之后在合理期限内不主张权利，则已经获得的显著性会丧失。如果这种独立使用者比较多，还会使原来的商标演变为只具有描述性，甚至变成通用名称。

所以，在商标争议程序中判断显著性时考虑的时间基准，应当是商标局审查处作出初审决定之时和商标评审委员会对商标争议首次裁定作出之日。只要获得显著性在两个时间点之一不存在，即可宣告注册商标无效。与注册决定作出之时和无效决定作出之时相比，这样选择更加明确。

四、在其他程序中考虑的时间基准

（一）异议程序中考虑的时间基准

在我国，如果商标经过了初步审定被公告，认为商标侵害了自己权利的人或者认为商标损害了公共利益的任何主体都可以在一定期限内向商标局提出异议。商标局下设审查处和异议裁定处，对两类业务分开处理。与申请审查阶段不同的是，当事人双方在异议阶段都可以向商标局提交自己的主张和证据。[1] 但是对于认定显著性时考查的时间基准，并没有明确的规定。在实践中，商标局也常常并不明确地给出其考查的时间基准。例如，在"小肥羊"案的异议裁定书中，根本没有提及所考查的时间基准是哪个日期。[2]

---

[1] 《商标法实施条例》第 24 条、第 27 条。

[2] 参见国家工商行政管理总局商标局（2004）商标异字第 00519 号"小肥羊及图"商标异议裁定书。

2010年4月20日印发的《最高人民法院关于审理商标授权确权行政案件若干问题的意见》（以下简称《意见》）第8条规定："人民法院审查判断诉争商标是否属于通用名称，一般以提出商标注册申请时的事实状态为准。如果申请时不属于通用名称，但在核准注册时诉争商标已经成为通用名称的，仍应认定其属于本商品的通用名称；虽在申请时属于本商品的通用名称，但在核准注册时已经不是通用名称的，则不妨碍其取得注册。"《意见》虽然不是由国家工商行政管理总局作出，但是由于工作上的协调性，对于商标局的审查工作仍有重要参考意义。由于异议程序中允许双方当事人提交证据，这条规定会对异议审查工作产生一定的影响。这条规定的后半部分直接构成对于前半部分的否定，虽然从行文上看不够合理，但是可以认为按照这个《意见》，判断是否具有显著性的时间基准为核准注册之时。

于2014年1月22日发布的《北京市高级人民法院关于商标授权确权行政案件的审理指南》第1条规定："适用2014年5月1日起施行的商标法（以下简称商标法）第十三条第二款或者第三款的规定申请对诉争商标不予核准注册或者宣告其无效的，应当以引证商标在诉争商标申请日前达到驰名状态为要件。当事人提供的引证商标在诉争商标申请日后被认定为驰名商标等证据能够证明引证商标在诉争商标申请日前已处于驰名状态的，应予采信。"由于商标局在审查注册申请的时候通常并不接受有关使用的证据，驰名商标的问题常常最早出现在异议程序中。商标因驰名获得保护的前提是已经通过使用取得了显著性。与最高人民法院的《意见》相比较，《北京市高级人民法院关于商标授权确权行政案件的审理指南》把审查的时间基准定为申请日，不够合理。当然，由于在核准注册之前注册申请可能经过了商标局审查处的审查、异议处的裁定、商标评审委员会的复审和法院的两审甚至三审行政判决，《意见》中的"核准注册之时"是一个非常模糊的概念，并没有明确的指向。

本文认为,在异议程序中认定显著性时考查的时间基准,应当是商标局审查处的初审决定作出之日。这是由于在异议阶段注册申请人尚未对被异议商标取得专用权,如果把异议程序的审查时间基准定为初审决定作出之后的异议裁定作出之日或者更晚的时间点,就会使异议人在发现被异议商标的申请之后开始使用相同或近似商标并提出异议申请的行为合法化。显然,这样的使用会使被异议商标无法在市场上指向唯一来源,从而破坏被异议商标的显著性。这种现象会导致对注册申请人的不公平,是一种不正当竞争,应当被法律禁止。特别是在广播电视、移动通信和网络技术高度发达的当代生活中,资本雄厚的商家可以使一个新商标经过很短时间的推广取得家喻户晓的知名度的情况下,更是如此。

在"微信"商标异议案件中,商标局于 2013 年 3 月 19 日作出 (2013) 商标异字第 7726 号裁定,对被异议商标不予核准注册。商标评审委员会于 2014 年 10 月 22 日作出的商评字〔2014〕第 67139 号关于第 8840949 号"微信"商标异议复审裁定认定,虽然创博亚太公司申请注册第 8840949 号"微信"商标时,腾讯公司的"微信"软件尚未正式对外推出,但是,异议人提交的证据表明,"腾讯公司在被异议商标初步审定公告前已正式推出了'微信'软件,且用户量持续迅猛增长,截至 2013 年 7 月腾讯公司的'微信'注册用户至少已经增长到 4 亿人,并且多地政府机关、法院、学校、银行等推出了微信公共服务,相关公众已经将'微信'与腾讯公司紧密地联系起来"[1]。北京知识产权法院认为庞大的微信用户已经形成的稳定认知应当得到保护,并适用公共利益条款维持了商标评审委员会对被异议商标不予核准注册的裁定。

实际上,只要明确了异议程序中认定显著性的时间基准是商标局审查处的初审决定作出之日,对于"微信"商标异议案,就很容易给出正确的处理,而并不需要适用公共利益条款或者选用

---

[1] 转引自北京知识产权法院(2014)京知行初字第 67 号行政判决书。

二审判决中认定该商标因具有描述性而缺乏固有显著性❶的角度。只要在考查的时间基准点有他人在商业活动中并非出于恶意使用与申请商标相同的标志，即使申请商标原本具备固有显著性，其显著性也已经被破坏，不能被核准注册。当然，如果腾讯公司是在知晓创博亚太公司对"微信"商标的注册申请或者使用意图之后开始的对该商标的使用，那么就构成不正当竞争，不但不能产生阻却创博亚太公司商标被核准注册的效果，还要对该公司进行民事赔偿。

（二）在驳回复审程序中考虑的时间基准

对于不服商标局驳回商标注册申请决定的复审案件的审理，《商标法实施条例》第52条规定，商标评审委员会在审理时应当针对商标局的驳回决定和申请人申请复审的事实、理由、请求及评审时的事实状态进行审理。《商标审理标准》也规定，认定获得显著性时要考虑"该标志在指定商品/服务上实际使用的时间、使用方式及同行业使用情况"，"判定某个标志是否属于经使用取得显著性的标志，应当以审理时的事实状态为准"。这里规定考虑评审时的事实状态大概是考虑到商标评审一般也要经历半年以上的时间，评审过程中的事实状态，包括引证的商标是在先的注册商标还是在先的注册申请，都可以发生变化。但是本文并不赞成这种选择。

美国的商标审查指南规定，案卷记录要在复审程序开始前整理完毕。如果审查员或者申请人要在复审阶段提交新的证据，一般来说会被排除在记录之外，除非另一方当事人并不反对这些过期提交的证据并且对这些证据发表质证意见或者以其他方式认可这些证据，美国商标审判上诉委员会就不去考虑这些证据。❷

本文认为，商标局核准或者驳回注册申请是具体行政行为。

---

❶ 参见北京市高级人民法院（2015）高行知终字第1538号行政判决书。
❷ TMEP §710.01（c），April 2016.

商标驳回复审或异议复审是商标评审委员会对于商标局的商标审查的具体行政行为进行的复核，在性质上应当属于一种行政复议。在行政复议审查的内容是行政行为的合法性、合理性，原则上不应当考虑在具体行政行为作出之后发生的新情况。因此，复审程序中考虑的时间基准应当与注册申请审查的时间基准相同。

应当指出，在复审程序中以商标局的初审决定作出日为时间基准，是一个可以有例外的原则。如果在注册审查阶段作为驳回注册关键依据的引证商标在驳回复审的过程中被撤销或者宣告无效，申请商标仍然可以根据情势的变更在驳回复审阶段被核准注册。在情势变更之后，如果仍然以商标局的审查并不违法为由维持原来的审查结论，那么申请人就只能重新提交注册申请来解决相同商标的注册问题。这样不但会增加申请人的申请成本，也会造成商标局行政资源的浪费，显然是不效率的。特别是如果在申请人两次申请之间有其他人对相同商标提出注册申请，又会使得本来申请在先的人变成了申请在后的人，无法取得注册，又会造成严重的不公平。所以，在驳回复审程序中，如果引证商标的效力发生了变化，也应当予以考虑。在这种情况下，虽然商标局的审查结论被改变，但是并不说明商标局的审查结论不合法或者不合理。对情势变更的例外考虑，并不构成对审查时间基准的变更。

关于"BEST BUY 及图"商标的申请❶中，最高人民法院认为"商标驳回复审案件中，申请商标的注册程序尚未完成，评审时包括诉讼过程中的事实状态都是决定是否驳回商标注册需要考虑的。本案中，佳选公司在一审诉讼过程中提交了申请商标实际使用的大量证据，这些证据所反映的事实影响申请商标显著性的判断，如果不予考虑，佳选公司将失去救济机会，因此在判断申请商标

---

❶ 参见北京市第一中级人民法院（2009）一中行初字第388号行政判决书、北京市高级人民法院（2010）行终字第861号行政判决书、最高人民法院（2011）行提字第9号行政判决书。

是否具有显著特征时,应当考虑这些证据"。这样的做法不但把商标审查时考虑的时间基准从初审决定作出日向后推迟,超过了复审决定的作出日,而且一直到达作为司法审查的行政判决作出日,明显地突破了司法审查的应有之义。

美国商标审判上诉委员会程序指南规定:当事人不能在指定的举证期限之外提交证据,除非当事人之间达成了协议并经该委员会认可,或者经过动议程序该委员会作出了这样的决定。❶ 在"BASEBALL AMERICANA"商标异议案的处理中,该委员会认定:对于在举证期限之外提交的证据不予考虑。❷坚持要求当事人遵守举证期限,既可以敦促各方富有效率地工作,也可以使各方对案件的结果有比较稳定的预期,具有很强的程序正当性。在个案当中牺牲程序正义以追求个案的结果,会使审查员和法官的工作无所适从,也会鼓励当事人采用不正当的手段去争取对自己有利的结果,对行政和司法工作的质量产生严重的不良影响。

(三) 在异议复审程序中

对于在经过异议程序商标局作出不予注册决定的复审案件,《商标法实施条例》第53条规定"应当针对商标局的不予注册决定和申请人申请复审的事实、理由、请求及原异议人提出的意见进行审理"。但是对于作出评审决定时考虑的时间基准,并没有明确的规定。本文认为在异议复审程序中认定显著性时考查的时间基准,应当与异议程序相同,是商标局审查处的初审决定作出之日。选择的理由与驳回复审一样,也主要是异议复审是对异议裁定这一具体行政行为的复议程序,所考虑的事实状态存在的时间基准应当与异议裁定时考虑的相同。

当然,以初审决定作出日为异议复审程序中考查的时间基准,

---

❶ TBMP §701,June 2016.

❷ See Baseball America Inc. v. Powerplay Sports,71 USPQ2d 1844,1846 n.8 (TTAB 2004).

也是原则上的，对于评审过程中商标身份和效力的变化仍然要适用情势变更原则。例如，《商标法》第35条第4款规定，在商标评审委员会进行复审的过程中，"所涉及的在先权利的确定必须以人民法院正在审理或者行政机关正在处理的另一案件的结果为依据的，可以中止审查"，也是一种情势变更。

在"IPHONE"商标案中，二审法院认为"在商标异议复审行政案件中，认定引证商标是否驰名，一般应以被异议商标申请日前的状态为准"，❶但没有给出这样认定的法律依据。事实上，这样的法律依据是不存在的。如前所述，在异议程序中的审查应当以初审决定作出日为准，而以申请日为准不具有合理性。

在"微信"案的审理中，北京知识产权法院认为"对于尚处于注册审查程序中的被异议商标来说……应当考察行政裁决或判决作出之时的事实状态"。❷从商标异议复审和异议复审行政诉讼案件的行政复议和司法审查性质来看，要考虑复审和判决时的事实状态是不合适的。

五、结　论

由于显著性是商标的本质属性，在所有的商标案件中，通常都要涉及与显著性密切相关的问题的判断。而谈到判断的时间基准时，我国目前的相关规定和实践过多地依赖申请日这个容易取证的时间点，甚至根本没有明确的时间基准，审查员和法官在相关问题的处理上不免存在困惑。与申请日相比，把初审决定作出日作为商标授权确权案件中判断显著性时共同的、明确的时间基准，更符合公平竞争的需要，更有合理性。

初审决定作出日在实践中可以初审公告日和驳回通知作出日为准。

---

❶ 北京市高级人民法院（2016）京行终1630号行政判决书。
❷ 北京知识产权法院（2014）京知行初字第67号行政判决书。

当然，如果在申请日和初审决定作出日之间出现独立的商家在相同或类似的商品或服务上开始使用与申请商标相同或近似的商标，那么还要考虑注册申请的公布日。对于无效宣告程序而言，商标评审委员会的首次争议裁定作出日也是一个必须考虑的时间基准。

商标"反向混淆"侵权认定问题研究

尹锋林[*]

摘　要：商标"反向混淆"并非"傍名牌"或"搭便车"行为。"反向混淆"行为人自身具有强大的市场营销能力，不需要借助在先商标注册人的任何商誉，而是由于各种原因在其商品或服务上使用了他人已注册的商标标识，并使消费者认为使用该标识的商品或服务来源于"反向混淆"行为人，而非来自在先商标注册人。本文分析了"反向混淆"的概念和利益主体，并重点从申请商标的目的和注册商标保护范围角度对"反向混淆"侵权认定问题进行具体研究。

近年来，我国发生了一系列涉及商标"反向混淆"的案件。由于该类案件分别直接涉及在市场上处于绝对弱势的商标在先注册人（或在先申请人）和在市场上处于绝对强势的商标标识在后使用人，该类案件往往被视为"蚂蚁对大象"的战争，因此，无论法院判决两造双方哪方胜诉，都不仅对社会经济生活具有重大影响，同时，也会引起社会的广泛关注。所以，深入研究和分析商标"反向混淆"问题，对于人民法院正确处理该类纠纷，维护正常市场竞争秩序，保护市场主体诚实守信经营，树立人民法院审判权威，均具有重要意义。

---

[*] 作者简介：中国科学院大学公共政策与管理学院法律与知识产权系副教授。

一、"反向混淆"概念探源

商标法最基本的立法目的就是通过商标制度设计避免消费者对产品或服务来源产生混淆，从而既保护消费者利益，也保护诚实守信的市场经营者的利益。因此，在商标法中，"混淆"是最重要的一个关键词。商标法要打击的就是盗用他人商标标识进而导致消费者混淆的行为。在商标实践中，普通的混淆行为通常是侵权人将他人商标标识使用在自己的商品或服务上，进而使消费者误以为该商品或服务来源于商标权人，这也是通常所说的"傍名牌"或"搭便车"行为。相对于"反向混淆"概念而言，这种普通的混淆行为亦被称为"正向混淆"。"正向混淆"具有明显的不正当性，因为这种行为既损害了消费者的权益，又损害了商标权人的利益，故是各国商标法所主要禁止的行为。而"反向混淆"则并非"傍名牌"或"搭便车"行为，"反向混淆"行为人自身通常具有强大的市场营销能力，并不需要借助在先商标人的任何商誉，而是由于各种原因在其商品或服务上使用了他人已注册的商标标识，并使消费者认为使用该标识的商品或服务（包括在先注册权人所提供的产品或服务）来源于"反向混淆"行为人，而非来自源在先商标人。

"反向混淆"的思想由霍尔姆斯大法官在1918年International News Service v. Associated Press案判决中首次提出。霍尔姆斯大法官在该案反对意见中指出：普通案件是被告假冒原告的产品；而"相反的假冒"（the opposite falsehood），即通过言辞或暗示的方式使消费者认为原告的产品来源于被告，亦是同样罪恶的。❶ 但霍尔姆斯的思想在当时并未得到司法界的认可，一直到1977年美国联邦第十巡回上诉法院才在Big O Tire Dealers, Inc. v. Good-

---

❶ International News Service v. Associated Press 248 U. S. 215, 247 (1918) [EB/OL]. https：//supreme.justia.com/cases/federal/us/248/215/case.html.

year Tire & Rubber Co. 案中对"反向混淆"理论进行了肯定。❶在该案中，Big O 公司率先在其销售的轮胎上实际使用"Bigfoot"商标，之后 Goodyear 公司亦在其制造销售的轮胎上使用"Bigfoot"标识并投入大量资金进行广告宣传。Goodyear 公司在销售推广其"Bigfoot"牌轮胎过程中发现了 Big O 公司为"Bigfoot"商标的在先使用人，故与 Big O 公司进行了协商，但协商未果。之后，Goodyear 公司继续进行大规模宣传推广，致使大多数消费者认为 Big O 销售的"Bigfoot"牌的轮胎也来自 Goodyear 公司。法院认为：商标侵权诉讼应该将"反向混淆"（reverse confusion）纳入其中。之后，又有多家巡回上诉法院接受了"反向混淆"理论。1993 年，美国联邦第二巡回上诉法院在 W. W. W. Pharmaceutical Co., Inc. v. Gillette Co. 案中运用判断商标混淆的八要素法对"反向混淆"是否成立进行了详细分析。❷

随着我国经济的发展和竞争样态的多样性，我国近年来也出现了一系列有关"反向混淆"的案件，人民法院也开始在判决中接受"反向混淆"概念。例如，早在 2007 年浙江省高级人民法院就在浙江蓝野酒业有限公司诉上海百事可乐饮料有限公司"蓝色风暴"商标侵权案判决中采纳了"反向混淆"理念。❸

二、"反向混淆"利益主体

在普通的商标侵权案件或所谓的"正向混淆"中，所涉利益

---

❶ Big O Tire Dealers, Inc. v. Goodyear Tire & Rubber Co. 561 F. 2d 1365 (1977) [EB/OL]. http://www.leagle.com/decision/19771926561F2d1365_11731/BIG%20O%20TIRE%20DEALERS,%20INC.%20v.%20GOODYEAR%20TIRE%20&.%20RUBBER%20CO.

❷ W. W. W. Pharmaceutical Co., Inc. v. Gillette Co. 984 F. 2d 567 (1993) [EB/OL]. http://www.leagle.com/decision/19931551984F2d567_11430/W. W. W. %20PHARMACEUTICAL%20CO.,%20INC. %20v. %20GILLETTE%20CO.

❸ 彭学龙. 商标反向混淆探微：以"蓝色风暴"商标侵权案为切入点 [J]. 法商研究，2007（5）：140-147.

主体通常有三方：一是原告，即商标权人，包括获得商标权人授权依法制造和销售商标产品的制造商或销售商；二是被告，即未经原告许可使用该商标标识的使用者；三是消费者（包括潜在消费者，下同），即购买和使用该商标产品的市场主体。在"正向混淆"中，消费者的"混淆"行为是将被告的产品或服务错误地认为来源于原告。在这种情况下，消费者的利益首先会受到损害，因为在实际混淆发生的情况下，这些消费者会错误地购买到被告的产品或服务，即使仅存在混淆可能性的情况下，原告的潜在消费者也会因为被告的行为而增加搜索成本。同时，在"正向混淆"情形中，原告也会由于一部分潜在消费者流向于被告而遭受利益损失。

"反向混淆"所涉利益主体通常有四方：一是原告，即商标权人，或在先商标权人、在先商标注册人；二是被告，即未经原告许可使用该商标标识的市场主体；三是原告产品或服务的消费者；四是被告产品或服务的消费者。由此可见，与"正向混淆"相比，分析"反向混淆"所涉利益主体需要对消费者作进一步划分，即分为原告的消费者和被告的消费者。之所以进行如此划分，是因为在"正向混淆"情况下，通常所有的消费者均会对被告产品或服务的来源发生错误的认识，将之混淆于原告的产品或服务。而在"反向混淆"情况下，其实，被告的消费者原本就认为使用该标识的产品或服务来源于被告，而实际情况亦是如此，因此，被告的消费者并未发生混淆；发生混淆的仅仅是部分购买原告产品或服务的消费者，这些消费者认为使用商标标识的产品或服务来源于被告，他们原本希望购买被告的产品或服务，但由于原告所使用商标的指引，而错误地认为原告的产品或服务是来自被告。

因此，在"反向混淆"情形中，发生混淆的仅仅是原告产品或服务的部分消费者，这些消费者的利益可能受到损害。原告在实际上反而会因为"反向混淆"的存在而获得一定的"混淆"利益。当然，原告未来的市场拓展也会由于"反向混淆"行为受到局限。因此,"反向混淆"行为对原告有利有弊。被告因为"反向混淆"的存在,其潜在消费者会有一部分流向原告,故其实际上会因为"反向混淆"而受到利益损失,因此,从被告角度而言,其并不希望"反向混淆"的发生。实际购买了被告产品或服务的消费者,由于其原本就希望购买被告的产品或服务,故其不会因为被告使用该商标标识而受到任何利益损害;相反,如果禁止被告使用该商标标识并只有原告使用该商标标识,由于市场上的绝大部分消费者已经将该商标标识与被告的产品或服务建立了联系,故这样反而会造成绝大部分消费者的混淆或增加他们的搜索成本,进而损害绝大部分消费者的利益。

由于"反向混淆"中各个相关主体的利益错综复杂,具体案情多种多样,因此,无论是根据国外还是国内的相关实践,关于"反向混淆"行为是否属于商标侵权行为,或者哪些"反向混淆"行为构成商标侵权,哪些不构成,就一直存在较大争议。

三、"反向混淆"侵权认定标准:注册商标的申请目的

由于我国《商标法》并未对"反向混淆"问题作出明确规定,因此,人民法院在裁判涉及"反向混淆"的案件时,需要综合考虑商标法原则和立法目的,特别是应将原告申请注册商标的目的考虑进来。

《商标法》的基本目的有二:一是通过建立商标与商品或服务的一一对应联系,标示商品或服务的来源,避免消费者的混淆,从而保护消费者的利益;二是对于市场主体而言,通过其诚实守信的市场经营和实质投资,建立起商标与商品或服务的对应联系,并依法排除仿冒者,从而确保市场主体优质的产品或服务唯一地到达消费者,进而也就确保了市场主体的销售渠道、市场份额和市场利益。[1] 通常而言,《商标法》的保护消费者权益和保护市场

---

[1] 冯晓青. 商标法的目的与利益平衡[J]. 湖南科技大学学报(社会科学版),2004(2):102-104.

主体诚实守信经营与投资是辩证统一、相辅相成的。当然，并不完全排除在某些特殊情况下，比如在仅转让商标而不转让生产制造能力时，商标法的两个基本目的有可能会出现一定的冲突。但是，《商标法》必须至少保证上述一个目的的实现，否则，《商标法》就失去了存在的价值。

原告在申请商标注册时，亦应以善意之目的进行申请。质言之，原告申请商标注册的目的亦应与《商标法》基本目的相吻合，否则，就不应给予原告商标法意义上的保护。这是因为如果给予原告商标法保护，不仅与《商标法》立法的基本目的相违背，而且还会从实际上构成对正常社会经济秩序的扰乱。

不符合《商标法》基本目的的商标注册申请主要表现为"非实施主体"申请商标注册问题。所谓"非实施主体"（Non Practicing Entity，NPE）一词最早来自专利领域，指拥有大量专利却不利用专利从事生产销售等经营活动的公司和个人。❶ 商标领域亦有与专利领域相类似的"非实施主体"。商标领域"非实施主体"申请商标注册的目的并非是为了实质性的生产经营，而是为了对其商标待价而沽或为了等待其他市场主体使用其注册商标并进而利用其商标权的排他性对使用者进行讹诈。

商标领域"非实施主体"的基本运作程序分为如下几个步骤：首先，搜索当前社会上或市场上的"流行语"或"热词"，并根据情况，在多个商品或服务类别上进行商标注册申请；其次，通过各种途径销售其商标注册申请或注册商标；最后，密切关注市场对商标标识的使用情况，如有他人使用该商标标识，"非实施主体"通常先放水养鱼，等到他人使用该商标标识达到一定规模后，再以商标侵权诉讼相威胁，进而获得超额利益。

客观地讲，商标领域的"非实施主体"与专利领域的"非实施主体"相比，其正当性更值得质疑。专利领域"非实施主体"

---

❶ RISCH M. Patent Troll Myths [J]. Seton Hall Law Review, 2012, 42: 458.

所拥有的专利，如果其缺乏新颖性或创造性，则其他市场主体可以通过专利无效程序使之无效，因此，"非实施主体"所拥有的这些专利不会对其他市场主体的市场行为产生实质威胁；而如果"非实施主体"所拥有的专利具有新颖性和创造性，符合专利授权的条件，由于这些专利对人类的技术知识储备具有创造性贡献，"非实施主体"获得这些专利也付出了相应的智力劳动或其他对价，故给予其一定期限的排他性保护，还是具有正当性的，同时，也为社会共识所接受。而商标领域"非实施主体"则不然，他们进行商标注册申请活动本身并无创造性，其商标标识通常也无创造性，即使其商标标识有一定创造性，也没有必要因其创造性而给予商标法保护。因为这不是《商标法》保护的目的，同时，《著作权法》也足以对有创造性或独创性的商标标识给予适当的保护。同时，商标领域"非实施主体"对其所声称的产品或服务并无实质投资，因此，保护其诚实守信的市场经营和实质投资无从谈起。另外，由于"非实施主体"本身无商品或服务，更不可能建立起其商品或服务与该商标的对应联系，从而也不可能达到《商标法》有关避免消费者混淆、保护消费者利益的基本目的。因此，基本上可以说，商标领域"非实施主体"申请商标注册没有正当性可言。所以，虽然"非实施主体"的产生与商标注册制度和先申请制度密切相关，但是"非实施主体"的存在并不符合《商标法》的基本目的，需要对其进行有效的法律规制。

为了避免商标领域"非实施主体"扰乱正常的经济秩序，我国《商标法》在商标注册、无效、撤销等程序中均非常重视对"非实施主体"进行规制。《商标法》规定：对于申请商标注册具有不良影响的标志，与他人在先取得的合法权利相冲突的标志或者仅有本商品的通用名称、图形、型号以及仅直接表示商品的质量、主要原料、功能、用途、重量、数量及其他特点的标志，不得申请注册商标。我国《商标法》的无效程序将商标无效理由划分为绝对无效理由和相对无效理由。任何人均可根据绝对无效理由申请宣告商标无效,并且不受时间期限限制;在先权利人或利害关系人可以根据相对无效理由在商标注册之日起 5 年内申请宣告商标无效,对恶意注册的,驰名商标所有人则不受 5 年的时间限制。同时,上述人员在商标初步审定公告后 3 个月内有权根据相应理由提出异议,要求商标局驳回商标注册申请。另外,《商标法》还规定了商标撤销制度,注册商标成为其核定使用的商品的通用名称或者没有正当理由连续 3 年不使用的,任何单位或者个人可以向商标局申请撤销该注册商标。上述这些规定,对于从源头上遏制"非实施主体"的产生和发展具有重要意义。另外,2009 年下发的《最高人民法院关于当前经济形势下知识产权审判服务大局若干问题的意见》(法发〔2009〕23 号)亦明确要求:"妥善处理注册商标实际使用与民事责任承担的关系,使民事责任的承担有利于鼓励商标使用,激活商标资源,防止利用注册商标不正当地投机取巧。"

在具体适用上述法律和规定时,尤其是涉及商标申请异议或商标无效问题时,还应注意到在商标实际使用人没有过错的情况下,消费者的大面积混淆是否属于商标无效或商标申请异议绝对理由的问题。《商标法》第 10 条规定了商标权无效或商标申请异议的绝对理由。其中,该条第 1 款第 8 项是一个兜底性条款,即"有害于社会主义道德风尚或者有其他不良影响的"不得作为商标使用,即使已被注册,但也应被宣告无效。关于该兜底性条款的适用,国家工商行政管理局商标评审委员会(以下简称"商标评审委员会")和北京知识产权法院对"微信"商标申请异议案的复审决定和判决均指出,虽然腾讯公司作为"微信"标志的实际使用人的实际使用时间晚于商标注册申请人的申请注册时间,但由于腾讯公司在被异议商标初步审定公告之前已正式推出了"微信"软件,且用户量持续迅猛增长,相关公众已经将"微信"与腾讯公司紧密地联系起来。当商标申请人的利益与公共利益发生冲突时,应当结合具体情况进行合理的利益平衡。考虑到如核准被异议商标注册，将会对微信注册用户带来极大不便乃至损失，同时也可能使他们对商标申请人提供的"微信"服务的性质和内容产生误认，从而可能对社会公共利益和公共秩序产生消极、负面的影响。故此，商标评审委员会和北京知识产权法院均以该理由否定了商标申请人的商标注册申请。❶ 但是，北京市高级人民法院否定了商标评审委员会和北京知识产权法院的上述观点。北京市高级人民法院在该案二审判决中指出：由于"具有其他不良影响"属于商标注册的绝对禁止事项，因此在认定时必须持相当慎重的态度，在该案中，被异议商标由中文"微信"二字构成，现有证据不足以证明该商标标志或者其构成要素有可能会对社会公共利益和公共秩序产生消极、负面影响。商标注册申请人创博亚太公司的商标注册申请行为也难以认定其他不良影响的存在，即使"微信"由腾讯公司以外的其他主体作为商标加以申请注册，涉及的也仅仅是该应用程序的名称或者商标标志如何确定的问题，并不影响该应用程序自身的正常使用，而该应用程序的名称或者商标标志发生变化，也能够十分迅捷便利地通知到相关用户，不会造成相关公众对相关应用程序及其来源的混淆误认，不会损害包括政府机关在内的腾讯公司微信即时通讯应用程序用户的利益。同时，北京市高级人民法院在该案中认为：被异议商标由中文"微信"二字构成，指定使用在信息传送、电话业务、电话通信等服务上，"微"具有"小""少"等含义，与"信"字组合使用在上述服务项目上，易使相关公众将其理解为是比电子邮件、手机短信等常见通信方式更为短小、便捷的信息沟通方式，是对上述服务功能、用途或其他特点的直接描述，而不易被相关公众作为区分服务来源的商标加以识别和对待。因此，被异议商标在上述

---

❶ 创博亚太科技（山东）有限公司诉国家工商行政管理总局商标评审委员会行政判决书（2014）京知行初字第 67 号［EB/OL］. http://www.mysipo.com/article-4781-1.html.

服务项目上缺乏显著特征，属于《商标法》第 11 条第 1 款第 2 项所指的不得作为商标注册的情形。创博亚太公司提交的证据不足以证明被异议商标经过使用，已经与创博亚太公司建立起稳定的关联关系，从而使被异议商标起到区分服务来源的识别作用，构成《商标法》第 11 条第 2 款规定的可以作为商标注册的情形。因此，被异议商标不应予以核准注册。❶ 由此可见，即使"反相混淆"会导致消费者的大面积混淆，但也不能成为商标无效或撤销的理由，但是在特定情况下，人民法院可以商标标识缺乏显著性的理由撤销或无效该商标。

人民法院在审理涉及"反向混淆"的商标侵权案件时，应首先重点考察原告进行商标注册的目的。如果原告进行商标注册的目的并非为了在市场上实际使用，那么就应该进一步考虑原告的商标注册是否应属无效或撤销的情形。我国《商标法》第 64 条规定："注册商标专用权人请求赔偿，被控侵权人以注册商标专用权人未使用注册商标提出抗辩的，人民法院可以要求注册商标专用权人提供此前三年内实际使用该注册商标的证据。注册商标专用权人不能证明此前三年内实际使用过该注册商标，也不能证明因侵权行为受到其他损失的，被控侵权人不承担赔偿责任。"该条体现了对商标领域"非实施主体"进行规制的思想，但是，该条并没有规定对这些符合撤销条件的商标，人民法院是否可以直接判决被告不承担停止侵权的责任，更没有规定对于符合无效条件的商标，人民法院是否可以直接判决被告不承担侵权责任。目前的实际做法通常是被告到商标评审委员会请求宣告商标无效或向国家工商行政管理总局商标局（以下简称"商标局"）申请撤销该注册商标，审理商标侵权案件的人民法院可以根据情况中止侵权案件的审理，待无效案件或撤销案件有结果后再继续审理侵权案件。

---

❶ 郭京霞，赵岩. 北京高院终审驳回微信商标案：法院认为被异议商标缺乏显著特征不适用在先申请原则［N］. 人民法院报，2016 - 04 - 23（3）.

但是目前的这些做法存在一定的弊端，比如有的法院可能不中止审理，而直接判决被告构成侵权并承担停止侵权的责任，那么由于"反向混淆"中的被告通常是具有巨大市场影响力的企业，一旦法院判决被告停止使用该商标标识，必然会给被告带来巨大的经济损失。在这种情况下，原告的注册商标最终被宣告无效或撤销后，由于原告属于"非实施主体"，并无任何赔偿能力，即使法院判决原告赔偿被告因此而遭受的损失，被告的巨额损失在实际上也是难以挽回的。因此，人民法院在审理涉及"反向混淆"的商标侵权案件时，如果发现原告申请商标的目的并非基于商标法之目的，且原告商标符合无效或撤销条件，那么就可根据《商标法》第64条规定的原则精神，对其进行扩展解释，即人民法院可以直接判决被告不构成商标侵权，不需承担侵权责任。❶

四、"反向混淆"侵权认定标准：注册商标的保护范围

知识产权制度，特别是商标制度、专利制度，具有强烈的推动社会经济发展的政策取向。故此，虽然有大量的知识产权保护国际公约的存在，各国知识产权保护制度和实际保护水平亦存在较大差距。对于一国的知识产权制度而言，其知识产权保护制度亦随着经济的发展和情势的变迁而不断发展变化。如上所述，"反向混淆"涉及多方利益，特别是涉及不特定多数的广大消费者经济利益，因此，即使在先注册商标人申请商标注册的目的是出于正当的使用目的，人民法院在审理"反向混淆"侵权案件时亦应综合考虑各种因素，合理确定在先注册商标人商标权的保护范围，既有效保障在先注册商标人的合法权利，又要尽量避免判决结果对社会经济现实造成不利影响。

第一，应根据原告商标标识的性质，合理确定原告商标权保

---

❶ 张玉敏. 注册商标三年不使用撤销制度体系化解读［J］. 中国法学，2015（1）：225 - 237.

护范围的大小。按照标识的显著性程度,可以将各种标识划分四类:一是臆造性(fanciful)或任意性(arbitrary)标识,二是暗示性(suggestive)标识,三是描述性(descriptive)标识,四是通用性(generic)标识。对于属于商品通用名称的通用性标识,自然不能注册为商标使用。❶ 虽然臆造性和暗示性标识均由于本身就具有显著性,可以直接注册为商标使用,但是对于二者而言,其商标权的保护范围亦应有所区别。臆造性或任意性标识,由于其本身就具有独创性,属于对人类智力成果宝库的贡献,从正当性考虑,理应给予其较大范围的保护。具体而言,在判断是否构成近似商标或类似商品时,应该从宽掌握。而暗示性标识,由于标识本身不具有独创性,不构成对人类智力成果宝库的贡献,因此,在判断是否构成近似商标或类似商品时,就应从严掌握。对于描述性标识,其属于对商品的质量、主要原料、功能、用途、重量、数量及其他特点进行描述的标识,正常情况下不得进行商标注册,只有在通过使用使之具有第二含义之后才能进行商标注册。在"反向混淆"侵权案件中,考虑到不仅原告,其他市场主体亦有权通过使用使描述性标识具备第二含义,如果所涉在先注册商标涉及描述性标识,且如果该标识尚未通过原告的使用而获得第二含义,那么就应直接判决被告不构成商标侵权;如果该标识已通过原告使用而获得第二含义,那么对原告注册商标的保护就应局限在其所获得的第二含义范围之内,而不应在此基础上再向外扩展。❷

第二,应根据被告过错的有无,合理确定原告商标权保护范围的大小。虽然商标侵权适用无过错原则,但是这并不妨碍在确定商标权保护范围时考虑被告过错问题。商标侵权与商标权保护

---

❶ MCCARTH J T. McCarthy on Trademarks and Unfair Competition [M]. 4th ed. [S. L.]: West Group, 1998: §§11:1-11:3.

❷ Mars Musical Adventures, Inc. v. Mars, Inc., 159 F. Supp. 2d 1146, 1152 (D. Minn. 2001).

范围虽然具有紧密的联系，但却是两个问题，不应混为一谈。商标注册人在注册商标时，其权利范围应仅仅局限于其所注册的商品种类和商标。而在注册的商品种类、商标与公有领域之间还有一个"灰色地带"，该"灰色地带"的权利属于谁，其实并不确定。当然，为了给予注册商标人足够的发展空间，我国《商标法》第57条第2项规定：未经商标注册人的许可，在同一种商品上使用与其注册商标近似的商标，或者在类似商品上使用与其注册商标相同或者近似的商标，且容易导致混淆的，构成商标侵权；同时，第13条还将规定对于注册驰名商标，其保护范围可以延展到"不相同或者不相类似商品"，但被告的行为需达到"误导公众"的程度。由此可见，注册商标人将其商标保护范围延展到类似商品、近似商标甚至不相同或不相类似商品的前提条件均是：原告要通过实际的"使用"，使消费者在商标与原告商品或服务之间建立起联系；因为只有如此，才能达到"容易导致混淆"或"误导公众"的条件。因此，如果原告在注册商标后尚未通过实际使用，使消费者在商标与原告商品或服务之间建立起联系，那么原告商标的保护范围并不能实际地延展到上述"灰色地带"。在这种情况下，如果被告通过善意的使用，在该"灰色地带"内使消费者在近似商标与相同或类似商品之间建立了联系，或者使消费者在相同商标与类似商品之间建立了联系，那么考虑到原告的商标权利尚未实际延展到此地带，而被告又是出于善意使用，同时也是为了保护消费者的信赖利益，那么该"灰色地带"的权益就应归属于被告所有。在此之所以强调被告的使用行为必须出于"善意"或者无过错，主要是为了考虑中小商标注册人的利益。该"灰色地带"本来是预留给注册商标人的，如果给予被告，那么就必须遵守公正的法则。公正法则的基本要求就是当事人必须出于善意，并禁止"弱肉强食"。如果在被告明知原告商标的存在的情况下，仍然允许被告利用其超强的营销能力和市场渠道，迅速占领该"灰色地带"，那么显然会纵容大公司肆意掠夺中小企业的商标资源。这样既不利于保护市场的正常竞争秩序,也有违公平正义原则。在一些涉及"反向混淆"的案件中,如 iPad 商标案、"蓝色风暴"商标案中,社会公众乃至专家学者对大公司进行指责的一个重点就是这些大公司在使用商标时没有仔细检索这些商标是否已申请注册、权利人到底为谁等事项,由于这些公司存在过错,故应承担不利后果。❶ 而在另外一些涉及"反向混淆"的案件中,如果由于商标注册申请信息公开的滞后性,如根据我国现行《商标法》,商标注册申请信息至少在申请后 9 个月之后才进行初步公告,故社会公众亦至少在申请后 9 个月才能从商标局获知该注册申请信息,同时,也由于注册申请人在初步公告之前并未对该商标进行实质性的使用,第三人也不能通过注册申请人使用公开的方式获知该商标的存在,那么在这种情况下,如果作为被告的大公司进行了尽责的善意检索且未获得该商标已被原告申请商标注册或已被原告实际使用的信息,那么被告在该"灰色地带"中所获得的权益就应受到保护,被告行为当然也不构成对原告商标权利的侵犯。当然,考虑到在这种情况下,确实有可能存在原告产品的消费者混淆的问题,为了避免此问题发生,人民法院可以要求原告和被告分别在其产品或服务上附加显著且适当的区别标识。

第三,应根据原告注册商标的市场知名度,合理确定原告商标权保护范围的大小。商标权利本质上是来自商标持有者的使用,商标获得保护范围的大小应与该商标的显著性和市场知名度成正比。《最高人民法院关于当前经济形势下知识产权审判服务大局若干问题的意见》明确提出:在商标侵权认定过程中,"认定商品类似和商标近似要考虑请求保护的注册商标的显著程度和市场知名度,对于显著性越强和市场知名度越高的注册商标,给予其范围

---

❶ 曲三强,尹锋林.iPad 商标到底伤到了谁[J].法庭内外,2012(4):44;王娜,程丽元.商标反向混淆的认定及解决:由深圳唯冠、苹果 IPAD 商标纠纷引发的思考[J].中华商标,2013(12):20-24.

越宽和强度越大的保护"。因此，如果对上述规定进行反对解释，那么商标注册人如果并未将其注册商标实际投入使用，其商标缺乏显著性和市场知名度，那么在考虑商品类似或商标近似问题时，就应该从严掌握。北京市第一中级人民法院判决的"星光大道"商标侵权纠纷案即体现了上述规则。❶ 在该案中，原告星光大道影视公司在第41类组织竞赛（教育及娱乐）、广播和电视节目制作等服务上对"星光大道"文字标识进行了商标注册。被告中央电视台推出了《星光大道》电视节目，并在该节目播放时片头、节目录制现场舞台背景屏幕、节目录制现场观众背景屏幕、节目播放时电视屏幕右下角，均突出性地使用了"星光大道"文字标识。北京市第一中级人民法院在分析被告是否构成侵权时，首先对"商标"和"商标符号"进行了区分。该院指出：商标的外观虽然表现为符号，但如果仅是在符号学意义上对商标进行保护，则不仅不符合商标的本质，有违商标法价值取向，而且会不适当地扩展商标权的保护范围，进而使得侵权认定扩大化。商标符号在进入商品或服务流通领域之前，其仅具有符号学意义，此时即便有他人对商标符号的使用，该使用也仅能被视为对商标符号的使用，并不为市场中的相关公众所知悉，更不可能在市场中发挥商标区分不同商品或服务提供者的产源识别功能，进而建立上述特定联系，自然亦不存在造成相关公众混淆误认的可能。在此情况下，注册商标专用权人的合法利益并未受到损害，亦无必要对其予以救济。具体到该案，中央电视台作为被告，制作《星光大道》栏目是为了进行后续的电视播放，制作时使用"星光大道"文字是为了使电视观众能够更加清楚地知悉被告所播放的电视节目名称，故被告并无搭涉案商标便车、刻意造成相关公众混淆误认的故意。

---

❶ 北京星光大道影视制作有限公司诉中央电视台侵害商标权纠纷民事判决书：(2013) 一中民初字第 11888 号［EB/OL］. http://www.pkulaw.cn/case/pfnl_1970324853211765.html? match=Exact.

因此，北京市第一中级人民法院认为：被告主观上并无侵犯涉案商标专用权的故意，客观上其对"星光大道"文字的使用仅是一种对于涉案"商标符号"的使用，不会造成相关公众的混淆误认，不构成对涉案商标的侵犯。北京市第一中级人民法院的判决正确地理解和贯彻了"服务大局意见"的精神，对其他法院在审理"反向混淆"案件时维护正常市场秩序具有借鉴意义。

五、结　语

随着我国经济的发展，我国商标注册申请数量增长迅猛。2015年，我国商标申请量达283.6万件，同比增长24.1%，连续14年位居世界第一，商标有效注册数量也超过了1000万件。在这种复杂形势下，如何合理而有效地解决"反向混淆"问题，保护和平衡商标注册申请人、商标在后使用者和社会公众的合理利益，需要商标行政管理机关和人民法院作出共同的努力。

第一，商标局应当将商标注册申请及时公开，以从根本上避免"反向混淆"的发生。根据我国目前的商标审查实践，从商标注册申请人提交申请后到该申请被公开之间至少存在9个月的"空窗期"。而在这个"空窗期"内，在后商标使用者根本不能查询到该商标标识已经由他人提出注册申请，这样就很有可能导致"反向混淆"问题的发生。事实上，我国大多数"反向混淆"案件也确实源于这个"空窗期"。目前，美、欧等国家或地区在收到商标申请后均立即加以公开。美国以及其他国家在进入21世纪后之所以再极少发生"反向混淆"案件，应该与这些国家对商标注册申请进行及时公开密不可分。我国《商标法》及《商标法实施条例》虽然未明确规定商标注册申请及时公开制度，但考虑到与《专利法》相比，《商标法》并未规定商标注册申请的撤回制度，商标注册申请人没有主动撤回商标注册申请的权利，同时，商标注册申请的及时公开也并不会损害申请人的权利，加之目前我国大多数商标注册申请已经通过电子方式提交，因此，商标局对商标注册申请进行及时公开并无法律或实践上的障碍。

第二，人民法院在审理涉及"反向混淆"的案件时，应在综合考虑各种因素基础上对是否构成侵权作出认定。首先，应考虑商标注册人申请商标注册的真实目的。如果商标注册人申请商标注册的目的与商标法立法目的相悖，且有可能将该商标宣告无效或撤销，则应中止审理，待商标无效程序或撤销程序结束之后再继续进行裁判，甚至可以根据《商标法》第64条的精神，直接裁判被告不构成商标侵权。其次，应考查商标在后使用者使用商标的行为是否具有恶意。如果商标在后使用者在使用商标时就已经知道或应当知道该商标已经被他人在先使用或申请商标注册，商标在后使用者在这种情况下仍然借助其市场强势地位一意孤行进行使用和推广，那么就应认定该在后使用者具有主观恶意，构成商标侵权。如果商标在后使用者在使用商标时由于客观原因不能得知该商标已经被他人在先使用或申请商标注册，那么人民法院在判断被告与原告的商标是否相同或近似、被告与原告的商品或服务是否相同或相似的时候就应从严掌握，并可比照《商标法》第59条第3款的规定，要求一方或双方附加适当区别标识，以避免消费者混淆，进而保护各方的正当、合理利益，维护正常的市场竞争秩序。

专利无效抗辩问题研究

管育鹰[*]

摘　要：对于授权后的专利权效力争议是专属于行政确权体系还是可以由普通法院受理，美国式的双轨制和德国式的二元制都有其各自运行背景。比较而言，日本的折中模式值得中国参考，既将无效宣告的准司法职能归属于行政机关，又允许专利侵权案件中被告提出专利明显应当无效作为不侵权的抗辩理由。引进专利无效抗辩可以在一定程度上减少侵权与无效案件交叉时程序的拖沓，有利于尽早明确双方的权利义务，但这需要首先建立与其相应的运行机制。结合中国的知识产权法院建设规划，应当先按实际需要建立几个跨省级的知识产权法院，将专利等技术性案件的管辖权适当集中，再通过专门立法赋予这些法院审理专利无效抗辩的职能，为最终设立知识产权高级法院做好制度准备。

一、引　言

目前，世界正处于新一轮产业革命的前夜。这场以信息、能源、材料、生物等新技术和智能环保等关键词来描述的变革，将

---

[*] 作者简介：中国社会科学院知识产权中心执行主任。本文由作者完成的日本特许厅 2015 年度"知识产权保护协力推进事业"中的相关研究成果改写。

改变人们的生产、生活方式与社会经济发展模式。为把握这一重要的发展机遇,世界主要国家都出台了一系列创新激励战略和行动计划,加大科技创新投入,以保持科技前沿地位,抢占未来发展的制高点,中国也适时提出了创新驱动发展的国家战略。知识产权保护是实施创新驱动发展战略的法律制度保障,依法保护知识产权,是市场经济、法治经济的内在要求。实践证明,知识产权保护是最有效的创新激励措施,产权明晰和保护力度得当的知识产权制度有助于实现新兴产业市场资源的优化配置;完善知识产权制度、加强知识产权保护的最终目标,能够激发中华民族的创新力,提升企业核心竞争力,为国家的长远发展奠定制度基础。

现阶段中国在知识产权领域有很多热点问题需要研究并提出解决方案,比如如何提高知识产权质量和成果转化率,怎样完善知识产权保护机制、减少诉累和加大侵权惩处力度等。本文拟探讨中国在专利侵权诉讼中引入专利无效抗辩的必要性和可能的路径。需要指出的是,本文讨论的专利仅指发明专利。

二、对专利权本质和专利无效制度的探讨

要获得实施发明的垄断权和禁止他人未经许可的使用,首先须依据专利法规定的程序取得专利权证书。这也是实践中很多人认为专利权只有通过负责施行这一程序的专利行政主管机关"授权"才能获得的原因。那么,应当怎样理解获得专利权证书或"授权"的法律性质呢?我们需要先回顾一下专利权的本质。

(一)关于专利权本质的认识

怎样理解专利权的本质,或者说专利权的权利来源、权利属性是什么?这个问题的回答与如何看待国家专利行政机关在专利制度中的职能密切相关。对专利制度的基本原理,在西方首先创建知识产权制度的国家和地区自18世纪以来众说纷纭,各种学说

见仁见智，其中最主要的是"自然权利说"和"产业政策说"。[1] 自然权利说认为建立专利制度的理由包括：① 所有新颖的思想应属于其产出人所有，社会应该承认这种思想的财产权；② 发明既然给予社会极大的有益贡献，那么社会就应给予适当的奖励、给予发明专用的权利。产业政策说认为从产业政策考虑，国家必须采取专利制度，理由包括：① 假如不给予发明人专有权，那么发明人花费很多时间、费用和心血所完成的发明可能被其他人不付任何劳动代价即自由模仿，这样势必促使发明人对其发明千方百计采取保密手段，从而不利于技术进步和社会发展；② 假如不给发明人以发明专用权，那么势必大大减弱发明人的发明欲望，也势必大大扼杀从事发明实施、企业化的企业家的努力和投资兴致；③ 假如不给发明人垄断权，其无法利用这一合理和强有力的方法有效地防止国内外企业白白占有发明成果的不正当竞争行为，有违公平有效的竞争秩序。

无论是基于何种理论，专利制度的宗旨都是通过赋予发明创造者一种垄断权来实现的，而发明创造是发明人获得专利权的事实基础。专利权的取得要经过行政机关的"授权"程序，但实际上这一程序并不是取得专利权的实质要件，而是一种形式要件。法律之所以规定这样的行政程序，是因为专利权保护对象的特殊性，即发明创造是一种无形智力成果，不像有形物一样有明确的权利保护边界。因此，要对其赋予一种类似物权的专有权，须通过某种方式划定其权利保护边界，即由国家主管机构组织相关领域的专业技术人员来审查发明创造是否符合法律保护所要求的实质要件，并将审查通过后的专利文件（其中记载着用来划定权利保护范围之权利要求的权利要求书是划定专利权利边界的标尺）加以公示，以彰显专利权人就该发明创造获得了对世性的专有权。

---

[1] 参见：吉藤幸朔. 专利法概论［M］. 宋永林，译. 北京：科学技术文献出版社，1980：10-14.

正是在这个意义上，作为典型的知识产权，专利权的本质是私权，即权利人基于其发明创造所获得的民事权利；专利行政机关的审查、处理等行为起到的是对发明创造的内容、权利人对其发明创造应当享有专利权和应当受到法律保护等进行公证或证明的作用，专利"授权"并不是一种行政许可或授权，而是一种"行政确认"。❶ 如行政法学者所言，"行政确认不直接创设新的权利义务或者法律关系"，"行政确认是对特定法律事实或者法律关系是否存在的宣告，而某种法律事实或者法律关系是否存在，是由客观事实和法律规定决定的"。❷ 这样看来，中国《专利法》采用的一些术语是值得斟酌的，比如第四章标题"专利申请的审查和批准"容易让人误解为专利权的获得要经过专利行政部门的批准，是一种"授权"的性质。比较而言，我们看到《美国专利法》在相应条款中采用的是"签发"二字（参见其第十四章标题"专利权证书的签发"（Issue of Patent）；而《日本专利法》采用的也是比较中性的"登记"（日文汉字为"登録"）二字，不像中文里的"批准"二字那样具有浓厚的行政色彩。世界贸易组织（WTO）的TRIPS在序言中即明确作出了"知识产权是私权"❸的定位。不过，作为无形财产的专利权，其边界是普通公众难以判定的，因此一项发明创造须经过法定的程序（无论这一程序被认为是"批准"还是"登记"），才能获得法律赋予的垄断性保护，这是专利权既属于民事权利，又不同于一般民事权利的特殊之处。换言之，

---

❶ 行政确认是指行政机关和法定授权的组织依照法定权限和程序对有关法律事实进行甄别，通过确定、证明等方式决定管理相对人某种法律地位的行政行为。常见的行政确认主要形式有认可、证明、登记、鉴定等，例如医疗事故责任认定、不动产所有权和使用权的登记、婚姻和亲属关系的证明等。

❷ 参见：马怀德. 行政法与行政诉讼法［M］. 北京：中国法制出版社，2010：194；姜明安. 行政法与行政诉讼法［M］. 北京：北京大学出版社，高等教育出版社，2011：250.

❸ TRIPS 序言原文为 "Recognizing that intellectual property rights are private rights"。

就专利权的取得而言，形式要件和实质要件同样重要。

总之，专利权是基于发明创造产生的民事权利，但专利行政机关在权利保护范围的界定上具有不可替代的作用。当然，专利行政机关的审查和复议结果是应当接受司法审查的，实践中这一行政诉讼经常与无效宣告及其相关行政诉讼并称为专利授权确权行政案件。❶ 笔者认为，为进一步明确专利行政案件中司法与行政机关的职能和定位，不宜将无效案件与授权案件并列看待，而是应当有意地将二者加以区分。具体来说，一方面，基于审查及复议行为属于行政确认行为的论述，专利申请的审查、复议和行政诉讼都仅仅发生在行政机关（包括国家知识产权局专利局和国家知识产权局专利复审委员会（以下简称"专利复审委员会"））与相对人（专利申请人）之间，或者说仅仅是国家知识产权局专利局或专利复审委员会单方对专利申请进行审查的行为，因此依照行政诉讼法的程序处理并无争议，司法机关也应当仅审查相关行政确认行为的程序合法性，而不宜代行行政机关的职能并对是否应当授予专利权直接作出判决；另一方面，国家知识产权局专利复审委员会在有权利人和第三人参与的无效宣告程序中之角色却与审查复议程序中的角色有所差别，准确界定其角色及其在行政诉讼中的地位，有助于理解目前国内专利确权程序的完善和中国知识产权法院建设的方向。

---

❶ 比如，为贯彻落实《国家知识产权战略纲要》，完善知识产权审判体制，确保司法标准的统一，《最高人民法院关于专利、商标等授权确权类知识产权行政案件审理分工的规定》（法发〔2009〕39号）将包括"不服国务院专利行政部门专利复审委员会作出的专利复审决定和无效决定"在内的专利、商标等授权确权类知识产权行政案件划归北京市有关中级人民法院、北京市高级人民法院和最高人民法院审理；2014年8月31日第十二届全国人民代表大会常务委员会第十次会议通过的《全国人民代表大会常务委员会关于在北京、上海、广州设立知识产权法院的决定》进一步规定，"不服国务院行政部门裁定或者决定而提起的第一审知识产权授权确权行政案件，由北京知识产权法院管辖"。

（二）专利复审委员会在无效宣告程序中的职能定位

《专利法》第 41 条规定："国务院专利行政部门设立专利复审委员会。专利申请人对国务院专利行政部门驳回申请的决定不服的，可以自收到通知之日起三个月内，向专利复审委员会请求复审。专利复审委员对复审请求进行审查作出决定，并通知专利申请人。专利申请人对专利复审委员会的复审决定不服的，可以自收到通知之日起三个月内向人民法院起诉。"第 46 条规定："专利复审委员会对宣告专利权无效的请求应当及时审查和作出决定，并通知请求人和专利权人。宣告专利权无效的决定，由国务院专利行政部门登记和公告。对专利复审委员会宣告专利权无效或者维持专利权的决定不服的，可以自收到通知之日起三个月内向人民法院起诉。人民法院应当通知无效宣告请求程序的对方当事人作为第三人参加诉讼。"可见，在驳回申请复审程序中，专利复审委员会履行的是行政确认的复议行为，行政相对人是专利申请人，在随后的行政诉讼中这二者分别是被告和原告；在无效程序中，专利复审委员会不是进行行政复议，而是直接根据请求人提出的主张、证据和专利权人的答辩意见、证据作出裁决。专利无效程序有对抗性的当事人（无效宣告请求人和专利权人），专利复审委员会居间对双方当事人关于专利权效力之争议进行裁决，这一职能与司法机关的审理和裁判行为类似，即具有"准司法"特性。

"准司法"（quasi-judicial）的概念在西方司法体制中并不陌生。比如，美国拥有一套行政法官（Administrative Law Judge，ALJ）制度，行政法官在社会保障、经济发展导向中扮演着十分重要的角色。根据美国相关法律，其国际贸易委员会（ITC）就设有行政法官，负责应请求对涉及知识产权的进口、反倾销和反补贴和不公平贸易行为等进行调查并作出裁决，对 ITC 的裁决不服的可上诉到美国联邦巡回上诉法院（CAFC）。关于专利权的效力判断，美国实行的是双轨制，即除了由美国专利商标局（USPTO）对专利权的效力重新进行审查作出裁决外，受理专利侵权诉讼的法院还可以对被告提出的专利权无效抗辩或者反诉进行审理并作出判决（当然，这以承认专利权被推定有效为前提，《美国专利法》第282条）。根据《美国专利法》第6条，USPTO设"专利审查与上诉委员会"（PTAB，2012年9月16日由其前身BPAI，即"专利上诉与争议委员会"改制而来，除执行BPAI原有各项复审或再审业务、适用专利法及BPAI的所有规则外，还负责2011年美国发明法案AIA调整或新增的多项审理程序）。PTAB的审理程序不像在中国一样被称为无效宣告程序，而是分不同情况称为单方再审程序、双方重审程序和授权后重审程序。❶ 为审理专利再审查请求，PTAB设有专利行政法官（Administrative Patent Judge，APJ），APJ由美国商务部长与专利复审委员会主任协商后任命，是具有足够丰富的法律和科技知识的专业人员。根据《美国专利法》，PTAB关于专利权是否有效的裁决，可以起诉至CAFC，CAFC的判决可上诉至美国联邦最高法院。PTAB的再审查程序与法院的民事诉讼程序相似，比如由请求人和专利权人双方对抗、引入专家证人、实行证据开示等，具有明显的准司法性。

为适应专利行政诉讼的专业化要求，简化程序，提高效率，1961年德国创建了独立的联邦专利法院（Bundespatentgericht，BPatG），负责审理不服德国专利局（现已更名为德国专利商标局）和申诉委员会（相当于中国的专利复审委员会）关于专利权的有效性裁决起诉的案件。根据《德国专利法》第65条规定，BPatG是独立自治的联邦法院，设立在德国专利商标局（DPMA）的总部所在地慕尼黑。针对已登记的专利进行的无效诉讼是一个独立的、与专利授予和异议程序分离的诉讼程序，原则上可由任何人

---

❶ 参见《美国专利法》第6条（35 U.S.C. 6）；关于美国PTAB再审程序的介绍，参见左萌，孙方涛，郭风顺. 浅析美国专利无效的双轨制［J］. 知识产权，2013（12）.

在任何时间提起,❶ 被告是登记簿上登记的专利权人;BPatG 作为一审法院进行判决,二审(上诉)法院是德国联邦最高法院。从专利无效的请求直接向 BPatG 提起诉讼而非向德国专利商标局的申诉委员会提起、终审法院是德国联邦最高法院(主管普通民事刑事案件)而非德国最高行政法院、专利无效诉讼实行二审终审而非三审终审制、《德国专利法》多处明确规定相关程序适用民事诉讼法等这些特点来看,BPatG 属于典型的专门法院。

在专利制度方面,日本特许厅(JPO,即日本的专利商标局)的审判部(相当于中国的专利复审委员会和商标评审委员会)负责专利和商标案件的复审和无效工作,该审判部的构成与法院的构成非常相似。《日本专利法》中关于无效请求的审理程序之规定,多处都直接援引日本民事诉讼法,可见,JPO 对无效请求的裁决程序属于典型的准司法程序。事实上,JPO 审判部的审决也等同于日本地方一审法院的判决,当事人对其所作出的关于专利权无效的审决不服的,可以直接向东京知识产权高等法院提起上诉,日本最高法院是无效诉讼的终审法院。日本的专利无效诉讼虽然是因不服 JPO 审判部对专利权无效宣告请求的审决提起,但是以专利权人或无效申请人为原告,以对方当事人而非 JPO 为被告(法院会将诉讼内容通知 JPO 长官,并询问其意见)。❷

与前述各国的专利无效审查程序相比,中国的专利复审委员会在专利无效宣告程序中扮演的角色,与 USPTO 的 PTAB、德国的联邦专利法院以及日本 JPO 的审判部有同有异。相同的是它们都是直接受理专利权无效请求的首要机构,并执行准司法性质的审理程序;不同的是美国、日本对专利权是否有效的准司法都直接上诉到机构所在地的高级专门法院,德国的甚至直接上诉到联

---

❶ 参见《德国专利法》第 81 条。根据该条,专利无效诉讼必须以书面形式提起,有明确的原告、被告和诉讼标的,并且应当有明确的请求、陈述起诉所依据的事实和证据。

❷ 参见《日本专利法》第 123 条至第 180-2 条。

邦最高法院，而中国的专利复审委员会决定只能按照《行政诉讼法》起诉到所在地的北京市相关的中级人民法院（目前为北京知识产权法院）。此外，中国的专利无效行政诉讼中，专利复审委员会都是固定的被告，其频频出现在北京有关法院被告席上疲于应对的不合理现状至今未有改观。另外，根据《行政诉讼法》的规定，行政诉讼实行二审终审制。这样，在理论上专利权是否有效可能需要经过专利复审委员会的决定、北京市有关中级人民法院的一审、北京市高级人民法院的二审，然后再发回专利复审委员会重新审查作出决定……如此循环往复，耗费大量的行政和司法资源。

三、专利侵权与无效程序交叉问题

本来，专利侵权诉讼和专利无效诉讼二者各有各的职能，但是，由于在侵权诉讼中，专利权本身应当无效通常成为被告竭力主张的一个抗辩理由，因此法院是否接受这一无效抗辩以及是否能据此直接对专利权的效力作出判决，成为各国专利制度设计的难题。在专利侵权与无效两个程序交叉的问题上，不同国家的应对措施不尽相同。

（一）美国双轨制下的方案

美国在专利权效力判断的职能方面实行的是双轨制，即在审理民事侵权诉讼的普通法院主张专利权无效或在 USPTO 的 PTAB 提出再审查请求并作出裁决（可以上诉到 CAFC）。在法院直接主张专利权无效有两种方式，一是被告在专利侵权诉讼中以抗辩或反诉形式提出（须在最初的答辩状中即提出❶）；二是在没有专利侵权诉讼发生，但已有实质争议且可能发生时独立提出专利无效确认的诉讼（依据美国司法机构和司法程序法❷）。

因为美国的专利侵权诉讼和确认不侵权之诉可能发生在任何地方法院，在这种双轨制下，就存在着地方法院关于同一个专利之效力的判决与 PTAB 不同的情况。早在 Ethicon 案中，被告不仅在侵权诉讼中请求确认专利权无效，同时也向 USPTO 申请再审查；USPTO 担心与法院的认定结果发生冲突而中止了再审查程序，被告向 CAFC 起诉该中止裁决。CAFC 认为 USPTO 中止再审查程序不符合《美国专利法》，应当撤销，理由为：① USPTO 在技术审查方面的专业职能是普通法院所欠缺的，二者职能并不重叠交叉；② 普通法院进行的无效诉讼程序与 USPTO 的再审查程序在证据方法和证明标准方面不同，即使二者对同一专利的有效性作出不同认定也无矛盾可言。❸ 此后，美国法一直采取这样的态度，即但凡遇到法院与 USPTO 同时处理同一专利有效性问题时，USPTO 不得中止再审查程序，而是要尽快处理作出裁决。不过，对处理同一专利有效性问题的法院来说，却可以中止诉讼以等待 USPTO 的再审查结果，通常法院在是否裁定中止时会考虑案件的简易程度、提起复审的时机、倾向性等因素。中止诉讼的裁决表示了美国法院对 USPTO 专业技术职能的尊重。当然法院也可

---

❶ 参见《美国专利法》第 282 条（35 U.S.C. 282）"推定有效及抗辩理由"的规定，即"专利权应被推定为有效，每一申请专利范围项目（无论系独立项、附属项或多项附属项型式）均应推定为独立有效，而不受其他申请专利范围项目之影响；纵使所依附之申请专利范围部分无效，附属项或多项附属项之申请专利范围仍应视为有效，主张专利权全部或其中任何部分申请专利范围无效的当事人应当承担证明专利权无效的举证责任……关于专利权效力或侵害之诉讼，主张无效或无侵害行为的当事人至少应于审理之三十日前，以答辩状或其他书面方式通知对方当事人……"

❷ 参见《美国法典》第 28 篇（28 U.S. Code, Chapter 151）"确认之诉"的有关规定。

❸ Ethicon Inc. v. Quigg 849 F. 2d 1422-1428 (1988).

不中止继续诉讼，因为 USPTO 的再审查结果对法院并无拘束力，而法院的判决则对 USPTO 有拘束力。需要注意的是，在美国当事人如果对各地方法院审理的专利侵权案件判决不服，都统一上诉到 CAFC，而对 USPTO 的 PTAB 裁决不服的也是上诉到 CAFC，最后的终审法院都是美国联邦最高法院。这样的制度安排目的在于避免出现相互冲突的判决结果，保障法律适用的统一性，就裁判尺度来说，同一法院对专利权效力的认定不会有太多出入。

此外，为了使法院、USPTO 两个并行的无效程序衔接得更加顺利，《美国专利法》规定了禁止反言制度（estoppel），即如果权利要求被 PTAB 再审查认定为具有专利性的，请求人不能再向法院提起该专利无效的请求（35 U.S.C. 315（c）），反之亦然。

（二）德国处理侵权与无效案件的二元制方案

在德国，专利侵权是由普通法院管辖的民事案件，BPatG 是一个专门设立的审理专利确权案件的法院，专属管辖专利权无效诉讼案件。这种二元制面临着的问题是：如果 BPatG 判决专利权无效而普通法院认定侵权成立（或者是相反情形）应该怎么处理？侵犯一件本来应该无效的专利但却要承担法律责任，这显然是不合理的，但却存在着现实的可能性。这种情况下，根据被宣告无效的专利权自始无效的原理，德国法院的弥补方式只能是通过再审撤销之前的侵权诉讼之判决。

为避免可能的冲突，《德国民事诉讼法》第 148 条规定，审理侵权诉讼的普通法院可以裁定中止程序直到无效诉讼程序终结，但是，一般来说普通法院只有认为专利被判决宣告无效的可能性极高时才会中止侵权诉讼程序，但这一自由裁量权的尺度并不容易掌握。近年来，德国各界对专利侵权诉讼与无效诉讼程序交叉时因为普通法院与行政法院职能区分过于严格产生的法律适用之不确定性已经开始反思。比如，台湾宏达公司（HTC）和德国专利公司 IPCom 就一项欧洲专利（EP1186189）发生争议，一审法院判定 HTC 侵权，但这一结论随后被 BPatG 的判决推翻：IPCom

在 2009 年初获得了法院的禁令，要求 HTC 停止在德国销售 3G 手机；与此同时，HTC 提出专利无效诉讼，而 2010 年末 BPatG 判决 IPCom 的专利无效。另一起近期案例是地方法院在专利侵权诉讼中对美国苹果公司颁发了禁令，禁止其在德国以 iOS 移动终端提供邮件收发服务，而当时针对该专利（EP0847654）的无效诉讼还未结束。不过，在案件上诉后，该地区高级法院裁定中止诉讼以等待无效诉讼的结果。根据相关数据，德国不同法院的判决或裁决不尽统一的情况达到了 12%，造成了法律效果的不稳定性。总的来说这套二元制体系有利于专利权人而对被告缺乏足够救济。为此，有研究者建议应当考虑相关改革，比如某些情况下将侵权与无效程序合并，以及加快 BPatG 的无效诉讼程序进程等。❶

（三）日本的折中式方案

日本在法律传统上深受德国的影响，多数学者都认为专利权的授予或取消都是专属于 JPO 的职权，相关的程序也是行政程序，在法院依行政程序作出最终判决前，专利权都应当被推定为有效。因此，如果认为某一专利有法定的无效事由，只能依据《日本专利法》第 123 条之（2）向 JPO 请求无效审决，对 JPO 所作的关于无效请求的审决不服时，无效请求人或专利权人可以以对方（非以 JPO）为被告，依据《日本专利法》第 178 条在东京高等法院（2006 年之后由属于东京高等裁判所特别支部的东京知识产权高等法院管辖）提起"审决取消之诉"（其性质属于行政诉讼）以撤销 JPO 的审决。与此同时，面对各国都遇到的同样问题——被控专利侵权人在诉讼中提出原告的专利权应当无效的抗辩，日本的地方法院一般不作出回应，而是中止诉讼等待无效诉讼行政程序的

---

❶ 相关案件和分析详细内容参见：CREMERS K, GAESSLER F, HARHOFF D, et al. Invalid but Infringed? An Analysis of Germany's Bifurcated Patent Litigation System [EB/OL]. https://www.law.berkeley.edu/files/Helmers_Christian_IPSC_paper_2014.pdf.

结果。

但是，自20世纪90年代以来，日本提出了"信息创新时代，知识产权立国"的建设方针，知识产权司法改革成为日本知识产权战略的重要内容，日本学界也逐渐认可了专利侵权诉讼中被告应该可以提出无效抗辩的学说❶：一方面，专利权无效的请求要另行提起无效诉讼，实际上是要求当事人的同一诉求要经过两个诉讼程序才能够确定，增加了当事人的负担；另一方面，机械性地执行特许厅与法院的权限分工，将一个程序能解决的问题要求完成两个程序是不恰当的，这还造成了案件审理的拖沓延迟，在不违背设置特许厅的目的之范围，应当承认受理侵权诉讼的法院❷可以对专利权的效力作出判断。❸ 2000年，日本最高法院在富士通与美国得州公司关于半导体集成电路基本专利一案（以下简称"Kilby案"）中肯定了东京高等法院的开创性判决，该判决认为："本件专利明显存在无效理由，可以切实地预见其专利权如果被请求进入无效审判将确定地被认定为无效，因此基于该专利权的停止侵权和损害赔偿等请求如果准许的话是不适当的……从而，即使在专利无效审决确定之前，审理专利侵权诉讼之法院，于其审理结果认为该专利权存在明显的无效理由时，基于该专利权的停止

---

❶ 无效抗辩学说在日本也叫当然无效说，即发明专利如果存在欠缺新颖性等重大明显瑕疵的，应当认为其当然无效。代表性观点参见：中山信弘. 工業所有権法：上·特許法［M］. 2版. 弘文堂，1998：418；田村善之. 特許侵害訴訟における公知技術の抗弁と当然無効の抗弁［J］. 特許研究，1996（21）：4；中島和雄. 侵害訴訟における特許無効の抗弁·再考［J］. 知財管理，2000，50（4）：489.

❷ 在2005年东京知识产权高等法院成立之前，依据《日本民事诉讼法》第6条，包括专利侵权案件在内的技术性知识产权民事案件的管辖实际上已经相对集中，即一审由东京、大阪地方法院跨区审理，二审由东京高等法院审理，而后者正是直接受理专利无效诉讼一审案件的专属管辖权法院。

❸ 本段关于日本无效抗辩讨论的介绍参见：飯村敏明. グローバル·ネットワーク時代における特許侵害訴訟：我が国における侵害訴訟における特許無効の抗弁を中心として［EB/OL］. http://www.softic.or.jp/symposium/open_materials/10th/jp/iimura-jp.pdf.

侵权、损害赔偿等请求，除有特殊情形外，应认为是权利滥用而不予支持。"❶ 自此，日本最高法院在 Kilby 案中将法院在专利侵权诉讼中可以审理无效抗辩的理论变成了判例。

允许侵权诉讼中的被告提出专利无效抗辩为迅速有效地解决侵权纠纷起到明显的促进作用。日本于 2004 年 6 月修改《日本专利法》，增加了第 104 条之 3 第（1）项，明确了无效抗辩并规范其适用（随后修改的实用新型、外观设计和商标法中相关条款也明确适用无效抗辩条款）："在有关侵害专利权或独占实施权的诉讼中，如果认为该专利权应当依专利无效审判程序判定为无效时，专利权人或独占实施权人不得对被告方行使其权利。"同时，为避免当事人滥用无效抗辩、有意拖延专利侵权诉讼，第 104 条之 3 第（2）项规定："依前项提出无效抗辩主张的，如果法院认为其以不当延滞诉讼为目的，则可依申请或依职权裁定予以驳回"；这一规定是为了防止当事人动辄主张无效抗辩，反而造成专利权保护的延迟。日本的这一规定并不是从民事法院可以直接宣告专利权无效的角度，而是从民事法院不支持专利权人诉讼请求的角度来规制的，巧妙地回避了二元制中司法与行政机关的职能分工问题。这一折中的方案提出之后，日本 2005 年 4 月 1 日成立了东京知识产权高等法院，统一审理技术性知识产权民事案件的二审和无效审判案件的一审。

那么，如何解决侵权诉讼结果与无效判决可能产生的冲突？根据《日本民事诉讼法》第 338 条第 1 款第（8）项规定，民事案件据以判决的行政决定被依法修正的，该民事案件可以提起再审。为避免因判决冲突而提出再审的不利局面，《日本专利法》在 2011 年修改时增加了第 104 条之 4 对可能发生的再审进行了限制，即

---

❶ Kilby 案判决由东京高等裁判所于 1997 年作出，并于 2000 年（平成 12 年）得到最高裁判所的确认；参见：平成 10（才）364 债务不存在确认请求事件、平成 12 年 4 月 11 日最高裁判所第三小法廷にて出された上告审判决。

"侵权诉讼判决生效后，当事人不得以无效审判中权利被判决无效为由提起再审"。换言之，侵权案件中法院不采纳无效抗辩认为专利权有效而判决被告构成侵权的，即使后来专利权在无效程序中最终被判定无效，被告也不得提起再审。不过，由于所有技术性民事案件的上诉审法院与审理无效诉讼的法院都是东京知识产权高等法院，且通常该法院对涉及同一专利有效性的案件之审理都是同一个合议庭，因此现实中同一法院作出相反判决几乎不可能，侵权与确权诉讼结果的冲突仅是理论上的。

日本的这一折中方案基本上被中国台湾地区全盘借鉴，不同的是台湾地区是通过专门另行"立法"来实施该方案，而不像日本一样逐一修改相关立法。台湾地区的这一"立法"与日本各部工业产权法的修改目的实质相同，而且范围扩大（即在刑事诉讼中也准用无效抗辩）；❶另外，台湾地区与日本一样，在相关规定通过后即成立了知识产权专门法院（2008年）。

四、我国专利侵权和无效诉讼程序相关问题

尽管专利侵权案件在中国知识产权案件中的绝对数量不多，但由于其中的一些重大的、复杂的、有争议的专利案件，尤其是侵权民事诉讼与无效行政确权程序交叉的案件，通常涉及相关领域的重要企业或者是涉外当事人，使得这类案件的审理过程及判决的社会关注度高，影响范围广。其中，侵权诉讼与无效程序的纠缠、循环问题尤其值得讨论。

---

❶ 我国台湾地区"智慧财产案件审理法"（2007年制定、2014年修正）第16条（撤销、废止原因之判断）规定："当事人主张或抗辩知识产权有应撤销、废止之原因者，法院应就其主张或抗辩有无理由自为判断，不适用'民事诉讼法'、'行政诉讼法'、'商标法'、'专利法'、'植物品种及种苗法'或其他'法律'有关停止诉讼程序之规定。前项情形，法院认有撤销、废止之原因时，知识产权人于该民事诉讼中不得对于他造主张权利"；第30条（准用规定）规定："第十六条第一项规定，于审理第二十三条案件或其附带民事诉讼时，准用之。"

(一) 专利侵权、无效程序设置问题

根据现行《专利法》第45条、第46条，目前中国的专利无效只能向专利复审委员会提出请求；不服专利复审委员会的决定，可以向人民法院起诉。[1] 由于目前受理对专利无效决定不服提起之诉讼的北京知识产权法院属于中级人民法院的级别，此类案件的二审应当上诉到北京市高级人民法院。因此，理论上，在中国对专利有效性提出的争议可能需要一个在专利复审委员会进行的准司法程序和北京市中、高两级法院进行的司法程序。另外，根据中国的《行政诉讼法》第54条，法院对具体行政行为要么维持，要么撤销令其重作，而《专利法》则没有任何相关规定，因此，法院即使认为专利权应当无效，也只能判决由专利复审委员会另行作出决定。理论上如果当事人对专利复审委员会另行作出的决定仍可以提起新的行政程序，从而将争议的解决推入新一轮程序循环，使争议解决时间进一步加长。

显然，这一专利无效程序的设置，使相关当事人付出的成本过高，不利于专利确权纠纷的解决；尤其是与专利侵权纠纷的交叉，更使得整个程序延拓，不仅使当事人的权利义务长期处于不确定状态，而且也耗费了大量的公共资源。事实上，国内很多研究者都指出专利复审委员会在无效宣告程序中扮演的角色是准司法机构，[2] 很早就提出了相应的方案，即提出将专利复审委员会对专利无效宣告请求的审理视为类似民事诉讼的程序，将其裁决视

---

[1] 根据最新的诉讼管辖划分，不服专利无效决定的向北京知识产权法院起诉；参见《全国人民代表大会常务委员会关于在北京、上海、广州设立知识产权法院的决定》(2014年8月31日)第2条第2项："不服国务院行政部门裁定或者决定而提起的第一审知识产权授权确权行政案件，由北京知识产权法院管辖。"

[2] 参见：北京市高级人民法院知识产权庭.专利、商标确权纠纷解决机制的问题研究[J].法律适用，2006（4）：14–17.

为一审判决,直接上诉到北京市高级人民法院。❶ 这些观点和建议被2008年通过的《国家知识产权战略纲要》吸收,明确将"探索建立知识产权上诉法院"列为战略实施的举措之一。但是,随着中国知识产权战略的推进,改革所遇到的问题的复杂程度超出了当时的设想。根据现有立法和实践,2014年底设立的北京知识产权法院并无权直接变更专利复审委员会的决定,也未能化解专利侵权与无效程序二元制可能带来的循环诉讼问题。

不过,在化解循环诉讼方面,《最高人民法院关于适用〈中华人民共和国行政诉讼法若干问题的解释〉》(法释〔2015〕9号)有望从另一角度切入对此加以规制。根据该解释第3条第1款第9项的规定,如果行政诉讼标的已为生效裁判所羁束的,已经立案的行政案件应当裁定驳回。这样,如果一件专利的无效宣告请求走完"专利复审委员会—北京知识产权法院—北京市高级人民法院"的一轮程序后被发回专利复审委员会重审的,对重新作出的复审决定又起诉的,可能会被北京知识产权法院直接驳回。另外,2016年3月21日颁布的《最高人民法院关于审理侵犯专利权纠纷案件应用法律若干问题的解释(二)》(法释〔2016〕1号)也增加了一些民事与行政程序的衔接措施以尽量避免可能的冲突,比如第29条、第30条,进一步从法律适用的角度明确要求审理专利侵权案件的法院尽量避免对同一专利的效力作出与专利复审委员会的生效决定相左的裁判,或者中止与之相冲突的民事判决、调解书的执行。

(二)专利侵权诉讼中被告提出无效的问题

有研究者对收集到的北京和上海近5年(2009~2014年)专利侵权案件的一审判决进行了分析,其中得出的一些数据值得我们思考。根据该分析,从一审判决结果看,北京专利侵权案件原

---

❶ 参见:中国社会科学院知识产权中心.中国知识产权保护体系改革研究[M].北京:知识产权出版社,2008.

告的胜诉率为76%，上海原告的胜诉率将近70%，而这两个地方专利侵权案件的二审维持率都在90%左右。也就是说，争讼到法院的专利侵权纠纷，大多数是被告的确侵犯了原告的专利权。在判定不侵权的案件中，无论是在北京还是上海，70%左右都是因为被控侵权产品未落入原告专利权的保护范围，其他的不侵权原因还有现有技术抗辩、未证明存在侵权行为以及先用权抗辩等。北京和上海的数据都显示，专利侵权案件中，只有20%左右的被告会针对涉案专利提出无效宣告请求；而最终因专利被宣告无效而判定不侵权的，仅在北京法院判定的不侵害发明专利权的案件中占2.4%。❶ 从以上数据看，在专利侵权诉讼中提出专利无效宣告请求、最终因专利被无效而判决不侵权的案件数量很少。

那么，在专利侵权诉讼中，被告是否可以直接以专利无效作为自己不侵权的抗辩理由？对此中国已有的法律法规、司法解释中并无明确的规定。实践中法院的一般处理方式是不直接受理无效抗辩并对其进行判决，而是告知被告依法另行提起专利无效宣告程序。不过，北京的法院也曾有过例外的处理方式，即直接对被告提出的专利无效抗辩作出答复并直接判决专利权无效。比如，北京市第一中级人民法院在其（2004）一中行初字第575号、第742号、第769号、第770号判决中，北京市高级人民法院在其（2003）高行终字第61号判决中都曾有过此尝试。❷ 但是，此后法院对在专利侵权诉讼中直接审理无效抗辩并判决权利无效变得十分谨慎，法院对被控侵权人的"专利无效抗辩"给出答复典型的阐述为："被告称原告专利无效，但并未提供相应证据证实，且专利有效与否为国家相关行政机关审查范围，并非法院审查内容；

---

❶ 高荣英．北京市专利侵权案件数据分析报告，上海市专利侵权案件大数据分析报告［EB/OL］．http：//www.zhichanli.com．

❷ 喻辉．浅议专利权无效作为专利侵权诉讼一种"新"的抗辩事由［J］．法制与经济，2013（11）．

因此对被告称原告的专利无效抗辩不予支持。"❶ 总的来说，由于法无明文规定，法院倾向于避免对可能介入行政权力范围的诉求进行审理。北京市高级人民法院在其发布的《专利侵权判定指南》（京高法发〔2013〕301 号）中以第 6 条规定了"专利权有效原则"，即在权利人据以主张的专利权未被宣告无效之前，其权利应予保护，而不得以该专利权不符合专利法相关授权条件、应予无效为由作出裁判。

尽管如此，自 2008 年《国家知识产权战略纲要》明确知识产权保护以司法为主导之后，法院也在尝试一些变通的方法。比如，根据北京市高级人民法院知识产权庭的统计，2009 年以来专利确权案件逐年增多，法院在专利确权案件中司法审查职能不断强化；2013 年，有 15％的专利复审委员会关于专利无效宣告的决定被北京两级人民法院在司法审查中撤销。近年来，北京市法院还不断加强对专利授权实质性条款的审查力度，在一些有争议的重大问题上敢于提出意见。例如，通过审理（2012）高行终字第 833 号北京万生药业有限责任公司诉专利复审委员会、第一三共株式会社发明专利权无效行政纠纷案和（2013）高行终字 1754 号新日铁住金不锈钢株式会社诉专利复审委员会、李建新发明专利权无效行政纠纷案，分别对医药化学领域"马库什权利要求"的修改和创造性判断方法、涉及化合物及化学混合物和组合物创造性判断方法进行了探索，有效履行了司法审查职能，明确了裁判标准。❷ 当然，由于无效案件中涉及的专业技术问题比较复杂、专业性强，法官在单个案件中付出的时间和精力较大，这也给北京市法院带来了很大的压力；建立高级别的知识产权专门法院、加强技术调查官等审判辅助人员的配备等呼声日高。❸ 最高人民法院在

---

❶ 参见广州市中级人民法院（2004）穗中法民三知初字第 267 号民事判决书。
❷ 参见：北京市高级人民法院知识产权庭. 北京市法院 2013 年专利授权确权行政案件审判状况［J］. 中国专利与商标，2015（1）.
❸ 参见：吴汉东. 中国知识产权法院建设：试点样本与基本走向［J］. 法律适用，2015（10）.

一起侵害实用新型专利权纠纷申请再审案中认为：准确界定专利权的保护范围，是认定被诉侵权技术方案是否构成侵权的前提条件；原告的专利权属于"保护范围明显不清楚"的情形，因此不应认定被诉侵权技术方案构成侵权。❶ 从这一裁定看，法院实际上对涉案专利的有效性进行了审查，只不过在陈述理由时通过"不保护无法保护的权利"的方式谨慎回避了对权利效力问题的直接表态；这在一定程度上体现了中国最高审判机构近来对与行政程序交叉的知识产权民事纠纷应如何进行实质性解决的政策导向。

在专利侵权诉讼中如果被告提出专利无效宣告请求如何处理？对此最高人民法院分不同情形作出了一系列弹性规定。❷ 原则上说，人民法院决定中止诉讼，专利权人或者利害关系人请求责令被告停止有关行为或者采取其他制止侵权损害继续扩大的措施，并提供了担保，人民法院经审查符合有关法律规定的，可以在裁定中止诉讼的同时一并作出有关裁定。可见，在侵权诉讼中如果经过某种实质性审查的专利权被请求宣告无效，法院一般不中止审理；事实上根据前文提到的对北京、上海两地法院的案例调查结果，在被告提出无效的专利侵权案件中，也只有不到10%被法院裁定中止。另外，根据我国现行《民事诉讼法》第150条，裁定中止的事由包括"本案必须以另一案的审理结果为依据，而另一案尚未审结的"。但是，专利无效宣告程序及其相关司法审查的行政诉讼之结果是否属于专利侵权诉讼所必需的依据？对此，无论是2015年《最高人民法院关于适用〈中华人民共和国民事诉讼法〉的解释》，还是《专利法》适用的系列司法解释均没有明确规定。因此，专利侵权诉讼和专利无效诉讼程序交叉时，法院是否裁定中止侵权诉讼以待无效诉讼的结果，仍然是个自由裁量的问题。

---

❶ 参见最高人民法院（2012）民申字第1544号民事裁定书。
❷ 参见《最高人民法院关于审理专利纠纷案件适用法律问题的若干规定》（法释〔2001〕21号、法释〔2013〕9号、法释〔2015〕4号）第8条至第12条。

五、我国专利侵权诉讼中引进无效抗辩的建议

（一）引进无效抗辩规则的必要性

如上所述，域外经验表明，虽然专利权的本质是私权，但由于其是典型的无形财产，技术性极强，在权利范围界定方面需要专门的专业技术人员协助，因此负责专利行政管理工作的行政、准司法机关的授权确权法定程序成为世界各国专利制度的必备内容。但是，在实践中由于多种原因，已经被授予专利权的发明创造不可能都符合《专利法》规定的实质要件；为保证专利的质量、纠正国家知识产权局专利局和专利复审委员会工作中的疏漏和失误，必须建立专利无效宣告制度，以免不合格的专利权之行使损害他人合法利益和社会公益。比较其他法域的经验，我们发现在中国要走完一套专利无效宣告程序，不仅需要多过一道行政诉讼程序（北京知识产权法院），而且终审的法院（北京市高级人民法院）层级比别的国家低，不利于树立专利权判定的司法权威。前面介绍的美国、德国、日本各种模式都有其可取之处，但毕竟国情不同，难以完全照搬。相对而言，日本既在侵权诉讼中允许无效抗辩，又不明确法院直接宣告权利无效的经验值得考虑。

明确侵权诉讼中可采纳专利无效抗辩并不违背中国行政、司法职能划分的传统，且可以提高司法效率。引入专利无效抗辩也有利于统一司法尺度，减少不确定性，比如现行司法实践中法院遇到被告提出专利无效宣告请求时在是否中止诉讼方面做法不一，法官的自由裁量权大不利于当事人建立合理预期，也容易被指为滥用或推诿。

（二）专利侵权诉讼中引入无效抗辩的路径

在专利侵权诉讼中引入专利无效抗辩，可以在不动摇目前中国司法与行政机关的职能分工的前提下，简化诉讼程序，提高审判效率。当然，这一制度的运行与知识产权侵权上诉案件和无效

案件由同一专门法院管辖息息相关。

就中国目前的国情而言，应当如何引入专利无效抗辩呢？笔者认为，引入专利无效抗辩制度绕不开中国知识产权专门法院的建设问题，应当谨慎研究，稳妥进行。

1. 进一步集中专利侵权案件的管辖

根据《最高人民法院关于审理专利纠纷案件适用法律问题的若干规定》，专利纠纷第一审案件，由各省、自治区、直辖市人民政府所在地的中级人民法院和最高人民法院指定的中级人民法院管辖。最高人民法院根据实际情况，可以指定基层人民法院管辖第一审专利纠纷案件。据统计，截至2014年底，全国具有专利（发明、实用新型、外观设计）民事纠纷案件管辖权的中级人民法院已有87个。❶

2014年下半年以来，随着知识产权专门法院建设速度的加快，统一裁判尺度、加强专业化审判成为知识产权司法保护所强调的目标；尤其是北上广三个知识产权法院的成立，显示出中国的发明专利等技术性案件的管辖权开始出现"收"的迹象。其中，广州知识产权法院的建设经验引人关注。该法院的设置方案是将除深圳外广东全省技术性知识产权案件集中到新设立的广州知识产权法院审理。❷ 考虑到之前最高人民法院在整个广东省除了深圳外还指定了8家中级人民法院审理专利案件，广州知识产权法院将这些法院的专利案件管辖权收回后的运作经验，对全国范围内将专利案件管辖权进一步集中仍具有参照意义。

笔者认为，专利无效抗辩在一定程度上涉及了对专利权效力的认定，要采用美国式的做法，即任何目前有专利案件管辖权的法院均可审理专利无效请求是不现实、容易引起争议的；尤其是

---

❶ 参见《中国法院知识产权司法保护状况（2014）》（2015年4月发布）。
❷ 参见：广东高院发布关于广州知识产权法院履职的公告［J］. 中国工商报，2014-12-18.

一些地方的法院几乎没有审理过发明专利案件，也缺乏技术辅助人员和专家资源，难以胜任专利权效力判断的工作。最好的办法是像日本那样先适当进一步集中专利案件的管辖权（日本集中在东京和大阪两个地方法院），再赋予这些法院接受并审理专利无效抗辩的职权。目前，我国跨区法院、巡回法院等试点目前也在司法改革的计划中，❶ 再加上远程审判科技手段的迅速发展，专利等技术性案件的进一步跨区集中管辖是具有可行性的。比如，目前的北京、上海知识产权法院可以突破省级行政区划对更大地域内的专利等技术性案件进行管辖，其他可能适当集中的还包括西北地区、西南地区、东北地区、东南地区、中原地区、中南地区等。总之，应当根据需要选择一些审理知识产权案件较多、审判经验较为丰富、办案水平相对较高的法院，建立跨区的知识产权专门法院，不宜遍地开花。

2. 推进中国知识产权上诉法院的建立

关于中国是否建立一个知识产权专门上诉法院，是知识产权法院建设的一个焦点问题，也是涉及司法行政职能划分的敏感问题。我们考察美国经验发现，CAFC 是美国所有专利侵权案件的上诉审专属管辖法院，这与美国的二审法院只审查法律适用问题、不审查事实问题的民事程序设置相关，否则一个 CAFC 是难以负担来自全国联邦地方法院的专利侵权案件之上诉的工作量的。作为专利案件的二审法院，日本的东京知识产权高等法院依据其民事诉讼法既审理事实也审理法律适用；据统计，2004～2014 年该院受理的知识产权专利等技术性民事上诉案件每年为 100 件左右，考虑到其有几百名的技术调查官和专门委员的辅助，❷ 这一机制能够运行稳定也就不意外了。

---

❶ 参见：祁彪. 跨区法院未来可期？[J]. 民主与法制, 2015 (10).
❷ 相关数据和材料来自东京知识产权高等法院网站: http://www.ip.courts.go.jp/chi/info/statistics/index.html.

笔者认为，在建立知识产权上诉法院方面，日本和中国台湾地区的经验都可以借鉴，但都难以全盘复制。按照我国现行《民事诉讼法》，二审法院既要审理法律适用问题，又要审理事实问题，因此，即使按照笔者上述适当集中发明专利等技术性案件的管辖、建立几个大区知识产权法院的设想推行，要由一个上诉法院受理这么多个地区知识产权法院的一审案件之上诉，且既审理法律适用问题又审理案件事实问题，同时还要承担专利无效宣告决定等准司法裁决的司法审查工作，其可行性是不乐观的。另一方面，修改《民事诉讼法》的难度和复杂度不言而喻，而修改《专利法》等知识产权单行法平均要耗费8～10年的时间。一个变通的办法是像台湾地区一样，通过特别"立法"（比如"知识产权法院审理法"）将大多数的技术性民事案件的事实审理之重点放在各个大区拟设的知识产权专门法院身上，减少知识产权上诉法院对这些案件所涉及之事实进行重审的压力，使其将精力放在专利无效宣告程序裁决的司法审查与疑难技术性案件的法律适用，以及二者的协调之上。

这样，最终在北京建立一个全国性的知识产权上诉法院，统一受理各知识产权法院一审的技术性案件的二审以及专利无效宣告程序裁决的司法审查（专利复审委员会的裁决视为一审）。当然，这需要《人民法院组织法》的相应修改或其他专门立法来明确；另外，目前的各地知识产权专门法院建设中尝试的技术调查官制度、案例指导制度、专家咨询制度等，都可加以完善以充分利用。

3. 专利无效抗辩的引入路径

(1) 通过《知识产权法院设置法》

其一，推广北上广知识产权法院设置的经验，在各大区设置知识产权法院，集中管辖该地区的专利等技术性强的案件。这些跨区知识产权法院的设置将进一步整合优质知识产权专业审判资源，提高专业化审判技能。知识产权法院应当强化技术性案件一审的重要性、避免走过场，应当提升审理质量，降低上诉率。

其二，在北京设置知识产权上诉法院，受理以上知识产权法院专利等技术性案件的上诉，原则上只审理法律适用和解释问题。知识产权上诉法院同时受理专利等无效诉讼案件。

（2）通过《知识产权法院审理法》

借鉴台湾地区经验，制定专门适用于所有知识产权法院的审理程序，引入专利无效抗辩。具体表述方式参照《日本专利法》第104条之3、第104条之4，即审理侵权案件的法院不直接判决权利无效，但可以接受被告的无效抗辩，判决专利权人不得对被告主张权利。

当然，中国知识产权司法保护中一些有效做法，比如颁布司法解释、指导性案例等，可以进一步细化专利无效抗辩的适用内容，如对"被告应当举证表明专利明显有应当被宣告无效的情形"中"明显应当无效"或"有明显瑕疵"进行进一步阐释。

六、结　　语

以上仅是笔者对专利无效抗辩制度的回顾和对中国引入此制度的初步设想。中国的知识产权法院建立及其配套法律制度的完善是一项复杂的工程，尤其是其涉及整个司法体制改革和知识产权行政管理制度的完善，有些问题恐怕不仅要从学理上研究，还要考虑政治、经济、社会等各方面的因素。本文选取的虽然仅仅是知识产权制度中的一个小问题，但相关规则的制定和运行其实也反映了相关国家和地区整个知识产权制度的运作状况。就中国来说，专利无效抗辩制度的引入与知识产权专门法院的建设、知识产权战略的推进是不可分的。以上这些初步思考和分析供同人们作进一步探讨。

审理侵权案件的法院相对审查专利权有效性的现实性与可能性

张晓都[*]

摘　要：实现审理侵权案件的法院相对审查专利权的有效性，可将现有技术抗辩与现有设计抗辩变为直接对授权专利是否符合对应特定授权条件的审查；将对权利要求保护范围是否能够确定的审查变为直接对授权专利是否不符合《专利法》第26条第4款规定的审查。在未成立知识产权高级法院之前，北京知识产权法院及北京市高级人民法院可试行在侵权案件中全面审查所涉专利权的有效性。在成立知识产权高级法院之后，在侵权案件中全面审查所涉专利权的有效性。

一、专利法中专利侵权民事诉讼程序与专利权无效程序的二元分立制度安排

众所周知，我国专利侵权民事诉讼程序与无效程序实行的是二元分立模式，专利侵权民事纠纷向有管辖权的法院起诉，审理专利侵权案件的法院只能就是否构成侵权及是否需要承担侵权责任进行审理并作出判决，但无权过问专利权是否有效。如果被告对涉案专利权的有效性有疑问，认为相应的授权专利不满足专利

---

[*] 作者简介：原上海高级人民法院知识产权庭法官。

法规定的授权条件，其应当向国家知识产权局专利复审委员会（以下简称"专利复审委员会"）申请宣告专利权无效；无效宣告请求人或者专利权人对专利复审委员会的决定不服的，以专利复审委员会为被告、以对方当事人作为第三人提起行政诉讼。

现行《专利法》（2008年版）中，法院审理专利侵权案件的法律依据是《专利法》第60条。该条中规定："未经专利权人许可，实施其专利，即侵犯其专利权，引起纠纷的，由当事人协商解决；不愿协商或者协商不成的，专利权人或者利害关系人可以向人民法院起诉……"

专利权的有效性由专利复审委员会及对应法院审理的法律依据是《专利法》第45条与第46条。

《专利法》第45条规定：

"自国务院专利行政部门公告授予专利权之日起，任何单位或者个人认为该专利权的授予不符合本法有关规定的，可以请求专利复审委员会宣告该专利权无效。"

第46条规定：

"专利复审委员会对宣告专利权无效的请求应当及时审查和作出决定，并通知请求人和专利权人。宣告专利权无效的决定，由国务院专利行政部门登记和公告。

"对专利复审委员会宣告专利权无效或者维持专利权的决定不服的，可以自收到通知之日起三个月内向人民法院起诉。人民法院应当通知无效宣告请求程序的对方当事人作为第三人参加诉讼。"

在专利侵权民事诉讼程序中，如果被告对所涉专利权的有效性存在疑问，其向专利复审委员会申请宣告专利权无效后，可以申请审理侵权案件的法院中止侵权案件的诉讼，等专利权的有效性认定有结果后，再继续进行专利侵权案件的审理。对于哪些情况下可中止诉讼、哪些情况下可不中止诉讼，《最高人民法院关于

审理专利纠纷案件适用法律问题的若干规定》作了原则性规定。❶

二、专利法及司法实践对二元分立制度已有的实质性变通

如果严格按照二元分立制度安排行事，存在诸多弊端，会延长专利侵权案件的审理周期（中止诉讼时），在个案中可能导致司法不公（不中止诉讼时），会变相要求被告对本不应授权的问题专利必须向专利复审委员会提出无效宣告，等等。在这种情况下，专利法及司法实践在实际上已经有所变通，使得在专利侵权案件的审理中实质上涉及了专利权的有效性问题。这主要体现在现有技术（设计）抗辩制度及权利要求保护范围不能确定时，直接裁定驳回原告起诉的判例法（最高人民法院的指导案例）上。

---

❶ 《最高人民法院关于审理专利纠纷案件适用法律问题的若干规定》（2001年）第9条：

人民法院受理的侵犯实用新型、外观设计专利权纠纷案件，被告在答辩期间内请求宣告该项专利权无效的，人民法院应当中止诉讼，但具备下列情形之一的，可以不中止诉讼.

（一）原告出具的检索报告未发现导致实用新型专利丧失新颖性、创造性的技术文献的；（2015年将该项修订为：原告出具的检索报告或者专利权评价报告未发现导致实用新型或者外观设计专利权无效的事由的；）

（二）被告提供的证据足以证明其使用的技术已经公知的；

（三）被告请求宣告该项专利权无效所提供的证据或者依据的理由明显不充分的；

（四）人民法院认为不应当中止诉讼的其他情形。

第10条：

人民法院受理的侵犯实用新型、外观设计专利权纠纷案件，被告在答辩期间届满后请求宣告该项专利权无效的，人民法院不应当中止诉讼，但经审查认为有必要中止诉讼的除外。

第11条：

人民法院受理的侵犯发明专利权纠纷案件或者经专利复审委员会审查维持专利权的侵犯实用新型、外观设计专利权纠纷案件，被告在答辩期间内请求宣告该项专利权无效的，人民法院可以不中止诉讼。

（一）现有技术（设计）抗辩对二元分立制度的实质性变通

关于现有技术抗辩与现有设计抗辩的认定标准，《专利法》第62条规定："在专利侵权纠纷中，被控侵权人有证据证明其实施的技术或者设计属于现有技术或者现有设计的，不构成侵犯专利权。"司法解释与司法判例则进一步细化了现有技术抗辩与现有设计抗辩的认定标准。

（1）现有技术抗辩的认定标准

《最高人民法院关于审理侵犯专利权纠纷案件应用法律若干问题的解释》第14条第1款规定："被诉落入专利权保护范围的全部技术特征，与一项现有技术方案中的相应技术特征相同或者无实质性差异的，人民法院应当认定被诉侵权人实施的技术属于专利法第六十二条规定的现有技术。"

《北京市高级人民法院专利侵权判定指南》（2013年）第125条规定："现有技术抗辩，是指被诉落入专利权保护范围的全部技术特征，与一项现有技术方案中的相应技术特征相同或者等同，或者所属技术领域的普通技术人员认为被诉侵权技术方案是一项现有技术与所属领域公知常识的简单组合的，应当认定被诉侵权人实施的技术属于现有技术，被诉侵权人的行为不构成侵犯专利权。"

《上海市高级人民法院专利侵权纠纷审理指引》（2011年）第13条中规定："被诉落入专利权保护范围的全部技术特征，与一项现有技术方案中的相应技术特征相同或者等同的，或者该领域普通技术人员认为被控侵权技术方案是一项现有技术与所属领域公知常识的简单组合的，应当认定被诉侵权人实施的技术属于现有技术，现有技术抗辩能够成立。"

在南京普天通信股份有限公司与苏州工业园区新海宜电信发展股份有限公司侵犯专利权纠纷上诉案中，法院认为："通常情况下，进行现有技术抗辩，被控侵权人只能援引一份现有技术，而不能援引两份或者多份现有技术。因为将两份或者多份现有技术进行组合使用，对本领域普通技术人员而言，一般并非是显而易见或无需经过创造性劳动就能够联想到的。因此原则上不允许被控侵权人以两份或多份现有技术进行组合抗辩，但在被控侵权人提供充分证据证明其使用的技术属于一份现有技术与所属领域公知常识简单组合的情形下，应当允许以该理由进行现有技术抗辩。"❶

由上可知，司法实践中，现有技术抗辩成立的标准是：被诉落入专利权保护范围的全部技术特征，与一项现有技术方案中的相应技术特征相同或者无实质性差异；或者该领域普通技术人员认为被诉侵权技术方案是一项现有技术与所属领域公知常识的简单组合。

（2）现有技术抗辩中"无实质性差异"技术特征的认定

根据《最高人民法院关于审理侵犯专利权纠纷案件应用法律若干问题的解释》起草者的解释，该司法解释规定现有技术抗辩认定标准的第 14 条中所称的"无实质性差异"，在实践中可以参照等同的标准掌握。❷

根据司法解释的规定，技术特征等同是指以基本相同的手段，实现基本相同的功能，达到基本相同的效果，并且本领域的普通技术人员无需经过创造性劳动就能够联想到的技术特征。是"三基本"再加上"无需经过创造性劳动就能够联想到"四项条件。

但后来，在天津保兴建材工贸有限公司与银川东方京宁建材科技有限公司等侵害实用新型专利权纠纷再审案中，现有技术公开的填充体的四周均有加强层（由水泥浆和纤维布组成），而被诉侵权技术方案中仅在填充体上表面有加强层（由水泥砂浆和网格

---

❶ 江苏省高级人民法院（2007）苏民三终字第 0139 号民事判决书。

❷ 孔祥俊，王永昌，李剑．《关于审理侵犯专利权纠纷案件应用法律若干问题的解释》的理解与适用［M］//最高人民法院民三庭．知识产权审判指导（2010 年第 1 辑）．北京：人民法院出版社，2010：95．

布组成），最高人民法院认为，实际施工中需防止的碰撞踩踏外力主要来自上表面，本领域普通技术人员容易想到只在上表面设置加强物的技术方案，故认为被诉侵权技术方案中技术特征"加强物位于聚苯泡沫的上表面"与现有技术公开的技术特征"加强物位于聚苯泡沫的四周"无实质性差异。❶

根据最高人民法院在该案中的观点，只要本领域普通技术人员容易想到的就可以认定无实质性差异。也就是说，判断现有技术抗辩中所述技术特征"无实质性差异"，并不需要被诉侵权技术方案中的技术特征与一项现有技术方案中的相应技术特征是否具有"三基本"，而仅需"本领域普通技术人员容易想到"（或者说"无需经过创造性劳动就能够联想到"）即可。

（3）抵触申请类推适用现有技术抗辩的认定标准

抵触申请，是指由任何单位或者个人就与专利权人的发明创造同样的发明创造在申请日以前向国务院专利行政部门提出申请并且记载在申请日以后公布的专利申请文件或者公告的专利文件中的专利申请。抵触申请不属于现有技术，根据《专利法》第22条第5款的规定，现有技术是指申请日以前在国内外为公众所知的技术。但司法实践中，抵触申请可类推适用现有技术抗辩。

在陈顺弟与浙江乐雪儿家居用品有限公司、何建华、温士丹侵害发明专利权纠纷再审案中，最高人民法院认为："专利法第二十二条第五款规定：'本法所称现有技术，是指申请日以前在国内外为公众所知的技术。'乐雪儿公司用于主张现有技术抗辩的ZL200520015446.8号实用新型专利的申请日虽早于涉案专利申请日，但授权公告日晚于涉案专利申请日，故不构成现有技术，但依法构成抵触申请。由于抵触申请能够破坏对比专利技术方案的新颖性，故在被诉侵权人以实施抵触申请中的技术方案主张其不构成专利侵权时，应该被允许，并可以参照现有技术抗辩的审查

---

❶ 最高人民法院（2014）民提字第 87 号民事判决书。

判断标准予以评判。"[1]

由于抵触申请可以破坏专利的有效性，故依据现有技术可以用于不侵权抗辩的法理，抵触申请也应可以类推适用现有技术抗辩。因为抵触申请破坏专利申请新颖性的作用仅在于与抵触申请相同（更准确些说是相对于抵触申请无新颖性）的专利申请案不能被授予专利权，允许抵触申请可以用于类推适用现有技术抗辩的作用在实际效果也应限于：已授权但与抵触申请相同（更准确地说无新颖性）的专利，不能主张专利权。

《上海市高级人民法院专利侵权纠纷审理指引》（2011年）第14条中规定："在相同侵权中，被控侵权技术方案与抵触申请中的技术方案相同时，可类推适用现有技术抗辩。"

在邱则有与上海灵拓建材有限公司等侵害发明专利权纠纷上诉案中，法院认为："由于抵触申请也可以破坏专利的有效性，故依据现有技术可以用于不侵权抗辩的法理，抵触申请应可以类推适用现有技术抗辩。但抵触申请与现有技术相比，其破坏专利有效性的效力有限，抵触申请只能用于评价新颖性，而不能用于评价创造性，故抵触申请类推适用现有技术抗辩时，其抗辩的效力也应受到相一致的限制。为此，抵触申请类推适用现有技术抗辩应限于在相同侵权中才能进行抗辩，且被控侵权技术方案与抵触申请中记载的技术方案相同时，不侵权抗辩才能成立。"[2]

在慈溪市博生塑料制品有限公司与陈剑侵害实用新型专利权纠纷申请再审案中，最高人民法院认为："抵触申请仅仅可以被用来单独评价涉案专利权的新颖性，既不可以与现有技术或者公知常识结合，更不可以用于评价涉案专利权的创造性。因此，只有在被诉侵权技术方案的各项技术特征均已被抵触申请单独、完整地公开，相对于抵触申请不具有新颖性时，才可以认定抵触申请

---

[1] 最高人民法院（2013）民提字第225号民事判决书。
[2] 上海市高级人民法院（2011）沪高民三（知）终字第77号民事判决书。

抗辩成立。如果被诉侵权的技术方案相较于抵触申请存在差异并具有新颖性，或者被诉侵权人主张将抵触申请与现有技术或者公知常识结合后进行抗辩的，抵触申请抗辩均不能成立。"❶

（4）现有设计抗辩的认定标准

《最高人民法院关于审理侵犯专利权纠纷案件应用法律若干问题的解释》第14条第2款规定："被诉侵权设计与一个现有设计相同或者无实质性差异的，人民法院应当认定被诉侵权人实施的设计属于专利法第六十二条规定的现有设计。"

《北京市高级人民法院专利侵权判定指南》（2013年）第128条规定："现有设计抗辩，是指被诉侵权产品的外观设计与一项现有设计相同或者相近似，或者被诉侵权产品的外观设计是一项现有外观设计与该产品的惯常设计的简单组合，则被诉侵权产品的外观设计构成现有设计，被诉侵权人的行为不构成侵犯外观设计专利权。"

《上海市高级人民法院专利侵权纠纷审理指引》（2011年）第19条中规定："被诉侵权产品的外观设计与一项现有设计相同或者无实质性差异的，或者被诉侵权产品的外观设计是一项现有外观设计与所属设计领域惯常设计的简单组合的，被诉侵权产品的外观设计就属于现有设计，现有设计抗辩能够成立。"

（5）抵触申请类推适用现有设计抗辩的认定标准

《北京市高级人民法院专利侵权判定指南》（2013年）第132条规定："被诉侵权人主张其实施的是外观设计专利的抵触申请的，应当将被诉侵权外观设计与抵触申请进行比对。被诉侵权外观设计与抵触申请相同或相近似的，被诉侵权人的行为不构成侵犯外观设计专利权。"

《上海市高级人民法院专利侵权纠纷审理指引》（2011年）第19条中规定："被诉侵权人以其产品中的外观设计属于抵触申请中公开的外观设计主张不构成侵权的，可以类推适用现有设计抗辩。

---

❶ 最高人民法院（2015）民申字第188号民事裁定书。

但以被诉侵权产品的外观设计属于抵触申请中公开的外观设计与惯常设计的简单组合为由,抗辩不构成侵权的,抗辩不能成立。"

(6)现有技术(设计)抗辩是对二元分立制度的实质性变通

现有技术抗辩的根本原因在于,主张权利的专利权人所获得的专利本来不符合专利法关于新颖性与创造性(对于外观设计专利来说是与现有设计或者现有设计特征的组合相比具有明显的区别)的规定,由于专利有效性审查与专利侵权判断职权的分工,专利侵权审理法院不能直接审查专利权的有效性,但判决构成侵权又有违公平正义,故规定被告可以进行现有技术抗辩或者现有设计抗辩。

最高人民法院认为:"专利法第六十二条规定现有技术抗辩的主要理由,在于专利权的保护范围不应覆盖现有技术,既包括被诉侵权技术方案与现有技术相同的情形,也包括被诉侵权技术方案相对于现有技术无实质性差异的情形。在这两种情形下,被诉侵权技术方案相对于现有技术不具有新颖性或者创造性,不应被授予专利权,自然也不应被纳入涉案专利权的保护范围。由于抵触申请与现有技术均可以用于评价涉案专利的新颖性,因此,如果被诉侵权技术方案已被抵触申请公开,则相较于抵触申请亦不应被授予专利权,相应地也不应被纳入涉案专利权的保护范围。"❶

由上可见,现有技术抗辩或者现有设计抗辩对二元分立制度的实质性变通,在实质上属于授权专利不符合专利法授权条件的特定情况下,以实施的是现有技术或者现有设计为由,判决不构成侵权。

(二)权利要求保护范围不能确定时直接裁定驳回原告起诉是对二元分立制度的实质性变通

2015年11月19日,最高人民法院发布指导案例柏万清诉成都难寻物品营销服务中心等侵害实用新型专利权纠纷案(指导案

---

❶ 最高人民法院(2015)民申字第188号民事裁定书。

例 55 号）的裁判要点是：专利权的保护范围应当清楚，如果实用新型专利权的权利要求书的表述存在明显瑕疵，结合涉案专利说明书、附图、本领域的公知常识及相关现有技术等，不能确定权利要求中技术术语的具体含义而导致专利权的保护范围明显不清，则因无法将其与被诉侵权技术方案进行有实质意义的侵权对比，从而不能认定被诉侵权技术方案构成侵权。

在该案中，根据涉案专利说明书以及柏万清提供的有关证据，本领域技术人员难以确定权利要求 1 技术特征 C 中"导磁率高"的具体范围或者具体含义，不能准确确定权利要求 1 的保护范围，无法将被诉侵权产品与之进行有实质意义的侵权对比，故判决驳回原告的诉讼请求。

《最高人民法院关于案例指导工作的规定》第 7 条规定："最高人民法院发布的指导性案例，各级人民法院审判类似案例时应当参照。"最高人民法院发布的指导案例经最高人民法院审判委员会讨论通过，对法院裁判案件有法律约束力。

权利要求的保护范围不能确定，是因为权利要求不清楚；权利要求不清楚，就不符合《专利法》第 26 条第 4 款的规定。如果严格按照二元分立的制度安排，审理侵权案件的法院，应先中止侵权案件的审理，由被告先以涉案专利不满足《专利法》第 26 条第 4 款为由申请宣告专利权无效，等到无效程序有结果后，再继续进行侵权审理程序。但最高人民法院指导案例显然在权利要求不清楚导致权利要求保护范围不能确定这种特定情况下，实质性变通二元分立的制度安排，直接判决驳回诉讼请求。

三、审理侵权案件的法院相对审查专利权有效性的现实性

1. 将现有技术抗辩与现有设计抗辩变为直接对授权专利是否符合对应特定授权条件的审查

现有技术抗辩的逻辑是被诉侵权技术方案落入权利要求的保

护范围，被诉侵权技术方案中的技术特征相比较于一项现有技术方案中的相应技术特征相同或者无实质性差异（等同或者本领域普通技术人员容易想到）；或者该领域普通技术人员认为被诉侵权技术方案是一项现有技术与所属领域公知常识的简单组合，不去正面评价权利要求界定的技术方案是否符合专利授权条件，而是以被诉侵权技术方案实施的是现有技术为由，直接判决不构成专利侵权。

上述逻辑实质是认为被诉侵权技术方案相比较于一项现有技术方案没有新颖性（相应技术特征相同）或者没有创造性（相应技术特征无实质性差异即等同或者本领域普通技术人员容易想到，或者是一项现有技术与所属领域公知常识的简单组合），因为被诉侵权技术方案落入权利要求的保护范围，故权利要求界定的技术方案相比较于该项现有技术也就没有新颖性（相应技术特征相同）或者没有创造性（相应技术特征无实质性差异即等同或者本领域普通技术人员容易想到，或者是一项现有技术与所属领域公知常识的简单组合），权利要求界定的技术方案不符合专利授权条件，因此不能主张相应的权利。

本质是权利要求界定的技术方案不应当被授予专利权，因既要固守二元分立制度理论，又要兼顾裁判结果的正当性，走折中路线，将特定不符合授权条件的情形转化为被诉侵权技术方案与现有技术进行比较。这样，既不正面直接冲突二元分立制度，又实质上对授权专利权的效力在侵权案件中不予认可，以获得妥当的裁判结果。

现有技术抗辩制度将原本应由权利要求界定的技术方案与现有技术之间的比较，通过被诉侵权技术方案，转化成了被诉侵权技术方案与现有技术之间的比较。通常来说，以被诉侵权技术方案为传递工具，可以认为被诉侵权技术方案相比于一项现有技术没有新颖性或者创造性，因被诉侵权技术方案落入权利要求界定技术方案的保护范围，故权利要求界定的技术方案相比于该项现有技术也没有新颖性或者创造性。

但在抵触申请类推适用现有技术抗辩时，由于抵触申请破坏专利申请案的效力有限，这种间接转送作用就会受到限制：只有在被诉侵权技术方案以相同侵权的方式落入权利要求界定技术方案的保护范围时，被诉侵权技术方案相比较于一项抵触申请没有新颖性，因被诉侵权技术方案落入权利要求的保护范围（相同侵权），权利要求界定的技术方案相比较于该项抵触申请也才没有新颖性。❶

现有设计抗辩及抵触申请类推适用现有设计抗辩，其逻辑思路与现有技术抗辩及抵触申请类推适用现有技术抗辩相同。

事实上，完全没有必要固守二元分立制度理论，没有必要为获得裁判结果的正当性与妥当性，绕弯路并使问题复杂化，完全可以基于与现有技术抗辩或者现有设计抗辩相对应的理由，在侵权案件中，直接审查权利要求的有效性。

侵权案件中，与现有技术抗辩或者现有设计抗辩效力相当的直接审查专利权效力的具体规则，可归纳如下。

（1）权利要求的全部技术特征被一项现有技术公开，权利要求界定的技术方案没有新颖性，对依据该权利要求提起的侵权指控不予支持。

（2）权利要求的技术特征相比于一项现有技术方案中相应技术特征无实质性差异（等同或者本领域普通技术人员容易想到），或者该领域普通技术人员认为权利要求技术方案是一项现有技术与所属领域公知常识的简单组合，权利要求界定的技术方案没有创造性，对依据该权利要求提起的侵权指控不予支持。

（3）权利要求的全部技术特征被抵触申请公开，权利要求界定的技术方案没有新颖性，对依据该权利要求提起的侵权指控不

---

❶ 理由详见：张晓都. 专利民事诉讼法律问题与审判实践 [M]. 北京：法律出版社，2014：214-215.

予支持。

（4）专利外观设计与一项现有设计相同或者相近似的，对依据该外观设计专利提起的侵权指控不予支持。

（5）专利外观设计是一项现有外观设计与所属设计领域惯常设计的简单组合的，专利外观设计与现有设计或者现有设计特征的组合相比没有明显区别，对依据该外观设计专利提起的侵权指控不予支持。

（6）专利外观设计与抵触申请相同或者相近似的，对依据该外观设计专利提起的侵权指控不予支持。

根据上面的规则审查专利权的有效性，更能触到问题的本质，更利于直接解决问题，而不是绕弯路解决问题。同时，也没有增加侵权法院对专利法专业性问题的审理难度。因而，上述建议在没有增加任何专业性难度的前提下，实现了侵权法院对专利权有效性在一定条件下的审查。

抛弃现有技术抗辩或者现有设计抗辩，代之以相应条件下对专利权有效性的审查，是正本清源，是不固守二元分立制度理论的恰当制度安排。

当然，审理侵权案件的法院只是在侵权案件中在一定条件下审查专利权的有效性，如果认为专利权不符合特定授权条件，则在侵权案件中对权利的侵权指控不予支持，并非是由审理侵权案件的法院宣告专利权无效。要宣告专利权无效，还得向专利复审委员会提出，因而审理侵权案件的法院只是在侵权案件中相对审查专利权的有效性。

2. 将对权利要求保护范围是否能够确定的审查变为直接对授权专利是否不符合《专利法》第26条第4款规定的审查

根据最高人民法院发布的第55号指导案例，权利要求书的表述存在明显瑕疵，结合涉案专利说明书、附图、本领域的公知常识及相关现有技术等，不能确定权利要求中技术术语的具体含义而导致专利权的保护范围明显不清，不认定被诉侵权技术方案构成侵权。

作为对专利权有效性的直接审查,上述指导案例规则可更直接地表述为:权利要求书的表述存在明显瑕疵,结合涉案专利说明书、附图、本领域的公知常识及相关现有技术等,不能确定权利要求中技术术语的具体含义而导致专利权的保护范围明显不清,因权利要求不符合《专利法》第26条第4款的规定,对依据该权利要求提起的侵权指控不予支持。

四、审理侵权案件的法院相对审查专利权有效性的可能性

前述将现有技术抗辩与现有设计抗辩变为直接对授权专利是否符合对应特定授权条件的审查,将对权利要求保护范围是否能够确定的审查变为直接对授权专利是否不符合《专利法》第26条第4款规定的审查,是换一种方式进行审查,是以更为直接、更为简洁、更为体现专利法本质的方式继续实施司法实践中的已有做法,对司法审判的难度及司法审判标准的统一性不会产生额外的不利影响,是现实可行的。但我们是否可以走得更远些,可否更进一步突破二元分立制度安排呢?

自2000年Kilby第275号专利上告审判决后,日本法院已经可以在侵权案件的审理中相对审查专利权的有效性。2004年,《日本专利法》第104条之3规定:

(1)在专利权或者专利独占实施权侵权诉讼中,如果所涉专利被认为应当在专利无效审理程序中被宣告无效,则专利权人或者独占实施权人不得向对方行使权利。

(2)如果认为根据前款规定所提出主张或者抗辩是出于不当拖延诉讼的目的,则法院可基于请求或者依职权裁定对所提出的

主张或者抗辩不予支持。❶

2007年，台湾地区发布的"智慧财产案件审理法"第26条规定：

当事人主张或抗辩知识产权有应撤销、废止之原因者，法院应就其主张或抗辩有无理由自为判断，不适用"民事诉讼法"、"行政诉讼法"、"商标法"、"专利法"、"植物品种及种苗法"或其他"法律"有关停止诉讼程序之规定。

前项情形，法院认有撤销、废止之原因时，知识产权人于该民事诉讼中不得对于他造主张权利。

不管是日本还是我国台湾地区，审理侵权案件的法院均可自己直接审查所涉专利权的有效性，如果认为所涉专利权不符合授权条件，则原告（权利人）不得对被告主张专利权。当然，审理侵权案件的法院并不是宣告所涉专利权无效，而是认为因所涉专利权存在无效事由，权利人不得主张相应权利。法院在个案中实质性审查了所涉专利权的有效性，或者说审理侵权案件的法院在个案中相对审查了所涉专利权的有效性。

因为审理侵权案件的法院可以在侵权案件中相对审查所涉专利权的有效性，为避免法律适用的差异，统一法律适用标准，日本成立了东京知识产权高等法院，我国台湾地区成立了"智慧财产法院"，以便集中审理相应案件。

---

❶ 《日本专利法》第104条之3：
(1) Where, in litigation concerning the infringement of a patent right or an exclusive license, the said patent is recognized as one that should be invalidated by a trial for patent invalidation, the rights of the patentee or exclusive licensee may not be exercised against the adverse party.
(2) Where the court considers that the materials used for an allegation or defense under the preceding paragraph are submitted for the purpose of unreasonably delaying the proceedings, the court may, upon a motion or ex officio, render a ruling to the effect that the allegation or the defense is to be dismissed.

我国审理侵权案件的法院可否在侵权案件中如日本与台湾地区一样，全面审查所涉专利权的有效性，而不仅限于对应于现有技术抗辩或者现有设计抗辩以及权利的保护范围不能确定时的专利权有效性的审查？我国专利纠纷案件一审管辖法院众多，二审管辖法院为相应的32个高级法院（不包括最高人民法院作为二审法院的情况）。在侵权案件中，如果由审理侵权案件的法院全面审查所涉专利权的有效性，则很难统一法律适用标准，特别是在上诉审没有统一的情况下，更难实现司法标准的一致性。尽管我国有再审程序，最终均可统一到最高人民法院，由最高人民法院通过再审统一法律适用标准。但如果这样，最高人民法院将不堪重负，且如果存在大量二审司法不统一的现象，也是社会所不能接受的。

在兼顾司法标准统一可能的前提条件下，实现在侵权案件中审查所涉专利权的有效性，可以有如下两步走的方案。

1. 在未成立知识产权高级法院之前，北京知识产权法院及北京市高级人民法院可试行在侵权案件中全面审查所涉专利权的有效性

北京知识产权法院受理不服专利复审委员会决定的专利行政案件，对专利有效性行政案件行使专属管辖权，相应上诉案件由北京市高级人民法院审理。故北京知识产权法院及北京市高级人民法院在侵权案件中审查所涉专利权的有效性，是轻车熟路，并不增加法官审理案件的专业难度。对于北京知识产权法院或者北京市高级人民法院来说，在侵权案件中审查所涉专利权的有效性，只是将原本分开的先由专利复审委员会裁定后的专利权有效性审查变为在侵权案件中直接审查，是完全可以做到，且能够做好的。据报道，京津冀的知识产权案件有可能集中在北京，如果成真，北京法院在侵权案件中实现对所涉专利权有效性的审查，就等于在京津冀地区实现了在侵权案件中实现对所涉专利权有效性的审查。

2. 在成立知识产权高级法院之后，在侵权案件中全面审查所涉专利权的有效性

专利侵权案件审理的专业性强，专利权有效性审查则需要更多的且不一样的专业知识，因此，如果要在侵权案件中审查专利权的有效性，应先相对集中专利纠纷一审管辖法院，可在现有北京知识产权法院、上海知识产权法院及广州知识产权法院的基础上，拓宽各知识产权法院专利纠纷管辖地域范围；如有必要，可再设两个或者三个知识产权法院，由这些知识产权法院跨行政区域集中管辖专利纠纷案件。

在相对集中专利纠纷一审管辖法院的同时，成立统一审理包括专利纠纷上诉案件的全国性知识产权高级法院，统一审理专利侵权二审案件。

上述条件成就后，在专利侵权案件中审查所涉专利权的有效性，将水到渠成。在这样的法院组织制度的保障下，既可以克服固守二元分立制度的弊端，实现在侵权案件中相对审理专利权有效性的益处，又能兼顾到司法标准的统一。这也是日本及我国台湾地区在侵权案件中相对审理专利权有效性的基本制度保障，在地域范围更广阔、一审专利侵权案件管辖法院更为分散的情况下，我们更需要相应的法院组织制度的保障。

医疗方法的专利保护

张 鹏[*]

摘 要：鉴于否定医疗方法可专利性的"反伦理性"与"不可产业利用性"在理论上存在脆弱性，且以医疗方法不可授予专利为前提，将导致医药新用途上的发明创造激励不足。故而应在允许医疗方法专利授权的基础上，尝试在设置医师免责条款的同时，具体解决商业性医疗服务上间接侵权责任判断问题。

一、问题提起

《专利法》第 25 条中规定了对"疾病的诊断和治疗方法"不授予专利权，即我国对于医疗方法专利采取了"入口排除法"，从"可专利性"角度否定了医疗方法获得专利授权的可能性。而官方对于"入口排除"的理由一般认为是："出于人道主义的考虑和社会伦理的原因，医生在诊断和治疗过程中应当有选择各种方法和条件的自由。另外，这类方法直接以有生命的人体或动物体为实施对象，无法在产业上利用，不属于专利法意义上的发明创造。"[1]

---

[*] 作者简介：中国社会科学院法学研究所知识产权研究室助理研究员，中国社会科学院知识产权中心研究员。

[1] 中国专利局. 审查指南 1993［M］. 北京：专利文献出版社，1993；第二部分第一章 3.3；中华人民共和国国家知识产权局. 专利审查指南 2010［M］. 北京：知识产权出版社，2010；第二部分第一章 4.3. 两版审查指南中对其理由的论述基本一致。

由此可见我国"入口排除"医疗方法可专利性的立论基础在于"反伦理性"与"不可产业利用性"。

其中"反伦理性"主要是从最佳医疗手段的行业内共享与医生在选择最佳治疗方法时不因专利权的存在而受到限制两个方面予以论证的。而针对这一立论最简单的质疑就是药品与医疗器械如今都可以通过产品专利受到保护,而与医疗方法相比,这二者也是人类疾病治疗过程中至关重要的部分,❶ 为什么没有以"伦理性"为理由"入口排除"其可专利性?❷ 此外,即使为了维护医师在诊断和治疗过程中自由选择最佳治疗方法的权利,也不必一定采取"入口排除"这一立法模式,通过在专利权限制部分增设"医师免责"条款这一"出口排除"模式难道不更有利于医疗领域的技术创新吗?

而对于"不可产业利用性"则主要是从两个角度予以证明:其一是医疗方法以人体为实施对象,往往寓于医师的个人经验和技术性判断,因此不具备一般产业所要求的大规模复制与恒常性实施要件,故而不构成该要件所谓的"产业";其二是医疗领域是高尚的职业,医生不应以营利为目的,而应无偿地探寻最佳治疗方法,因此不以营利为目的的行业也难谓"产业"。针对这一立论,最简单的质疑就是如果某一医疗方法不再寓于医生的个人经验,而是可以组织性地复制并在人体上实施的话,是否就意味着可以满足"产业利用性"?此外,如果医疗领域是以营利为目的,且现实中事实上广泛存在着以营利为目的的人体诊断与治疗的话,是否应该针对这些医疗方法授予专利权?

上述朴素的疑问不仅直接决定了医疗方法专利"入口排除"模式的正当性,更决定了医疗方法专利保护范围的规范构成。有学者曾指出,与其牵强地构想出诸如"伦理性"与"产业利用性"

---

❶ 崔国斌.专利法:原理与案例[M].北京:北京大学出版社,2012:69.
❷ 尹新天.中国专利法详解[M].北京:知识产权出版社,2011:345.

等排除理由，倒不如直截了当地将我国的这一规范归结为由于TRIPS允许这种裁量性排除，考虑到我国医疗领域在技术上远远落后于发达国家，因此政策性地排除其作为专利权适格主题。❶ 但是，即使从政策性角度排除医疗方法的可专利性，也不可避免地遇到何种医疗方法属于排除之列这一问题，如果简单地更改权利要求撰写模式，就可以规避该规定的话，那么也有违制度设立的初衷。❷ 而更为本质的问题则在于如何回答：在我国医疗方法真的不需要专利激励其创新吗？

综上所述，如何看待医疗方法的专利保护问题直接决定了医疗领域的技术创新与可持续发展，具有理论和实践上的重大意义。因此本文旨在论及我国现有医疗方法专利"入口排除法"弊端的基础上，提出我国对医疗方法可专利性问题应采取"出口排除法"的观点，并尝试具体解决医师免责与商业性医疗服务上间接侵权责任判断问题。

二、我国现有"入口排除法"在原理上的破绽

排除医疗方法的可专利性在立论上主要寓于"反伦理性"与"不可产业利用性"之上。对于"产业利用性"要件，诚然医生为了追求最佳施治效果，应该仅从为患者解除病患的角度，而不应该出于营利目的从事医疗职业。因此，医疗领域不属于产业范围，而医疗领域的发明创造自然也就不具备产业实施可能性，进而排除了医疗方法的可专利性。专利作为一种通过赋予排他权方式进

---

❶ 高巍．我国医疗方法保护的非专利方式探讨［J］．知识产权，2007（6）：69-73.

❷ 在艾里克·万·胡夫特与中国专利局专利复审委员会案（北京市高级人民法院行政判决书（1998）高知终字第20号）中认定，"一种用放射源治疗诸如肺、食道、脑、前列腺等病人身体一部分的方法"以有生命的人体为直接实施对象，使其恢复健康，是一种缓解或消除病灶的过程，属于疾病的诊断和治疗方法。而以该方法为基础制作的放射设备就可以得到授权。相关评论见于：崔国斌．专利法：原理与案例［M］．北京：北京大学出版社，2012：69.

行的激励机制，在不存在激励必要性的领域自然不必赋予排他权，否则单纯助长了垄断性的形成，却不与功利主义目的相连接。但是狭义地理解"产业"含义，而不顾及科技革新与产业发展的直接关系，将医疗产业排除于"产业"之外的理念，在现实中已难以通用。❶ 从实际来看，尽管医院作为卫生事业单位的核心一环仍然存在计划经济体制的特征，但是市场化使得医院也难以避免在市场经济中成为竞争主体，通过不断提供更好的医疗服务而赢得更高利润。在医疗领域同样存在通过提高医疗技术水平获得垄断利润的激励，因此存在专利制度激励效力发挥的空间。在现实中并不否定医疗作为"产业"的存在，但是却在专利法中坚守医疗非产业性质的藩篱，可能导致专利法治与经济现实的严重脱节。

而坚守医疗方法不具有产业实施可能性的另一种见解可能是认为医疗方法寓于医生个人的技术与经验，不具有重复可能性与现代化产业发展性。如果医疗方法的实施不再囿于医生的独特技巧，从而具备了规模化、程式化的产业利用可能性的话，是否就意味着该种产业利用可能的医疗方法可以成为专利法所保护的对象？事实上，正是因为医疗产业化与市场化的发展，原有封闭性的医疗体制已经转变为了组织化、分工化的产业模式，诊断、治疗、外科手术等大部分流程均已不再需要寓于单个医生的个人经验，甚至有可能为机械所替代，实现人工智能化处理。在这一背景下对于系统开发医疗方法产业化模式的主体更应该予以激励，并通过赋予专利权来实现。例如在徐州市中诚科技有限公司诉国家知识产权局专利复审委员会一案❷中，北京市高级人民法院认定："所述的方法是对脱离人体或动物体的血液进行处理，并不是以有生命的人体或动物体为直接实施对象。"该案中的血液中血脂

---

❶ 顾昕. 走向有管理的市场化：中国医疗体制改革的战略性选择［J］. 经济社会体制比较，2005（6）：18-29.

❷ 北京市高级人民法院（2005）高行终字第336号行政判决书。

处理方法正是由于医疗技术的发展使得原来包含在医生行为范围内的医疗行为得以脱离，成为产业化处理的工序，进而可以对其赋予专利权。而从实质上看，处理后的血液制品必然是重新用于患者治疗目的的，而仅以脱离人体以及并不从同一主体身体中取得并返回同一主体的要件并不具有实质性区分处理血液制品的方法可以授权与输血设备使用方法不可授权。

而就"医疗伦理性"要件而言，在对于药品以及医疗器械均赋予专利权，进而激励其进一步创新的情况下，难以避免区别对待医疗方法创新是否具有不平衡性的叩问。现行法下并不是禁止所有与人的生命健康相关行为的可专利性，例如1992年《专利法》修改对于药品的保护，❶ 而用于实施疾病诊断和治疗方法的仪器或装置，以及在疾病诊断和治疗方法中使用的物质或材料也都属于可被授予专利的客体。❷ 作为医疗事业的最基本伦理就是起源于《希波克拉底誓言》的"医生应根据自己的'能力和判断'采取最有利于病人的措施，保持病人的秘密"。而医疗方法的共有性正是确保医生可以根据自己判断采取最有效施治手段的前提。如果承认某一主体对于医疗方法的独占排他权的话，将会对医生追求最佳施治带来阻碍。此外一旦将医疗方法纳入专利权保护范围的话，在侵权诉讼中将不得不提供患者接受某种医疗方法的信息，这也对患者的隐私保护带来了损害之虞。但是关于"反伦理性"的立论仅能证成医生从医疗方法专利权中的解放，对于医生以外

---

❶ 在1992年第一次修改《专利法》之前，我国《专利法》对于食品、饮料和调味品，药品和用化学方法获得的物质以及动物和植物品种均不授予专利权，但对产生这些产品的方法可以授予专利权。在1992年之前，由于上述产品本身不能被授予专利权，对新发明的这些种类的产品只能通过制造这些产品的方法间接获得保护。1992年《专利法》修改后，对于新产品发明，需要通过制造方法间接获得专利保护的只剩下动物和植物新品种了。参见：张清奎. 化学领域发明专利申请文件撰写与审查 [M]. 北京：知识产权出版社，2004.

❷ 中华人民共和国国家知识产权局. 专利审查指南2010 [M]. 北京：知识产权出版社，2010：第二部分第一章4.3.

的主体参与医疗方法实施活动的,则不能通过"反伦理性"予以免责。诚然采取完全性医疗技术信息共有规范,排除医疗方法的可专利性将对医生追求现有最佳治疗有所助益,但是由于丧失了追求更好医疗方法的经济激励,也可能导致某种新型医疗方法的研究开发大为推迟,这直接导致了将来某一时点最佳治疗方法诞生上的阻碍。在短期与长期、现在时点与将来时点的交错中"反伦理性"的立论可能就不再如此正当了。

除了上述两个立论之外,从政策性角度排除医疗方法的可专利性的观点,❶ 在出发点上无疑是具有论证可能性的。排除医疗方法专利可能性体现了一种政策判断,即我国在该领域产业处于竞争劣势,如果承认该种专利权将对我国这一产业发展带来阻碍。另外,针对医疗方法专利的报酬请求权可能增加患者医疗费用的负担,并直接影响医疗保险制度的运行。

诚然,医疗方法的可专利性问题直接关系着医疗产业及社会保障制度的构造与运行,到底是否承认或者在多大范围内承认均寓于一国立法者的判断。在立法责任的承担上应该以充分的经济测算与实践调研为基础,得出妥当的立法结果。但是实践中并未进行此种测算,而仅仅以"不可产业利用性"或"反伦理性"为理由的"入口排除法",只会造成伦理上的破绽和实践中混乱。事实上对于医药品医疗用途,已经在实践中形成了通过瑞士型权利要求进行专利保护的实践,这突出印证了在医药品用途领域(实质上就是医药品在治疗上的使用方法)存在激励的必要,并且也得到了司法的认可。❷ 由于产业政策上的测算有待于实证性研究的出现,本文作为规范性研究,仅以"入口排除法"在实践中已然显现的弊端为论据,结合比较法上可能的实践模式,提出较为妥

---

❶ 尹新天. 中国专利法详解[M]. 北京:知识产权出版社,2011:345.

❷ 罗霞. 判定物质医药用途发明新颖性的考量因素:解析卡比斯特公司与专利复审委员会发明专利权无效行政纠纷案[J]. 中国专利与商标,2014(3).

当的解决之策。

三、我国现有"入口排除法"在实践上的弊端

尽管我国在立法上采取了"入口排除法",但是在实践中并不是通过"入口排除法"就可以"一网打尽"地解决所有涉及医疗方法可专利性的问题。因为何为"医疗方法"本身就涉及规范性判断,而以医疗方法不可专利性为前提同样会引发对于医药用途专利保护上的复杂问题。具体来说包括以下几个方面。

其一是由于形式性判断而导致的排除范围不明与政策性考量缺失问题。在《专利审查指南 2010》第二部分第一章第 4.3 节中详细列明了不属于诊断方法与治疗方法的类型,因此审查员仅需形式性地对照专利申请是否符合《专利审查指南 2010》所列明之类型便可作出判断。

不可否认这种形式性的、机械化的运用极大地满足了审查效率性的要求,即审查员不必实质性地判断某一医疗方法是否真正构成了诸如"医学处置措施的实施主体是否限制为医生""对人体介入与否""对人体的侵袭性与否"等要件,但是形式化判断也造成无法鲜明地体现某一类型背后的政策性考量。

从比较法上看,日本是典型的采取"入口排除法"的国家,尽管从 1871 年专利法的前身专卖规则到现行专利法中均不存在排除医疗方法获得专利权的条文,[1] 但是日本特许厅通过对于《日本专利法》第 29 条第 1 款中"产业上利用可能的发明"的解释,认定医疗方法不具备产业上利用可能性,从而排除了对医疗方法授予专利权可能性;并在《日本专利审查指南》中"产业利用可能性"一节明确排除了人体的手术、治疗及诊断方法的可专利性。

由于《日本专利审查指南》中对于某行为是否构成医疗行为

---

[1] 与医疗方法相对照,从 1885 年《专卖特许条例》到 1975 年《专利法》为止,对于药品日本一直坚持不授予专利权。

的判断，不断地根据时代的变化而修改，因此鲜明地体现了政策性考量。其中在2003年的修改中对于从人体中获取原材料作为医药品（血液制品、疫苗、基因制剂）以及医疗材料（人工骨、人体皮肤组织）的制造方法专利，即使从同一患者体内获得，并用于治疗该同一患者疾病的，也承认了其可获得专利性。而在既有的《日本专利审查指南》中则认为一旦从同一主体提取并返回同一主体的话就属于对于人体的治疗及诊断方法。这一修改背后体现了医疗产业化发展的影响，即原来由医生实施的组织培养等医疗行为现在已可通过产业化提供，因此应该赋予此种创新的激励。

在2005年《日本专利审查指南》的修改中明确了医疗设备的操作方法作为专利客体。既有规定中，如果将医疗设备作为产品发明的话，可以获得授权，但是对其操作方法来说，即使是其自身物理属性产生的操作，也不可以获得授权。但是随着人工智能化设备的诞生，对于产品自身产生的性能，应赋予对其开发的激励，同时对于因医生操作而获得的操作方法或由于设备对人体产生的效果而提出的专利申请同样不能获得授权。此外，在该次修改中承认了对于药品组合投药以及不同投药间隔、投药剂量等为特征的医药品用途发明。对于已知并常用药品的新用途的研究不但能够拓展药品的适应症，缩短研发周期，有效控制研发风险，还可以减少研发费用的投入。[1] 而伴随着对其特性的持续研究，根据不同的投药组合与投药间隔产生了与新药相匹敌的治疗效果，该种创新由于减少了新药开发的成本，故而应承认其作为产品专利进行申请。

在2009年的《日本专利审查指南》修改中，对于药品的用法与剂量，只要是存在超出正常预期的效果，就可以作为评价新颖

---

[1] 李晓蕾. 关于医疗用途专利新颖性的研究：对默克公司专利无效案的思考[J]. 知识产权，2010（1）：70.

性的对象。而在既有规定中，药品的用法与剂量只要不是与现有技术相比针对不同的患者群体或不同器官的，均不因针对疾病的不同而单独评价新颖性。此外，对于医生最终进行诊断的辅助性人体信息检测方法，只要该检测方法中不包括医生的判断环节的，就可以获得方法专利。既有规定中，对于诸如"利用核磁共振装置进行脑信息扫描的方法"，由于作用于人体，因此不能授权。而在此次修改中，由于这一脑扫描方法中不包括医生根据该核磁共振扫描结果进行确诊判断，因此可以获得授权。

反观我国审查指南中有关具体医疗方法的构成则更多地体现了形式性判断，且缺乏政策性考量的特点。通过对比历次审查指南的修改可以明显发现仅存在《审查指南1993》与《审查指南2006》两个针对"医疗方法"构成与否的不同模式，其他版本的审查指南均是分别沿用这两个版本。相比于前者，后者增加了对于"用于实施疾病诊断和治疗方法的仪器或装置，以及在疾病诊断和治疗方法中使用的物质或材料"的可专利性规定，扩大了与医疗行为相关的排他权许可范围。针对诊断方法增加了"作用于活体"与"以获得疾病诊断结果或健康状况为直接目的"两个要件，其中对于检测方法是否均构成以获取诊断结果等为目的提出了以现有医学知识是否能够知晓的标准。❶ 此外，在治疗方法上特别针对假牙的测量方法提出"虽然其最终目的是治疗，但是该方法本身的目的是制造出合适的假牙"等设置了例外。

《审查指南2006》相对于之前的审查指南设置了新的判断标准，其中对于诊断行为以"作用于人体"及"直接用于医生判断"为标准，而对于治疗与外科手术方法则以是否对于人体产生侵袭性为标准。诊断方法一般包括四个阶段，即：收集患者的信息；

---

❶ 在关于冯连元与国家知识产权局专利复审委员会案的北京市高级人民法院（2012）高行终字第81号行政判决书中认定："只要知晓本申请中获得的检测信息，就能够直接获得生物个体的健康状况即其患病风险度的情形，即本申请检测的直接目的是为了获得个体的健康状况，而不属于中间信息。"

将正常标准值与患者信息进行对比；对于标准值与患者信息的相异进行医学解释；将医学解释结论与临床症状进行关联，并得出诊断结论。事实上，只有全部包括了上述四个步骤才构成诊断方法，仅仅通过方法创新进行患者信息收集步骤的，并不构成可专利性排除的诊断方法。而我国对于诊断方法强调"人体介入"与"诊断目的"，从而可能导致仅仅收集患者信息方面的方法创新被排除在专利授权之外。而对于治疗与外科手术方法来说，一般限于医生通过专业技能在承担医疗责任与风险的基础上对患者身体的医学侵袭行为，而医生医学侵袭以外的行为应该不包含在治疗与诊断方法之内。在"丁大中与专利复审委员会案"❶中认定"科学计划生育"属于受孕方法，并构成广义的以有生命的人为直接实施对象，并对其生理状态进行诊断、控制和调整。事实上该案技术方案并不以医生对患者身体的侵袭为要件，即审查指南所排除的受孕方法指的是以治疗为目的，通过医生的专业化知识对于人体进行的介入性"侵袭"，而该技术方案并不以医生的"侵袭"为要件，因此采取扩大性归类于受孕方法的做法可能造成过分地扭曲属于本来的含义，而较为妥当的判断是将其纳入"科学发现"范畴予以排除。❷

综上所述，即使采取了"入口排除法"，仍然要面对界定何种行为属于诊断、治疗与外科手术方法的过程。这一过程并不是单纯的概念性涵摄，而是包含了对于技术激励与产业发展的政策性判断。单纯的形式性判断可能忽视政策性考量，并且由于审查指南缺乏根据政策进行及时修改的现实，可能导致激励上缺乏平衡性运用。

其二是即使现行法下采取"入口排除法"使得医疗方法难以

---

❶ 北京市高级人民法院（1998）高知终字第 68 号行政判决书。
❷ 同样的观点见于：崔国斌. 专利法：原理与案例［M］. 北京：北京大学出版社，2012：70.

被授予专利权，但是也并不意味着完全排除了医生因其医疗行为而免于专利侵权构成。举例来说，如果医生使用某医疗器械（如核磁共振仪）对患者体内病灶的诊断行为，若该医疗器械上存在专利权，且医生使用的是专利产品的话，专利权权利用尽，因此医生的行为不可能构成侵权；而若使用的是侵权产品的话，由于医生的行为构成"专利产品"的使用，因此有可能构成侵权行为。❶ 而对于药品的给药行为，如果是医生直接将药品作用于患者体内的话（如注射），在药品是侵权产品而不构成权利用尽的情况下，医生对于侵权药品的给药行为依旧有可能构成实施行为而被追及侵权责任。因此在不存在单独针对医生医疗行为免责条款的前提下，即使排除了医疗方法的可专利性，也可能无法避免医生的侵权构成，进而使得"入口排除法"的伦理性构成难以达成。

其三是权利要求记载形式与发明本质间的乖离问题。尽管对于医疗方法不予保护，但是对于医药品用途专利来说，实质上就是对于医药品在医疗过程中新的使用方法的保护。由于医药用途专利的实质是发现了已知化合物的新治疗方法，如果以方法专利的形式进行保护的话，将构成对于医疗方法的保护，故而不被允许。如果以产品专利的形式进行撰写的话，若该用途由产品本身固有的特性决定，而且用途特征没有隐含产品在结构或组成上发生改变，则该用途特征限定的产品权利要求相对于对比文件的产品不具有新颖性。❷ 例如，用于抗病毒的化合物 X 的发明与用作催化剂的化合物 X 的对比文件相比，虽然化合物 X 用途改变，但决定其本质特性的化学结构式并没有任何变化，因此用于抗病毒的化合物 X 的发明不具备新颖性。因此对于医药用途发明只能通过

---

❶ 吉田広志. 用途発明に関する特許権の差止請求権のあり方 [J]. 知的財産法政策学研究，2007 (16)：231.

❷ 中华人民共和国国家知识产权局. 审查指南 2006 [M]. 北京：知识产权出版社，2006：第二部分第三章第 3.2.5 节 "包含性能、参数、用途或制备方法等特征的产品权利要求".

瑞士型权利要求撰写来谋求保护。❶

相比于直接对于医药品新用途通过产品专利保护，或直接对于医药品的使用方法进行保护，瑞士型权利要求仅限于在制备中的应用，在保护范围上有所限定。❷ 举例来说，对于栀子大黄在制备用于治疗上火的药物中的应用，尽管采用了在制备上应用的形式，但是如果直白地对权利保护范围进行翻译的话，即"为制备用于治疗上火症状的药品而对于栀子大黄的使用方法"。这一权利要求与"为治疗上火症状而对于栀子大黄的使用方法"相比，进一步增加了限定要素，即仅及于生产过程，而不涵盖使用过程，因此对于用途的限定必须是直接在生产过程中产生新颖性。但是何种流程构成生产上的限定与何种流程构成使用上的限定之间的界限则很不明确。典型的就是对于药品用量与投药间隔上的限定是否属于对于生产环节的限定。❸ 在"默克公司专利无效案"二审判决❹中，作为附带理由❺指出："药品的制备并非活性成分或原料药的制备，应当包括药品出厂包装前的所有工序，当然也包括所谓使用剂型和剂量等'给药特征'。本专利即属于对剂量所作的改进而申请的医药用途发明专利。当专利权人在所使用的剂型和剂量等方面作出改进的情况下，不考虑这些所谓'给药特征'是不利于医药工业的发展及人民群众的健康需要的，也不符合专利法

---

❶❷ 中国专利局. 审查指南 1993 [M]. 北京：专利文献出版社，1993：112；中华人民共和国国家知识产权局. 审查指南 2006 [M]. 北京：知识产权出版社，2006：275.

❸ "肯定说"见于：张清奎. 化学领域发明专利申请文件撰写与审查 [M]. 北京：知识产权出版社，2004.

❹ 北京市高级人民法院（2008）高行终字第 00378 号行政判决书。

❺ 在分析判决时区分判决理由与附带意见是十分重要的，判决理由（ratio decidendi）指推导出判决结论所必需的理由，附带意见（obiter dictum）指推导出判决结论所不必要的、附随性质的理由。在实行判例法的国家往往只有判决理由具备法的约束力，但是层级较高的法院所附带作出的附带意见往往也具有一定的影响力。本案中，北京市高级人民法院以缺乏创造性为理由驳回了上诉，维持了专利无效的决定，但在对于给药剂量与方法的论述上作出了不同于专利复审委员会的判断。

的宗旨。"[1] 但是在"潜霉素药剂专利无效案"[2]中，最高人民法院指出："这类制药用途权利要求约束的是制造某一用途药品的制造商的制造行为，所以，仍应从方法权利要求的角度来分析其技术特征，通常能直接对其起到限定作用的是原料、制备步骤和工艺条件、药物产品形态或成分以及设备等。对于仅涉及药物使用方法的特征，例如药物的给药剂量、时间间隔等，如果这些特征与制药方法之间并不存在直接关联，其实质上属于在实施制药方法并获得药物后，将药物施用于人体的具体用药方法，与制药方法没有直接、必然的关联性。"尽管两判决不是针对保护范围的认定，而是针对新颖性构成的认定，但是二者的矛盾可见一斑。

从保护范围的角度看，假设对于瑞士型权利要求来说，存在某生产者甲生产由栀子大黄组成的药品，存在某使用者乙利用该药品治疗上火症状，另一使用者丙利用该药品治疗腹泻症状。对于乙来说，即使其使用该药品治疗上火症状，由于瑞士型权利要求的保护范围不及于使用行为，仅及于生产行为，因此乙并不构成侵权。而丙使用的是其他用途，更不构成侵权。对于甲来说，其制备的栀子大黄药品由于具有多种用途，即治疗上火及治疗腹泻的用途，如果令其停止生产的话，属于合法使用行为的乙和丙均无法获得产品。因此对于甲的停止侵害请求仅限于责令甲不得向以治疗上火为目的的乙销售其制备的栀子大黄药品。其执行方式也仅仅是对于印有供治疗上火目的的用法说明书的销毁，而不能直接将药品本身进行销毁。

实践中，在"诺华诉正大天晴用途专利侵权案"[3]中，法院认定了诺华公司提出的行为保全申请，要求被告停止在生产、销售、许诺销售"格尼可"甲磺酸伊马替尼胶囊药品过程中，使用在说

---

[1] 李晓蕾．关于医疗用途专利新颖性的研究：对默克公司专利无效案的思考[J]．知识产权，2010（1）．
[2] 最高人民法院（2012）知行字第75号行政裁定书．
[3] 北京市高级人民法院（2014）高民终字第278号民事裁定书．

明书的"适应症"及"药代动力学"部分含有涉及"胃肠基质肿瘤的治疗"的相关内容。如果药品说明书的撰写内容，是医药品用途专利侵权的依据，即表明药品说明书撰写内容包括权利要求用途专利的药物技术特征，如果药品说明书撰写等药品出厂包装前的工序不属于药物的技术特征的内容，如何认定其构成侵权？因此，从保护范围的反推逻辑来看，北京市高级人民法院在"默克公司专利无效案"二审判决中的意见似乎更具妥当性。

从同一规范针对相同或类似情况应处理一致的平衡性角度看，最高人民法院在"潜霉素药剂专利无效案"中明确了给药剂量、时间间隔和药物副作用的特征对制药用途权利要求不起限定作用，因此不能将这些特征用于该用途是否具有新颖性和创造性的评判。而对于特定给药方式（例如口服、皮下或静脉内）是否对制药用途权利要求起限定作用，并没有给出评述。而在"默克公司专利无效案"中则认为给药方式（涉及口服给药）对制药用途权利要求有一定的限定作用，可以用于新颖性和创造性的评判。同样对于给药剂量、给药间隔与给药方式等类似性质的医疗行为，法院却依据同一原理给予了不同待遇，这种做法也不无质疑之处。这一问题背后更为核心的是通过权利要求书撰写方式的不同，而对于同一实质相同的保护对象通过迂回的方式给予一定程度保护的做法是否妥当。❶

从原理上看，对于同一实质保护对象，不论是采用产品专利，还是方法专利，其保护范围应该是一致的，产品专利与方法专利二分法仅具有形式上的意义，而在划定专利保护范围上不应存在实质性差别。瑞士型权利要求背后体现了对于医药用途创新的激励需求。如果真是这样的话，更加釜底抽薪的做法应该是废除医疗方法专利在可专利性上的藩篱，还原形式与实质的统一性。在

---

❶ 罗霞. 判定物质医药用途发明新颖性的考量因素：解析卡比斯特公司与专利复审委员会发明专利权无效行政纠纷案［J］. 中国专利与商标，2014（3）.

医疗方法不可专利性的前提下，又探寻医药用途的保护途径的做法必将导致矛盾现象的发生。

四、我国摸索"出口排除法"的规范选择

我国坚持"入口排除法"的实质就在于防止专利排他权对于医疗领域的介入，从而最大限度维护医生医疗行为的自由，防止脱离医学伦理性事件的发生。但是这一"入口排除法"的适用却导致了在医疗领域市场化介入的不足，以及医疗方法领域创新的阙如。而形式化地列举何种行为构成医疗方法的做法，也给了行政行为介入市场活动的借口，立法过程中何种产业利益需要受到保护的讨论也有所忽视。此外，即使为了医疗伦理性的高尚目的，也不一定需要"入口排除法"来实现。不在"入口"对于医疗方法专利设置严格的排除要件，而是在承认医疗方法可专利性的基础上，针对医生的医疗行为设置权利例外的规定的"出口排除法"同样不失为较为妥当的对策。从"入口排除法"与"出口排除法"两种模式的实质角度看，对于医生从事医疗行为不承担侵害专利权责任这点来说没有任何区别，但在是否对向医生提供用于实施专利权的工具及方法的间接侵权责任构成上则存在巨大的区别。

如果采取"入口排除法"，对于医疗方法一概不授予专利权的话，就从根本上排除了间接侵权构成的可能性，不利于激励医疗方法领域的技术创新。而如果采取"出口排除法"的话，尽管作为直接医疗行为人的医生得以通过免责条款免于责任追及，但是在间接侵权行为独立说的指导下，对于向医生提供了用于医疗方法实施的器械或生产了某种医药品的间接行为人则可能构成专利权间接侵权。由于医疗方法的专利权人原本就不以医师作为侵权主张与经济利益诉求的对象，而赋予其针对提供医疗方法专利实施所必要的医疗设备与医药品的生产销售商排他权行使则可以有效地激励权利人在医疗方法领域的创新活动。而两种模式的实质区别也就在此。

在我国司法实践中对于此种实质性区别也有明确的认识。在"默克公司专利无效行政案"中，北京市高级人民法院指出："对于制药用途权利要求的保护范围可能包括医生以何种剂量给予患者该药物对其进行治疗的行为的担心是不必要的。第一，医生的治疗行为并非以经营为目的，其行为不会构成侵犯专利权；第二，医药用途发明权利要求通常包括药品物质特征、药品制备特征及疾病适应症特征，而医生的治疗行为仅仅涉及如何使用药物的技术特征。不涉及药品制备特征，不会侵犯专利权。因此，将剂型、使用剂量等技术特征纳入医药用途发明权利要求不会限制医生治疗行为自由的。"尽管该案是针对新颖性判断的行政案件，但是北京市高级人民法院作为附带理由指出了通过"非以经营为目的"为医生的医疗行为予以免责的可能性。

从学说上看，对于"生产经营为目的"概念的界定存在模糊性与困难性。❶ 因此对于医生使用具有专利权的设备的行为到底构成专利权侵权与否的判断可以说属于灰色地带，但是也不排除其承担责任的可能性。❷ 其中有学者指出对于"生产经营目的"应作限缩性解释，仅指为个人使用或者为家庭使用而实施有关发明的情况。❸ 笔者也赞同汤老的见解，其理由出自专利法设定"以经营为目的"要件的宗旨以及专利法体系的平衡性。

《专利法》第11条在认定构成实施专利行为时指出应以生产经营为目的，亦即当直接实施人诸如在家庭内等非生产经营条件下对于专利技术的实施行为，不构成专利法意义上的实施专利行为，因此该情况下直接侵权行为并不存在。非以生产经营为目的的实施不构成专利权侵害的理由在于：其行为对于专利权人利益仅带来轻微的影响，同时也是为了确保在私人领域行动的自由。但是医疗方法等的实施均有赖于医生的操作，如果认定医生操作

---

❶ 尹新天. 中国专利法详解 [M]. 北京：知识产权出版社，2011：127.
❷❸ 汤宗舜. 专利法解说 [M]. 修订版. 北京：知识产权出版社，2002：73.

属于非营利目的的话，相当于割断了通过医疗方法创新获取收益的渠道，因此难谓对于专利权人的影响轻微。此外，医生在公开执业场所内的诊疗行为也不存在私人活动领域自由确保的积极目的，因此医生使用医疗方法的行为构成以营利为目的的使用。

而从专利法体系的平衡性角度看，由于"以生产经营为目的"并不是作为专利权的限制和例外而出现的，而是作为构成专利权侵权行为的构成要件出现的，也就是说只要不以生产经营为目的就不构成专利权侵权。但是在满足了生产经营目的之后还可能受到专利权限制与例外的排除，典型的包括以实验研究为目的的实施。其中对于实验研究目的与以生产经营为目的就存在着叠床架屋的关系，如果认为实验研究目的属于非以生产经营为目的的话，那么就没有必要在专利权限制与例外中另行规定实验研究例外，所以只能解释为实验研究目的不同于非生产经营目的，也就是说要限缩性解释非生产经营目的，才有可能适用实验研究例外条款，使得不是实验研究目的的生产经营行为认定为专利侵权。

因此上述判决中试图通过扩大性解释非生产经营目的达到为医生利用医疗方法免责的解释论尝试并不妥当，但是其背后体现的针对医生设置医疗方法专利例外规定的意图却是十分清晰的。

从比较法上看，美国在赋予医疗方法专利基础上，针对医生的医疗行为设置了免责规定。历史上围绕着医疗方法的可专利性判断问题，[1] 美国司法实践进行了长期的争论。[2] 嚆矢为 Morton v. New York Eye Infirmary（1862）案[3]中对于包含乙醚应用的外科手术方法不具备可专利性的解释。事实上该案中并未明确作出这一判断，而是在之后的 Ex parte Brinkerhoff（1883）案[4]中，引

---

[1] VENTOSE E D. Medical Patent Law: The Challenges of Medical Treatment [M]. Cheltenham: Edward Elgar Publishing Limited, 2011.

[2] FELLNER T. J. Patentability of Therapeutic Methods [J]. JPOS, 1946, 28: 90.

[3] Morton v. New York Eye Infirmary, 17 F. Cas. 879 (S. D. N. Y. 1862).

[4] Ex parte Brinkerhoff (1883), reprinted in 27 JPOS 797 (POBA 1945).

用 Morton 案判决，从而确立了医疗方法的不可专利性，并认为该案中治疗痔疮的方法不具备可专利性。而在之后的案例中接连否定了上述观点，[1] 并承认了医疗方法的可专利性。一般来说作为医疗方法专利侵权诉讼被告的均为用于医疗方法实施所需的医疗器械提供商，很少有直接针对医生行使专利权的情况出现。而在 Pallin v. Singer (1995) 案[2]中，原告是拥有一种手术方法专利权的医生，被告是使用了该手术方法的医生及其所属医院，因此这一侵权诉讼引起了社会的广泛关注，特别是对于医生从事医疗行为而面临专利权侵权诉讼产生的极大的质疑。其一是赋予医疗方法专利权将会产生限制医师自由选择最佳治疗方法的权利，并且阻碍某一医疗方法通过不断实践得以完善的机会，同时也会阻碍医疗领域的自由信息交换；其二是导致医疗费用提高；其三是为发现医生是否侵犯了专利权可能会披露患者的隐私；其四是即使不赋予医生专利权，这一职业也存在其他改良与创新的激励。故而以此为契机，在 1996 年通过了有关医生及其附属之医疗机关从事医疗行为的专利权侵权免责的立法规定。即在《美国专利法》第 287 条 (c) (1) 中规定：在医生实施的医疗行为构成侵权的情况下，对于与从事上述医疗活动有关的开业医生或者有关的卫生保健机构不予适用侵权相关救济规定（停止侵害、损害赔偿）。但是第 287 条 (c) (2) (A) 中进一步指出上述"医疗行为"是指对身体实施的医疗过程或者手术过程，但是不包括：（Ⅰ）以侵犯专利权的方式对专利器械、专利产品或者组合物进行使用；（Ⅱ）实施化合物专利，而该活动构成对专利权的侵犯；或者（Ⅲ）以侵

---

[1] Dick v. lederle antitoxin laboratories, 43 f. 2d 628 (s. d. n. y. 1930); Martin v. wyeth, inc., 96 f. sup. 689 (d. md. 1951), aff d 193 f. 2d 58 (4th cir. 1951); Ex parte scherer, 103 u. s. p. q. (bna) 107 (pat. off. bd. app. 1954).

[2] Pallin v. Singer, 36 USPQ. 2d 1050 (US DCDY 1995).

犯生物技术专利的方式实施方法。[1]

其中（Ⅱ）"实施化合物专利"是指根据第 287 条（c）（2）（F）不包括对在身体上实施医疗或者手术过程的方法的权利要求中对化合物的使用，且并没有直接对达到属于权利要求的方法目标作出贡献的情况。也就是说在这种情况下，即使医师使用了化合物，也不受到排他权的控制。作为方法权利要求中某一步骤的化合物，如果其本身具有新颖性，或者对于全体权利要求具有非自明性起到作用的话，就属于对权利要求达到方法目标作出了贡献，可能导致权利要求各步骤中只要使用了化合物，必然使得化合物的使用对新颖性的认定或者非自明性的认定起到作用，因此不构成医疗方法，而医生行为可能受到排他权的控制。此外"化合物的使用"中包含药品新用途的使用，药品给药的新步骤、新组合与新时机的方法，药物疗法的新组合等。举例来说，为了治疗糖尿病，对既有药品在新时间段，以特定的用量予以给药，或者采用特定疗法的组合给药等方法，均不属于"医疗行为"。

从上述规定来看，尽管针对医生的医疗行为设置了专利权侵权免责规定，但是由于其例外范围过广，直接导致了现实中几乎医生所有医疗行为都可能构成侵权的现象发生。正是由于在医疗行为免责规定上的不彻底，因此对于诊疗方法的可专利性问题近期产生了判断上的徘徊。[2] 尽管一般认为美国对于"医疗方法"专利采取了"出口排除法"，对于医疗方法的可专利性采取较为开放的看法，并通过医生免责条款最大限度地维护了医生的伦理性与

---

[1] 译文参考了魏衍亮. 生物技术的专利保护研究 [M]. 北京：知识产权出版社，2004：172 - 173.

[2] Metabolite Labs, Inc. v. Lab. Corp. of Am. Holdings, 370 F. 3d 1354, 1358 (Fed. Cir. 2004), cert. dismissed, 126 S. Ct. 2921 (2006); Prometheus laboratories, inc. v. Mayo collaborative services, 581 f. 3d 1336 (2009); King Pharms., Inc. v. Eon Labs, Inc., 593 F. Supp. 2d 501 (E. D. N. Y. 2009); Ass'n for Molecular Pathology v. U. S. Patent and Trademark Office, 689 F. 3d 1303, 1309 (Fed. Cir. 2012). 对于美国近期有关诊断方法的可专利性问题的详细探讨留待笔者他稿详述。

人道性，但通过上述分析可以看出由于利益集团的博弈，本来应该全面详尽免责的医生行为，由于广泛存在的例外条款，导致追究医生侵权责任的情况仍可能普遍出现。于是出现在医疗方法专利"入口排除"上的摇摆。特别是针对"诊断方法"，由于与对自然法则、自然现象不授予专利权的原则很可能产生冲突，因此近年成为美国争论的焦点。

不可否认，对于某些"诊断方法"是否授予专利权的确存在争议，但其判断方法也是采取美国对于可专利性判断上的一般标准，而不是针对"诊断方法"采取特别的"入口排除"，因此这一问题之所以产生巨大争议还是由于美国专利法对于医生免责采取的不彻底性做法使得公众产生了普遍的质疑。如何在坚持"出口排除法"的基础上，鼓励医疗产业的创新也成为我国值得借鉴的领域。❶

五、"出口排除法"下的侵权责任追及问题

在解释或立法论上赋予医疗方法可专利性的同时，通过对医生医疗行为的免责可以令医疗设备生产商等承担间接侵权责任。举例来说，对于权利要求"剂量是 3～75mg/kg，并在所述的剂量间隔是每隔 24 小时一次至每 48 小时一次重复给药为特征的潜霉素药剂"，由于该权利要求中包含不能流通的要素，因此实质上是方法专利，等同于"剂量是 3～75mg/kg，并在所述的剂量间隔是每隔 24 小时一次至每 48 小时一次重复给药为特征的潜霉素使用方法"。对于后者，在某患者根据所定用量用法自行服用该药品时，由于患者的服药行为构成非生产经营性实施，因此无法追究其侵权责任。而对于销售潜霉素药剂的销售商（药店、医院）、生产潜

---

❶ 除了在废除针对医疗方法专利的"入口排除法"后，更为彻底的导入对于医生医疗行为免责的立法论建议外，学说及实践中也在摸索其他模式的妥当处理，例如对于医疗方法专利取消停止侵害请求权的介入转而采取报酬请求权的处理方法，进而通过保险机构医药费用结算中介组织实现效率性的大规模处理。参见：佐藤祐介. 医療方法の特許保護（3・完）[J]. 一橋法学，2004，3（3）：1121-1122.

霉素的生产商以及指示患者服用潜霉素药剂的医生来说，存在不同的侵权构成判断。

对于销售者来说，由于潜霉素药剂是已知产品，且权利要求为方法专利，其销售的潜霉素药剂还具备其他的用法与用量，因此仅能针对销售者要求"不得将潜霉素药剂销售给仅以剂量是3～75mg/kg，并在所述的剂量间隔是每隔24小时一次至每48小时一次重复给药的主体"或"不得在使用说明书中表明以剂量是3～75mg/kg，并在所述的剂量间隔是每隔24小时一次至每48小时一次重复给药的使用方法"；对于生产制造者来说，与销售者类似，仅能销毁写有使用方法的说明书，或不得向以专利用途为目的的使用者提供潜霉素药剂产品；对于医生来说，由于患者的行为是依据医生的处方指示而实施的，而患者的行为又构成合法行为，因此对于合法行为的指示并不存在违法性，故而医生也无须为其处方行为承担侵权责任。而医生对于患者直接按照所定使用方法规定剂量和间隔给药的行为可能构成侵权，但是由于存在医生免责规定在而合法化。但是对于医生提供医药品的生产销售者来说，则根据不同的理论构成可能会产生不同的间接侵权责任承担。❶

---

❶ 典型地体现为"专利本质部分再现说"与"停止侵害请求实施可能性说"。两者在适用上的差异在于：比如对于"由化合物A＋B＋C构成的杀虫剂"来说，化合物C尽管不构成专利的本质特征部分，但是由于化合物C专用于侵权用途，除此之外不存在其他实用性的话，也应该通过停止侵害救济排他性地满足专利权人的要求，同时由于在侵权用途之外化合物C不具备其他用途，因此也不会给第三人自由带来过多限制。再例如对于类似"由化合物A构成的杀虫剂"这一发明专利，事实上化合物A除具有杀虫用途外，尚具有作为润滑剂的实用性价值。因此对于提供化合物A的生产或销售者而言，并不能依据专利权而主张停止其生产销售化合物A的行为。其理由在于若承认专利权的此种排他效力则事实上使得利用化合物A润滑剂用途的利用者在市场中无法获得化合物A，从而扩大了专利权排他权范围，僭越了权利要求制度的初衷。但是对于另一种情况，比如某种带有特殊接口的镜头通用于A型号单反相机（构成权利要求书请求要件）与B型号单反相机（不构成权利要求书请求要件），若该特殊接口（尽管该接口具备多种功能）只有在专利产品下才发生专利效果的话，如果要求其删除该特殊接口的成本很低的话，则应允许此种排他权的行使，使得在不禁止该镜头通用于非侵权用途的同时，也能够不实施专利侵权用途。

如果在间接侵权的认定上以"专利本质部分再现与否"为判断标准，即如果该权利要求构成要件部分体现了专利技术中的特征性部分或本质性部分的话，那么对于该部分的生产及销售者来说保证了在其生产销售时的预测可能性（即对于生产销售的产品可能构成专利本质部分的预测可能性），而对于产品仅构成权利要求中的次要部分或非特征部分的，应判断不构成专利权侵害。由于在用途发明专利中具有创新点的本质部分在于给药剂量与间隔等因素，而不是已知药品本身，对于已知药品的提供由于不构成权利要求的本质部分，因此医药品生产销售商并不承担间接侵权责任。

如果在间接侵权的认定上以"停止侵害请求实施可能性"为判断标准，即当明确判断被疑侵权产品用于直接侵权用途时，为预防该种直接侵权行为的发生而停止被疑侵权产品的生产和销售，而并不以其构成发明的特征部分或本质部分为限。由于已知药品具有多种使用方法和用途，满足"特性型多功能产品"的特点，即被疑侵权产品在物理性质上具有多种用途的情况，例如"由化合物 A 构成的杀虫剂"这一发明专利，事实上化合物 A 除具有杀虫用途外，尚具有作为润滑剂的实用性价值。而区分其特性上存在的杀虫与润滑效果在成本上是不可能的。针对此点停止侵害请求实施可能性说从除去侵权用途成本考量向针对直接侵权行为者行为样态规制转型，以适应该种产品的特性。❶ 即在判决主文中禁止特定直接行为者的行为方式。其选择手法包括：其一是"责令被告停止销售化合物 A"，此种情况下以非侵权目的生产销售化合物 A 的间接实施人可以提起执行异议程序（《民事诉讼法》第 225 条）以回避判决主文之要求。但是此种手法适用于该化合物很少

---

❶ 该种思路深受吉田广志教授论述影响。见于：吉田广志. 用途发明停止侵害请求的实施方法：从以产品为着眼点向以行为者为着眼点的转变［J］. 知识产权法政策学研究，2007（16）：167.

用于非侵权目的的情形，实质上相当于间接行为人承担了回避主文停止侵权请求效果的成本，因此并不能很好地平衡用途发明上非侵害用途的使用。其二是"责令被告停止向以化合物 A 生产杀虫剂为目的使用者的销售行为"，此种情况下执行机关则负有审查被执行人是否是将化合物 A 用于生产杀虫剂这一专利用途的义务。其三是"责令被告停止向以生产杀虫剂为目的使用的甲销售化合物 A"，此种情况下原告在一定程度上可以特定直接以生产杀虫剂为目的使用化合物 A 的直接行为人甲行使停止侵害请求。但是对于也以生产杀虫剂为目的使用化合物 A 的乙来说，则在判决效力范围之外，因此其判决一网打尽功能实现的实效性令人怀疑。综上，在平衡"特性型多功能产品"判决主文效力范围的手法上还需进一步细化。❶ 此外，即使承认对于特定行为人的停止侵害请求救济，也不意味着承认进一步废弃用于生产侵权产品的模具，对于"特性型多功能产品"下废弃模具请求应审慎处之，❷ 其理由在于除侵权目的外该产品尚具有非侵权用途，对其生产阶段活动并不该无限规制，而应将其规制重点推后至所针对特定对象的销售活动进行时。

六、结　　语

通过医学伦理性要求与医疗产业性构成的理由否定医疗方法的可专利性，理论上存在难以一以贯之之处，而更为显著的是直接导致了实践中处理医药用途专利确权与侵权判断上的矛盾。坚持"入口排除法"的实质就在于防止专利排他权对于医疗领域的

---

❶　此问题涉及与民事执行法上的相关制度的衔接，本文由于篇幅有限不作展开，其核心思想就在于将实体法上排他权行使范围的问题转化为程序法上停止侵害请求对象如何确定的问题。具体思路请参考：田村善之. 知的財産侵害訴訟における過剰差止めと抽象的差止め [M] //田村善之. 競争法の思考形式. 有斐閣，1999：149-189.

❷　实践中存在对于专用品支持废弃其生产模具的判决（上海市第二中级人民法院（2005）沪二中民五（知）初字第 156 号民事判决书）。

介入,从而最大限度维护医生医疗行为的自由,防止脱离医学伦理性事件的发生。而通过采取赋予医疗方法专利的方法,并同时设置彻底性的医生免责条款,就可以达到与"入口排除法"相同的立法宗旨,进而可以体现对医疗方法创新上的激励。而对其他为医生从事医疗方法专利提供相应设备与方法的商业性主体,则通过专利间接侵权理论达到责任追及的目的。

"方法界定产品"专利的侵权认定及权利人保护

闫文军[*]

摘　要："方法界定产品"专利权利要求是一类特殊的产品权利要求。对于这种权利要求的侵权认定，美国和日本都曾有过激烈争论。最终美国选择了"方法限定说"，日本选择了"物同一说"。《最高人民法院关于审理侵犯专利权纠纷案件应用法律若干问题的解释（二）》明确了我国法院采用"方法限定说"。在采用方法限定说的同时，我们应采取相应的措施给专利权人适当的保护。在解释此类权利要求时，应从宽解释。另外，通过修改此类专利申请的分案条件，使专利权人在申请了方法限定产品的权利要求后，还可以就结构限定的权利要求通过分案获得授权。

一、"方法界定产品"专利保护产品还是方法

权利要求有两种基本类型：产品权利要求和方法权利要求。一般来说，产品权利要求用结构特征或者参数特征（以下将结构特征和参数特征统称为结构特征）进行界定。但是，有的情况下，无法准确地用结构界定一个全新的产品，就出现了用制造方法界

---

[*] 作者简介：中国科学院大学公共政策与管理学院法律与知识产权系教授。

定产品的权利要求。这类权利要求，英文中称为"Product‐by‐Process"权利要求，本文中称为"方法界定产品"权利要求，简称 PBP 权利要求。

PBP 权利要求，指将制备方法作为技术特征界定的权利要求。这类权利要求，可以是全部技术特征都是制备方法，例如："产品 X，其特征在于，可以通过 Y 方法获得"，或者"通过 Y 方法获得的产品 X"。也可以是部分是结构特征，部分是方法特征，例如："产品 X，包括 A、B、C，其特征在于，A 是通过 Y 方法获得的。"

例如，赵树生与贵州百祥制药有限责任公司侵犯专利权纠纷案❶中的权利要求就是 PBP 权利要求，其权利要求 1 为："一种岩陀提取物，其特征在于它是用下述方法制成的：将岩陀植物的根茎洗净切片、晒干，研成粗粉，置于容器内，用 95％乙醇加热回流 2 次，每次 2～4 小时，合并回流液，回收乙醇并继续浓缩成浸膏，或者用 95％乙醇冷浸 7～10 天，取滤液，回收乙醇并浓缩得浸膏，浸膏 0.15 克相当于药材 1 克。"在诉讼过程中，法院按照权利要求中所描述的方法进行了侵权对比，双方围绕被控侵权人回流提取岩陀前是否有对岩陀进行粉碎的环节产生争议。我们暂且不讨论该案的判决结果。假如该案中被控侵权人使用的方法与专利权利要求中的方法截然不同，但生产的产品与该权利要求所描述的方法生产的产品完全相同，能否说被告的产品落入专利保护范围呢？由于这一权利要求是产品权利要求，专利权人可以提出，既然产品相同，就落入专利的保护范围。这种主张是否可以接受呢？

其实这个问题涉及 PBP 权利要求保护中的两种不同观点：方法限定说和物同一说。在上述案件中，法院采用的是方法限定说，即将被控侵权物的生产方法与专利权利要求中的方法进行对比；而我们假设中提出的对比方法是物同一说，即不管生产方法有什

---

❶ 云南省高级人民法院（2011）云高民再终字第 6 号民事判决书。

么区别，只要被控侵权物与权利要求界定的物相同，就落入专利保护范围。方法限定说和物同一说是两种确定PBP权利要求的方法。方法限定说实质上将PBP权利要求作为方法专利保护的，而物同一说是将PBP权利要求作为产品专利保护的。

二、美国、日本和我国的不同做法

（一）美国

美国联邦最高法院在20世纪50年代以前作出的几个判决中，曾暗示制造方法对于专利具有限定作用。但是，由于当时的审查标准与现在不同，而美国联邦最高法院的观点也不明确，因此，可以说美国联邦最高法院并没有关于解释PBP权利要求的判例。美国联邦巡回上诉法院曾存在"物同一说"和"方法限定说"的不同判决，而最终采纳了"方法限定说"。

1991年，美国联邦巡回上诉法院在Scripps Clinic & Research Found. v. Genentech案中采纳了"物同一说"。Newman法官代表美国联邦巡回上诉法院出具的判决意见中指出："PBP的权利要求的新颖性和非显而易见性与写入权利要求的方法特征无关。本法庭认为，在判断专利性时，不能认为这样的权利要求所要求保护的产品受到了方法特征的限定。由于专利侵权的判断原则应当与专利性的判断原则相互一致，因此在确定专利保护范围时，PBP权利要求也不应当解释为所述产品受方法特征的保护。"❶

但一年之后，美国联邦巡回上诉法院在Atlantic Thermoplastics Co. v. Faytex Corp.案中采纳了"方法限定说"。Rader法官代表美国联邦巡回上诉法院出具的判决意见指出："在侵权诉讼中必须要考虑PBP权利要求中所包含的方法特征，这不仅是因为该观点和以往的判例相一致，而且还因为忽略方法特征就会背离专利法的一项基本原则，即只有被控侵权行为再现了权利要求中的

---

❶ 927 F. 2d 1565, 18 USPQ2d 1001 (Fed. Cir. 1991).

全部技术特征或者其等同物时，才能认为构成专利侵权。"❶

由于在上述两个案件中美国联邦巡回上诉法院采纳了两种不同的解释方法，在一段时间内使社会公众和下级法院在适用有关规则时产生迷惑。2009年，联邦巡回上诉法院以满席审理的方式就 Abbott Laboratories v. Sandoz, inc 案❷作出了判决，澄清了对 PBP 权利要求的解释规则。法院在判决中分析了美国联邦最高法院之前的判例，认为根据美国联邦最高法院在之前的判例、美国专利商标局多年的实践以及其他有约束力的判决，PBP 权利要求中的方法特征在侵权对比中具有限定作用。并且，美国联邦最高法院要求权利要求中的每个技术特征都具有限定作用，将这一规则运用到 PBP 权利要求中，则方法特征具有限定作用。

（二）日本

与美国一样，日本也曾存在"物同一说"和"方法限定说"两种不同的判决。但与美国不同的是，"物同一说"在日本一直是主流意见，并最终被日本最高法院确立为解释 PBP 权利要求的规则。

日本最高法院 1998 年 11 月 10 日判决的"领高可换的衣领"案件使用了"物同一说"，但没有将它确立为一般规则。日本最高法院的判决指出："在物的发明的权利要求中，为使该物的形状特定化而对作图法进行了记载的情况下，要认定被控侵权物属于专利发明的技术范围，具备与通过上述作图法得到的形状相同的形状是必需的要件，而通过上述作图法制造并不是必需的要件。本案中，对于被告制造销售的物品与上述作图法得到的物品的形状相同，并没有提出主张和进行举证，原告法院判决被告制造销售有关的制品的行为不侵犯本案中的专利权，该结论应予维持。"❸

---

❶ 970 F. 2d 834, 23 USPQ 1481 (Fed. Cir. 1992).
❷ 556 F. 3d 1282 (Fed. Cir. 2009).
❸ 日本最高法院平成 10 年（才）1579 号。

此后，下级法院在很多案件中都采用了"物同一说"。

除了"物同一说"的解释方法外，日本法院在有的判决中也采用了"方法限定说"。如2002年1月28日东京地方法院判决的"卡锁"案件。❶

2012年，日本知识产权高等法院先后作出了两件判决。❷ 两件判决针对的是同一专利，即名为"普伐他汀纳"专利中的PBP权利要求。日本知识产权高等法院采用了"方法限定说"解释涉案权利要求。日本最高法院于2015年6月5日同时对这两个案件作出了三审判决。❸ 日本最高法院撤销了日本知识产权高等法院的判决，将案件发回重审。日本最高法院认为，对于物的发明来说，其专利权的效力应及于与该物构造、特性相同的物，而不考虑采用什么方法制造的。即使物的发明的权利要求中采用了制造方法界定的方式，该发明也应当解释为与采用该方法制造的物的构造、特性相同的物。可见，日本最高法院最终采纳了"物同一说"的解释方法。

(三) 中国

很长时间以来，我国法院一般认为产品专利中的方法特征对于专利保护范围具有限定作用，即采用"方法限定说"。最高人民法院审理的成都优他制药有限公司诉江苏万高药业有限公司等专利侵权案❹涉及PBP权利要求。虽然最高人民法院并没有在该案中提出PBP权利要求的解释方法，但在判决中已经认定了方法特征的限定作用。其实，该案中虽然三级法院得出的结论并不相同，但都认定权利要求中的方法特征对于专利保护范围具有限定作用。在其他案件中，各地法院的判决也都认定方法具有限定作用。例

---

❶ 日本东京地方法院平成12年（ワ）第27714号。
❷ 分别是2012年1月27日作出的平成22年（ネ）第10043号和8月9日作出的平成23年（ネ）第10057号。
❸ 日本最高法院平成24年（受）第1204号和平成24年（受）第2658号。
❹ 最高人民法院（2010）民提字第158号民事判决书。

如，北京望族净化技术开发有限责任公司诉陕西四维高科滤材股份有限公司等侵犯发明专利权纠纷案❶、潘懿莉诉上海高宇医疗器材厂实用新型专利侵权案❷，以及前面提到的赵树生与贵州百祥制药有限责任公司侵犯专利权纠纷案，等等。

《最高人民法院关于审理侵犯专利权纠纷案件应用法律若干问题的解释（二）》第10条规定："对于权利要求中以制备方法界定产品的技术特征，被诉侵权产品的制备方法与其不相同也不等同的，人民法院应当认定被诉侵权技术方案未落入专利权的保护范围。"可见，司法解释最终采纳了"方法限定说"。

三、两种解释方法的利弊

尽管我国司法解释已经明确了PBP专利的保护范围，但鉴于美国和日本存在两种不同的做法，我们仍有必要对不同做法的利弊进行分析和讨论。

（一）美国法官的分析意见

在Atlantic Thermoplastics案判决后，美国联邦巡回上诉法院的10名法官对该案进行了评议，最后以6∶4的多数意见维持了原审判决。在该驳回再审决定书中，Newman法官等四位持不同意见者提出了自己的意见。Rader又追加了自己的意见。

Rich法官和Newman法官发表了支持"物同一说"的观点。Rich法官指出，"方法限定说"将会导致PBP权利要求的专利权人只能得到极小范围的保护，违反专利法鼓励研究、创新和向社会公开技术的目标。Newman法官则认为方法是否具有限定作用不能一概而论，要根据具体的情况确定。她将Atlantic Thermoplastics案中所引述的判例进行了分类，认为PBP权利要求可以分

---

❶ 北京市第一中级人民法院（2006）一中民初字第9998号民事判决书。
❷ 上海市第一中级人民法院（2003）沪一中民五（知）初字第248号民事判决书、上海市高级人民法院（2004）沪高民三（知）终字第94号民事判决书。

为三类：第一类是产品是新的和非显而易见的，但离开制造方法无法界定；第二类是产品是旧的或显而易见的，但制造方法是新的；第三类是产品是新的和非显而易见的，但包含有制造方法的限定。她指出 Scripps Clinic 案属于第一类，而 Atlantic Thermoplastics 案属于第二类。只有第一类才属于真正意义上的 PBP 权利要求。这类权利要求几乎都出现在新产品的场合。这类权利要求是产品权利要求，专利的客体是产品。因为发明的对象是产品而不是方法，所以这时方法对于产品并没有限定作用。对于第二类权利要求，因为专利法要求授予专利的客体必须具有非显而易见性，已知的产品是不能被授予专利权的，因此这类权利要求实质上属于方法专利权利要求。作为方法权利要求，其保护的对象是方法，因此方法对于发明具有限定作用。以前的判例是根据不同的情况进行具体分析，而 Atlantic Thermoplastics 案合议庭试图创立一种普遍适用的规则，所有的 PBP 的权利要求都受所述方法的限制，这会导致有时对发明保护不充分。就第一类权利要求而言，发明人创造了一种生物产品，其本身是新颖的、非显而易见的，但结构无法客观描述，如果合议庭创立一种规则，使其不能就产品本身获得保护，是不适当的。

Rader 法官针对上述不同意见，又提出了自己的意见。他认为，忽略方法特征将忽略"权利要求中最主要的（如果说不是唯一的话）限制条件"，法院将无法确定 Atlantic 要求保护的产品是什么，也没有法律依据判定是否侵权。这将违反专利法的基本原则，并且要求法院在进行专利侵权判断时将被控侵权与专利中实施例进行比较，而不是将它与权利要求进行比较来认定侵权。他认为，区分是否是"真正的"PBP 权利要求并没有意义。区分真正的 PBP 权利要求，并不能使法院可以在忽略方法限定的情况下确定产品，更不用说判定侵权。在这种情况下，专利法提供了救济办法。根据《美国专利法》第 251 条的规定，如果发明人以不合理的窄的术语撰写了权利要求，他可以之后使用更宽泛的术语要求再颁专利。这样，如果专利权人以方法界定了产品，仍可以基于说明书的记载通过再颁专利要求更宽的保护。如果法院不认定方法具有限定作用，则会刺激发明人使用 PBP 权利要求，而不是使用结构进行界定。

Abbott 案判决中，Newman、Mayer、Lourie 三位法官仍提出了不同意见，认为多数人意见使新的、非显而易见的但通过其他方式无法界定的发明无法作为产品得到保护。并且这种意见，使无效和侵权中权利要求解释不一致。

（二）日本法官的分析意见

日本最高法院在"普伐他汀纳案"的判决中，确定了"物同一说"的原则并就这一原则是否会影响第三人利益的问题进行了论述。法院指出，对于某些新的产品，其结构、特征无法进行界定，但又必须立即申请专利，因此允许申请人通过制造方法进行限定。这时，将专利的保护范围界定为与该制造方法制造的产品相同的结构、特征的产品，并不会不当地侵害第三人的利益。PBP 权利要求，只适用于符合《日本专利法》第 36 条第 2 款规定的"明确发明"的要件，并且使用结构或特性进行界定不可能或不实际时，才可以使用 PBP 权利要求。

千叶胜美法官在同意判决意见的基础上发表了长篇补充意见。他首先提出，对于 PBP 权利要求的解释，在侵权判断和有效性判断时应采用相同的标准。美国没有将 PBP 权利要求的使用限定在使用结构特征直接界定不可能或不实际的情形下，在侵权诉讼中采用了比较严格的态度，认定方法对于产品具有限定作用。按照这一标准，承认产品专利使用 PBP 权利要求的意义被大大削弱了。依据日本的审查制度，在审查过程中，只有采用结构、特性无法界定时，才允许使用方法界定。在专利侵权诉讼中，如果不存在使用结构、特性界定产品是不可能的或不实际的情形，则不是真正的 PBP 权利要求，则采用方法限定说；如果存在这种情形，则是真正的 PBP 权利要求，则采用物同一说。

（三）理论上的困惑及实践中的难题——两种解释方法的利弊

"物同一说"与"方法限定说"是两种对立的解释方法。之所以多年来美国和日本在两种方法之间争论和犹豫，是因为两种方法各有利弊。

"物同一说"的最大缺陷是难以确定被控侵权物与专利保护的产品是否是"同一物"，可以说这种方法的确存在实践中的难题。对于以结构特征界定的产品专利而言，在侵权诉讼中只要对比被控侵权产品的结构与专利权利要求书中的技术特征，就可以确定是否落入专利的保护范围。但对于 PBP 权利要求而言，采用"物同一说"则无法使用权利要求与被控侵权物进行对比。即使如 Newman 法官所言，科学家可以使用技术手段（如 X 射线衍射图谱和吸收光谱）确定两件产品是否是同一物，但是，并不是所有 PBP 权利要求保护的物都可以使用技术手段进行对比。正是由于"物同一说"的这一缺陷，美国联邦巡回上诉法院的多数法官最终放弃了这种方法。

"方法限定说"的最大缺陷是无法给专利权人提供充分的保护，可以说这种方法存在理论上的困惑。当专利权人发明了符合专利授权条件的产品但无法采用结构等特征界定时，不得不使用 PBP 权利要求。此时专利权人的贡献并不是发明了权利要求书中披露的制造该产品的方法，而是发明了这一新的产品。如果该产品可以使用结构特征界定，即使专利权人不披露任何一种制造方法，都可以就该产品获得独占的保护。产品无法通过结构特征界定，是因为语言和技术的局限造成的，并不能因此剥夺专利权人所应得到的保护。正是由于"方法限定说"的这一缺陷，日本法院最终放弃了这种方法。

（四）对两种解释方法的分析

到底采用"物同一说"还是"方法限定说"，涉及以下几个方面的考虑。

一是专利权人利益与社会公众利益的平衡。正如前面所说，"方法限定说"不利于保护专利权人的利益；"物同一说"保护了专利权人的利益，但对社会公众来说，专利的界限不明显，避免侵权的难度增加。对于使用结构特征界定的产品专利，社会公众容易判断自己的产品是否落入专利的保护范围。但对于 PBP 权利要求，社会公众很难判断自己使用另一种方法所生产的产品是否与专利保护的产品属于相同的产品。选择"物同一说"还是"方法限定说"首先要在专利权人利益和社会公众利益之间作出选择，考虑对不同主体造成的影响。

二是审查中的解释与侵权中解释的异同。审查时采用的解释方法与侵权判断时采用的解释方法相同，是权利要求解释的理想状态。这也是日本法院以及美国 Newman 法官坚持"物同一说"的理由。但是，实质上各国在审查中的解释与侵权中的解释，有时存在一定的差异。审查中的解释与侵权中的解释，采用不同的标准，会带来实践中的复杂，但并不存在理论上的矛盾和冲突。因此，这一问题不能成为采用不同解释标准的障碍。也就是说，虽然各国在审查中都对 PBP 权利要求采用了"物同一说"的解释方法，但并不必然要求在侵权判断中也采用这种方法。

三是对专利申请的引导作用。PBP 权利要求是一种特殊情况下采用的权利要求，不应当鼓励申请人使用这种权利要求。不同的解释方法会引导专利申请人是否采用 PBP 权利要求。"方法限定说"实质上只提供了方法保护，与申请一件方法专利并无差别。这种解释方法会抑制专利申请人采用 PBP 权利要求。"物同一说"给专利权人提供了充分的保护，会刺激专利申请人使用 PBP 权利要求。因此，在采纳"物同一说"时应当附加使用上的限制条件。日本最高法院在决定采纳"物同一说"的同时，对于 PBP 权利要求的使用提出了"明确性"要件。如果不符合"明确性"要件，则不能获得授权或即使授权后也会被宣告无效。这一要件限制了专利申请人使用 PBP 权利要求。

四是操作性和可行性。"方法限定说"一般比较容易把握。在侵权判断中仍然按照一般的专利侵权判断的方法，就权利要求的技术特征与被控侵权物进行对比。因此，"方法限定说"具有较好的操作性，也具有可行性。"物同一说"在实践中存在操作难的问题。在侵权判断中，按"物同一说"需要对比按专利权利要求描述的方法生产的物与按被控侵权方法生产的物是否相同。如果该物就是除了生产方法外无法通过结构特征进行界定的，实质上也难以对是否相同作出判断。另外，采用"物同一说"时如果同时附加明确性要件，其实这一要件也很难适用。明确性要件的核心是使用结构特征进行界定不可能或不实际。如何判断使用结构进行界定不可能或不实际，实际上是非常困难的，也是会有争议的。如果专利申请人认识错误，将可以使用结构特征界定的产品误认为无法界定，从而使用了 PBP 权利要求，可能因不符合明确性要件而不能获得授权。这其实对于专利申请人是不公平的。

五是对利益受损害者是否有适当的补救。"方法限定说"给专利权人提供的保护只及于制造方法，而不能及于整个产品，因此对专利权人的保护不够充分，其利益会有损害。在这种情况下，美国的专利制度对于专利权人提供了一定的补救机会。通过再颁专利，专利权人在发现了产品的结构特征后，仍然可以获得对整个产品的保护。但在我国，由于不存在再颁专利的制度，专利权人不能再就整个产品获得保护。

不同的人考虑的出发点和重点会有不同，因此会倾向于选择不同的解释方法。这也是为什么日本和美国曾经在两种解释方法之间摇摆的原因。最后多数人的意见决定了法院的判决，但并不是说多数人的意见就是唯一正确的意见。

四、采用"方法限定说"时如何保护专利权人的利益

就针对 PBP 权利要求的两种解释方法而言，"物同一说"更理

想化，"方法限定说"更实用化。我国最高人民法院的司法解释采纳"方法限定说"符合我国的实际。适用"物同一说"的难度非常大，要将被控侵权物与按照专利权利要求所生产的物进行对比，这并没有现成的方法可以借鉴，并且很可能得出的结论并不客观和唯一。实质上采用这种方法并没有给社会公众带来可预见性，很多情况下仍难以预测一个产品是否落入专利的保护范围。我国管辖专利案件的法院数量众多，法官素质和水平不一，给适用这种方法带来了更大的难度。另外，我国缺少像日本那样对使用PBP权利要求的限制。虽然我国专利审查指南对化学领域的发明使用PBP权利要求提出了限制条件，要求PBP权利要求只适用于"用制备方法之外的其他特征不能充分表征的化学产品"，但审查中这一条件很难适用，也不是专利无效的理由。如果采用"物同一说"，会刺激专利申请人更多地采用这种撰写方式，使有些情况下可以用结构特征限定的权利要求也采用了这种方式。

相对来说，"方法限定说"适用起来更为简便。法院按照一般的侵权判断方法，就专利权利要求中的技术特征与被控侵权的技术特征进行对比。如果被控侵权人使用的方法与PBP权利要求中限定的方法相同或等同，其他技术特征也相同或等同，则可以认定侵权成立；如果被侵权人使用的方法与专利权利要求中的方法不相同也不等同，则即使产品相同，也不能认定侵权。实质上，按照这种方法，PBP权利要求的保护与方法专利的保护基本没有差别。因此，"方法限定说"不仅使专利侵权判断更为简单，而且会引导申请人尽量不采用这种权利要求。

但是，我们不得不承认，"方法限定说"对于专利权人的保护不力。特别是对于那些发明了新的产品但又只能通过方法界定的专利申请人，他们实质上无法就产品得到保护。这与专利权人的贡献不相符。美国由于有再颁专利的制度，在一定程度上给专利权人一些补救。我国专利制度中没有再颁专利的规定。而我国专利法中的分案申请，只适用于"一件专利申请包括两项以上发明"

的情形。如果专利申请人最初采用了PBP权利要求，后来发现该产品可以通过结构界定，专利权人如果新申请专利会因前一申请导致后一申请丧失新颖性；专利权人如果申请分案又不符合分案申请的条件。而且专利申请人一旦选择了PBP权利要求，就只能就该制造方法获得保护，以后很难就整个产品获得保护。针对PBP权利要求，虽然我国采用了与美国相同的解释方法，但由于我国的专利制度与美国不同，我国缺少对专利权人的补救机制，因此，我们建议在适用"方法限定说"的同时，还应当采取一定的措施保护专利权人利益。具体而言，在专利侵权诉讼中，对于真正无法采用结构特征界定的新产品的PBP权利要求，应从宽解释其保护范围；另外，我们可以改变分案申请的适用条件，允许对于PBP权利要求，专利申请人在发现的结构特征后，可以通过分案申请就以结构特征界定的产品获得授权。

专利侵权损害赔偿若干问题探讨

章剑超[*]

摘　要： 专利侵权损害赔偿是专利保护制度的重要组成部分，赔偿额的确定一直是专利侵权诉讼中的热点和难点。本文重点从实体法和程序法两个方面进行研究分析，并结合国外较为成熟的立法与司法实践经验，对我国专利损害赔偿计算方式的完善、当事人诉讼取证能力的补强、惩罚性赔偿的引入、法官裁量权的行使提出了较为具体的建议。全文共分为三个部分：第一部分介绍国外比较成熟的专利侵权损害赔偿立法和司法实践经验；第二部分总结我国专利侵权损害赔偿制度运行中出现的问题；第三部分比较国外与我国专利侵权损害赔偿制度的异同，提出完善我国专利侵权损害赔偿制度的建议。

一、国外专利侵权损害赔偿相关制度

（一）美国专利侵权损害赔偿判定的相关制度

1. 损害赔偿额的计算方式

《美国专利法》第 284 条损害赔偿条款中规定了所失利润

---

[*] 作者单位：国家知识产权局专利复审委员会。

(Lost Profits) 和合理许可费（Reasonable Royalty）两种计算方法。目前得到广泛认可的所失利润赔偿的范围包括：① 侵权引起的销售量下降带来的利润损失，即销售流失；② 侵权引起的产品降价带来的损失，即价格侵蚀；③ 侵权引起的成本增加和额外费用。权利人想要获得所失利润作为其损害赔偿计算方式，其必须首先证明侵权行为与所失利润之间具有事实因果关系，即证明若没有侵权行为的存在，专利权人能够获得相应利润。❶ 此因果关系的证明被称为"若非"标准，是美国联邦最高法院1964年在 AroⅡ案中确立的。之后，在1978年Panduit案中，"若非"标准被进一步细化，美国联邦巡回上诉法院对确定侵权行为和销售损失之间是否存在事实因果关系提出了"四要件"标准❷（也被称为Panduit法则），该标准由权利请求方负举证证明责任。在证明了侵权行为与专利权人的实际损失之间具有事实因果关系之后，美国法院还要进行法律因果关系的检验，即只有广义上界定的相关市场中的侵权竞争者已经或本应合理预见的专利权人损失才可以获赔。❸

在所失利润赔偿额的计算中，还存在一个很大的争议点：是应该以技术分摊规则，还是以全部市场价值规则为基础确定赔偿额。技术分摊规则，是指权利人要在划分专利技术与非专利技术的前提下，扣除专利产品或侵权产品利润中并非由专利技术所贡献的价值，按照专利技术对产品利润的贡献比率来获得赔偿；全部市场价值规则，是指不区分专利技术和非专利技术，将专利技术对产品的市场贡献率设定为100%，权利人可以按照专利产品或

---

❶ 纪璐．美国专利侵权损害赔偿制度及其借鉴［D］．天津：南开大学，2012．

❷ （1）专利产品有市场需求；（2）市场上不存在具备替代性的非侵权产品；（3）专利权人及其被许可人有制造和销售能力来满足专利产品的市场需求；（4）专利权人及其被许可人在没有侵权行为存在时可以获得市场利润。

❸ 李秀娟．专利侵权诉讼中实际损失之确定标准：美国的经验［G］//国家知识产权局权条法司．专利法研究2010．北京：知识产权出版社，2011．

侵权产品的全部利润获得赔偿。技术分摊规则由于适用的复杂性，20世纪30年代之后逐渐衰落。20世纪后半期，随着"若非"标准以市场价值决定因果关系，全部市场价值规则成为主流，权利人可以基于包括衍生产品的全部市场价值获得赔偿，反映了美国政府实行专利强保护政策的要求。但是，不断刷新的天价赔偿额也引起对开发应用新技术的不利影响。进入21世纪以来，美国已从严适用全部市场价值规则，只有当专利技术特征是产品市场收益的决定性因素时，才可以适用。

合理许可费因其较低的证明标准和灵活多样的计算方法，在美国审判实践中适用较广，是判定损害赔偿额的重要方式。❶ 美国司法实践中常见的确定合理许可使用费的方式主要有：① 既成的专利许可使用费；② 虚拟谈判的许可使用费；③ 分析法确定许可使用费。以假设权利人与侵权人愿意达成的许可费数额作为损害赔偿额的虚拟谈判法，是美国法院经常使用的。1970年Georgia - Pacific案全面总结了法官在确定虚拟的合理许可费时需考虑的15项因素❷，被称为佐治亚-太平洋因素，是普遍适用的确定合理

---

❶ 任晓玲. 美国专利诉讼纠纷的发展趋势：普华永道公布其相关分析报告[J]. 中国发明与专利，2011（3）.

❷ （1）专利权人历史收到的权利金证据；（2）被许可人对于类似专利曾支付的许可费；（3）许可协议的性质（普通、独占、排他）以及许可范围；（4）专利权人的专利策略及销售策略；（5）专利权人和被许可人之间的关系，例如商业关系、竞争对手关系、发明者或者销售者的关系；（6）销售专利产品对于被许可人的促销效果，搭售产品的数量是否增加；（7）专利权的期限；（8）专利产品的获利、商业上的成就、受顾客欢迎的程度；（9）专利产品与现有产品的优势；（10）专利权人因专利商用的好处、使用专利方的好处；（11）被许可人使用专利的程度，以及所获得的价值；（12）在特定产业领域中的惯例，以卖家或者利润之一部分作为许可费；（13）应归功于专利部分的获利，而不是非专利部分、制造、商业风险及其他附加特色或者改进所带来的利润；（14）合格的专家证人的证词和观点；（15）专利权人和被许可人在合理且自愿的情况下签订许可协议时，从侵权之日起算所可能达成的许可费；一个精明的被许可人，为达到企业目标而获得目标专利所愿意支付的许可费，该许可费能够使被许可人有利可图，且也能让权利人所接受。

许可费的规则。分析法是用单位侵权产品的利润减去单位未使用涉案专利技术同类产品的利润，再乘上侵权销量，即为合理许可费数额。因其计算对资料标准要求较高，在实务中的适用也存在局限性。

美国的惩罚性赔偿，通常在侵权人无视他人专利权存在而恣意侵权时，法院才能裁量使用。❶ 法院在1983年的Underwater案❷中确定了判断侵权人侵权时的主观状态是否为恣意的积极合理注意义务标准。该标准要求一个潜在的侵权人自获悉其可能侵犯他人专利权时，就负担调查了解其行为是否侵权的义务。美国联邦巡回上诉法院在2007年的Seagate案❸中设立了恣意侵权的两步认定法：① 由专利权人举证证明被控侵权人的行为在客观上具有侵犯专利权的高度可能性；② 由专利权人举证证明被控侵权人在主观上明知或应知侵权可能性而仍然作出该行为。

2. 证据开示制度

证据开示制度（Discovery）指的是在开庭审理之前双方当事人相互向对方展示自己所掌握的证据。在英美法系的民事诉讼案件中，庭审前设置证据开示和交换程序非常重要，它不但能保证庭审中言辞辩论得以顺利进行，提高诉讼效力，而且有利于诉讼双方尽早判断诉讼价值，增加达成和解的机会，从而节省司法资

---

❶ Read Corp. v. Portec, Inc., 970 F. 2d 816 (Fed. Cir. 1992)案中，美国联邦巡回上诉法院列举了在认定故意侵权时可以参考的一些因素：(1) 侵权人是否故意抄袭他人思想或设计；(2) 侵权人知道他人专利权存在后，是否调查过专利权的范围并且善意地认为专利无效，或自己行为不构成侵权；(3) 侵权人在诉讼中的表现；(4) 侵权人的经营规模和财务状况；(5) 案件的封闭性；(6) 侵权行为持续时间的长短；(7) 侵权人是否采取补救措施；(8) 侵权人的动机；(9) 侵权人是否企图掩盖侵权。

❷ Underwater Devices, Inc. v. Morrison Knudsen Co., 717 F. 2d 1380 (Fed. Cir. 1983).

❸ DAS K M. Willful Infringement, Waiver, and Advice of Counsel: A Sea Change at the Court af Appeals for the Federal Circuit [J]. J. Pat. & Trademark off. Soc'y, 2007: 853.

源。美国证据开示的范围是广泛的，除了"保密特权范围"内的所有与诉讼标的有关的事项，当事人都有权要求对方披露，包括对披露方不利的证据。应该说，设立证据开示制度的主要目的在于保障诉讼公正和提高司法效率，当然，对于当事人来说，此制度还可以防止对方进行"证据突袭"。

对于证据开示中不配合的一方当事人或案外人，《美国联邦民事诉讼规则》规定了法院可以向其下达强制开示令，并给予制裁措施。未下达强制开示令前，主要采取令违规当事人支付申请强制开示费用的制裁措施。下达强制开示令后的制裁主要有：① 证据失权，对不遵守命令的当事人，禁止其把开示要求中指定的材料作为证据提出；② 认定有关事实成立，对于一方当事人请求开示的而对方当事人或案外人拒绝开示的有关证据，法院可以认定请求开示方所主张事实成立；③ 简易判决，法院对违规原告可以驳回其诉讼请求，对违规被告可以视其未开示事实的性质，取消其诉讼辩护文书的全部或部分的效力；④ 蔑视法庭罪，法院可对严重违反证据开示规则的当事人或案外人判处蔑视法庭罪，处以罚金或拘留。❶

（二）德国专利侵权损害赔偿判定的相关制度

德国的司法制度是大陆法系国家的代表，德国法院的判决被普遍认为是称职和合理的，其公正性得到德国乃至国外法律人的公认。我国的专利制度自创立伊始，许多方面也是学习德国，因此德国的制度对我国有较强的可比性和借鉴意义。

1. 损害赔偿额的计算方式

德国的民事法律理论认同侵权损害赔偿的唯一目的就在于弥补受害人的损失。《德国民法典》规定："损害赔偿义务人应当使受害人恢复至假如没有发生引起损害赔偿义务时的状态，因伤害

---

❶ 顾峥嵘. 证据交换制度研究［D］. 上海：复旦大学，2011.

人身或者损毁物件而应赔偿损害时可以金钱赔偿代替恢复原状",❶"赔偿的损失还包括受害人可能预期获得的利润损失"。❷ 因此，在专利侵权民事损害赔偿上，德国没有惩罚性赔偿的概念，其采用的是通行的"填平原则"。2009 年《德国专利法》第 9 节第 139 条第 2 款规定："任何故意或过失侵犯专利权的人，对被侵权人由此产生的损害负有赔偿义务。侵权损害的赔偿数额可以按照侵权人因侵权所获得的利润确定，也可以按照侵权人作为发明的实施许可人时应支付的许可使用费确定。"由此可见，德国专利侵权损害赔偿额所采取的计算方式有 3 种："权利人的损失""侵权获利"和"许可使用费"。

在德国的专利诉讼中，适用"权利人的损失"计算方式难度较大，只有在专利权人证明了自身生产的专利产品可以完全取代侵权产品时才可采用，一旦市场中除专利权人和侵权人之外还存在其他竞争者生产类似的可替代产品时，就很难应用该计算方式。"侵权获利"在使用时，要求扣除侵权人自己投入的生产成本，一般采用"完全成本计算方法"。通过"完全成本计算方法"得出的成本范围相当广泛，它将企业运营过程中产生的所有成本纳入计算，扣除这些成本后剩余的利润数额就很少了。这一情形在德国联邦法院 2001 年关于外观设计专利的判例 Gemeinkostena-nteil 中得到了改观。该判例创设出"部分成本计算方法"原则，只有直接涉及生产、销售侵权产品的那部分成本，才属于需要扣除的成本。❸ "许可使用费"是假设许可合同存在的一种类推适用，因其可操作性强而被广泛使用。法院在确定其金额时，依据理性的当事人在签合同时可能会商定的许可费，考虑在自由谈判中对许

---

❶ 《德国民法典》第 249 条。
❷ 《德国民法典》第 252 条。
❸ 杨丽娜. 关于完善我国知识产权损害赔偿计算方法的建议：以德国知识产权损害赔偿计算方法"die dreifache Schadensberechnungsmethode"为参照 [J]. 法制与社会，2013（3）：62－65.

可费数额有决定影响的价值因素。

另外,《德国民事诉讼法》第 287 条赋予法官在一定条件下自由裁量损害赔偿额的权利:"当事人对于是否有损害、损害的数额以及应赔偿的利益额有争执时,法院应考虑全部情况,通过自由心证对此作出判断。应否依申请而调查证据、应否依职权进行鉴定以及调查和鉴定进行到何程度,都由法院酌量裁定。"

2. 文书请求与先期口头辩论程序

作为大陆法系国家,德国传统民法中持有"任何人都不必开示对自己不利的证据"和"不被强迫协助他人权利的证明"的理念,❶ 因此不存在英美法意义上由国家强制力保证当事人直接收集证据的证据开示制度,而是由法官依职权或者一方当事人在证明有关书证在对方手中时向法院申请命令对方当事人或第三人提供相关证据。1976 年德国通过的《程序简化法》中将证据随时提出改为适时提出,正式的审理程序前可以通过文书请求程序或先期口头辩论程序进行审前准备,促进诉讼的有效进行,以使传统非连续非集中的审理模式向分阶段集中审理的模式转变。❷ 双方当事人和法院应就具体使用何种审前程序进行协商,在审前程序阶段提出各自全部的控辩策略,负担真实与完全陈述事实的义务。逾期未提出的材料,只有在法院认为当事人就逾期提出无过失或准许逾期提出不至于迟延诉讼整体进度时,才被准许在后续程序中提出。承担举证责任一方因为对方的妨害而在证明过程中遇到困难的,该证明指向的于妨害方不利的有关事实将被认定成立。

(三) 日本专利侵权损害赔偿判定的相关制度

日本专利制度自 1879 年起建立,经过一个多世纪的时间逐渐完善。"二战"后,日本的迅速崛起很大程度上得益于科技创新,而专利制度在这方面发挥的作用不容小觑。同为东亚国家,日本

---

❶ 李挺. 我国民事证据收集制度研究 [D]. 北京:中国政法大学,2011.
❷ 张露. 民事诉讼证据交换制度研究 [D]. 北京:中国政法大学,2011.

这个近邻的有关专利侵权损害赔偿的法律制度设计，有值得学习之处。

1. 损害赔偿额的计算方式

专利侵权在日本最初被当作一般侵权行为，权利人获得赔偿的依据是《日本民法典》第709条的侵权损害赔偿请求权或者第703条的不当得利请求权。后来，人们认识到专利权不同于可以通过事实上的占有来保护的物权、人身权等普通民事权利，更容易遭到侵权且难以举证，通过民法一般条款难以获得充分保护。因此，为了使专利权人获得充分而有效的救济，日本1959年修订《日本专利法》（特许法）以后，专利侵权损害赔偿计算方式就开始在民法之外，作为特别规则由《日本专利法》另行予以规定。1999年修改后的《日本专利法》第102条规定了专利侵权损害赔偿的计算方式：第1款是权利人损失计算方式，推定侵权人销售数量为权利人的损失数量，由侵权人举证证明其销售数量超出了权利人的销售能力，才扣除相应的份额；第2款是侵权人获利计算方式，要求专利人实施了涉案专利，才能适用；第3款是许可使用费计算方式，通常要高于谈判获得许可后合法实施的许可费用。另外，在第105条第3款规定了"相当损害额的认定"，在已经认定发生了损害事实且因损害事实的性质而使得赔偿额的举证存在困难的前提下，由法官在审判过程自由裁量确定赔偿数额。❶该条款没有规定赔偿的具体数额，严格意义上不能算是赔偿计算方式之一，仅是为了解决赔偿额的举证困难而设计的。

由于受德国法浓厚民法理念的渗透，日本计算专利侵权损害赔偿额依据的同样是"填平原则"，惩罚性赔偿并未得到法律承认；而为了贯彻"填平原则"，技术分摊规则在司法实践中有着广泛的适用。技术分摊规则在日本被称作"专利寄与率"，即专利在整个产品中所占的百分比，是日本法院考察技术因素对产品市场

---

❶ 潘蓉. 中日专利侵权法律制度比较研究［D］. 济南：山东大学，2012.

价值的影响时首先考虑的。在大多数案件中，法院都会在10%～95%之间确定寄与率，例外情况是在有充足证据证明专利技术因素是产品销售的决定性因素时，才将寄与率确定为100%。❶"专利寄与率"100%的情况，类似于美国所称的"全部市场价值规则"。

2. 文书提出命令和当事人照会制度

《日本民事诉讼法》继受于《德国民事诉讼法》，但"二战"后亦吸收了诸多英美法系因素，尤其是在1996年和2003年的《日本民事诉讼法》修改中，日本增设了文书提出命令和当事人照会制度。文书提出命令是指一方当事人向法院提出申请，经法院同意后，该申请人可以向持有文书资料的对方当事人或案外人收集书证的法律程序。当事人照会制度是指在诉讼活动进行中，双方当事人在法庭以外就各自持有的证据和主张的事实，进行书面形式的相互询问，除了法律规定的例外情形，接受询问的当事人有如实回答的义务。❷ 此项改革，尤其是当事人照会制度，拓宽了当事人收集证据的渠道，打破了大陆法系国家职权主义的传统；但与英美法的证据开示制度相比，日本没有规定当事人违反照会制度的法律制裁。

二、我国专利侵权损害赔偿制度及实践中的问题

（一）损害赔偿额计算方式

在我国2000年《专利法》修改之前，专利侵权损害赔偿的计算方式在《专利法》及其实施细则中并无具体规定，最早作出相关规定的是1992年发布的《最高人民法院关于审理专利纠纷案件

---

❶ 张玲，张楠. 专利侵权损害赔偿额计算中的技术分摊规则［J］. 天津法学，2013（1）.

❷ 王琳. 民事证据交换制度的法律问题研究［D］. 沈阳：沈阳师范大学，2012.

若干问题的解答》。❶ 2000年修改后的《专利法》赋予当事人可在民事诉讼前通过行政调解确定专利侵权赔偿数额的权利，规定了权利人的损失、侵权人获得的利益和专利许可使用费3种赔偿计算方式。❷ 2008年12月通过的第三次修改后的《专利法》第65条中，将法定赔偿明确纳入了法律效力更高的专利法之中并提高了法定赔偿的额度，同时，改变了侵权受损和侵权获利赔偿方式的或然关系，确定了四种赔偿计算方式的适用顺序，将合理开支纳入了赔偿范围。❸

2009年12月通过的《最高人民法院关于审理侵犯专利权纠纷案件应用法律若干问题的解释》（以下简称《解释一》）第16条进

---

❶ 《最高人民法院关于审理专利纠纷案件若干问题的解答》（法发〔1992〕3号）第4条"关于专利侵权的损害赔偿问题"规定："专利侵权的损害赔偿，应当贯彻公正原则，使专利权人因侵权行为受到的实际损失能够得到合理的赔偿。专利侵权的损失赔偿额可按照以下方法计算：（一）以专利权人因侵权行为受到的实际经济损失作为损失赔偿额。计算方法是：因侵权人的侵权产品（包括使用他人专利方法生产的产品）在市场上销售使专利权人的专利产品的销售量下降，其销售量减少的总数乘以每件专利产品的利润所得之积，即为专利权人的实际经济损失。（二）以侵权人因侵权行为获得的全部利润作为损失赔偿额。计算方法是：侵权人从每件侵权产品（包括使用他人专利方法生产的产品）获得的利润乘以在市场上销售的总数所得之积，即为侵权人所得的全部利润。（三）以不低于专利许可使用费的合理数额作为损失赔偿额。对于上述三种计算方法，人民法院可以根据案情的不同情况选择适用。当事人双方商定用其他计算方法计算损失赔偿额的，只要是公平合理的，人民法院可予准许。"

❷ "侵犯专利权的赔偿数额，按照权利人因被侵权所受到的损失或者侵权人因侵权所获得的利益确定；被侵权人的损失或者侵权人获得的利益难以确定的，参照该专利许可使用费的倍数合理确定。"

❸ "侵犯专利权的赔偿数额按照权利人因被侵权所受到的实际损失确定；实际损失难以确定的，可以按照侵权人因侵权所获得的利益确定。权利人的损失或者侵权人获得的利益难以确定的，参照该专利许可使用费的倍数合理确定。赔偿数额还应当包括权利人为制止侵权行为所支付的合理开支。权利人的损失、侵权人获得的利益和专利许可使用费均难以确定的，人民法院可以根据专利权的类型、侵权行为的性质和情节等因素，确定给予一万元以上一百万元以下的赔偿。"

一步补充规定了侵权获利的范围和专利贡献度问题。❶ 2015年1月通过的《最高人民法院关于修改〈最高人民法院关于审理专利纠纷案件适用法律问题的若干规定〉的决定》中，按照现行《专利法》，对原规定第20条侵权受损❷和侵权获利❸的具体计算方法、第21条"参照该专利许可使用费的倍数合理确定"的具体考虑因素❹、第22条"合理开支"的另行计赔❺进行了适应性修改。

在国务院法制办公室2015年12月公布的《中华人民共和国专利法修改草案（送审稿）》（以下简称《送审稿》）中，第68条第1款增加了惩罚性赔偿的规定，幅度在通常赔偿数额的1倍以上3倍以下；第68条第2款将法定赔偿金额从1万元以上100万元以下，提升至10万元以上500万元以下。

---

❶ "确定侵权人因侵权所获得的利益，应当限于侵权人因侵犯专利权行为所获得的利益；因其他权利所产生的利益，应当合理扣除。侵犯发明、实用新型专利权的产品系另一产品的零部件的，人民法院应当根据该零部件本身的价值及其在实现成品利润中的作用等因素合理确定赔偿数额。侵犯外观设计专利权的产品为包装物的，人民法院应当按照包装物本身的价值及其在实现被包装产品利润中的作用等因素合理确定赔偿数额。"

❷ 第1款："专利法第六十五条规定的权利人因被侵权所受到的实际损失可以根据专利权人的专利产品因侵权所造成销售量减少的总数乘以每件专利产品的合理利润所得之积计算。权利人销售量减少的总数难以确定的，侵权产品在市场上销售的总数乘以每件专利产品的合理利润所得之积可以视为权利人因被侵权所受到的实际损失。"

❸ 第2款："专利法第六十五条规定的侵权人因侵权所获得的利益可以根据该侵权产品在市场上销售的总数乘以每件侵权产品的合理利润所得之积计算。侵权人因侵权所获得的利益一般按照侵权人的营业利润计算，对于完全以侵权为业的侵权人，可以按照销售利润计算。"

❹ "权利人的损失或者侵权人获得的利益难以确定，有专利许可使用费可以参照的，人民法院可以根据专利权的类型、侵权行为的性质和情节、专利许可的性质、范围、时间等因素，参照该专利许可使用费的倍数合理确定赔偿数额；没有专利许可使用费可以参照或者专利许可使用费明显不合理的，人民法院可以根据专利权的类型、侵权行为的性质和情节等因素，依照专利法第六十五条第二款的规定确定赔偿数额。"

❺ "权利人主张其为制止侵权行为所支付合理开支的，人民法院可以在专利法第六十五条确定的赔偿数额之外另行计算。"

(二) 与专利侵权损害赔偿有关的证据规则

1. 举证责任与证明标准

我国的专利侵权民事诉讼中,原告权利人依据有关法律条款提出赔偿请求,对专利权属、侵权事实和自己所受损害情况等进行举证,申请有关机关调取或者保全证据的,也要对自己的这一申请作出初步证明。除法院依职权调取的证据外,其他证据都要经过质证,由诉讼当事人及其诉讼代理人在法庭的主持下就证据的真实性、合法性、关联性以及证明力的有无、大小予以说明和质辩。❶ 当原告已经举证证明自己的本证主张,而对方反驳该项主张时,举证责任就发生了转移,由对方对自己的反证提出证据。对于反证,被告提供的证据足以使法官对待证事实已经形成的心证发生动摇时,法官即可将举证责任转移回原告。

我国专利侵权民事诉讼的证明标准主要包括"优势证据标准"和"高度可能性标准"。2002 年 4 月 1 日施行的《最高人民法院关于民事诉讼证据的若干规定》(以下简称《证据规定》)第 73 条规定了证据证明力的优势证据标准,在双方证据相左又无法否定对方证据时,对证明力较大的证据予以确认。2015 年 2 月 4 日施行的《最高人民法院关于适用〈中华人民共和国民事诉讼法〉的解释》第 108 条和第 109 条规定了认定事实存在以"高度可能性"为证明标准,以"排除合理怀疑"(对欺诈、胁迫、恶意串通、口头遗嘱或者赠与事实的证明)为补充。

2. 证据交换与举证妨碍制度

《证据规定》将证据交换作为一项制度写入了法律条文,对证据交换的适用条件、时间、过程、效力、与举证期限的关系等作

---

❶ 《中华人民共和国民事诉讼法》第 68 条,《最高人民法院关于适用〈中华人民共和国民事诉讼法〉的解释》(法释〔2015〕5 号)第 103 条、第 104 条。

了规定。❶《最高人民法院关于适用〈中华人民共和国民事诉讼法〉的解释》第 225 条规定了进行证据交换的庭前会议的具体内容。❷ 证据交换制度为双方当事人和法院明确诉讼请求、确定争议焦点、固定诉讼证据、做好开庭质证准备提供了程序保障,对提高审判效率、维护程序公正具有重大意义。专利侵权诉讼案件多数属于证据判断复杂疑难的案件,因此进行庭前证据交换是很必要的。

对当事人拒不提交证据的法律后果,《证据规定》第 75 条规定:"有证据证明一方当事人持有证据无正当理由拒不提供,如果对方当事人主张该证据的内容不利于证据持有人,可以推定该主张成立。"此规定是我国举证妨碍制度适用的法律依据,是民法诚实信用原则的体现,在当事人违背真实陈述义务时,使其承担不利后果。在知识产权领域损害赔偿的认定中,面对经常出现的权利人举证困难和举证不力的情形,引入举证妨碍制度有其必要性,有利于对举证能力不足的权利人的救济。正因如此,我国《商标法》第 63 条第 2 款❸已引入了举证妨碍的规定。

2016 年 3 月 22 日,《最高人民法院关于审理侵犯专利权纠纷案件应用法律若干问题的解释(二)》(以下简称《解释二》)正式

---

❶ 《最高人民法院关于民事诉讼证据的若干规定》第 37 条、第 38 条、第 39 条、第 40 条、第 47 条第 2 款、第 55 条第 2 款。

❷ 该条规定:"根据案件具体情况,庭前会议可以包括下列内容:(一)明确原告的诉讼请求和被告的答辩意见;(二)审查处理当事人增加、变更诉讼请求的申请和提出的反诉,以及第三人提出的与本案有关的诉讼请求;(三)根据当事人的申请决定调查收集证据,委托鉴定,要求当事人提供证据,进行勘验,进行证据保全;(四)组织交换证据;(五)归纳争议焦点;(六)进行调解。"

❸ 该款规定:"人民法院为确定赔偿数额,在权利人已经尽力举证,而与侵权行为相关的账簿、资料主要由侵权人掌握的情况下,可以责令侵权人提供与侵权行为相关的账簿、资料;侵权人不提供或者提供虚假的账簿、资料的,人民法院可以参考权利人的主张和提供的证据判定赔偿数额。"

发布，其中第27条❶在参考《商标法》第63条第2款有关举证妨碍规定的基础上，与《专利法》第65条规定的赔偿额的计算顺序相衔接，在适用侵权获利计算方式的情形下，根据专利权人初步举证以及侵权人掌握相关证据的情况，将有关侵权人获利的举证义务分配给侵权人。另外，《解释二》第28条规定，在确定专利侵权的赔偿数额时，诉讼当事人可以主张适用权利人和侵权人依法约定的专利侵权赔偿数额或计算方式，法院应予支持。

（三）专利侵权损害赔偿额确定中存在的主要问题

1. 专利侵权诉讼取证困难

根据我国专利诉讼证据规则，专利权利人需要就自己主张的侵权事实和所受损害情况进行举证，但现实中普遍存在权利人举证困难的情况。由于专利权人对侵权行为的发现往往具有滞后性，大量的侵权人早已做好防备，且合法的经营秘密、交易信息受到法律的保护，能够据以证明侵权产品销售总数或侵权产品销售利润的证据，如被控侵权公司的财务账册等多为侵权一方所掌握，权利人很难接近。另外，有些权利人受其自身经营规模和管理情况的制约，提供不出完备的财务账册等能够用来计算出专利产品销售量减少总数和专利产品合理利润的证据；当侵权人为此类经营者时，又提供不出侵权所得。因此，很多权利人面对举证所需的高昂成本和所举证据因不符合证明标准而不被法院采纳的风险，在诉讼时已放弃了依据客观标准赔偿方式来获得损害赔偿的诉求。

2. 法定赔偿适用泛滥

前文所述的专利侵权诉讼取证的困难，使得在审判实践当中，

---

❶ 该条规定："权利人因被侵权所受到的实际损失难以确定的，人民法院应当依照专利法第六十五条第一款的规定，要求权利人对侵权人因侵权所获得的利益进行举证；在权利人已经提供侵权人所获利益的初步证据，而与专利侵权行为相关的账簿、资料主要由侵权人掌握的情况下，人民法院可以责令侵权人提供该账簿、资料；侵权人无正当理由拒不提供或者提供虚假的账簿、资料的，人民法院可以根据权利人的主张和提供的证据认定侵权人因侵权所获得的利益。"

大部分案件的赔偿额都是利用法定赔偿来确定的。有研究者选取了我国1993～2010年的402件专利侵权案件赔偿判决，发现适用法定赔偿的案件占到了总数的90.5%，适用侵权获利的占到了5.0%，适用许可使用费和实际损失的分别只有2.5%和2%。❶ 另有研究者选取了我国现行《专利法》实施后3年（2009～2011年）间的专利侵权案件赔偿判决，得出相近的统计结果，适用法定赔偿的案件占到了总数的89%。❷ 可见，法院的审判实践中，绝大部分仍采用了法定赔偿的办法来确定损害赔偿额。

从现行《专利法》的法条中，可以看出法定赔偿只是在利用其他三种计算方式不能确定赔偿额的情况下，作为兜底方式适用，用以补充辅助其他三种计算方式。最高人民法院在2009年提出"积极引导当事人选用侵权受损或者侵权获利方法计算赔偿，尽可能避免简单适用法定赔偿方法"，❸ 从中亦可以看出司法界对此的态度。法定赔偿并非一种客观标准的赔偿计算方式，而且相关裁判文书对确定法定赔偿数额的论证说理通常也显得较为笼统，缺乏清晰的说理和严密的论证，未能就所列举因素与法定赔偿额的因果关系作出更加细致的说明，❹ 没有充分阐明法官心证过程，使得裁判缺少足够的权威性和透明度。

3. 侵权判赔额总体偏低

因为大量使用的法定赔偿额的限制，我国的专利侵权损害赔偿额不够客观合理且总体偏低，难以体现专利权的价值和对其加

---

❶ 谢俊. 专利侵权损害赔偿额计算方式适用研究［D］. 湘潭：湘潭大学，2012.
❷ 刘晓. 中美专利侵权实际损失赔偿比较研究［D］. 上海：华东政法大学，2012.
❸ 《最高人民法院关于当前经济形势下知识产权审判服务大局若干问题的意见》第16条（法发〔2009〕23号）.
❹ 徐聪颖. 我国专利权法定赔偿的实践与反思［J］. 河北法学，2014（12）.

强保护的国策。❶ 有报道❷称,目前我国约90%的侵权案件判决金额在10万元以下。另有研究❸统计了自1998年规定"定额赔偿"开始至2010年的我国专利侵权案法定赔偿额,判决额低于10万元的所占比例占到68.1%,介于10万元至50万元之间的占31%,虽然2008年修改的《专利法》提高了法定赔偿额的上限,但在实际的判决中鲜有法定赔偿额超过50万元的判决。即使以最高法定赔偿额100万元衡量,在经济飞速发展的今天,恐怕也难以与专利侵权的规模相适应。

2014年,全国人民代表大会常务委员会执法检查组关于检查《中华人民共和国专利法》实施情况的报告中曾明确指出:"专利保护效果与创新主体的期待存在较大差距。专利维权存在'时间长、举证难、成本高、赔偿低'、'赢了官司,丢了市场'以及判决执行不到位等状况,挫伤了企业开展技术创新和利用专利制度维护自身合法权益的积极性。"

三、对我国专利侵权损害赔偿制度的比较与完善

(一) 国内外专利侵权损害赔偿制度的比较

1. 专利侵权损害赔偿额的计算方式

纵观美、德、日和我国的立法实践,在对待专利侵权损害赔偿的问题上基本趋于一致的看法是侵权损害赔偿的"填平原则",因此都将权利人的损失在立法上作为赔偿计算方式的基础,然而在司法实践中,此种方式却都较少得到适用,原因在于因果关系证明门槛较高和证据提供困难。对因果关系的判定,美国最为成

---

❶ 《最高人民法院印发〈关于充分发挥知识产权审判职能作用推动社会主义文化大发展大繁荣和促进经济自主协调发展若干问题的意见〉的通知》(2011年12月16日,法发〔2011〕18号)。

❷ 王晶晶. 专利保护"法与时进"还需提高侵权成本[N]. 中国经济时报,2015-06-11.

❸ 谢俊. 专利侵权损害赔偿额计算方式适用研究[D]. 湘潭:湘潭大学,2012.

熟，判例中使用了"若非"和"四要件"的判断标准来判断侵权行为与损失间的事实因果关系，采用"可预见性"规则来判断相关市场中的侵权竞争者已经或本应合理预见专利权人损失的法律因果关系。在损失范围界定上，我国只支持因侵权人的行为造成的销售量下降所造成的损失，而发达国家还支持因侵权行为造成的专利产品降价、与专利产品一起销售的产品销售利润、成本增加等损失，类似案件的赔偿额判定在总体上远高于我国。

我国法律规定的第二顺位的侵权获利计算方式，在国际范围内适用相对稀少，美国甚至取消了这一方式。从法理上，该方式难以符合"填平原则"得利禁止的要求，严格说起来也与权利人的实际损失无必然关联。在大陆法系国家的德国、日本，该方式源自民法理论中"不当得利返还之债"，而非"侵权损害赔偿之债"。在实践中，一是侵权人会采取各种手段来隐瞒自己的经营收入或者确实侵权并无实际获利，专利权人很难得到合理的赔偿；二是法院通常要对专利技术在整个侵权产品的贡献作出判定，来确定侵权人获利中归于侵权赔偿的比例。专利技术对产品的贡献度问题，不止在侵权获利中需要考虑，在权利人损失的计算中同样应当考虑。美国的全部市场价值规则和技术分摊规则的争议，日本的专利寄与率都是对这一问题的探索和实践。我国的立法中，也考虑了专利技术是零部件或包装物对整个产品的价值比重问题，但并没有推广到更普遍情形，也没有规定专利贡献度确定的方法和当事人举证责任分配问题。

"参照许可费"计算方式在美、德、日和我国的专利侵权损害赔偿制度中都有采用。不同的是，我国规定的参照该专利许可使用费的合理倍数计算方式，是以许可合同实际存在且恰当为前提适用的，适用范围相当狭窄。其他国家使用的是"合理许可费"的概念，可以通过虚拟谈判和计算分析来确定，不一定要以实际存在的许可合同为前提，适用范围较广。除此之外，若依实际存在的许可使用费本身计算损害赔偿，会将侵权行为等同于正常市场环境下的许可交易，有失公允，既不足以弥补权利人损失，也不能够遏制侵权行为；若依合理倍数，我国的考虑因素"专利权的类型""侵权行为的性质和情节""专利许可的性质、范围、时间"等相比国外的"合理许可费"确定方法缺少确定性和可操作性。

我国的法定赔偿方式只有日本有类似规定，但《日本专利法》中的"法定赔偿"只是为了减轻权利人对损害赔偿额的举证负担才设立的，没有规定具体赔偿幅度，也没有规定适用时的参考因素，更接近德国民诉法规定的法官对损害赔偿额的自由裁量权以及我国并未在立法中规定的"法官在一定事实和数据基础上，根据具体案情酌定实际损失或侵权所得的赔偿数额"。西方各国虽未规定法定赔偿，但实际上，完备的"合理许可费"制度已经部分具备了我国法定赔偿的性质和作用，即使专利权人在诉讼中无法证明自己因侵权所受的损害或侵权人所获利润，并且也没有合理的实际许可合同，仍然可以主张以"合理许可费"作为最起码的损害赔偿保障。当然，西方国家的法院在确定"合理许可费"时，对证据资料的要求是远高于我国的法定赔偿计算方式的。

另外，从美、德、日三国的规定来看，各专利侵权损害计算方式在适用的顺位上并没有强制性规定，我国《专利法》则明确规定了计算方式的顺位。

2. 惩罚性赔偿制度

在我国专利侵权损害赔偿额的具体确定中，侵权获利、参照许可费合理倍数和法定赔偿的计算方式都是有可能超过侵权实际损失的，如此便会突破"填平原则"，具有了惩罚性赔偿的性质。但无论从全面赔偿的立法本意，还是无明确惩罚性赔偿的法条设计，不能得出这便是真正意义上的惩罚性赔偿。与中国同为大陆法系国家的德国、日本，同样未引入惩罚性赔偿，而美国则有惩罚性赔偿的规定。

专利侵权惩罚性赔偿制度最为成熟的美国规定了赔偿以补偿

性赔偿额的3倍为最高限额、惩罚性赔偿适用的情形以及如何认定恣意侵权。在我国的《送审稿》中,提出"对于故意侵犯专利权的行为,人民法院可以根据侵权行为的情节、规模、损害后果等因素,在按照上述方法确定数额的一倍以上三倍以下确定赔偿数额",与美国的相关规定接近,其先进经验需要我国在建立并完善专利侵权惩罚性赔偿的过程中借鉴。

3. 审前证据收集程序

证据开示,也称证据披露、证据交换,虽然在美、德、日、中等国的法律内涵和具体设计有所不同,但都是审前证据收集的重要程序。传统上,英美法系实行当事人主义的民事诉讼模式,由双方当事人自主进行证据开示,法院较少参与和控制,除非当事人违反了证据开示的要求,要求开示一方当事人提出申请后,法院作出特定开示命令或者制裁。与之相对,大陆法系采用的是职权主义的民事诉讼模式,双方当事人不能直接要求对方披露证据,通常要获得法官的许可或者由法官依职权命令对方当事人披露证据。不过,近些年来,为均衡当事人在具体案件中存在的诉讼能力、取证能力的差异,发挥审前程序作用,大陆法系国家开始吸收英美法系中的经验,也拥有了与证据开示相似功能的制度,如证据保全制度、文书提出命令、德国的先期首次口头辩论程序、日本的当事人照会制度、我国的证据交换制度。

与国外的证据开示制度相比,我国的证据交换制度还比较笼统模糊,对证据交换的种类、内容、操作方式、违反规定的制裁措施等都缺乏明晰的规定,不利于证据交换制度功能的积极发挥。而实际适用中,由于当前法院审判任务重和法官坐堂问案的惯性,法官、当事人及其代理人适用庭前证据交换制度的积极性和主动性并不充分。[1]

---

[1] 谢新旭. 以创新"唤醒"庭前证据交换 [N]. 人民法院报,2015-10-11(2).

(二) 完善我国专利侵权损害赔偿制度的建议

1. 合理界定"实际损失"的范围

在判定专利侵权时，着眼点在于被控侵权人是否实施了侵犯他人专利权的行为，被告有实施行为，权利人即可主张被告停止侵权。但要进一步产生"损害赔偿"的法律效果，可通过金钱予以补偿的损害结果的存在以及该结果是被告实施涉案专利行为造成的，便成为须证明的问题。正如史尚宽先生所言："损害之发生，为赔偿义务成立之要件，而非侵权行为之要件。"❶ 因此，在审专利侵权损害赔偿诉讼请求时，合理界定"实际损失"的范围是殊为必要的。

首先，"实际损失"赔偿应以专利产品实际实施或者准备实施为前提。专利权作为一项由政府授予创新者的法定权利，具有排他性和竞争性。专利权保护的发明创造方案实际上是公开的，但他人在专利权有效期限内不得未经专利权人许可实施该方案，也就是说专利权人用对技术方案的公开换得排他使用的权利。"专利权只有和市场相结合时才会产生切实的收益，如果没有专利产品的市场，则专利权就没有任何价值，所以专利作为财产权的本质是生产专利产品获得利润的权利。"❷ "无损失则无赔偿"，权利人通过专利能够获利并且与侵权者存在竞争关系，才会有被侵权时产生的经济损失，可以通过计算"实际损失"获得侵权损害赔偿。

其次，丰富"因果关系"证明标准。目前，我国法院对侵权行为和专利权人实际损失的因果关系检验尚不严密，大量审判实践中，原告和法庭所关注的是侵权行为的认定，默认有侵权行为必然会有损失发生，并可以按照法定赔偿方式结案。本文建议，

---

❶ 史尚宽. 债法总论 [M]. 北京：中国政法大学出版社，2000：112.

❷ 祝建辉. 基于经济分析的许可专利赔偿制度研究 [J]. 科技管理研究，2010 (5).

在合适的时候可以借鉴美国的做法，引入事实因果关系和法律因果关系检验的方法；同时应注意循序渐进，严密的因果关系标准对法官审判水平、当事人举证能力乃至当地市场环境都提出了更高的要求，可以考虑在我国发达地区或者知识产权法院开展试点。

最后，扩大"实际损失"的范围。对"实际损失"的范围，我国目前只支持因侵权人的行为造成的销售量下降所造成的损失以及合理开支，对权利人因侵权造成权利价值的降低、市场份额的减少以及随之而来的其他财产损失未予囊括。本文建议，应扩大我国法律规定的"实际损失"的范围，扩充为包括"销售流失"和国外判例中的"价格侵蚀"和"成本增加"。同时，细化分析成本、利润和产品销售量之间的关系，必要时引入专家进行损害赔偿的评估。

2. 引入"合理许可费"制度

在美、德、日三国，专利权人的实际损失其实包括两部分：一是利润损失，二是许可使用费损失；而我国法律中规定的"实际损失"仅指前者，并不包括其许可使用费损失。而"许可权"是专利权的一项重要的权能，广义上也是"实施"的形式之一，可以给权利人带来"许可费"的经济利益。即使专利权人并未实际实施专利技术或者虽然实施该技术但其专利产品与侵权产品并未形成实际竞争关系，市场上出现的侵权产品并不可能影响其专利产品的市场利润与份额，但侵权人未获专利权人许可，也未缴纳任何费用实施专利，侵犯了权利人独占的许可权，还会对专利权后续的许可价值造成影响，权利人还是可以请求其本来可以收回的"许可费"和许可价值的损失。但在我国目前的立法规定中，使用"许可费"计算方式不仅要求必须"有专利许可使用费可以参照"，而且要排除"专利许可使用费明显不合理的"，导致该方式适用范围极其狭窄。

例如李会山诉燎原公司案❶中，原告李会山提出了参考该专利许可使用费的倍数合理确定赔偿数额的诉讼请求，并提供了2011年12月8日自己与徐国平签订的该涉案专利的实施许可合同、许可合同备案、许可使用费发票、专利许可使用费完税凭证。对此，法院却认为要注意正常许可与侵权实施的可比性，特别是在实施方式、时间、规模和利润等方面的区别；该案中，原告仅提供了专利许可合同，未提供燎原公司实际销售情况的任何证据，因此无法确定正常许可与侵权实施的可比性，进而也无法参照专利许可使用费来确定赔偿数额。应当说，这种排除规定的设计是有意义的，可以避免诸如当事人与第三人虚造畸高的许可费或者高通公司收取高价专利许可费这种违背市场秩序的许可费标准被用作确定专利侵权损害赔偿额的裁判依据，但在李会山诉燎原公司案中，笔者认为，在原告已出示了关于专利许可合同完整的证据链后，仅以其未提供被告公司实际销售情况的证据而驳回原告诉求，是有些武断的。退一步讲，即使应与被告公司实际销售情况的证据进行对照，该举证责任也不应由原告负担。

关于"有专利许可费可以参照"，2001年相关司法解释出台后，时任最高人民法院民三庭庭长蒋志培曾指出："有专利许可使用费可以参照是指原告能够提供在相同行业或技术领域中同类相关专利的许可使用费情况的证据，并非必须是原告在诉讼前就涉案专利与他人签订专利许可合同中的许可使用费"。❷ 可以看出，当初立法时，使用许可费作为赔偿依据并未要求必须要有实际存在涉案专利的在先许可合同的存在。然而，在司法实践中，这种观点却没有得到推广，涉案专利与独立第三方的在先许可合同普遍成为使用许可费方法定损的证据前提，不考虑"相同行业或技

---

❶ 参见河南省郑州市中级人民法院（2012）郑民初字第490号民事判决书、最高人民法院（2013）民申字第2239号民事裁定书。

❷ 孔祥俊. 最高人民法院知识产权司法解释理解与适用 [M]. 北京：中国法制出版社，2012：37.

术领域中同类相关专利的许可使用费情况"作为证据。

因此,本文建议在司法审判中引入"合理许可费"制度,扩大"许可费"计算方式的适用范围,同时吸纳国外审判经验,考虑相关参考因素。该制度的引入还可以国外成熟的"合理许可费"确定标准为依托,限制法定赔偿方式的随意使用。

3. 规范法定赔偿方式的适用

在专利侵权损害赔偿领域,限定具体赔偿幅度的法定赔偿方式为我国所独有。面对我国法律中规定法定赔偿所适用的通过其他计算方式无法合理确定赔偿数额的情况,美、德、日等国诉诸法官自由裁量损害赔偿额权和"合理许可费"方式。我国虽有类似的"法官在一定事实和数据基础上,根据具体案情酌定实际损失或侵权所得的赔偿数额"的司法观点,但在实践中仅有个例,尚难成气候。在专利诉讼举证困难、程序和证据规则未得充分运用的司法现状下,法定赔偿过于简单抽象的规定给予了法官极大的自由裁量权,也不需要当事人和法庭在举证取证上努力,当事人和法院都乐于借助法定赔偿来确定专利侵权判赔金额,所谓的"法定"赔偿恰恰成为最不需要法律事实和逻辑的裁判方式。

另外,我国法定赔偿制度严格的上下限规定,虽能一定程度限制法定赔偿金额幅度上的滥用,但并不利于合理界定专利价值,判定赔偿金额。在"赔偿低"普遍的现状下,2015 年 12 月《送审稿》一举将法定赔偿额幅度从最低 1 万元最高 100 万元提至最低 10 万元最高 500 万元。然而,本文认为《送审稿》的修改有失草率,固定金额的法定赔偿制度本已引发极大的争议和实践中的问题,❶ 如今提高最高限额,或可给予法院更大的自主权去匹配权利人所受损失,但在没有详细审判指导和相应证据支持的情况下,不啻使审判的随意性变本加厉。而不分专利类型、侵权性质、损

---

❶ 孙远钊. 我对《专利法修订草案》(送审稿) 的反馈建议 [EB/OL]. (2016 - 01 - 04) [2016 - 03 - 20]. http://www.zhichanli.com/article/22531.

害情节一律给予最低 10 万元的限额更是缺少法理依据，亦容易引起公众不合理的期待，滋生"专利流氓"现象，给侵权人过度的惩罚，对社会创新造成负面影响。因此，本文建议，为了克服法定赔偿使用过多、判赔额不足的问题，应当规范法定赔偿适用的条件，丰富法定赔偿制度的内涵。

首先，对适用法定赔偿额的条件和可供考量的因素作出详细规定。这既能够限制过于宽泛的法官自由裁量权，防止法官对自由裁量权的滥用，又能为法官行使自由裁量权提供有法可循的参考标准。法定赔偿的使用应持谨慎态度，"权利人的损失、侵权人获得的利益和专利许可使用费均难以确定的"情形如何认定、当事人需满足的举证要求应通过法律解释给予具体的规定。在当事人没有请求的情况下，法院一般不应主动采用法定赔偿。在具体确定法定赔偿额时，应当明确影响法定赔偿额的各种因素，制定可操作的确定法定赔偿额的量化标准体系。❶

其次，借助程序证据规则，引导当事人使用客观计算方式。法定赔偿方式使用的泛滥很大程度上是因为程序证据规则的制定和运用不够完善，进一步引起当事人举证困难、举证意愿不强。借助程序证据规则，减轻权利人的负担，补强当事人的举证能力，有助于相较法定赔偿更为客观的其他 3 种赔偿额计算方式的推广应用。

最后，结合"合理许可费制度"，作为法定赔偿的一种确定形式。关于"合理许可费制度"的引入，前文已提出，此处不再赘述。

4. 完善技术分摊规则的设计

目前的审判实践中，法官通常以结合专利发明的整个产品价值作为计算专利权人可得赔偿的基础，而不管专利发明是仅覆盖了被控侵权产品的某一部件，还是被控侵权产品整个价值的体现

---

❶ 刘春云. 知识产权法定赔偿制度研究[D]. 重庆：西南政法大学，2012.

是多项知识产权共同作用的结果。为了更好地解决当被侵权专利是产品的某一部件或营利的部分因素以及同一被控侵权产品同时侵犯若干项权利的赔偿数额确定问题，本文建议完善相关法律法规，扩大司法解释规定的技术分摊使用范围，合理分配当事人举证责任。设计该规则的意义在于，使侵权者仅对因侵犯专利权所获利益而非整个侵权产品价值进行赔偿，避免重复赔偿与过度赔偿的发生，保证专利侵权损害赔偿与"全面赔偿原则"而非"惩罚性赔偿原则"相一致的制度设计初衷。

就该规则的具体适用来说，可以结合使用技术特征分析法和市场分析法来确定技术分摊比例，分析专利权要求书中的技术特征，从专利技术对消费者购买选择的影响、专利产品市场价值及市场占有率的提升等角度，来分析专利技术在整个产品价值中的比重。结合具体案例，比如在前文提到的同一侵权产品被控侵犯多项知识产权，应查明每项知识产权占产品总价值的比重，例如在一片美即面膜的利润中，需要区分商标权、外观设计专利权、著作权等各自的价值贡献比例是多少。

基于我国专利侵权损害赔偿额较低的现状，可以考虑将技术分摊的举证责任分配给被告，由侵权人提出技术分摊请求，由其证明涉案专利对原告的专利产品或被告的侵权产品利润的贡献比例，在证明不力的情况下以全部市场价值规则承担赔偿额。同时，通过专家辅助人、专业机构等协助确定分摊比例，来提高技术分摊规则适用的科学性。

5. 引入并规范适用惩罚性赔偿制度

在2015年12月《送审稿》中增设了3倍以下的惩罚性赔偿条款，之前2015年4月征求意见稿的说明中有关部门指出增设惩罚性赔偿条款的立法目的为解决"适用填平原则并不足以弥补专利权人的损失和维权成本，赢了官司输了钱的现象较为普遍"之问题。在2013年修订的《商标法》已有类似条款，目前看来，在修订后的《专利法》中加入惩罚性赔偿已是大势所趋。本文赞同惩罚性赔偿的引入，但对此立法目的并不完全赞同。专利侵权损害赔偿额低的问题，并非由于适用"填平原则"所造成，而恰恰是由没有真正地全面赔偿权利人损失引起。欲使赔偿充分，首先应从现有法律武器应用上考虑，本文前述的建议也都是针对完善赔偿计算方式和证据规则，充分达成"填平原则"展开。惩罚性赔偿在具体应用中，可以去弥补未能全面赔偿的补偿漏洞，但不应成为它的主要目的。惩罚性赔偿在具体适用中，应注意以下几点。

首先，惩罚性应当主要实现预防功能，威慑潜在侵权行为，惩罚的是符合条件的恶意侵权人。因此在实践中，就要对使用范围有所限定，由原告承担举证责任，法院一般不应主动适用。恶意绝非简单的过错或者故意，而是主观恶意较大，侵权行为严重（如重复侵权）。可以参考美国的"恣意侵权"判断标准，为我国设立相关判断标准。但是相比美国，在我国并没有对专利权人进行权利标记的要求，在判断时，要考虑这类区别。

其次，设计科学明确、有梯度、与侵权人违法程度相适应的惩罚性赔偿额度。若非如此，不利于法律权威的建立和约束侵权人，无论是确定赔偿额不科学明确，还是一律适用最高赔偿，都是间接鼓励侵权人实行重的违法行为，因其抱有侥幸心理，或者抱有已然要适用最高罚金、又何必约束自己的行为的心理。因此，进行惩罚性赔偿应当尽量以被侵权者的损失或者侵权者的获益为基础，法定赔偿在确定过程中已经用了很大的自由裁量权，再进行惩罚性赔偿的裁量，随意性过大，难以确保科学明确；应当区分恶意的程度，在法律范围内适用不同倍数的惩罚，实现惩罚性赔偿的梯度设计。

最后，协调好惩罚性赔偿与刑罚、行政责任之间的关系。我国在专利保护方面实行的是司法审判与行政执法并行的体制，刑事保护也在一定范围内发挥作用。因此，在具体实施惩罚性赔偿制度过程中，会产生与刑事责任、行政执法重合的功能。民事、刑事和行政，三者要各司其职，相互配合，不得对同一违法行为重复施罚，这样才能发挥既保护当事人合法权益又能维护法律秩序的作用。

6. 拓展证据交换和举证妨碍制度的适用

诉讼的进行离不开证据，法院必须依赖证据进行事实的认定，在此基础上，适用有关法律规范作出裁判。在专利侵权诉讼中，由于专利权的无形性、保密性和技术复杂性，使得相关证据具有隐蔽性、易灭失和证明力不确定等特点，权利人就赔偿主张准备证据较普通民事索赔诉讼更加困难，成本更大。为减轻权利人的负担，我国规定在证据可能灭失或者以后难以取得的情况下，专利权人或者利害关系人可以在起诉前向人民法院申请保全证据。这一制度在实践中也得到了贯彻：根据最高人民法院2009年起公布的《中国法院知识产权司法保护状况》，全国各地法院2002~2009年共受理诉知识产权类诉前证据保全申请案件1312件，裁定支持率达到93.72%，之后的2010~2013年证据保全申请的支持率也稳定保持在93%以上。

然而，大量证据保全申请的提出，也造成了一些弊端，比如：法院过早地以公权力介入民事诉讼，与被告形成对立关系；占用司法资源，降低审判效率；增加申请人诉讼费用和提供担保的负担等。从民事诉讼举证责任和当事人诉讼权利平等的原则出发，保证当事人收集证据能力的制度设计应当是处于优先地位的，证据保全制度不应当成为民事诉讼中常用的举证制度，而是在特定条件下辅助当事人取证。在这方面，国外尤其是英美法系国家的"证据开示"制度对于拓展我国证据交换制度在专利侵权损害赔偿诉讼中的适用，有值得借鉴之处。

首先，规定证据交换为审前必经程序。《证据规定》第37条规定，在证据较多或者复杂的案件中，人民法院应当组织当事人进行证据交换。虽然使用的是"应当"，但"证据较多或复杂"的判断依然是由法庭掌握，即是否进行证据交换是法官自由裁量的问题。由于专利侵权纠纷证据方面的特点，应进一步明确在专利侵权诉讼中,证据交换是审前必经的程序,保证当事人充分了解对方拟在开庭审理中使用的证据,以便诉讼双方尽早了解对方诉讼请求的实施和法律依据,促进和解达成,避免庭审证据突袭,确定无争议的事实,固定争点,提高庭审效率,增强当事人诉讼保护能力的效果。❶进一步地,可以根据案件的繁简情况,制定不同的证据交换模式,除了审判人员的主持下的当面证据交换和由法院转交的证据交换,还可以由当事人自行开展、分阶段开展等。

其次,将证据交换作为当事人的义务进行规定。在我国证据交换制度中,交换的证据是由双方当事人自己选择出示的,几乎都是为了证明本方主张或抗辩对方主张的证据,却没有应对方当事人请求出示证据的义务,也没有向对方当事人或第三人调取证据的权利。这就造成了我国证据交换的名不副实,具体到专利侵权诉讼中,没有强制性程序来赋予当事人发现对方或第三方手中证据的权利,无助于缓解权利人举证的困难,难以得出双方都信服的判决。而在国外的证据开示制度中,要求披露的证据既包括对开示方有利的证据,也包括对其不利的证据;开示方未主动披露的证据,另一方当事人可以自行或经法院许可要求其出示。经要求仍拒不履行披露义务且无正当理由的,请求人可以向法院申请强制取证。对于当事人能够自行获取的文书等证据,可以由当事人向法院申请证据调查令,经法院审查认为确有必要的,即可签发调查令分别送达申请人及被调查人,当事人可依据调查令向被调查人收集证据,节省了司法资源。

最后,对违反证据披露义务的当事人制定主要包括"举证妨碍"在内的制裁措施。证据交换程序的有效实施,既需要法律对当事人取证权利的确认,还要通过强有力的手段保障。观察国外违反证据开示义务的制裁措施,包括证据失权、答辩失权、判决

---

❶ 赵静. 知识产权诉讼证据交换制度[M]//罗东川,马来克. 知识产权审判实务. 北京:法律出版社,2000.

败诉、罚金、拘留等。其中证据失权和答辩失权的直接法律后果，都是失权后可以推定另一方当事人关于某一事实主张成立，而无须再对该事实进一步举证，此即为"举证妨碍"，在我国的《证据规定》第 75 条已有体现。与其他几项民事制裁措施相比，"举证妨碍"人承担接受对方诉讼主张的不利后果更具有威慑力，且负有诉讼意义，有利于弥补当事人举证能力的不足，促进法院在证据不完备的情况下，完成"法律事实"的认定。

在推广举证妨碍制度适用的同时，亦要注意其限定条件，必须是要在负有披露义务的当事人确实持有证据，且无正当理由拒不提供时，才可以适用举证妨碍。因此，法律就应该对"披露义务"的确立，配合证据交换和证据保全制度作出更详尽的规定。对于不同类型的侵权人，是否可以一概适用责令其限期出示某些证据也需考虑：一般而言，正规企业具有完备的财务账簿，可以推定其持有此类证据；对常常没有完备财务档案的个体工商户来说，则不宜作此推定，采取证据保全可能更有利于固定其真实的财务资料。对拒不提供行为，应给予持有证据的当事人答辩的机会，以确定其妨碍行为的实质。

7. 正确行使法官的自由裁量权和释明权

法定赔偿、酌定赔偿和许可费的"合理倍数"、"合理许可费"、惩罚性赔偿等多种制度设计和对证据证明力大小的判断，法官都是需要合理行使自由裁量权的，同时在裁量过程中，积极适度地履行释明权，并对自由裁量的根据予以充分的论证说理，做到"辨法析理、胜败皆明"。

首先，法官应当在法律允许的范围内，结合案件查明的事实，以法理知识为依托，积极发挥自由裁量权的能动性。法官既不能过度主观地行使自由裁量权，违背立法精神，滥用权力，也不能过分畏手畏脚，教条主义，脱离具体案情作出有失公允的裁判。赔偿数额的确定做不到算数精准，法官自由裁量的目标应该是力争在查明真相基础上确定合理赔偿数额，能达到在当事人公平谈判的范围内，并从利益平衡角度考虑诸如当事人的经济状态、诉讼目的和公共利益等因素，使赔偿责任的确定更加公正合理。

其次，法官应在审判过程中对双方权利义务和诉讼武器进行必要的释明，保证双方的合理诉讼利益，提高审判效率。比如有关证据保全和证据收集方法、举证责任和举证妨碍、申请鉴定和专家辅助人等。释明权既是法官的职权，同时又是法官的职责，应当正确行使，控制在一定的限度内，遵循探究当事人真实意思原则、中立原则、公开和透明原则以及本着有利于诉讼和平等维护当事人双方的诉讼权利的目的行使释明权。[1]

最后，法官应将裁量过程予以充分阐明，赋予当事人陈述、辩论的机会。虽然存在难以证明事实的情形，但是，并不能因此免除法官对裁量过程予以充分阐明的要求，剥夺当事人的举证义务和控辩权利。确定损害赔偿额的根据应当通过诉讼程序，赋予当事人陈述、辩论、举证的机会，以确保损害赔偿功能的更好实现，使法官自由裁量权在实现对权利人充分救济与鼓励权利人积极举证之间达到一种平衡。法官的心证过程应当在裁判文书中予以清晰的陈述，确保裁判公开透明，具有说服力。

四、结　　论

准备本文的过程中，适逢 2015 年 4 月 1 日中国《专利法》实施 30 周年。回顾这 30 余年的历程，我国专利制度从无到有，伴随着我国经济的不断发展和融入全球化竞争越发受到关注，实现了专利数量的跨越性增长，专利结构不断优化，专利竞争力长足进步。然而同发达国家相比，我国的专利制度发展历程尚浅，存在着一些不足与问题，在从专利大国走向专利强国的进程中，仍需要我们不断探索、发展和完善我国的专利制度，使其在我国的经

---

[1] 《浙江省高级人民法院民事审判第三庭关于审理知识产权民事案件若干问题的讨论综述》（浙法民三〔2004〕3 号）。

济发展建设中有效发挥作用。其中,"维权成本高,侵权成本低"[1]是制约我国专利权发挥效用的重要因素,如何合理确定专利侵权损害赔偿数额已成为具有紧迫现实意义的问题。

基于此,本文对专利侵权损害赔偿额确定的相关问题进行了较为深入的探讨,通过对专利侵权损害赔偿基本理论和国外专利侵权损害赔偿立法和司法实践的梳理,对照分析我国专利侵权损害赔偿制度发展历程,指出了当前我国专利权损害赔偿司法实践中存在的问题。针对这些问题,就专利侵权损害赔偿制度的完善,得出了如下结论。

(1)贯彻全面赔偿原则,完善计算方式与规则。专利侵权损害赔偿的基础是"实际损失",在确定赔偿额时应首先围绕"实际损失"的产生和范围展开,理论上既不要把并非侵权所造成的损失纳入赔偿范围,也不要把侵权间接引起的损失完全排除在赔偿范围外。在计算方式与规则方面,引入"合理许可费"的计算方式,完善法定赔偿制度和技术分摊规则的立法与适用,以求更精确地实现补偿损失。

(2)在补偿损失的基础上,发挥损害赔偿的预防与激励功能。面对现阶段较为猖獗和复杂的专利侵权状况,有必要发挥损害赔偿的预防与激励功能,遏制侵权行为的发生,激励被侵权人积极寻求诉讼救济。在具体的赔偿方式上,引入并规范适用惩罚性赔偿,设计科学明确、有梯度、与侵权人违法程度相适应的惩罚性赔偿额度,协调好惩罚性赔偿与刑罚、行政责任之间的关系。

(3)维护当事人的诉讼和取证权利,做好事实查明工作。法院的裁判应以事实为基础,以法律为准绳,而事实是需要通过当事人提交的证据来认定的。面对由于专利侵权的错综复杂性造成的取证困难问题,在现有施行较广的证据保全手段之外,有必要拓展证据交换和举证妨碍制度的适用,以保证当事人的证据收集

---

[1] 王逸吟,殷泓. 从专利大国到专利强国之问 [N]. 光明日报,2014-06-12.

能力和平等的诉讼权利，形成可靠的裁判事实基础。

（4）合理考虑相关因素，充分释明必要信息。在确定损害赔偿额时，不可避免地需要法官行使自由裁量权。为使自由裁量公正合理，法官应当遵循立法精神，结合具体案件事实，以法理知识为依托来作出判断。法官还应在审判过程中对双方权利义务和诉讼武器以及裁量过程进行必要的释明，赋予当事人陈述、辩论的机会，在裁判文书中将裁判过程予以清晰的陈述，以保证双方的合理诉讼利益，提高审判效率，确保裁判公开透明，具有说服力。

集成电路布图设计登记的
条件、要求和效能

李顺德[*]

摘　要：本文对我国集成电路布图设计登记的条件、要求和效能做一个比较全面的梳理，重点探讨了登记的效能问题，指出在集成电路布图设计登记保护制度中登记的固定、公示、公开 3 个效能中，主要效能是固定，而不是公开；其公开不是取得登记的必要条件，其公开是有限的，未必是完整的，也未必是充分的，明显区别于专利说明书的公开，也区别于计算机软件登记的公开；登记提交材料存在瑕疵，不应导致集成电路布图设计专有权灭失，而由此可能产生的风险和不利后果应该由登记人自己承担。

集成电路布图设计作为一种特殊类型的知识产权保护的客体，世界各国大多采用专门立法、登记保护的制度进行保护。在这一制度中，大多数国家和地区都将登记作为确认集成电路布图设计权利成立、受到法律保护的程序要件。在实践中对于登记程序在集成电路布图设计专有权保护中的作用应该如何理解、把握是一个非常重要的问题，值得认真研究。为了全面、准确探讨这一问

---

[*] 作者简介：中国社会科学院法学研究所、中国科学院大学法律与知识产权系研究员、教授、博士生导师。

题,应该对集成电路布图设计登记的条件、要求和效能作一个全面的梳理。

目前有关集成电路布图设计的国际公约,主要有两个:一是《集成电路知识产权条约》(Washington Treaty on Intellectual Property in Respect of Integrated Circuits,IPIC);二是《与贸易有关的知识产权协议》(TRIPS)。TRIPS 第 35 条"与集成电路知识产权条约的关系":"全体成员同意,依照'集成电路知识产权条约'第二条至第七条(其中第六条第 3 款除外)、第十二条及第十六条第 3 款,为集成电路布图设计(即拓扑图,下称'布图设计')提供保护;此外,全体成员还同意遵守下列规定。"

我国制定的《集成电路布图设计保护条例》(以下简称《条例》)(2001 年 3 月 28 日通过,2001 年 4 月 2 日公布,2001 年 10 月 1 日施行)是依据 TRIPS 及其所限定的 IPIC 制定的,达到了 TRIPS 的基本要求。与《条例》配套的是《集成电路布图设计保护条例实施细则》(2001 年 10 月 1 日施行,以下简称《实施细则》)。

一、集成电路布图设计登记保护的条件

(一)独创性

《条例》第 4 条规定:"受保护的布图设计应当具有独创性,即该布图设计是创作者自己的智力劳动成果,并且在其创作时该布图设计在布图设计创作者和集成电路制造者中不是公认的常规设计。受保护的由常规设计组成的布图设计,其组合作为整体应当符合前款规定的条件。"

《条例》第 4 条对布图设计"独创性"的规定,与 IPIC 第 3 条第 2 款的规定是完全一致的。

IPIC 第 3 条第 2 款规定:

2. 原创性要求

(A) 第 1 款 (A) 所述的义务适用于具有原创性的布图设计

(拓扑图），即该布图设计（拓扑图）是其创作者自己的智力劳动成果，并且在其创作时在布图设计（拓扑图）创作者和集成电路制造者中不是常规的设计。

（B）由常规的多个元件和互连组合而成的布图设计（拓扑图），只有在其组合作为一个整体符合（A）项所述的条件时，才应受到保护。

这里所讲的"原创性"（Original）与著作权保护中所讲的"独创性"系同一语，然而含义有所不同。

布图设计的原创性包括两个要求，一是要求该布图设计"是其创作者自己的智力劳动成果"，这与著作权保护中对独创性的要求是一致的；二是要求该布图设计"在其创作时在布图设计创作者和集成电路制造者中不是常规的设计"，这一要求超出著作权保护中对独创性的要求，但是仅相当于专利保护中对新颖性的要求，而没有专利保护中对创造性的要求高。

集成电路布图设计中的组合设计类似于著作权保护中的汇编作品和专利保护中的组合发明。依据该款（B）项的规定，布图设计的组合设计只有"在其组合作为一个整体符合（A）项所述的条件时"，才能算符合"原创性"要求，受到保护。这一要求，显然要高于著作权对汇编作品独创性的要求，也显然要低于专利对组合发明创造性的要求。

（二）形式条件

1. 使用

《条例》第3条第2款规定："外国人创作的布图设计首先在中国境内投入商业利用的，依照本条例享有布图设计专有权。"这一规定体现了 IPIC 第 7 条第 1 款的要求。

IPIC 第 7 条第 1 款规定：

1. 要求实施的权能

在布图设计（拓扑图）在世界某地已单独地或作为某集成电

路的组成部分进入普通商业实施以前,任何缔约方均有不保护该布图设计(拓扑图)的自由。

IPIC第7条第1款是对布图设计"使用"或"实施"的要求,作为进行保护的形式条件,这是一项选择性的规定。依本款的规定,成员可以自行作出规定,对于未"使用"的布图设计不予保护。这种"使用"是指作为集成电路的组成部分或单独作为集成电路布图设计投入商业使用。这是为了促进集成电路布图设计的实施,早日转化为生产力。

2. 登记和公开

《条例》第8条规定:"布图设计专有权经国务院知识产权行政部门登记产生。未经登记的布图设计不受本条例保护。"

《条例》第17条规定:"布图设计自其在世界任何地方首次商业利用之日起2年内,未向国务院知识产权行政部门提出登记申请,国务院知识产权行政部门不再予以登记。"

《条例》第8条是依据IPIC第7条第2款(A)项规定而作出的,严于IPIC第7条第2款(A)项。

《条例》第17条是依据IPIC第7条第2款(B)项规定而作出的,符合该条款的最低要求。

IPIC第7条第2款规定:

2. 要求登记的权能:公开

(A)布图设计(拓扑图)成为以正当方式向主管机关提出登记申请的内容或者登记的内容以前,任何缔约方均有不保护该布图设计(拓扑图)的自由……

(B)需按本款(A)项提交申请的,任何缔约方均可要求该申请在自权利持有人在世界任何地方首次商业实施集成电路的布图设计(拓扑图)之日起一定期限内提出。此期限不应少于自该日期起两年。

(C)可以规定按本款(A)项进行登记应支付费用。

IPIC 第 7 条第 2 款是对"登记和公开"要求的规定，分为 3 项。

（A）项规定成员可以把进行登记作为布图设计保护的形式要件，并在登记时提交足以确认该布图设计的复制件或图样或集成电路样品，作出适度的公开。

（B）项规定了布图设计登记的"时间限制"要求。依该项规定，布图设计在投入商业使用后的一定期限内，应允许履行登记手续，这一期限不应少于 2 年。《条例》第 17 条就是依此制定的。

（C）项规定进行布图设计登记可以收费，《条例》第 35 条作了相应的规定："申请布图设计登记和办理其他手续，应当按照规定缴纳费用。缴费标准由国务院物价主管部门、国务院知识产权行政部门制定，并由国务院知识产权行政部门公告。"

笔者认为，IPIC 第 7 条第 2 款（A）项规定的集成电路布图设计保护的"登记和公开"形式要件是十分宽松的，极致而言成员可以完全弃之不要，不设置这个形式要件；即使是采用"登记和公开"作为形式要件，仍然是十分宽松的，甚至可以不必提交该布图设计的副本或图样就可获得布图设计保护；即使要求必须提交该布图设计的副本或图样才能提供布图设计保护，也可以允许在提交的申请材料足以确认该布图设计的前提下，免交副本或图样中与该集成电路的制造方式有关的部分，只提交其他部分布图设计的副本或图样，即可取得布图设计保护。由此可见，根据 IPIC 第 7 条第 2 款（A）项规定，"登记和公开"形式要件的缺失或者存在瑕疵，不应成为拒绝提供布图设计保护的依据，但是可以要求按成员国法律的规定进行补正以后进行保护。

我国《条例》第 8 条有关布图设计登记的规定比 IPIC 第 7 条第 2 款（A）项要严格，没有有关登记提交的材料必须公开的规定，即没有将公开登记提交的材料作为获取法律保护的必要条件，这也是符合 IPIC 要求的。

二、集成电路布图设计登记应当提交的材料及要求

（一）集成电路布图设计登记应当提交的材料

《条例》第 16 条规定："申请布图设计登记，应当提交：（一）布图设计登记申请表；（二）布图设计的复制件或者图样；（三）布图设计已投入商业利用的，提交含有该布图设计的集成电路样品；（四）国务院知识产权行政部门规定的其他材料。"

《条例》第 16 条是依据 IPIC 第 7 条第 2 款（A）项规定而作出的。

IPIC 第 7 条第 2 款（A）项规定："（A）布图设计（拓扑图）成为以正当方式向主管机关提出登记申请的内容或者登记的内容以前，任何缔约方均有不保护该布图设计（拓扑图）的自由，对于登记申请，可以要求其附具该布图设计的副本或图样，当该集成电路已商业实施时，可以要求其提交该集成电路的样品并附具确定该集成电路旨在执行的电子功能的定义材料；但是，申请人在其提交的材料足以确认该布图设计时，可免交副本或图样中与该集成电路的制造方式有关的部分。"

笔者认为，这里所说的"布图设计的副本"是指布图设计的复制件，可以据此来通过照相、制版等专业工艺制作光刻模板，逐层制作集成电路的具体电路；这里所说的布图设计的"图样"是指对依据该布图设计制作的集成电路的各层具体电路采用拍照、绘制等方式制作的电路分布的实际视图。

IPIC 第 7 条第 2 款（A）项是对布图设计进行登记的非强制性的规定，包括 4 个要点，一是成员可以而不是必须把进行登记作为布图设计保护的形式要件；二是在登记时，成员可以而不是必须要求申请人提交该布图设计的副本或图样；三是当该集成电路已商业化以后，在登记时可以而不是必须要求申请人提交该集成电路的样品并附具确定该集成电路旨在执行的电子功能的定义材料；四是在申请人提交的材料足以确认该布图设计时，可免交副

本或图样中与该集成电路的制造方式有关的部分。这就是说，根据 IPIC 第 7 条第 2 款（A）项的规定，成员提供对集成电路布图设计的保护，可以不以登记作为保护的必要条件，在进行登记保护集成电路布图设计时，可以不以提交该布图设计的副本或图样作为必要条件，对于已经商业化的集成电路在进行登记保护集成电路布图设计时，可以不以提交该集成电路的样品并附具确定该集成电路旨在执行的电子功能的定义材料作为必要条件，对于要求以提交布图设计的副本或图样、集成电路样品等材料作为保护保护集成电路布图设计必要条件的情况，不是必须完整地提交所有布图设计的副本或图样才能取得布图设计保护，在提交的申请材料足以确认该布图设计的前提下，可以免交副本或图样中与该集成电路的制造方式有关的部分，只提交其他部分布图设计的副本或图样，即可取得布图设计保护。

与 IPIC 第 7 条第 2 款（A）项相比，可以看出，我国《条例》第 16 条是将 IPIC 第 7 条第 2 款（A）项规定的前 3 个要点作为强制性的要求加以规定，对于第 4 个要点，在《条例》第 16 条中并没有直接体现，而是在《实施细则》第 15 条中规定的。我们可以结合《实施细则》的相关条款加以分析。

（二）对集成电路布图设计登记材料的要求

1. 对复制件或者图样的要求

《实施细则》第 14 条："复制件或者图样按照条例第十六条规定提交的布图设计的复制件或者图样应当符合下列要求：（一）复制件或者图样的纸件应当至少放大到用该布图设计生产的集成电路的 20 倍以上；申请人可以同时提供该复制件或者图样的电子版本；提交电子版本的复制件或者图样的，应当包含该布图设计的全部信息，并注明文件的数据格式；（二）复制件或者图样有多张纸件的，应当顺序编号并附具目录；（三）复制件或者图样的纸件应当使用 A4 纸格式；如果大于 A4 纸的，应当折叠成 A4 纸格式；（四）复制件或者图样可以附具简单的文字说明，说明该集成电路布图设计的结构、技术、功能和其他需要说明的事项。"

《实施细则》第 14 条是对《条例》第 16 条规定的具体细化，这里对应该提交的复制件或者图样的纸件作出具体规定。

2. 对保密信息的规定

《实施细则》第 15 条规定：

涉及保密信息的申请

布图设计在申请日之前没有投入商业利用的，该布图设计登记申请可以有保密信息，其比例最多不得超过该集成电路布图设计总面积的 50%。含有保密信息的图层的复制件或者图样页码编号及总页数应当与布图设计登记申请表中所填写的一致。

布图设计登记申请有保密信息的，含有该保密信息的图层的复制件或者图样纸件应当置于在另一个保密文档袋中提交。除侵权诉讼或者行政处理程序需要外，任何人不得查阅或者复制该保密信息。

《实施细则》第 15 条体现了 IPIC 第 7 条第 2 款（A）项第 4 个要点对于提交的复制件或者图样的纸件的要求，这里所说的"保密信息"可以理解为是属于 IPIC 第 7 条第 2 款（A）项中所说的"可免交副本或图样中与该集成电路的制造方式有关的部分"。将《实施细则》第 15 条与 IPIC 第 7 条第 2 款（A）项进行比较，可以看出，前者的规定是严于后者的，对于申请人不想提交、公开的布图设计部分内容，后者允许申请人免交（不提供），并不影响对布图设计的法律保护，前者规定必须提交，只是允许作为保密信息处理、单独保存，除侵权诉讼或者行政处理程序需要外，任何人不得查阅或者复制该保密信息，保密信息最多不得超过该集成电路布图设计总面积的 50%。

《实施细则》第 15 条并没有涉及 IPIC 第 7 条第 2 款（A）项第 4 个要点对于提交的"该集成电路的样品"的要求。

3. 对集成电路样品的规定

《实施细则》第 16 条规定：

集成电路样品

布图设计在申请日之前已投入商业利用的，申请登记时应当提交 4 件含有该布图设计的集成电路样品，并应当符合下列要求：

（一）所提交的 4 件集成电路样品应当置于能保证其不受损坏的专用器具中，并附具填写好的国家知识产权局统一编制的表格；

（二）器具表面应当写明申请人的姓名、申请号和集成电路名称；

（三）器具中的集成电路样品应当采用适当的方式固定，不得有损坏，并能够在干燥器中至少存放十年。

《实施细则》第 16 条是对提交的"集成电路的样品"的规定，这里所说的"器具表面应当写明申请人的姓名、申请号和集成电路名称"等信息，可以理解为是属于 IPIC 第 7 条第 2 款（A）项中所说的"确定该集成电路旨在执行的电子功能的定义材料"。《实施细则》第 16 条亦没有涉及 IPIC 第 7 条第 2 款（A）项第 4 个要点对于提交的"该集成电路的样品"的要求。

IPIC 第 7 条第 2 款（A）项第 4 个要点是该条的核心内容所在。如前所述，IPIC 第 7 条第 2 款（A）项是对布图设计进行登记的非强制性的规定，采用登记保护提交的材料最为基本的要求就是足以确认该布图设计。

三、集成电路布图设计登记的效能

（一）集成电路布图设计登记的三个基本效能

在集成电路布图设计登记保护制度中登记的效能是什么？对此的理解也是众说纷纭。

笔者认为，在集成电路布图设计登记保护制度中：

集成电路布图设计登记的效能之一在于固定该项布图设计，进行登记、取得法律保护的布图设计应该是确定的，不能随意修改、变更，否则就失去法律保护的意义。依据申请登记提交的相关材料应该能够全面、准确地限定该项布图设计，这是对相关申请材料最为本质的要求。提交相关材料的主要作用就是固定该项布图设计，一旦正式提交申请和相关材料，就意味着该项布图设计已经确定、完成，不能进行实质性修改，已经固定下来。申请提交的相关材料是固定布图设计的主要证据，也是用于处理登记以后针对布图设计产生的纠纷的主要证据，可以作为确定所登记集成电路布图设计的内容和保护范围的合法和有效的证据。

集成电路布图设计登记的效能之二在于公示，告知社会公众该项布图设计已经完成，并且初步取得法律认定、保护，保护的布图设计以提交的相关材料作为依据，加以限定。

集成电路布图设计登记的效能之三在于公开该项布图设计，但是这种公开是有限的，未必是充分的，明显区别于专利说明书的公开，也明显区别于计算机软件登记的公开。

在集成电路布图设计登记的三个基本效能中，比较容易发生争议的是第3个效能，重点对此进行探讨。

（二）如何理解集成电路布图设计登记的公开

1. 集成电路布图设计登记的公开是有限的，未必是完整的

根据IPIC第7条第2款（A）项的规定，对于集成电路布图设计可以不以提交该布图设计的副本或图样或者不以提交全部完整的布图设计的副本或图样作为必要条件提供法律保护，在提交的申请材料足以确认该布图设计的前提下，可以免交副本或图样中与该集成电路的制造方式有关的部分，只提交其他部分布图设计的副本或图样，即可取得布图设计保护，因此这种公开往往是有限的，而不一定是全面、完整无缺的。即使按照我国《条例》第16条的规定，必须提交全部完整的布图设计的副本或图样，其公开也是有限的，而不一定是全面、完整无缺的，因为依据我国《实施细则》第15条的规定，允许申请人将最多不超过该集成电路布图设计总面积50%的布图设计作为保密信息单独提交、单独保存，这些保密信息当然是不能向公众公开的。

2. 集成电路布图设计登记的公开未必是充分的

如果申请人提交的布图设计是不完整的（即有部分布图设计没有提供副本或图样），或者提交的布图设计虽然是完整的，但是其中有一些是不能公开的（例如作为保密信息提交），即当集成电路布图设计公开不完整的情况下，公开当然是不充分的。即使提交全部完整的布图设计的副本或图样中没有保密信息，可以全部向公众公开，即集成电路布图设计公开是完整的，由于提交的布图设计副本或图样的物质载体不同（纸件、电子版本、样品等）、清晰度不同，显示、表达、认知、识别的方式、技术条件、技术要求等不同，对布图设计副本或图样的可识别率、认知度存在很大差异，造成集成电路布图设计登记以后的实际公开程度也存在很大差异，难以保证公开都是完整、充分的。

一般而言，以电子版本提交的布图设计副本或图样的是可以做到充分公开的，而以纸件提交的布图设计副本或图样是难以保证能够充分公开，即使申请人的真实意图是希望充分公开，由于显示、表达、认知、识别的方式、技术条件、技术要求等多种因素所限，所显示出来用以认知、识别的布图设计副本或图样的清晰度、识别率大多无法满足人类识别、辨认的最低要求条件，难以识别、辨认，无法实现充分公开。

在现有的技术条件下，以一张 A4 规格（大约 21cm × 30cm）的纸张上，要想清晰、完整地展现一个具有中等规模的集成电路产品的一层布图设计，是很困难的，甚至是难以实现的。早在 1990 年左右，一个面积为 $0.5cm^2$ 的芯片中集成的元器件数量已经近亿。到了 2000 年左右，采用 $0.35\mu m$ 线宽工艺技术的集成电路芯片生产线已经投入使用，即使将 $0.35\mu m$ 的线条（其线条之间的距离应该不大于 $0.35\mu m$）构成的布图设计副本或图样放大 200 倍，其线条宽度达到 $70\mu m$（约为 0.1mm 的 2/3），再将这种放大以后的布图设计副本或图样复印到纸张上，仍然不具有可辨认的清晰度。我国 2014 年 6 月公布的《国家集成电路产业发展推进纲要》表明，我国 2015 年的集成电路产业发展目标之一是"32/28 纳米（nm）制造工艺实现规模量产"，"65～45nm 关键设备和 12 英寸硅片等关键材料在生产线上得到应用"，2020 年的发展目标是"16/14nm 制造工艺实现规模量产"。与 2000 年相比，2015 年国内集成电路制造工艺线条宽度已经缩窄到 1/10 到 1/20 以下。如果说我国《实施细则》第 14 条对于集成电路布图设计登记规定提交的布图设计的复制件或者图样的要求，在 2000 年就已经不能适应集成电路技术的发展，毫不为过。

3. 集成电路布图设计登记提交集成电路样品能否做到充分公开

从理论上说，样品可以真实、完整、精确地表达该特定集成电路布图设计，而且可以通过对样品实施反向工程，利用逐层剖片、显微放大、测绘摄制等技术制作该布图设计的图样，从而还原复制出该布图设计。因此，集成电路布图设计进行登记时提交的集成电路样品理论上是能够做到布图设计充分公开。但是，这种公开的成本并非是普通社会公众能够接受的。因此，除非有确认法律事实证据的需要，一般不会采用这种方式公开、获取相关信息。从这一角度来看，集成电路布图设计进行登记时提交的集成电路样品只是一种理论上向社会公众的公开，并非事实上对社会公众的公开。社会公众利用集成电路布图设计进行登记时提交的集成电路样品通过反向工程获得的相关信息，与利用在市场上直接购买的该集成电路商品通过反向工程获得的相关信息，应该是一致的。

4. 集成电路布图设计登记的公开明显区别于专利说明书的公开

以登记作为授权的要件是工业产权的特点，因为版权是可以自动生成的。在这一点上布图设计保护更接近于工业产权。如果将集成电路布图设计登记以后的公开与发明专利申请文件对技术方案充分公开要求相比，就可以看出对前者的要求明显不及后者。

发明专利申请文件对技术方案充分公开要求在专利法中有明确、严格的规定。《专利法》第26条第3款规定:"说明书应当对发明或者实用新型作出清楚、完整的说明,以所属技术领域的技术人员能够实现为准;必要的时候,应当有附图。"

《专利法实施细则》第53条第2项规定:公开不充分是驳回的根据之一。

《专利法实施细则》第65条第2款规定:公开不充分是无效宣告请求的充分条件之一。

要想取得发明专利的保护,必须公开其发明,不公开的技术内容不能获得专利权的保护,这是专利保护的公开原则。专利保护之所以要强调公开原则,是为了使受专利保护的技术能够迅速得到传播,加以推广利用,同时避免他人再对此同一技术方案进行重复性的开发、研究,浪费人力、物力。这也是之所以要建立专利保护制度的初衷之一。充分公开原则是建立在公开原则基础之上的。何谓"充分"公开呢?这就是应符合以下几个要件:① 公开的技术方案应该是"足够清晰和完整的";② 公开的技术方案应该使"该专业的技术人员能够实施该发明";③ 应该提供在申请之日前所知道的最佳实施方式(或称最佳实施例)。

充分公开其发明的技术方案内容,是取得发明专利权的形式条件之一;公开不充分的专利申请往往会被驳回而无法取得确权,即使取得确权以后也可能因此而被无效。

相比之下,在我国有关集成电路布图设计保护的《条例》和《实施细则》中并没有对布图设计公开的明确规定,只有对布图设计登记及登记时提交布图设计复制件或者图样、集成电路样品等相关材料的规定,即对布图设计登记保护没有公开的要求,不以公开作为登记的必要条件,更谈不上以"充分公开"作为登记保护的必要条件,这一规定符合IPIC的规定,甚至严于IPIC的规定。在IPIC第7条第2款中,虽然对"登记和公开"提出要求,但是,如前所述,这一要求是可选择的,并非强制性的,规定的集成电路布图设计保护的"登记和公开"作为形式条件十分宽松，成员完全可以不设置这个形式条件；即使是采用"登记和公开"作为形式条件，仍然十分宽松，甚至可以不必提交该布图设计的副本或图样就可获取布图设计保护。按照 IPIC 公开亦不是取得布图设计保护的必要条件。

5. 集成电路布图设计登记的公开明显区别于计算机软件登记的公开

集成电路布图设计登记类似于计算机软件登记，但是又有许多不同。

我国《计算机软件保护条例》（2002 年 1 月 1 日施行）第 4 条规定："受本条例保护的软件必须由开发者独立开发，并已固定在某种有形物体上。"这里提出了计算机软件著作权保护的两个必要条件，一是软件要具有独创性，这与对其他作品著作权保护的要件是一样的，是实质性要件；二是要求"固定"，是形式要件，这与对其他作品著作权保护的要求不同，对其他作品只要求"完成"，而没有要求"固定"，对计算机软件的"固定"要求成为一种例外。

与世界上大多数国家一样，我国的著作权保护采用"依法自动生成"原则，没有实行登记制保护。《计算机软件保护条例》中对计算机软件作出有关登记的规定，并非是计算机软件保护的必要条件。

《计算机软件保护条例》第 7 条规定："软件著作权人可以向国务院著作权行政管理部门认定的软件登记机构办理登记。软件登记机构发放的登记证明文件是登记事项的初步证明。

办理软件登记应当缴纳费用。软件登记的收费标准由国务院著作权行政管理部门会同国务院价格主管部门规定。"

《计算机软件著作权登记办法》（2002 年 2 月 20 日发布、施行）第 9 条规定："申请软件著作权登记的，应当向中国版权保护中心提交以下材料：（一）按要求填写的软件著作权登记申请表；

(二) 软件的鉴别材料；(三) 相关的证明文件。"

《计算机软件著作权登记办法》第 10 条规定："软件的鉴别材料包括程序和文档的鉴别材料。

程序和文档的鉴别材料应当由源程序和任何一种文档前、后各连续 30 页组成。整个程序和文档不到 60 页的，应当提交整个源程序和文档。除特定情况外，程序每页不少于 50 行，文档每页不少于 30 行。"

《计算机软件著作权登记办法》第 12 条规定："申请软件著作权登记的，可以选择以下方式之一对鉴别材料作例外交存：(一) 源程序的前、后各连续的 30 页，其中的机密部分用黑色宽斜线覆盖，但覆盖部分不得超过交存源程序的 50%；(二) 源程序连续的前 10 页，加上源程序的任何部分的连续的 50 页；(三) 目标程序的前、后各连续的 30 页，加上源程序的任何部分的连续的 20 页。文档作例外交存的，参照前款规定处理。"

《计算机软件著作权登记办法》第 13 条规定："软件著作权登记时，申请人可以申请将源程序、文档或者样品进行封存。除申请人或者司法机关外，任何人不得启封。"

将我国的集成电路布图设计登记与计算机软件的登记相比较，可以看出两者至少存在以下区别：

一是两者登记保护的客体不同。

二是两者登记保护的实质性条件有区别，虽然都有独创性的要求，但是含义不同，前者要求要高于后者。

三是两者登记的形式条件有区别，前者的登记是取得保护的必要条件，后者登记不是取得保护的必要条件；前者以"使用"或"实施"作为进行保护的形式条件，后者以"固定"作为进行保护的形式条件，两者含义不同。

四是两者登记要求提交的材料不同，对提交材料的要求也不同。

五是两者登记中对相关保密信息处理的措施不同。

六是两者登记的时限不同，前者为自其在世界任何地方首次商业利用之日起2年内，后者虽然没有明确规定，但是应该受到著作权对作品经济权利保护期限的限制。

七是两者登记的法律效能不同，前者是取得法律保护，后者是作品形成事实的初始证明。

八是两者登记的保护期限不同，前者保护期为10年，自布图设计登记申请之日或者在世界任何地方首次投入商业利用之日起计算，以较前日期为准，无论是否登记或者投入商业利用，布图设计自创作完成之日起15年后，不再受保护；后者保护自软件开发完成之日起产生，自然人的软件著作权，保护期为自然人终生及其死亡后50年，截止于自然人死亡后第50年的12月31日；软件是合作开发的，截止于最后死亡的自然人死亡后第50年的12月31日；法人或者其他组织的软件著作权，保护期为50年，截止于软件首次发表后第50年的12月31日，但软件自开发完成之日起50年内未发表的，不再保护。

九是两者登记的权利保护内容不同，前者只保护复制权、商业利用（可以涵盖TRIPS第37条所要求必须保护的为商业目的进口、销售或以其他方式发行等行为）权、许可权、转让权等经济权利；后者保护的既有精神权利（发表权、署名权、修改权），也有经济权利（复制权、发行权、出租权、信息网络传播权、翻译权、许可权、转让权等）。

十是两者登记的权利限制不同，前者设有非自愿许可（强制许可）、权利用尽，后者没有设置非自愿许可（强制许可）、权利用尽。

将我国的集成电路布图设计登记与计算机软件的登记相比较，可以看出两者至少存在以下相似之处：

一是两者登记均没有要求充分公开或者公开相关技术信息的明确规定，即均没有将公开相关技术信息作为登记的必要条件；

二是两者登记均允许对一些相关信息采取保密措施进行保密，

不予披露；

三是两者登记均有各自的实质性条件和形式条件；

四是两者登记均只进行初步审查，不进行实质审查；

五是两者登记均设有撤销程序，作为对不符合条件登记的救济措施；

六是两者登记均设有合理使用，作为对权利保护的例外。

（三）集成电路布图设计登记的效能主要是固定设计，而不是公开

在进行了上述分析以后，我们不难得出结论，集成电路布图设计进行登记，尽管明确要求提供相关材料（布图设计的复制件或者图样、集成电路样品等），并且在登记以后向社会公开，允许社会公众进行查阅，但并不等于集成电路布图设计的内容已经向社会充分公开或者公开。一般而言，仅仅依据集成电路布图设计登记时提供的相关材料，是难以全面、完整、充分地获知该布图设计的技术信息的，更谈不上在此基础上商业性复制、利用该布图设计、制造该集成电路；而专利法所要求的发明和实用新型说明书的充分公开，作为本领域的普通技术人员应该依据说明书就可以实施受保护的技术方案，实现该发明创造的技术功能，达到该发明创造的技术目的。因此，集成电路布图设计登记以后相关材料的公开，与专利法所要求的发明和实用新型说明书的充分公开，绝非等量齐观，不可相提并论。况且，在专利法中已经明确规定，说明书的充分公开是取得专利确权的一个必要条件，说明书没有充分公开是导致专利权无效的一个充分条件；而在我国有关集成电路布图设计保护的《条例》和《实施细则》中并没有对布图设计公开作出明确要求，亦不以布图设计公开作为登记的一个必要条件，更谈不上以"充分公开"作为登记保护的一个必要条件，相应地当然也不能将布图设计没有充分公开作为撤销布图设计专有权的一个充分条件。集成电路布图设计进行登记的效能主要不是公开，这是显而易见、毋庸置疑的，充其量只是一个公示的效能，向社会宣示该集成电路布图设计已经完成设计完成、准备投入商业应用。

集成电路布图设计进行登记的效能主要是固定设计，固定作为集成电路布图设计专有权保护的客体，固定作为处理登记以后针对布图设计产生纠纷的主要证据，固定作为确定所登记集成电路布图设计的内容和保护范围的合法和有效的证据。

对于已经投入商业利用的布图设计，登记要求必须提交含有该布图设计的集成电路样品，可以从另外一个角度证实集成电路布图设计进行登记的效能主要是固定。

如前所述，含有该布图设计的集成电路样品，可以真实、完整、精确地表达该特定集成电路布图设计，可以通过对样品实施反向工程，利用逐层剖片、显微放大、测绘摄制等技术制作该布图设计的图样，从而还原复制出该布图设计。它可以包含全部布图设计信息。相对于布图设计复制件或图样所表达的信息，含有该布图设计的集成电路样品作为登记证据的证明力和可靠性应该更强一些，因为它不仅包含了布图设计作为一种"设计"的所有设计信息，还包含了布图设计作为一种"设计"的实际商业利用的信息。在布图设计的商业利用中，对已有的布图设计根据实际利用的需要和生产线条件的差异，进行适当地、必要地调整、修改，应该说是正常的惯例。因此，含有该布图设计的集成电路样品包括的相关信息，应该比商业利用以前的布图设计复制件或图样包含的相关信息，更为接近应用实际、更为真实可信。

强调已经投入商业利用的布图设计，要求登记时必须提交含有该布图设计的集成电路样品，其目的不是为了充分公开相关布图设计的技术内容。因为在前面已经分析指出，集成电路布图设计进行登记时提交的集成电路样品只是一种理论上向社会公众的公开，并非事实上对社会公众的公开，利用登记时提交的集成电路样品通过反向工程获得的相关信息，与利用在市场上直接购买的该集成电路商品通过反向工程获得的相关信息，成本上并无差异，都是需要相当代价的支出的，但是从作为法律事实证据的角度来看是有明显不同的，进行登记时提交的集成电路样品可以作为确定所登记集成电路布图设计的内容和保护范围的合法和有效的证据，而随机在市场上直接购买的该集成电路商品则不一定具有这一效能。如果提交已经投入商业利用的布图设计的含有该布图设计的集成电路样品意味着将布图设计的技术内容公开，那么可以说这一公开在该布图设计投入商业利用之时已经公开，而不是在进行登记时提交相关材料（包括集成电路样品）时才公开的。由此可以再次说明，集成电路布图设计进行登记的效能主要是固定相关法律事实证据，而不是公开布图设计的技术信息内容。唯一合理的解释只能是，提交集成电路样品不等于布图设计内容公开。

通过上述分析，我们不难得出结论，集成电路布图设计进行登记时提交的布图设计的复制件或者图样、集成电路样品等相关材料，主要效能是固定布图设计，而不是公开布图设计；其可以具有公开部分甚至是全部布图设计的作用，但是这种公开未必是充分的、完整的，也不是取得布图设计法律保护的前提必要条件。

（四）集成电路布图设计登记提交的材料存在瑕疵，是否导致集成电路布图设计专有权灭失

集成电路布图设计登记时提交的布图设计如果不具有"独创性"，当然不应该获准登记，即使已经获准登记也应该通过撤销程序撤销登记。这是没有异议的。

集成电路布图设计登记时提交的布图设计如果明显不符合规定的形式条件，当然也不应该获准登记，即使已经获准登记也应该通过撤销程序撤销登记。这也应该是没有异议的。

现在的问题是，如果集成电路布图设计登记提交的材料存在瑕疵，是否导致集成电路布图设计专有权灭失。这种瑕疵，可以包括：提交的材料不完整，提交的材料不够清晰，提交的材料不能充分公开相关技术内容，提交的材料与实际商业利用的布图设

计或者集成电路商品不一致,提交的材料只有已经商业化的集成电路样品等。

笔者认为,如前所述,根据 IPIC 第 7 条第 2 款(A)项规定,"登记和公开"形式要件的缺失或者存在瑕疵,不应成为拒绝提供布图设计保护的依据;集成电路布图设计登记时提交的布图设计在满足可认定为特定集成电路的布图设计时,允许不提交全部布图设计图样;❶ 我国《条例》和《实施细则》有关布图设计登记的规定比 IPIC 第 7 条第 2 款(A)项要严格,没有关于有关登记必须公开的规定,即没有将公开作为获取法律保护的必要条件,依然符合 TRIPS 及其所限定的 IPIC 的要求。因此,集成电路布图设计登记提交的材料存在的上述瑕疵,至多只能造成不能完整、准确地固定布图设计,不能完整、充分地公开布图设计的技术内容信息,而不应导致集成电路布图设计专有权灭失、不能获取法律对布图设计的保护。当然,可以要求按我国集成电路布图设计《条例》和《实施细则》的规定进行补正以后再提供法律保护。

据有关人士对大量实例进行的检索、调查结果显示,我国经过登记已经取得集成电路布图设计专有权保护的布图设计中,申请登记提交的材料存在上述瑕疵的比比皆是,尤其是纸质布图设计复制件或图样很难清楚地表达受保护布图设计相关信息的情况非常普遍,甚至难以根据提交的纸质布图设计复制件或图样对受保护的布图设计进行认定、保护。如果出现这些情况,就拒绝登记确认布图设计专有权或者在取得登记以后撤销布图设计专有权,我国能够合法存在的集成电路布图设计专有权可能寥寥无几,布图设计法律保护制度也就名存实亡了。况且,产生这些情况的重要原因之一是集成电路技术进步、发展的直接结果,可以说是一

---

❶ 参见《集成电路知识产权条约》(华盛顿条约)第 7 条第 2 款(A)项:"申请人在其提交的材料足以确认该布图设计(拓扑图)时,可免交副本或图样中与该集成电路的制造方式有关的部分。"

种由于没有与时俱进而形成的法律制度缺失，其产生的问题和负面后果也不应该由布图设计登记人（即布图设计专有权权利人）承担责任。

应该强调指出的是，如果是由于布图设计登记人自身的原因造成申请登记提交的材料存在上述瑕疵而导致的不能完整、准确地固定布图设计，不能完整、充分地公开布图设计的技术内容信息，以致在登记以后发生法律纠纷中不能有效地以申请登记提交的材料作为法律证据，充分保护布图设计登记人的合法权益，所可能产生的这些风险和不利后果理所当然应该由布图设计登记人自己承担。因此，布图设计登记人尽其所能提交完整、充分、符合规定的登记材料，不仅是其应尽的法定义务，也是切实有效维护其合法权益的必要之举。

集成电路布图设计专有权撤销程序研究：规定、困境与出路

宋建宝[*]

摘　要：对于集成电路布图设计专有权撤销程序来说，无论是法律规定自身存在的先天缺陷，还是来自实践的现实挑战，归根结底可以总结为程序设计的理念错位、制度歧途。因此，解决问题的方法也就要从转变理念、重构制度方面着手。

引　言

我国于2001年3月28日颁布《集成电路布图设计保护条例》（以下简称《保护条例》）。此后，国家知识产权局于2001年9月18日发布《集成电路布图设计保护条例实施细则》（以下简称《实施细则》）并于同年10月1日正式实施。为加强和规范行政执法，国家知识产权局于2001年11月28日发布《集成电路布图设计行政执法办法》。最高人民法院于2001年10月30日下发《关于开展涉及集成电路布图设计案件审判工作的通知》（法发〔2001〕24号）。至此，我国集成电路布图设计专有权从立法、执法到司法，形成了较为完备的法律保护体系。

---

[*] 作者简介：法学博士、法学博士后，目前供职于最高人民法院中国应用法学研究所，主要研究领域为知识产权法、司法制度。

从集成电路布图设计专有权的复审和撤销工作状况看，我国至今还未发生过布图设计专有权复审案件，但是布图设计专有权撤销案件数量近年来一直呈上升趋势。在已经作出审查决定的撤销案件中，JC0001号集成电路布图设计撤销案（第一件）和JC0002号集成电路布图设计撤销案（第二件）中，专有权人都对撤销程序提出质疑。其中JC0002号集成电路布图设计撤销案在行政诉讼阶段仍然涉及撤销程序。为此，笔者首先分析现行法律规定中集成电路布图设计撤销程序，然后就一些相关问题提出自己的看法。

一、集成电路布图设计专有权撤销程序的现行规定及其分析

《保护条例》第20条中规定，集成电路布图设计（以下简称"布图设计"）获准登记后，国务院知识产权行政部门发现该登记不符合该条例规定的，应当予以撤销，通知布图设计权利人，并予以公告。因此，布图设计专有权撤销程序是指，国务院知识产权行政部门对已经登记公告但不符合《保护条例》有关规定的布图设计，依法撤销其专有权并进行公告的程序。依据《实施细则》第29条规定，布图设计登记公告后，发现登记的布图设计专有权不符合《保护条例》第2条第1项、第2项，第3条，第4条，第5条，第12条或者第17条规定的，由国家知识产权局专利复审委员会（以下简称"专利复审委员会"）撤销该布图设计专有权。

根据上述规定，从逻辑角度分析，我们不难得出如下结论：

（1）布图设计专有权撤销程序的启动，是国家知识产权行政部门的依职权行政行为。根据上述"国务院知识产权行政部门发现该登记不符合本条例规定的，应当予以撤销"的规定，布图设计专有权撤销程序的启动主体是国务院知识产权行政部门（实际上由专利复审委员会具体承担），布图设计专有权撤销程序的启动条件是专利复审委员会发现该布图设计存在不符合《保护条例》

有关规定的情形。因此,布图设计专有权撤销程序启动是行政部门的依职权行政行为。

(2)布图设计专有权撤销程序的执行也是国家行政部门的依职权行政行为。根据《实施细则》第29条的规定,布图设计登记公告后,专利复审委员会发现登记的布图设计专有权不符合《保护条例》规定的,由专利复审委员会撤销该布图设计专有权。撤销布图设计专有权的,应当首先通知该布图设计权利人,要求其在指定期限内陈述意见。期满未答复的,不影响专利复审委员会作出撤销布图设计专有权的决定。专利复审委员会撤销布图设计专有权的决定应当写明所依据的理由,并通知该布图设计权利人。由此可以看出,从审查内容和审查范围,到审查依据、审查理由,直至作出审查决定等,都是由专利复审委员会自行依职权作出决定,可以说布图设计专有权撤销程序的执行过程全部由专利复审委员会自行依职权决定。因此,布图设计专有权撤销程序的执行也是行政部门(专利复审委员会)的依职权行政行为。

总之,布图设计专有权撤销,从程序启动到程序执行都是行政部门的依职权行政行为。

二、现行撤销程序存在问题之理论分析

(一)师出无名的"撤销意见提出人"

在"撤销布图设计专有权是行政部门的依职权行政行为"这样的理念指导下,《保护条例》和《实施细则》只是规定社会公众不能侵犯布图设计专有权,而没有规定社会公众可以就布图设计专有权提出异议的权利。但是,现实中发生的这些布图设计专有权撤销案件,没有一起是由专利复审委员会自行发现的,而都是由布图设计专有权人以外的、有利害关系的其他人发现并提出的。在上述撤销布图设计专有权审查决定中,专利复审委员会将这些"其他人"称为"撤销意见提出人"。但是,在现行集成电路布图设计专有权撤销程序框架下,为维护自身合法权益,"撤销意见提出人"请

求撤销他人布图设计专有权时面临以下困难。

（1）《保护条例》没有赋予"撤销意见提出人"请求撤销他人布图设计专有权的请求权，因此从严格意义上来说，专利复审委员会不会因"撤销意见提出人"提出撤销意见而必然启动撤销审查程序。在专利复审委员会不启动撤销审查程序的情况下，"撤销意见提出人"将无法继续进行后续的救济程序。

（2）撤销意见提出人"在撤销审查程序中的地位不明确，或者说没有法律地位。如前所述，现实发生的这些布图设计专有权撤销案件，都是由"撤销意见提出人"发现已经登记的布图设计专有权不符合《保护条例》规定并提出撤销意见的。如此重要关键的"线人"却不能获得法律上的地位，不能不说是现行程序的缺陷。

（3）按照《保护条例》第20条的规定，"布图设计权利人对国务院知识产权行政部门撤销布图设计登记的决定不服的，可以自收到通知之日起3个月内向人民法院起诉"，即布图设计权利人对专利复审委员会的审查决定不服的，可以向法院提起诉讼。相反地，如果"撤销意见提出人"对国务院知识产权行政部门维持布图设计登记的决定不服的，《保护条例》却没有作出任何规定。因此，当专利复审委员会作出对"撤销意见提出人"不利的决定时，"撤销意见提出人"却没有提起诉讼的权利。

（二）名不副实的专利复审委员会

相关数据显示，自2001年以来，我国集成电路布图设计登记申请量呈迅速发展趋势。2001年的登记申请量仅为62件，此后逐年快速增长。❶虽然登记数量增加，但是自《保护条例》实施至今，专利复审委员会撤销布图设计专有权的数量仍维持在零。究

---

❶ 吴艳. 有效保护 硕果累累：我国集成电路布图设计发展状况纪实［EB/OL］. http：//www.sipo.gov.cn/ztzl/zxhd/kxfzcjhh/kxfzcjhhztwz/201210/t20121022_763103. html.

其原因主要包括以下两个方面。

（1）从程序启动方面来说，《保护条例》第 20 条规定"布图设计获准登记后，国务院知识产权行政部门发现该登记不符合本条例规定的，应当予以撤销"。其中"发现"是启动程序的关键因素，只有在发现并确定一项登记不符合《保护条例》有关规定时，专利复审委员会才能够作出撤销该布图设计专有权的决定。按照依职权行政行为的要求，专利复审委员会应当"积极行政"和"主动行政"，专利复审委员会应当自行地、主动地对每项已经获得登记的布图设计进行调查，发现不符合规定的，应当及时予以撤销。但是专利复审委员会却从未积极主动地履行这项职权，我们认为对这种做法难以作出合理解释。

（2）从程序执行方面来说，专利复审委员会启动撤销程序后，其审查工作也面临现实困难。一方面，布图设计具有高度的技术密集性和知识密集性，当前布图设计的最小特征尺寸都是纳米级，布图设计的图样需要经数个数量级倍数的放大才能看到其中的元件和连线。另一方面，对于一枚封装好的集成电路成品，要分析其布图，需要通过反向工程才能完成。这些工作都需要专业的设备和技术。因此，在没有双方当事人质证和辩论的情况下，由专利复审委员会自行对商业利用、独创性等问题进行判断，是非常困难的。再者，专利复审委员会作为知识产权行政机构，并不具备充分的调查取证渠道、权力和能力，因此它难以自行完成对不符合《保护条例》规定的布图设计专有权的撤销程序，进而也就不能维护专有权人与社会公众之间的利益平衡。

三、现行撤销程序面临的真实挑战

（一）JC0001 号集成电路布图设计撤销案[❶]

在 JC0001 号集成电路布图设计撤销案件中，深圳市富恒达科

[❶] JC0001 号集成电路布图设计撤销案是《保护条例》实施以来的首例撤销案件。

技有限公司向专利复审委员会提出：专有权人富享微电子（深圳）有限公司的产品（IC FS9932）在其05500149.1号布图设计登记申请日2年前，就已经投入商业利用，根据《保护条例》的规定，应当撤销该布图设计专有权。

专有权人则辩称：专利复审委员会撤销程序启动不当，专利复审委员会发现登记的布图设计不符合《保护条例》的相关规定是启动撤销程序的唯一途径，任何单位和个人均无撤销请求权等。就该案而言，深圳市富恒达科技有限公司无权向专利复审委员会提出撤销富享微电子（深圳）有限公司就05500149.1号布图设计享有的专有权。

在该案的审查决定中，专利复审委员会认为，根据《保护条例》和《实施细则》的相关规定，布图设计撤销程序的启动主体是专利复审委员会，撤销程序由专利复审委员会依职权启动。[1] 对于这种依职权的行政行为，他人是否可以请求专利复审委员会实施，即请求专利复审委员会撤销已经登记的布图设计专有权呢？有人认为，尽管《保护条例》和《实施细则》没有规定撤销程序依他人请求而启动，但也没有排斥他人对已经授权的布图设计专有权提出撤销意见。因此，布图设计撤销程序的启动主体是专利复审委员会，但是发现的过程可以是专利复审委员会自行发现，也可以是他人向专利复审委员会提出撤销意见后专利复审委员会发现。[2]

（二）JC0002号集成电路布图设计撤销案[3]

该案涉及的布图设计系名称为"（MW7001）SM9935B"的集成电路布图设计，由深圳市明微电子股份有限公司（以下简称

---

[1] 参见JC0001号《集成电路布图设计撤销案件审查决定》。
[2] 樊晓东. 集成电路布图设计撤销案件审理中若干问题研究：评首例集成电路布图设计撤销案［J］. 中国专利与商标，2010（4）：76.
[3] JC0002号集成电路布图设计撤销行政纠纷案是《保护条例》实施以来的首例集成电路布图设计撤销行政纠纷案。

"明微公司")于 2008 年 12 月 9 日向国家知识产权局申请登记,国家知识产权局于 2009 年 7 月 15 日进行专有权登记公告。2009 年 8 月 3 日,深圳市天微电子有限公司(以下简称"天微公司")向专利复审委员会提交意见陈述书,提出撤销涉案布图设计的意见。专利复审委员会收到天微公司的意见陈述书及相关证据后,决定启动对涉案布图设计的撤销程序,并于 2009 年 8 月 6 日向天微公司和明微公司发出涉案布图设计进入撤销程序的通知书。在专利复审委员会审查期间,天微公司向专利复审委员会提交了多份证据。专利复审委员会于 2011 年 5 月 27 日作出第 2 号集成电路布图设计撤销案件审查决定(以下简称"第 2 号决定")。明微公司不服专利复审委员会作出的第 2 号决定,并于法定期限内向北京市第一中级人民法院提起诉讼,其中第一项诉讼请求就涉及集成电路布图设计专有权撤销程序启动是否合法问题。

明微公司明确提出:集成电路布图设计专有权撤销程序属于仅仅涉及专利复审委员会和专有权人的一种特殊程序,不存在类似于专利无效宣告程序中的"无效请求人"这一程序主体。而在本案撤销程序中,被告(专利复审委员会)一直将案外人天微公司视为类似于无效请求人的撤销请求人,赋予了其提交意见陈述、举证并参加口头审理的权利。被告赋予天微公司这些权利没有法律依据,属于超越职权,损害了原告的合法权益。

被告专利复审委员会则认为,《保护条例》和《实施细则》都没有规定在撤销程序中主动向专利复审委员会提交撤销意见的撤销意见提出人不得参与后续的撤销程序。被告根据撤销意见提出人于 2009 年 8 月 3 日提交的撤销意见和证据发现涉案布图设计确实存在应当予以撤销的情形,因此依职权启动撤销审查程序,属于合法的行政行为。布图设计的专业性强,且大量证据属于撤销意见提出人主动提交的,因此为了方便证据的质证和实体审查,被告引入撤销意见提出人参与撤销审查程序是合法的。

北京市第一中级人民法院经审理认为:明微公司关于专利复

审委员会作出撤销决定程序违法的主张缺乏事实和法律依据，不能成立。具体理由如下。

（1）专利复审委员会具有对不符合《保护条例》规定的布图设计予以撤销的职权。参照《实施细则》的规定，《保护条例》所称的国务院知识产权行政部门是指国家知识产权局，国家知识产权局专利复审委员会具体负责对布图设计专有权撤销案件的审查工作。据此，专利复审委员会具有对不符合《保护条例》规定的布图设计予以撤销的职权。

（2）专利复审委员会接受撤销意见提出人提交的撤销意见和证据，是发现布图设计登记不符合《保护条例》规定的途径之一，并无不当。《保护条例》虽未规定社会公众可以请求专利复审委员会撤销已登记的布图设计专有权，但由于专利复审委员会具有撤销布图设计专有权的职权，当社会公众认为已登记布图设计专有权不符合《保护条例》的规定时，可以向专利复审委员会反映其意见，并可以提交相应证据。这也正是专利复审委员会发现已登记布图设计专有权不符合《保护条例》规定的途径之一。因此，专利复审委员会接受天微公司向其提交的撤销意见和证据并进行审查并无不当。

（3）是否撤销布图设计专有权由专利复审委员会依职权进行审查，专利复审委员会可不受提出撤销意见的人所提理由和证据的限制，并可自行调查收集证据，亦有权决定采取对事实和证据进行调查的方式。本案中，专利复审委员会接受天微公司的意见陈述、证据并通知天微公司参加口头审理，均应视为专利复审委员会进行事实调查的方式，并无不当之处。而且，专利复审委员会在收到社会公众认为已登记布图设计专有权不符合《保护条例》规定的意见，并以此作为主要理由和证据作出撤销布图设计专有权的决定前，给予提出意见的社会公众陈述意见和参加口头审理的机会，也有利于专利复审委员会及布图设计专有权人更加充分地了解社会公众意见的具体内容，有利于保障专有权人的听证权利。

（4）依据正当行政程序的要求，专利复审委员会在作出撤销布图设计专有权决定以前，应当给予布图设计专有权人针对决定所依据的事实、证据和理由进行陈述意见的机会。本案中，专利复审委员会启动撤销程序后，向明微公司发出集成电路布图设计进入撤销程序通知书，转交天微公司的撤销意见、证据，并告知将采取口头审理方式，明微公司也通过提交意见陈述书和参与口头审理的方式陈述其意见。因此，专利复审委员会接受天微公司的意见陈述、证据并通知天微公司参加口头审理亦未损害明微公司的合法权利。

四、总结与展望

（一）分析与小结

虽然专利复审委员会和有关法院对现行撤销程序的正当性以及现实做法的合法性都进行了论述。但是结合上述案件中布图设计专有权人针对撤销程序提出的抗辩和现行撤销程序的理论分析，从理论和实践两个方面，我们仍然可以得出：

（1）布图设计专有权是经初步审查后登记取得的，初步审查难免不全面和有疏漏，因此获准登记的专有权中存在一定数量的不符合《保护条例》的布图设计。这就需要有效纠错程序将本来不应当登记而登记的布图设计专有权予以撤销。但是目前的依职权撤销程序不能有效地实现这一目的，因此需要允许有关当事人对布图设计提出意见和撤销请求。

（2）目前依职权的布图设计专有权撤销程序在实践中的执行确有难以克服的障碍，专利复审委员会无法依职权自行启动撤销不符合《保护条例》的布图设计的程序，这使得撤销程序不能有效地发挥其应有的纠错功能。

（3）布图设计专有权人以外的其他人以某项布图设计专有权不符合《保护条例》规定为由提出撤销该布图设计专有权的请求，

既不属于专利复审委员会必须受理的事项范围,也不属于人民法院的案件受理范围。针对不符合《保护条例》规定的布图设计专有权,利害关系人保障自身合法权益的渠道和方式受到限制。

(二)展望未来:转变理念与重构制度

对于集成电路布图设计专有权撤销程序来说,无论是法律规定自身存在的先天缺陷,还是来自实践的现实挑战,归根结底可以总结为程序设计的理念错位、制度歧途。因此,解决问题的方法也就要从转变理念、重构制度方面着手。

1. 转变理念

根据行政法的一般理论,以行政程序的启动及终结是否取决于行政主体依职权为标准,可以将行政程序分为依职权行政程序与依申请行政程序。依职权行政程序是指行政主体自行启动或终结的行政程序。依申请行政程序则是指必须经行政相对人申请方可启动的行政程序,或者因行政相对人撤回申请即可终结的行政程序。

根据现行规定,撤销布图设计专有权登记从程序启动到程序执行都是行政部门的依职权行政行为。如前所述,基于这样的理念,在程序启动和程序执行方面都存在严重的缺陷,并且法律规定与实际执行情况也严重不符。笔者认为,只有将撤销布图设计专有权程序从依职权行政程序转变为依申请行政程序,才能克服原有的缺陷,并且才能够做到名实相符。

2. 重构制度

(1) 借鉴《商标法》,设立初审公告异议程序

现行《商标法》第三章"商标注册的审查和核准"规定了我国商标注册制度的初审公告程序,主要包括初审公告条件、不予初审公告条件、初审公告后的异议程序等。笔者建议借鉴《商标法》的上述制度安排,设立集成电路布图设计专有权初审公告异议程序,具体内容包括:

"对初步审定公告的布图设计,自公告之日起三个月内,任何

人认为布图设计不符合本条例规定的，可以向国家知识产权行政部门提出异议。公告期满无异议的，由国务院知识产权行政部门予以登记，发给登记证明文件，并予以公告。

"对初步审定公告的布图设计提出异议的，国务院知识产权行政部门（专利局）应当听取异议人和被异议人陈述事实和理由，经调查核实后，作出是否准予登记的决定，并书面通知异议人和被异议人。

"国务院知识产权行政部门作出准予登记决定的，发给登记证明文件，并予以公告。异议人不服的，可以向专利复审委员会请求宣告该布图设计专有权无效。"

（2）借鉴《专利法》，设立布图设计专有权无效宣告程序

《专利法》第45条、第46条、第47条规定了专利无效宣告制度。其中第45条规定了专利无效宣告程序的启动，第46条规定了专利无效宣告程序的执行，第47条规定了专利无效宣告程序的法律效力。需要强调的是，专利无效宣告制度不仅适用于经过实质审查的发明专利，也同样适用于初审合格即登记公告的实用新型专利和外观设计专利。笔者认为，对于初审合格即可登记公告的集成电路布图设计来说，同样可以借鉴专利无效宣告制度，建立集成电路布图设计专有权无效宣告制度。

在集成电路布图设计专有权无效宣告程序启动方面，笔者建议修改为："自国务院专利行政部门公告授予集成电路布图设计专有权之日起，任何单位或者个人认为该集成电路布图设计专有权的授予不符合本条例有关规定的，可以请求专利复审委员会宣告该集成电路布图设计专有权无效。"

在集成电路布图设计专有权无效宣告程序执行方面，笔者建议修改为：

"专利复审委员会对宣告集成电路布图设计专有权无效的请求应当及时审查和作出决定，并通知请求人和集成电路布图设计专有权人。宣告集成电路布图设计专有权无效的决定，由国务院专

利行政部门登记和公告。

"对专利复审委员会宣告集成电路布图设计专有权无效或者维持集成电路布图设计专有权的决定不服的，可以自收到通知之日起三个月内向人民法院起诉。人民法院应当通知无效宣告请求程序的对方当事人作为第三人参加诉讼。"

至于集成电路布图设计专有权无效宣告的法律效力，笔者也建议完全遵照专利权无效宣告程序的法律效力，即：

"宣告无效的集成电路布图设计专有权视为自始即不存在。

"宣告集成电路布图设计专有权无效的决定，对在宣告集成电路布图设计专有权无效前人民法院作出并已执行的集成电路布图设计专有权侵权的判决、调解书，已经履行或者强制执行的集成电路布图设计专有权侵权纠纷处理决定，以及已经履行的集成电路布图设计专有权实施许可合同和集成电路布图设计专有权转让合同，不具有追溯力。但是因集成电路布图设计专有权人的恶意给他人造成的损失，应当给予赔偿。

依照前款规定不返还集成电路布图设计专有权侵权赔偿金、集成电路布图设计专有权使用费、集成电路布图设计专有权转让费，明显违反公平原则的，应当全部或者部分返还。"

论《种子法》对我国植物新品种保护的影响及应对措施

李菊丹[*]

摘　要：2015 年修改的《种子法》单设"新品种保护"专章，强化了品种权保护与种子生产经营管理的有效结合，提升了植物新品种保护立法层级，也带来实践运用中的一些问题。本文主要考察新《种子法》关于植物新品种保护方面的规定对实际工作产生的影响，提出种子生产经营管理工作应重视品种样本和名称的统一、积极利用品种权保护行政执法等建议。同时，针对《种子法》相关规定存在的问题，提出未来植物新品种保护立法应注意基本概念术语要科学统一、立法要重视制度完善与制度体系化等建议。

《种子法》于 2015 年 11 月 4 日经第十二届全国人大常委会第十七次会议表决通过。《种子法》的此次修订，除了品种审定制度的改革和品种登记制度的引入外，最重要的变化就是规定了植物新品种保护的内容。该法共 10 章 94 条，其中第 4 章 6 条和分散在其他章节的 9 个条款，共 15 个条款涉及植物新品种保护。从修订初衷来看，新《种子法》紧扣现代种业发展要求，将部分与种子

---

[*] 作者简介：中国社会科学院知识产权中心、中国社会科学院法学研究所副研究员。

产业紧密相关的植物新品种保护内容纳入其中,设专章保护植物新品种,重点解决我国植物新品种保护工作中存在的"植物新品种保护的立法层级相对较低""植物新品种权保护水平偏低"和"鼓励品种创新不足,企业维权存在周期长、举证难、成本高、赔偿低、效果差等问题"。❶ 强化植物新品种保护,既是种子生产经营管理的重要内容,也是推动种子产业化,激励和提升种业育种创新能力的重要手段。因此,新《种子法》增加植物新品种保护规定又被认为是新《种子法》的三大变化之一的"鼓励创新,推进种业体制改革"的重要内容。❷ 新《种子法》有关植物新品种保护规定对相关工作实际影响的效果如何,还有待实践检验。本文主要从法律规范角度,拟就《种子法》中的植物新品种保护规定与我国于1997年制定的《植物新品种保护条例》和相关司法解释进行对比,考察新《种子法》关于植物新品种保护具体规定的变化,讨论这些变化对我国植物新品种保护工作和种子生产经营管理工作产生哪些影响,育种科研单位和企业如何在种子生产经营管理中落实品种权保护工作,未来植物新品种保护立法如何协调和完善植物新品种保护中仍存在的问题。

一、新《种子法》将推动未来植物新品种保护的单独立法

根据《关于〈中华人民共和国种子法(修订草案)〉的说明》,在《种子法》修订过程中,立法机关充分考虑到第十一届全国人大以来全国人大代表提出关于制定植物新品种保护法的若干议案,

---

❶ 解读新修订的种子法:推动种业健康发展切实维护农民利益[EB/OL].(2015-11-06)[2015-11-13]. http://www.legaldaily.com.cn/rdlf/content/2015-11/06/content_6344704.htm?node=34020.

❷ 吴晓玲. 新《种子法》的三大变化[EB/OL].(2015-11-09)[2015-11-13]. http://szb.farmer.com.cn/nmrb/html/2015-11/09/nw.D110000nmrb_20151109_2-05.htm?div=-1.

也考虑到"植物新品种保护力度小，假冒侵权现象时有发生，需要加大对原始育种创新的保护力度"的实际情况，决定对"植物新品种保护与种业发展密切相关的几项关键性制度"纳入新《种子法》。新《种子法》对植物新品种的授权条件、授权原则、品种命名、保护范围及例外、强制许可作了原则性规定，同时强调新《种子法》没有规定的有关植物新品种保护的其他具体制度，仍适用《植物新品种保护条例》（以下简称《条例》）及有关部门规章。从《种子法》关于上述制度的具体规定来看，这些具体内容基本没有突破《条例》及有关规章的规定。为什么要将上述规定在《种子法》设置专章呢？除了提升植物新品种保护规定的立法层次，用以解决植物新品种司法保护实践中缺乏有力法律依据的问题外，主要是考虑到"这样规定，既节约立法资源，又提高立法效率；既有利于衔接行政保护和民事保护手段，又为将来植物新品种保护单独立法留出了空间"[1]。这说明，立法者已经充分注意到植物新品种保护的相关规定与作为种子生产经营的管理之法的《种子法》之间，既有紧密联系又有明显的立法出发点的区别。但鉴于我国目前植物新品种保护实践中存在的诸多问题，如品种培育的低水平重复、原始育种创新不足、品种权保护范围较为狭小、品种权行使环节单一、假冒侵权严重、品种权人维权周期长、举证难、成本高、赔偿低、效果差等突出问题，以及启动《条例》修订或《植物新品种保护法》制定程序相对复杂等原因，才在《种子法》中寻求相应的解决方案。从立法者的初衷和《种子法》立法效果来说，新《种子法》提升了植物新品种保护相关规定的法律位阶，虽然没有取代《条例》及相关规章的法律效力，但实际上也引发了新的问题，即《种子法》《条例》和相关司法解释之

---

[1] 2015年11月4日，第十二届全国人大常委会会后，全国人大常委会办公厅在人民大会堂召开新闻发布会，全国人大农业与农村委员会法案室副主任张福贵就新种子法等问题答记者问中的表示。详细内容来源：[EB/OL].[2016-03-12].http://www.thnw.gov.cn/asp/detail.asp?id=A361C7D8-FEE9-4950-894C-A3FB20C0F825.

间的衔接问题。如果未来对《条例》进行修订，尤其是涉及《种子法》已规定的内容，由于《种子法》的法律位阶比较高，《条例》本身无法修改《种子法》的规定。因此，如果要涉及调整《种子法》的相关内容，或者必须修改《种子法》，或者《条例》必须上升为法律才能解决相关问题。从这个意义上来说，新《种子法》将植物新品种规定部分纳入其中的做法，使得单独修订《条例》变得困难，从而在某种程度上将极大地推动植物新品种保护单独立法的进程。

二、新《种子法》对植物新品种保护的具体规定及影响

新《种子法》仅将部分植物新品种保护的内容予以规定，涉及植物新品种权的授权条件、授权原则、品种命名、保护范围及例外、强制许可，以及品种权侵权的救济途径和法律责任，同时将植物新品种保护涉及的基本概念术语在《种子法》附则部分予以界定。这些规定尽管似乎没有进行大的原则修订，但是在具体规定上仍有不少调整。

（一）明确品种名称、品种样本与种子生产经营管理的关联机制

由于各种复杂的原因，尽管近年来农业部门不断加大市场监管力度，深入开展打击品种权和制售假劣种子的专项行动，但仍然无法有效遏制对我国种子市场秩序具有极大危害的"一品多名""一名多品"和"套牌侵权"问题。一些全国人大和政协提案甚至因此强烈要求将侵犯植物新品种权罪入刑。新《种子法》将植物新品种保护制度与种子管理制度紧密结合，在品种命名、种子的生产、经营和监督环节深入贯彻植物新品种保护的相关制度，为农业行政管理部门在实践中有效解决"套牌销售"问题提供强有力的处理机制。

1. 坚持品种名称的唯一性，与品种样本建立关联机制

根据新《种子法》第27条规定，同一植物品种在申请新品种

保护、品种审定、品种登记、推广、销售时只能使用同一个名称。生产推广、销售的种子应当与申请植物新品种保护、品种审定、品种登记时提供的样品相符。同时农业部2012年颁布的《农业植物品种命名规定》（以下简称《命名规定》）规定，一个农业植物品种只能使用一个名称。❶也就是说，一个植物品种在申请品种权保护、品种审定、品种登记、推广、销售，以及农业转基因生物安全评价的过程中，只能使用其首次登记的唯一的品种名称。由于在申请品种保护、品种审定和品种登记时，均需要提供相应的品种样品，这样品种名称和品种样品就建立一致性关联，并使得相关样本成为最终确定相关品种的重要依据。尽管新《种子法》中没有对同一植物品种以不同品种名称分别申请品种权保护和品种审定或品种登记规定相应的法律后果，但《命名规定》对此有规定，即申请人以同一品种申请农作物品种审定、农业植物新品种权和农业转基因生物安全评价过程中，通过欺骗、贿赂等不正当手段获取多个品种名称的，除由审批机关撤销相应的农作物品种审定、农业植物新品种权、农业转基因生物安全评价证书外，三年内不再受理该申请人相应申请。❷

2. 确立种子生产经营者审核植物新品种合法来源和标注品种权号的法律义务

根据新《种子法》第32条第3款规定，申请领取具有植物新品种权的种子生产经营许可证的，应当征得植物新品种权所有人的书面同意。同时，根据第41条第3款规定，销售授权品种种子的，应当标注品种权号。新《种子法》将种子生产许可证和种子经营许可证合并为种子生产经营许可证，也就是说，除了新《种子法》第31条第4款规定的"只从事非主要农作物种子和非主要林木种子生产的，不需要办理种子生产经营许可证"外，其余所

---

❶ 《农业植物品种命名规定》（农业部令2012年第2号）第5条。
❷ 《农业植物品种命名规定》第18条。

有从事种子生产和销售的或者仅从事种子生产或销售的企业均需要办理种子生产经营许可证。在办理种子生产经营许可证时，相关种子企业必须确定其生产经营的作物品种，涉及具有品种权保护品种的，必须获得相关品种权人的书面授权；销售有品种权保护的植物品种种子的，应在标签上标明品种权号。

如果种子生产经营企业违反第 32 条相关规定，生产销售授权品种种子，但没有获得品种权人的书面同意，通过隐瞒相关情况获取种子生产经营许可证的，属于新《种子法》第 77 条第（2）项规定的"以欺骗、贿赂等不正当手段取得种子生产经营许可证的"的情况，应由县级以上人民政府农业、林业主管部门责令改正，没收违法所得和种子；违法生产经营的货值金额不足 1 万元的，并处 3000 元以上 3 万元以下罚款；货值金额 1 万元以上的，并处货值金额 3 倍以上 5 倍以下罚款；可以吊销种子生产经营许可证。如果种子企业销售受保护品种的种子，但没有在标签上标注品种号的，属于新《种子法》规定的第 80 条第（2）项"销售的种子没有使用说明或者标签内容不符合规定的"情况，应由县级以上人民政府农业、林业主管部门责令改正，处 2000 元以上 2 万元以下罚款。

3. 建立信息发布平台和植物品种标准样品库

根据新《种子法》第 55 条规定，省级以上人民政府农业、林业主管部门应当在统一的政府信息发布平台上发布品种审定、品种登记、新品种保护、种子生产经营许可、监督管理等信息。国务院农业、林业主管部门建立植物品种标准样品库，为种子监督管理提供依据。这里规定的"新品种保护"信息，除了包括哪些品种属于授权品种外，还应包括种子企业违法经营、侵害品种权等情况，既可以供种子企业查询相关信息，也可以供社会公众了解和查询相关信息，真正起到信息公开和监督的功能。同时，植物品种标准样品库的建立，对于统一和规范种子生产销售实践中的"一品一名"也非常重要。农业部植物新品种保护办公室审查、测试和授权品种的均以品种权申请人提交到农业部保藏中心的标准样品为准,因此,对于种子企业来说,在品种审定、品种登记、新品种保护、种子生产销售中,一定要坚持品种种子和品种名称一一对应,坚持一个植物品种只用唯一的品种名称。

（二）加大基层农林主管部门对侵权假冒的执法权限和处罚力度

根据原《种子法》和《条例》的相关规定,❶ 对于品种权侵权行为,品种权人或者利害关系人可以请求省级以上人民政府农业、林业行政部门进行处理；对于假冒授权品种的,由县级以上人民政府农业、林业行政部门负责处理；对于生产、经营假、劣种子的,由县级以上人民政府农业、林业行政主管部门或者工商行政管理机关负责处理。新《种子法》将处理上述三种违法行为的职权,统一由县级以上人民政府农业、林业主管部门行使。新《种子法》的这一修改,大大强化了基层农业和林业主管部门对种子侵权假冒行为的执法权限,解决了过去很多品种权人抱怨的"品种权执法机构层级过高"导致执法不到位的问题,对各地品种权侵权行为具有一定遏制作用。但是,将品种权侵权行为的执法权限下放到县级以上人民政府农业、林业主管部门行使,也有可能出现相应的负面效应,即地方保护主义的滋生和品种权侵权行为的误判。判定当地种子生产经营企业构成品种权侵权,不但涉及企业本身需要承担巨额经济赔偿,在一定程度上也会影响地方经济的发展。同时,品种权侵权行为的判定,与专利、计算机软件、集成电路布图设计的侵权判定一样,具有极强的技术性特点。因此,基层执法部门能否公正执法,能否具有品种权侵权判定的专业素质,还有待未来的执法实践进行检验。

同时,新《种子法》提高了对上述违法行为的处罚力度。① 对于涉及公共利益的品种权侵权行为,除责令侵权人停止侵权

---

❶ 《种子法》(2004年修订)第59条和《条例》第39条、第40条。

行为，没收违法所得和植物品种繁殖材料，处罚金额具有较大提高。原《条例》规定，"侵权货值金额5万元以上的，可处货值金额1倍以上5倍以下的罚款；没有货值金额或者货值金额5万元以下的，根据情节轻重，可处25万元以下的罚款"，变为"货值金额不足5万元的，并处1万元以上25万元以下罚款；货值金额5万元以上的，并处货值金额5倍以上10倍以下罚款"。可见，对于侵权货值不足5万元的，新《种子法》增加了1万元的最低罚款额；对于货值5万元以上的，罚款额度由"1倍以上5倍以下"提高到"5倍以上10倍以下"。② 对于假冒授权品种的行为，除责令侵权人停止侵权行为，没收违法所得和植物品种繁殖材料，处罚金额也有较大提高。与原《条例》相比，对于侵权货值不足5万元的，新《种子法》增加了1万元的最低罚款额；对于货值5万元以上的，罚款额度由"1倍以上5倍以下"提高到"5倍以上10倍以下"。③ 对于生产经营假种子的，除责令停止生产经营，没收违法所得和种子，吊销种子生产经营许可证外，新《种子法》大大提高了罚款金额。原《种子法》规定，"有违法所得的，处以违法所得5倍以上10倍以下罚款；没有违法所得的，处以2000元以上5万元以下罚款"，新《种子法》则规定"违法生产经营的货值金额不足1万元的，并处1万元以上10万元以下罚款；货值金额1万元以上的，并处货值金额10倍以上20倍以下罚款"。可见，新《种子法》将最低罚款额由原来的2000元提高到1万元，罚款最高额由原来的"10倍以下罚款"提高到"20倍以下罚款"。除了罚款数额的提高外，新《种子法》还规定"因生产经营假种子犯罪被判处有期徒刑以上刑罚的，种子企业或者其他单位的法定代表人、直接负责的主管人员自刑罚执行完毕之日起五年内不得担任种子企业的法定代表人、高级管理人员"。

（三）基本术语界定有所变化，新颖性调整还需协调

根据《国际植物新品种保护公约》（UPOV公约）和世界各国的通行规定，相关植物新品种只有符合新颖性、特异性、一致性

和稳定性，以及适当品种名称时，相关育种者才能获得育种者权（品种权）的保护。"品种""已知品种""新颖性""特异性""一致性"和"稳定性"等是植物新品种保护制度中的基本概念。新《种子法》在附则部分对"品种"定义、品种权授权要件和"已知品种"范围进行了重新确定，与《条例》相关规定有所变化。《种子法》对品种权的授权要件均作了调整，尤其是新颖性要件的内容，还增加了新颖性要件的例外规定。

1. 关于"品种"定义

《条例》没有直接规定"品种"定义，而是规定"植物新品种"定义，即"指经过人工培育的或者对发现的野生植物加以开发，具备新颖性、特异性、一致性和稳定性并有适当命名的植物品种"。新《种子法》一方面在第 25 条中规定界定了"植物新品种"的定义，即"对国家植物品种保护名录内经过人工选育或者发现的野生植物加以改良，具备新颖性、特异性、一致性、稳定性和适当命名的植物品种"，另一方面又在第 92 条的术语中规定"品种是指经过人工选育或者发现并经过改良，形态特征和生物学特性一致，遗传性状相对稳定的植物群体"。比较《种子法》上述两个定义可以发现，在"植物新品种"定义中，"特异性"具有特定的含义，但在"品种"定义中，似乎将"经过人工选育或者发现并经过改良"理解为"特异性"的具体含义。从 UPOV 公约的角度来说，UPOV1961/1972 将"品种"定义为适用于任何用于繁殖的，并满足该公约第 6 条（1）有关一致性和命名规定的栽培品种、无性系、品系、类或杂交种。❶ UPOV 1978 删除了 UPOV1961/1972 文本关于"品种"的定义，没有给出新的定义。UPOV1991 则明确规定了"品种"定义。根据 UPOV1991 第 1 条定义（Ⅵ）规定，"品种"系指已知植物最低分类单元中单一的植物群，不论授予品种权的条件是否充分满足，该植物群可以是：

---

❶ UPOV1961/1972 Art. 2 (2).

以某一特定基因型或基因型组合表达的特性来确定；至少表现出上述的一种特性，以区别于任何其他植物群，并且作为一个分类单元，其适用性经过繁殖不发生变化。从上述关于"品种"的定义来看，新《种子法》的"品种"定义强调的是"经过人工选育或者发现并经过改良"，而UPOV公约中的"品种"定义更加强调"品种"是一种客观存在的植物学分类，与是否经过人工培育或改良之间没有对应关系。

如果考虑生物育种技术的广泛应用，未来对"品种"的定义不但要考虑外在形态的描述，而且更要注重基因型和基因型组合在品种界定中的作用，实质性派生品种就是在基因型和基因型组合意义上与原始品种建立关联的。考虑到上述因素，UPOV1991中所采用的"品种"定义应该是相对科学和完善的。

2. 关于"植物新品种"定义

比较上述新《种子法》和《条例》对"植物新品种"的定义，可以发现，新《种子法》将《条例》中"开发"修改为"改良"。《条例》中的"开发"一词，是一个中性的概念，意思是对野生的植物经过人的培育，如果出现了新的特征，符合特异性、新颖性、一致性、稳定性以及适当品种命名的，就能够授予品种权保护。新《种子法》将"开发"改为"改良"，这就意味着对人介入野生植物培育的结果有要求，就是"改良"，要求改良后的植物一定要"优于"野生植物。新《种子法》所新增的这种要求，等于为植物新品种四性和命名要求之外增加了新要件。看似这点非常细小的变化，实际上已经对"植物新品种"的定义作了很大的修改，将一些根据《条例》本来可以获得品种权保护的新品种排除出品种权保护对象的范围，不利于实现植物新品种保护制度所追求的创新内涵。因此，《条例》对"植物新品种"的定义描述反而更加贴切。

3. 关于"已知品种"的界定

关于"已知品种"的范围，《植物新品种保护条例实施细则》

（农业部分）（2007）第 15 条规定，"已知的植物品种"，包括品种权申请初审合格公告、通过品种审定或者已推广应用的品种。新《种子法》则将所有"已受理申请或者已通过品种审定、品种登记、新品种保护，或者已经销售、推广的植物品种"，均规定为"已知品种"。比较而言，新《种子法》将"品种权申请初审合格公告"改为"已受理品种权申请"的品种，含义上稍有变化，同时将品种登记系统的品种规定为"已知品种"。

如果考察 UPOV 公约各文本对"已知品种"的定义，会发现"已知品种"范围呈缩小趋势。UPOV1961/1972❶ 和 UPOV1978❷ 中规定的"已知品种"主要包括以下 3 类：① 已在进行栽培或销售；② 已经或正在法定的注册处登记；③ 已登在参考文献中或已在刊物中准确描述过的品种。UPOV1991 则有明显不同的规定，即"在任何国家里，如果一个其他品种的品种权申请或在法定的品种登记处登记的申请，当获得了品种权或者在法定的品种登记处登记，则应认为从申请之日起，该其他品种便是已知的品种"。❸ UPOV1991 仅规定"获得品种权保护"和"完成品种登记"的品种从其申请之日起为已知品种，没有将"已经销售、推广的植物品种"列为已知品种。1994 年颁布的《欧盟植物新品种保护条例》对"已知品种"的界定❹基本与 UPOV1991 相同。

为什么 UPOV1991 和《欧盟植物新品种保护条例》对"已知品种"规定比 UPOV1978 还小的范围，这是值得我们深思的。应该说，UPOV 公约不同文本对"已知品种"界定范围的变化，与 UPOV 公约各成员国的品种权保护实践紧密相关。UPOV1961 和 UPOV1978 出台时，各成员国的品种权保护经验都比较有限，而

---

❶ UPOV1961/1972 Art. 6 (1) a.
❷ UPOV1978 Art. 6 (1) a.
❸ UPOV1991 Art. 7.
❹ (EC) NO 2100/94 of 27 July 1994 on Community plant variety rights，Art. 7 (2)。

UPOV1991文本出台时，大部分成员国已经有十几年或几十年的品种权保护历史了。实践表明，将文献或刊物描述过的品种列为"已知品种"是没有意义的，因为品种权保护与专利保护不同，更加注重的是授权品种繁殖材料本身，而不是品种权申请文件所记录的培育方法和植物形态。对于"已经销售、推广的植物品种"，从实践运行角度看，实际上是无法有效得到"已经销售、推广的植物品种"的具体情况，包括相应的繁殖材料和形态描述。因此，仅将获得品种权保护和完成品种登记的品种列为"已知品种"，相对比较科学和容易实施。考虑到这些品种是从申请日进入相应的品种权保护和品种登记系统的，因此将这些品种从申请日起作为已知品种。同时，考虑实践中那些虽然申请了品种权保护，但由于涉及申请人撤回或者不符合相应授权要件的某些品种，则没有纳入已知品种的范围，以便相应品种进行进一步培育，将来仍有可能申请品种权保护。

根据上述分析，可以发现，UPOV1961/1972和UPOV1978将"已登在参考文献中或已在刊物中准确描述过的品种"列为已知品种，比新《种子法》规定的"已知品种"范围要大。但新《种子法》的"已知品种"范围明显大于UPOV1991的规定，比《植物新品种保护条例实施细则》（农业部分）规定的也大。建议"已知品种"的范围，仍然以《植物新品种保护条例实施细则》（农业部分）规定的内容为主，吸收借鉴UPOV1991和《欧盟植物新品种保护条例》规定的内容，未来修订《条例》或制定植物新品种保护法时，重新予以修订。

4. 新颖性判断要件及例外的适用需要协调

与《条例》相比，新《种子法》对新颖性、特异性、一致性和稳定性都进行了一定的调整，尤以新颖性要件调整幅度最大，增加了新颖性例外的规定。新《种子法》第92条第（7）项明确了只要"有一个以上性状"明显区别于已知品种的，即构成特异性，与《条例》只是规定"明显区别"于已知品种，[1] 显得更加明确。新《种子法》这一规定，与UPOV1978第6条（1）所规定的特异性界定基本相同，即相关品种"不论原始变种的起源是人工的，还是自然的，在申请保护时，该品种应具有一个或数个明显的特性有别于已知的任何其他品种"。新《种子法》对于一致性和稳定性的界定，除了语言的调整，含义与《条例》和UPOV公约基本相同。

新《种子法》规定"新颖性"是指："申请植物新品种权的品种在申请日前，经申请权人自行或者同意销售、推广其种子，在中国境内未超过一年；在境外，木本或者藤本植物未超过六年，其他植物未超过四年。本法施行后新列入国家植物品种保护名录的植物的属或者种，从名录公布之日起一年内提出植物新品种权申请的，在境内销售、推广该品种种子未超过四年的，具备新颖性。"该规定与《条例》第14条所规定的"新颖性"内容，有明显区别。《条例》规定，新颖性是指申请品种权的植物新品种在申请日前该品种繁殖材料未被销售，或者经育种者许可，在中国境内销售该品种繁殖材料未超过1年；在中国境外销售藤本植物、林木、果树和观赏树木品种繁殖材料未超过6年，销售其他植物品种繁殖材料未超过4年。比较新《种子法》与《条例》，可以看出对新颖性的界定有以下两点区别。第一点区别是新《种子法》将"申请品种权的植物新品种在申请日前该品种繁殖材料未被销售"从"新颖性"范围中删除。如果考察UPOV公约，可以发现判断申请品种权保护的品种是否具备"新颖性"的标准主要有二，[2] 一是育种者没有同意销售相关品种，二是经育种者同意销售相关品种，但没有超过一定的时间期限。从这一点来看，《条例》

---

[1] 根据《条例》第15条，特异性是指申请品种权的植物新品种应当明显区别于在递交申请以前已知的植物品种。

[2] UPOV1961/72 Art. 6（1）b、UPOV1978 Art. 6（1）b和UPOV191 Art. 6（1）.

对新颖性的规定与 UPOV 公约对新颖性的界定比较吻合。这意味着，新《种子法》实施后，必须解释"申请品种权的植物新品种在申请日前该品种繁殖材料未被销售"是否符合"新颖性"要件。第二点区别是新《种子法》增加了"推广"字样。"推广"应如何界定呢？从"推广"的词义上来说，推广具有"扩大使用、推销"的含义。"推广"和品种联系起来，主要是"扩大品种种植面积"的含义。那么这里的"扩大种植面积"，是"含有新品种销售的扩大种植面积"还是"品种权人自己扩大种植"呢？新《种子法》将"推广"与"销售"并列作为考察相关品种"新颖性"的一种标准，应该对其作出明确的解释，育种者才更能更好理解和运用"新颖性"要件。

此外，新《种子法》对新颖性还有一个重大调整，也就是增加了两点新颖性的例外，即"除销售、推广行为丧失新颖性外，下列情形视为已丧失新颖性：1. 品种经省、自治区、直辖市人民政府农业、林业主管部门依据播种面积确认已经形成事实扩散的；2. 农作物品种已审定或者登记两年以上未申请植物新品种权的"。从 UPOV 公约的三个文本相关规定看，仅将"经育种者许可的销售"以及销售的时间长短作为判断是否符合"新颖性"的标准，《欧盟植物新品种保护条例》也基本遵循这一标准。尤其值得注意的是，UPOV1978 第 6 条（1）（Ⅱ）明确规定，"与提供出售或在市场销售无关的品种的试种，不影响保护权。以提供出售或市场销售以外的方式成为已知品种的事实，不影响育种者的保护权"。新《种子法》规定的这两个新颖性例外情形，实际上突破了 UPOV 公约将"销售"作为判断新颖性的标准，明显"以提供出售或市场销售以外的方式成为已知品种的事实"，影响育种者权的保护。

从实践来看，新《种子法》规定的这两个新颖性例外情形还会带来下列问题：第一种例外情形下省、自治区、直辖市人民政府农业、林业主管部门根据何种标准判断相关品种构成事实扩散？

相关农业、林业主管部门是否具有自行决定的权力？第二种例外情形，在某种程度上是强制通过品种审定和进行品种登记的品种必须尽早申请品种保护，否则丧失新颖性。根据UPOV公约的规定，品种审定、品种登记与品种权保护是独立的、没有关联的审核程序。此外，这两种新颖性的例外规定与还有可能与同为第92条中的"境外"销售"木本或者藤本植物未超过六年，其他植物未超过四年"，以及"名录公布之日起一年内提出植物新品种权申请的，在境内销售、推广该品种种子未超过四年的，具备新颖性"的规定相冲突。因此，新《种子法》对新颖性要件的调整和例外规定，是值得商榷的，不但会增加品种权审查部门法律适用的混乱，也会造成我国的新颖性要件判定与UPOV公约的冲突。建议新颖性要件，仍然根据《条例》规定和UPOV公约精神进行调整。

（四）品种权保护范围有所变化，部分删除"商业目的"侵权要件

新《种子法》第28条是关于品种权保护范围的基本条款，该条款主要来自对《条例》第6条的改造。与《条例》相比，本条有两处变化：① 生产、繁殖和销售授权品种繁殖材料的，不再要求"商业目的"，只要行为人实施相关行为，未经许可，即构成侵权。但是，对于将该授权品种的繁殖材料重复使用于生产另一品种的繁殖材料，仍然必须要求"商业目的"，未经许可的情况下，才构成侵权。② 将《条例》中的"但是，本条例另有规定的除外"改为"但是本法、有关法律、行政法规另有规定的除外"。这一个授权条款，授权《种子法》本身、未来的其他法律或者行政法规规定品种权保护的例外情况。这样处理考虑到了《种子法》与未来《条例》修订、其他法律制定之间的协调问题。从语言表达来说，也可以简化为"法律法规另有规定的除外"。这两处变化对品种权保护范围具有一定影响。其一是与《条例》相比，品种权的保护范围有所扩大，即任何生产、繁殖或者销售授权品种繁殖材料的，都应经品种权人许可，否则构成品种权侵权。品种权人无

须证明被控侵权人是否属于"商业目的"的生产、繁殖或者销售授权品种繁殖材料。其二是授权法律（包括未来制定的《植物新品种保护法》）、法规（未来修订的《条例》）对品种权作出新的限制规定。

新《种子法》就品种权侵权要件部分删除"商业目的"的做法，部分借鉴了UPOV1991文本的侵权规定模式。UPOV1991对品种权侵权要件或者说品种权保护范围的规定模式与UPOV1978是不同的。UPOV1978下的品种权的保护范围限于商业性利用受保护品种，UOPV1991改变了品种权利范围的规定方式，将所有利用受保护品种的行为纳入育种者权的控制，然后规定若干例外可以不受品种权控制，不再考虑利用授权品种是否是商业性的问题。为什么UPOV公约在这个问题规定方式上会有这种变化呢？应该是考虑到"商业目的""商业性利用"的界定实践中是很复杂的。我国的司法实践中，其实也存在如何界定"商业目的"的困惑。从法律适用根据明确的角度考虑，不妨借鉴UPOV1991规定的模式，从品种权侵权要件中删除"商业目的"要素。

此外，还要注意本条规定"完成育种的单位或者个人对其授权品种，享有排他的独占权。任何单位或者个人未经品种权所有人许可……"上述内容来自《条例》第6条的原文，这样的文字表述理解起来存在以下两个问题。第一个问题是，根据条文规定，"完成育种的单位或者个人"对授权品种享有排他的独占权，但是他人利用授权品种要向"植物新品种权人"许可。这里的"完成育种的单位或者个人"与"品种权人"之间，在实践中并不是一一对应的关系，"完成育种的单位或者个人"并不一定就是品种权人，因为存在植物新品种申请权和品种权转转让，或者职务育种的情形，但只有品种权人才能排除他人利用授权品种的权利。[1]第

---

[1] 中国农业科学院农业知识产权中心副主任宋敏研究员在《种子法》修订过程中曾提出相关修改建议。

二个问题是关于"排他的独占权"术语使用问题。品种权作为知识产权的一种，尽管从理论上说，所有知识产权，包括专利、著作权、商标、品种权等都是一种排他性的独占权，但实际上它们都不是一种真正意义上的"排他性独占权"，而是具有法定保护范围，还有明确的权利例外。因此我国《专利法》（2010）、《著作权法》（2010）都没有明确地将专利权和著作权规定为"排他性独占权"，而采用具体列举禁止从事行为和权利的方式来界定权利的范围，具体参见《专利法》第11条和《著作权法》第10条。《商标法》（2013）采用"商标专用权"的表达，因为商标权确确实实是一种专用权，只有商标权人有权使用或者经商标权人许可的其他人才能使用注册商标。美国、欧盟有关品种权保护的法律中没有关于品种权性质的明确界定，都采用不得从事行为的列举方式来说明品种权的保护范围。台湾地区的"植物品种及种苗法"中也没有此种规定，而只是规定"品种权人专有排除他人未经其同意，而对取得品种权之种苗为下列行为……"因此，从更为谨慎的角度来说，新《种子法》第28条最好删除第一句话，保留后半段话即可，这有待未来的法律修订中加以完善。

（五）强化品种权侵权民事赔偿责任

对于大部分没有损害社会公共利益、仅损害品种权人利益的品种权侵权行为，民事赔偿责任是侵权人所承担的最主要的法律责任。新《种子法》考虑到品种权侵权对品种权人造成的严重危害以及权利人维权的周期、成本和效果等因素，大幅度提高了品种权侵权民事赔偿责任。原《种子法》和《条例》本身没有涉及品种权侵权民事赔偿责任。品种权侵权民事赔偿责任是由《最高人民法院关于审理侵犯植物新品种权纠纷案件具体应用法律问题的若干规定》（以下简称"法释〔2007〕1号"）进行规定的。与该司法解释的相关规定[1]相比，新《种子法》在民事赔偿的确定方法

---

[1] 法释〔2007〕1号第5条。

和赔偿数额方面均有所变化。法释〔2007〕1号规定，品种权侵权民事赔偿根据如下方法确定：① 根据侵权所得或侵权损失确定：根据被侵权人的请求按照被侵权人因侵权所受损失或者侵权人因侵权所得利益确定；② 根据许可费确定：被侵权人请求按照植物新品种实施许可费确定赔偿数额的，人民法院可以根据植物新品种实施许可的种类、时间、范围等因素，参照该植物新品种实施许可费合理确定赔偿数额；③ 法定赔偿方式确定：如果根据前述方法难以确定赔偿数额的，由人民法院可以综合考虑侵权的性质、期间、后果，植物新品种实施许可费的数额，植物新品种实施许可的种类、时间、范围及被侵权人调查、制止侵权所支付的合理费用等因素，在50万元以下确定赔偿数额。新《种子法》第73条第3款规定品种权侵权赔偿数额按如下方法确定：① 按照权利人因被侵权所受到的实际损失确定；② 按照侵权人因侵权所获得的利益确定；③ 参照该植物新品种权许可使用费的倍数合理确定；④ 法定赔偿方式确定。上述确定方法的适用具有先后顺序，只有用前一种方法不能确定的情况下，才适用后一种方法进行确定。法释〔2007〕1号规定的损失确定方法，没有顺序要求，主要根据权利人请求确定。对于具体的侵权赔偿数额，新《种子法》不但提高了法定赔偿数额的标准，将法释〔2007〕1号规定的法定赔偿最高额50万元提高到300万元，而且规定了惩罚性赔偿制度，即对情节严重的品种权侵权行为，可以在上述新《种子法》规定的第①至③种方法确定数额的1倍以上3倍以下确定赔偿数额。对品种权侵权民事赔偿责任的强化，提高品种权侵权人的侵权成本，在一定程度上，不但对品种权侵权行为有较大的威慑力，同时也将进一步促进品种权人积极维护其合法权益。

三、新《种子法》对种子生产经营管理的影响与应对建议

新《种子法》的颁布与实施，从种子管理的角度强调了品种

权保护与品种选育、种子生产经营管理之间的配合与协调，对育种科研单位和种子生产经营企业的植物新品种保护工作具有十分实际的影响，值得相关单位和企业重视。

（一）要明确财政资金支持形成的育种发明成果的归属

《种子法》第13条规定"由财政资金支持形成的育种发明专利权和植物新品种权，除涉及国家安全、国家利益和重大社会公共利益的外，授权项目承担者依法取得"，明确财政资金支持形成的植物新品种直接归属项目承担者，有利于培育和构建自主创新的育种机制。育种单位在执行该项制度时，必须要明确谁是"授权项目承担者"，是承担相关项目的单位，还是承担该项目具体研究工作的项目组？

（二）严格建立品种样本与品种名称的统一管理机制

《种子法》明确同一植物品种在申请新品种保护、品种审定、品种登记、推广、销售时只能使用同一个名称，生产推广、销售的种子应当与申请植物新品种保护、品种审定、品种登记时提供的样品相符；要求申请领取具有植物新品种权的种子生产经营许可证的，应当征得植物新品种权所有人的书面同意，并规定销售授权品种种子的，应当标注品种权号。《种子法》的这些规定，将植物新品种的繁殖材料、品种名称和品种权号紧密联系，并辅以统一的政府信息发布平台和植物品种标准样品库，为治理种子生产经营中的一品多名、一名多品和套牌销售问题提供强有力的解决方案。因此，种子生产经营企业必须建立严格的品种样本与品种名称相统一的管理机制，同时在品种审定、品种登记和申请植物新品种保护过程中，谨慎、正确地提交相关品种的繁殖材料，因为品种权保护和侵权认定都将以提交的繁殖材料为准。

（三）积极利用行政执法保护品种权

《种子法》将处理品种权侵权案件的行政处理权力下放至县级以上人民政府农业、林业主管部门，在一定程度上能够解决原来的品种权侵权案件行政处理管辖层级过高的问题，品种权人可以积极利用种子行政执法行动，解决品种权侵权问题。与专利、商标和著作权侵权案件不同，品种权侵权案件具有更强的技术性特点，必须辅以较为复杂的证据和品种鉴定技术才能认定品种权侵权行为的构成。品种权人只有更好地依靠农业行政执法人员的敬业和科学的工作，才能更好地维护自身的合法权益。

（四）充分通过司法保护强化民事赔偿

《种子法》大大强化了品种权侵权的民事赔偿责任，明确规定了品种权侵权的民事赔偿数额，对于情节严重的，可以在实际损失或侵权获利的 1 倍以上 3 倍以下确定赔偿数额，还规定了 300 万元以下的法定赔偿额，大大提高了品种权侵权的民事赔偿标准，为品种权人积极主张权利提供制度保障。这是此次《种子法》关于品种权保护规定的最大亮点。

四、新《种子法》关注但仍有待未来植物新品种保护立法解决的问题

新《种子法》的颁布与实施，从种子管理的角度强调了品种权保护与品种选育、种子生产经营管理之间的配合与协调，是我国植物新品种保护制度发展史上一个标志性事件，将对我国未来的品种权审查、授权、维护、执法和司法等活动产生巨大影响。但由于某些规定存在的问题，将不可避免地影响相关制度的实施效果，如何更科学地适用这些条款，一方面需要在具体问题中找到合适的解决方案，另一方面也必须要考虑相关制度的整体完善。

（一）概念术语的科学统一问题

知识产权制度，尤其是植物新品种保护制度，对于中国来说是一个舶来品，在考虑中国国情的基础上，必然需要学习和借鉴那些在相关领域已经拥有较多实践并取得成效的国家的经验。UP-

OV公约及美国、欧盟对植物新品种保护的实践证明，植物新品种保护制度不但是一种激励创新的制度设计，而且需要严格的技术标准予以支持。相关制度所涉及的术语具有严格的技术界定，比如品种、已知品种、新颖性、特异性、一致性、稳定性的判定，都与育种技术紧密相关。UPOV公约对此已经形成较为成熟的体系和判断标准，我们在使用这些概念表达含义时，应采用国际上统一的内涵，否则容易造成法律适用上的混乱和不方便。

（二）植物新品种保护制度的有效完善问题

从植物新品种保护制度角度，至少有三方面的问题还需要进一步探讨。其一是品种权行使环节的扩大问题，也就是UPOV1991中规定的品种权保护"人工瀑布保护规则"；其二是实质性派生品种制度的实施问题；其三是生物技术背景下品种权与生物技术专利之间的衔接问题。与上述问题相关的，还会涉及品种权强制许可制度的完善与农民留种权利的保护等问题。上述问题看似与我国目前的品种权保护没有直接关联，但实际上已经或多或少地对我国育种创新及其知识产权保护产生影响。例如，所有出口到UPOV1991成员国或地区的农产品将受到进口国的"人工瀑布保护规则"和实质性派生品种制度的规范。生物技术专利，尤其是基因专利的实施，必然影响相关品种中的品种权保护和农民留种权利。

（三）植物新品种保护制度的体系化问题

从植物新品种保护制度的规范化和体系化角度来说，新《种子法》有关植物新品种保护的15个条款，无法有效解决现行品种权保护法律法规中存在的漏洞与冲突。我国现行的植物新品种保护制度由《种子法》《条例》、两个《实施细则》(《植物新品种保护条例实施细则（农业部分）》(2007年修订) 和《植物新品种保护条例实施细则（林业部分）》(1999年)、农业部《植物新品种复审委员会审理规定》(2001年)、《农业植物新品种权侵权案件处理规定》(2003年)、《农业植物品种命名规定》(2012年)以及两个司法解释(法释〔2001〕5号和法释〔2007〕1号)组成。上述法律规范,经过多年的实践运行,发现存在不少问题,❶ 需要未来在《植物新品种保护条例》修订或者《植物新品种保护法》制定中加以修正和完善。

---

❶ 具体内容详见:李菊丹,宋敏.论《植物新品种保护条例》的修订[J].中国种业,2014(8);李菊丹.论中国植物新品种保护的立法例选择[M]//中国社会科学院知识产权中心,中国知识产权培训中心.中国知识产权法律修订相关问题研究.北京:知识产权出版社,2014.

创新驱动发展战略下如何加强植物新品种保护

陈 红[*]

摘 要：我国农业植物新品种申请和授权数量不断增长，在国际植物新品种保护联盟（UPOV）成员中位居前列。与快速增长的申请和授权数量相比，我国对植物新品种保护还存在着法律制度不完善、执法条件差和能力弱、取证难、维权难、判决难等诸多问题。本文在综合分析植物新品种申请和授权量总体特点以及植物新品种保护存在问题的基础上，提出了完善品种保护法律制度、加强行政执法能力建设以及实现鉴定机构和鉴定人员法定化等对策建议。

《中共中央 国务院关于深化体制机制改革加快实施创新驱动发展战略的若干意见》明确提出，"实行严格的知识产权保护制度""让知识产权制度成为激励创新的基本保障"。《国家知识产权战略纲要》将植物新品种确定为与专利、商标、版权等并列的七大战略专项任务之一。植物新品种保护贯穿于品种研发、生产、经营全过程，在发展现代种业中发挥着积极的激励作用、纽带作用和保障作用。近年来，我国农业植物新品种申请和授权数量不断增

---

[*] 作者简介：农业部科技发展中心植物新品种保护处副处长、高级农艺师、博士、中国政法大学法律硕士学院兼职教授、硕士生导师。

长，在国际植物新品种保护联盟（UPOV）成员中位居前列。植物新品种权人利益得到了更好维护，激励育种创新的作用持续增强，社会资本投资育种的积极性空前高涨，推动现代种业发展的作用日益凸显。但是，我国是植物新品种申请大国，远不是新品种保护强国。面临创新驱动发展战略实施和现代种业发展新形势，植物新品种保护存在着法律制度不完善、执法能力弱、证据收集难、品种鉴定难等诸多问题。这些问题制约着我国植物新品种保护可持续发展，影响了育种创新和现代种业发展进程。因此，在国家实施创新驱动发展战略的新要求下，如何强化对育种者权利的保护，将植物新品种转化成促进作物育种创新、推进现代种业发展的驱动器，成为业界共同关心的话题。

一、植物新品种创造水平不断提升

近年来，我国植物新品种申请和授权数量逐年增加，并呈现以下特点。

一是申请量持续增长。2015年，我国受理农业植物新品种申请达2069件，授权1413件，申请量仅次于欧盟，居UPOV成员第二位。截至2016年9月底，我国农业植物新品种申请总量达17277件，授权总量达7824件。

二是企业成为申请主体。"十一五"期间，企业年申请量小于科研单位，企业申请总量1520件、科研单位申请总量2201件。从2011年起，企业年申请量超过科研单位，"十二五"期间，企业申请总量3638件，科研单位申请总量2760件。相比"十一五"，"十二五"期间企业申请量增长139%，远高于科研单位25.4%的增长量。

三是作物结构不断优化。申请保护品种中，大田作物仍占主体，但花卉、蔬菜、果树等非主要农作物申请量增长明显，作物结构逐步优化。"十二五"期间，非主要农作物申请量较"十一五"期间增长79.7%，高于大田作物的59.4%。此外，来自境外的申请量逐年增加,"十二五"期间比"十一五"期间增长 28.6%。

二、植物新品种保护面临多个困难亟待解决

没有强有力的植物新品种保护,植物新品种权证书只是一张纸。要把这张纸变成效益,转化成促进农作物育种创新、推进现代种业发展的驱动器,就必须强化保护。然而,我国植物新品种保护还存在着制度不完善、执法能力弱、侵权查处难、维权成本高等问题。

(一)从制度上看,植物新品种保护力度严重不足

我国按照 UPOV 公约 1978 年文本框架于 1997 年制定和颁布了《植物新品种保护条例》。2016 年 1 月 1 日实施的修改后的《种子法》将植物新品种保护作为专章,提升了新品种保护法律位阶,加强了品种权侵权假冒行为的处罚力度。但是,就保护水平而言,近 20 年来一直未作实质性调整,与大部分国家相比,我国植物新品种保护制度还十分落后,这与当前建设创新型国家和发展现代种业的要求相比差距甚远。

笔者认为,植物新品种保护制度不力,尤其是权利人和执法者缺少正常渠道和途径维护权利打击侵权行为,是造成我国品种权侵权假冒行为泛滥的重要原因。首先,现行制度仅限于繁殖材料生产和销售环节,而对繁殖材料进行存储、运输、加工等极可能构成侵权又便于维权执法的环节未作相应规定。其次,品种权保护的客体仅限于授权品种繁殖材料,而未衍生到特定条件下利用繁殖材料所获得的收获物,侵权者分明在生产繁殖授权品种甚至是不育系、自交系等的种子却说成是在生产粮食产品,导致难以追究侵权行为。最后,不少侵权企业委托农民进行大规模生产和销售,实践表明很多情况属于代繁代制侵权品种繁殖材料,由于现行制度没有对"农民"和"自繁自用"作出明确界定,导致实践中品种权人无法追究侵权责任。

另外，我国至今仍然是未建立实质性派生品种制度的少数几个 UPOV 成员之一。由于缺乏实质性派生品种制度，种子企业投资育种创新积极性较弱，"谁搞原始育种，谁就是冤大头"的思想和模仿育种盛行，品种同质化问题非常严重。这也给品种权审查、执法和品种鉴定等带来诸多问题，几个有较大影响力的侵权假冒纠纷案件也大多与之有关。

（二）从体系建设来看，亟待明确职责、加强能力建设

植物新品种权执法专业性强，法律要求高，程序复杂。修改后的《种子法》将品种权行政执法拓展到县级以上农业、林业主管部门，但其目前大多没有进一步明确职责，没有开展过相关工作，也不具备品种权执法的能力。工作兼职化、职能职责缺位现象十分突出，尤其是种子管理和农业综合执法职能交叉和权责不清问题严重。对品种权执法普遍认识不足、不够了解、不够重视、不知如何去抓，甚至有抵触情绪。品种权执法人员普遍不足，有些地方甚至没有配备品种权执法人员，年龄老化现象严重，市县级基层执法人员大多没有开展过品种权执法专业知识和实践培训。缺乏必要的调查取证装备和品种真实性检测基本设备，不能满足工作基本需要，执法装备和技术支撑平台尚需完善。

（三）从手段措施来看，植物新品种权执法难度日益加大

将授权品种以其他品种名义或将其他品种以授权品种名义进行包装销售的套牌侵权，需要必要的专业检测才能确定。由于缺少法定的鉴定机构和鉴定人员，鉴定结果的权威性容易受到质疑。同时，在司法实践中，被告常以现有新品种鉴定机构没有通过司法认证，鉴定报告证据采信问题进行抗辩。由于缺乏快速科学的品种鉴定标准、标准样品不同一不标准以及标准样品检测数据未能实现共享等问题，执法部门对品种权假冒侵权查处十分困难。特别是随着规模经营适度发展，游离于市场之外的"白皮"包装

直销农户侵权问题日益突出,侵权形式多样化发展。个别地方保护主义严重、部门利益作祟,品种权行政执法尺度不一,与司法保护联动不够,对于假冒侵权行为,不少执法者为简便考虑,多数依据假种子进行行政处罚即宣告结束,未通知权利人对造成的权利损失进行补偿,无法及时、有效制裁恶意侵权行为。

三、加强植物新品种保护的对策建议

（一）及时修订《植物新品种保护条例》或推动上升为专门法

一是适度拓展保护客体。由于植物新品种具有季节性、生物性等特点,权利人和执法者难以在短时间内举证和获得证据并维护正当权利,特别是对于一些常规品种和无性繁殖类品种。保护范围从繁殖材料扩大到收获物,实际上拓展了维权渠道和执法途径。同时要延长育种者权利保护链条,对授权品种,包括生产、繁殖、销售、许诺销售、加工处理,以及存储、运输等各个环节得到保护,这样权利人和执法者才能多渠道、多环节地监督、发现、围堵侵权行为,收集侵权证据。

二是尽快建立实质性派生品种制度。当前,我国品种研发原始创新少,低水平重复育种多,植物新品种间同质化严重,也已经成为我国植物新品种权纠纷增多的一个重要方面。缺乏实质性派生品种制度是造成上述问题的重要原因。建立实质性派生品种制度,界定"重要性状",将十分有利于遏制育种剽窃和低水平模仿与修饰育种盛行现象,也可以减少相当一部分侵权纠纷。

三是规范"农民自繁自用"行为。农民在遗传资源生物多样性保护过程中发挥了重要作用,作为一种反哺机制,我国应保留农民留种权利,但应当防止部分种子企业借用"农民自繁自用"途径实施侵权行为。就现阶段而言,建议将"农民通过自己的家庭联产承包经营制土地上自繁自用授权品种"规定为育种者权利例外的情形。从长远发展看,可以根据植物品种目录,区分常规

种、无性繁殖类品种和杂交种及其亲本,以及通过耕地面积区分小农民的方式,进一步完善农民留种权利制度,实现育种者权益和农民利益共同得到保护的目标。

需要特别说明的是,在《种子法》框架下修订《植物新品种保护条例》已经难以完全解决上述问题。新品种保护制度是一项基本民事制度,鉴于《立法法》对民事基本制度的法律要求、国内外知识产权制度立法的普遍做法以及国家知识产权事业和现代种业发展的现实需要,应努力推动我国植物新品种保护制度专门立法。

(二)加强植物新品种权行政执法建设

一是设立品种权执法专项经费,重点是完善快速科学的品种鉴定标准,推动各级执法部门加大培训力度、完善执法装备和建立品种快速检测设施;二是进一步明确品种权执法部门和职能,配备与工作相适应的执法人员;三是统一标准品种样品,建立品种分子检测和田间测试数据共享平台,做到"一个品种、一个名称、一个平台、一套数据";四是按照《种子法》要求,突出可操作性,制订品种权行政执法办法和操作手册;五是建立品种权实施许可备案制度,加大公示力度,引导全社会共同监督品种侵权行为。

(三)加强植物新品种权联动执法

一是加强行政执法部门、区域间协作,就案件移送、审查,信息通报等加强沟通,及时掌握品种权假冒侵权动态;二是推动鉴定机构和鉴定人员法定化,将司法和行政部门指定的鉴定机构和鉴定人员法定化,推动法院系统认可和采纳行政部门认可的检验机构以及出具的检验报告;三是加强行政执法与司法保护联动,建立人民法院、公安机关、检察机关、行政执法部门联席会议制度,建立重大案件联合督办制度,建立健全侵权假冒案件举报、黑名单和曝光制度。